阎崇年作品

清史大事编年

阎崇年 著

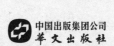
中国出版集团公司
华文出版社

图书在版编目（CIP）数据

清史大事编年 / 阎崇年著 . -- 北京：华文出版社，
2022.8

ISBN 978-7-5075-5625-4

Ⅰ.①清… Ⅱ.①阎… Ⅲ.①中国历史 – 编年史 – 中
国 – 清代 Ⅳ.① K249.043

中国版本图书馆 CIP 数据核字 (2022) 第 072978 号

清史大事编年

作　　者：阎崇年
责任编辑：景洋子
出版发行：华文出版社
地　　址：北京市西城区广外大街 305 号 8 区 2 号楼
邮政编码：100055
网　　址：http://www.hwcbs.cn
电　　话：总 编 室 010-58336239　发 行 部 010-58336202
　　　　　编 辑 部 010-58336252
经　　销：新华书店
制　　版：北京禾风雅艺文化发展有限公司
印　　刷：北京博海升彩色印刷有限公司
开　　本：710mm×1000mm　1/16
印　　张：29.5
字　　数：410 千字
版　　次：2022 年 8 月第 1 版
印　　次：2022 年 8 月第 1 次印刷
标准书号：ISBN 978-7-5075-5625-4
定　　价：98.00 元

　　阎崇年, 北京社会科学院研究员, 著名历史学家。
获北京市有突出贡献专家称号、中国版权事业终生成
就者奖, 享受国务院颁发的特殊津贴。

　　研究清史、满学和北京史。论文集有《燕步集》
《燕史集》《袁崇焕研究论集》《满学论集》《清史论集》
等; 专著有《努尔哈赤传》《清朝开国史》《森林帝国》
《康熙大帝》《北京文化史》等。

原版自序

《清史大事编年》原是《中国历史大事编年》的一个部分，已经出版三十年，它的缘起和经过，在这里补个交代。

二十世纪七十年代末，本书的两位主编张习孔和田珏二位先生分别找我，谈及《中国历史大事编年》一书编纂的动议。因此，我从同张习孔和田珏两位先生的关系说起。

张习孔 (1925—2007) 先生毕业于辅仁大学历史系，后在北京教师进修学院 (今北京教育学院) 历史教研室 (历史系) 任教。二十世纪五十年代末和六十年代初，他接受一项任务：为吴晗先生主编《中国历史小丛书》和《世界历史小丛书》做具体组织、联络工作。习孔先生为此而广为人知，也为此而蒙受不白之冤。"文革"初起，批判吴晗《海瑞罢官》这株"大毒草"，习孔先生因同吴晗的特殊关系，并以"羽白"笔名发文为吴晗辩护，被打成"现行反革命分子"。可怜外地有位笔名"羽白"者，因此也被革命群众揪出来，打成"现行反革命"。"文革"后期，任该院历史教研室 (历史系) 主任的田珏先生，北京大学历史系毕业，为人和蔼聪慧，博学多识。他为张习孔先生蒙冤抱不平，四处奔走，上下呼吁，力促为其"平反"。田珏先生常跟我谈到为习孔奔走"平反"之事，也关切我的事情。张习孔先生获得"平反"后，恢复正常历史教学与研究工作。我和习孔先生是街坊，经常串门，喝水聊天 (那时没有茶叶，以一杯白开水招待师友)。他派给我一个活儿，是为《中国历史小丛书》写《北京史话》，后由中华书局出版。

而后，我们多次议及编写《中国历史大事编年》之事。大体同时，田珏先生也找我说此事。当时"文革"刚结束，惊魂未定，心存疑惧，未敢轻允。经田、张二公邀劝，由我撰写该书的清代部分，因有上述关系，我便答应下来。

这部书从远古到"五四"，多人参与，我负责撰写清代顺治元年 (1644) 到鸦片战争 (1840) 前的重大史事。

当时《清实录》没有影印出版，更没有数字化。我曾在故宫博物院明清档案部 (今中国第一历史档案馆) 查阅《清实录》，是为专题研究而阅读的，并不系统。当时要重读《清实录》可不容易，因《清实录》原本属珍贵历史档案，影印本也列为善本书，借阅条件苛刻，受到极大限制，如必须开具单位介绍信，且每封信期限两周，阅读时间也极不方便。幸好我在"文革"前，从琉璃厂旧书店买了蒋良骐的《东华录》和王先谦的《东华录》，并买了《清史稿》，还有其他相关书籍。这就为撰写《清史大事编年》准备了基本的文献史料。于是，我将清史二百年的重要事件、人物、典制、灾异、文献等，做卡片，梳辫子，参酌司马光修《资治通鉴》先做史料长编的经验，拉出一个清史大事史料长编，择其要再核对《清实录》和清宫档案，然后参考其他历史典籍，吸收近人学术成果，历时三年，日夜爬梳，三易其稿，终于杀青。

这部书于 1985 年由北京出版社出版，全书凡五册，共三千八百四十一页，近三百万字。出版后，一印再印，一版再版，被教育部列入全国高等学校文科教材选编计划，产生一定的影响。

我在编纂《清史大事编年》的三年过程中，把顺治、康熙、雍正、乾隆、嘉庆、道光（部分）六朝的《东华录》重新通读了一遍，用力虽苦，获益却大。后来同《清实录》对照阅读，奠下了我系统研究清史的一块史料基石。

时光荏苒，事至当下，重见旧稿，感慨万千。其中一点，当今学子治学，有电脑，有网络，有文献的电子版，查阅和检索史料便捷，与往昔比，事半功倍。

事属既往，因是旧稿，基本不动，发现疏误，即予纠正，其余文字，保存习作原貌，留着初始记忆。特此赘言，敬希鉴谅。

阎崇年补记

2014 年春

于四合书屋

补序

　　《清史大事编年》一书，本是五卷本《中国历史大事编年》中的一卷，这套书的缘起，是在二十世纪七十年代末。主编张习孔先生，毕业于辅仁大学历史系，时任职于北京教育学院历史教研室，曾负责吴晗主编《中国历史小丛书》组稿撰写和学术联络等工作。另一位主编田珏先生，毕业于北京大学历史系，时任北京教育学院历史教研室主任。田珏和张习孔先生，与国家教委有关方面交流意见，共同感到刚恢复高考，大学历史系学生需要一套编年体的中国历史教学参考书，而北京市中学历史教师也需要这样一部书。于是他们发起组织几位史学同人，撰写《中国历史大事编年》。他们把这个设想跟我商量，我觉得很有必要；他们邀约我撰写其中清代卷书稿，因都是朋友，虽当时很忙，但不便婉谢，就答应下来。

　　编著图书之先，发凡起例为要。张习孔和田珏两位主编请几位先生分别起草发凡起例，然后逐条讨论修定。正如本套书的"前言"所载："时至今日，今人编著的类似历史大事记一类的资料性工具书，尚付阙如。为了适应广大中学文科教师从事教学和高等院校文科学生及一般干部群众学习祖国历史的需要，在北京出版社的倡议和组织下，我们分工合作，积五年的时间，编纂了《中国历史大事编年》这部带有参考资料性质的历史工具书。本书已列入国家教委一九八五年至一九九〇年高等学校文科教材编选计划。"《中国历史大事编年》在体例上，以编年体为主，兼采纪事本末体之长；在编纂上，以年为经，以事为纬，编年系月，按月排比史事。

按照统一编写体例，我撰写了清代卷书稿。

有一个情况，需在此说明。从完整性与系统性考虑，本书历史时限，应从明万历十一年（1583）努尔哈赤起兵，到宣统三年（1911）溥仪退位，共三百二十八年历史。然而，当时全书分段体例规定：顺治元年（1644）以前，归明代史卷范围；道光二十年（1840）以后，归近代史卷范围。这从全套书总体安排来看是合情合理的，但于这本《清史大事编年》则是"无头无尾"的。后来想将其头尾补齐，总因为忙而未如愿。

此外，关于其他体例也在此说明。第一，书中以一个年度为时间断点，按照月、日自然顺序编列历史大事。第二，每一年度分别列公元年、干支年和帝王年号年；每个月份一般从正月开始，至十二月结束。第三，有些大事，日无可考则计月，月无可考则计年，并排在当月或当年之末，用"是月""是岁"作为时间。其中，"是岁"以记录当年重要人物亡殁为主，兼及其他。第四，书中古地名，一般都夹注今地名。其中，古今地名、行政区划一致的，不注；古今地名不一致，行政区划一致的，注今地名，如"岳州（今湖南岳阳）"；古今地名一致，行政区划不一致的，注明今属，如"江苏松江（今属上海）"；古地名于今已不存在，行政区划有包含关系的，注明今属，如"仁和（今属浙江杭州）"。第五，本书正文中历史纪年，一般在年号纪年后夹注公元年。本书古今地名的夹注，同一条目，相同地名，只夹注第一个。

事情是在四十多年前做的，当时查找资料，抄卡片，做笔记，局限太多，非常困难；至于核对史料，就更加困难。本次重印，保存原貌，稍做订正，没有大动。因此，本书之欠缺，祈读者见谅。

是为补序。

阎崇年

目录

順治 （1644—1661）

1644年　甲申　清世祖章皇帝福临顺治元年　明崇祯十七年

正月

· **顺治帝在盛京御殿受贺**　初一日，顺治帝福临在盛京（今辽宁沈阳）至堂子行礼后，御殿受贺，时年仅七岁，以郑亲王济尔哈朗和睿亲王多尔衮辅政。

· **李自成建大顺政权**　初三日，李自成在西安建国（其建国日期，各书记载不同，此据《明季北略》。后遇歧异，均不注明），国号大顺，建元永昌，改西安为长安，称西京。封功臣，命官职，定军制，平物价，开科取士，檄告远近。

· 初五日，清命沙尔虎达率师攻库尔喀部。

· 初十日，清遣使偕喇嘛伊拉古克三呼图克图，往迎达赖五世阿旺罗桑嘉措，并致书蒙古和硕特部顾实汗。

· **张献忠入川**　是月，张献忠率领农民军弃长沙，过荆州，进四川，下夔州（今重庆奉节）。

二月

· **李自成占太原**　李自成率大顺军陷汾州（今山西汾阳）后，初八日，攻占太原，执明晋王朱求桂。寻下上党（今山西长治），彰德（今河南安阳），破固关、真定（今河北正定），又遣别将袭畿南。

· 十六日，以太原失陷，败报频至，明廷议北京御守。寻诏天下"勤王"。

三月

· 明李建泰疏请迁都南京。初四日，崇祯帝召廷臣于平台，以"国君死社稷"，严拒迁都之议。

· **李自成攻占京师**　李自成率领农民军下太原、占大同后，十一日，据宣府（今河北宣化）。十五日，破居庸。次日，陷昌平。十七日，大顺军包围京师，环攻九门。李自成驻巩华城（今北京沙河），派大将刘宗敏任攻城总指挥。十八日，大顺军将士爬墙而入，攻占外城。崇祯帝出玄武门（今神武门），登煤山（今景山），遥望烽火遍城郊，回乾清宫。是日晚，崇祯帝逼迫周皇后自缢死，剑砍女儿乐安公主臂，又杀妃嫔数人。十九日晨，李自成军攻破内城。崇祯帝于煤山自缢死。午，李自成毡笠缥衣，乘乌驳马，入承天门（今天安门），登临皇极殿（今太和殿）。明祚亡。

· 廿六日，清删译辽、金、元三史为满文，成书。

四月

· **吴三桂与多尔衮勾结**　初四日，清大学士范文程上睿亲王多尔衮启言："明之劲敌，惟在我国，而流寇复蹂躏中原，正如秦失其鹿，楚、汉逐之。"遂请多尔衮尽快整师西进："窃惟成丕业以垂休万祀者此时，失机会而贻悔将来者亦此时。"初七日，多尔衮以出师告祭，寻率八旗军向中原进发。十五日，八旗军师次翁后（今辽宁阜新境内），原明平西伯宁远总兵吴三桂又致书多尔衮，乞"速选精兵，直入中协、西协，三桂自率所部，合兵以抵都门，灭流寇于宫廷，示大义于中国"，将"裂地以酬"。次日，多尔衮回书称："今伯若率众来归，必封以故土，晋为藩王。"并趋师向山海关急驰。二十日，多尔衮师至连山，接吴三桂答书："幸王速整虎旅，直入山海，首尾夹攻，逆贼可擒。"翌日，八旗军至山海关外十里（《清世祖实录·四》）。

· **山海关之战**　李自成夺占京师后，遣将招降吴三桂，三桂降而后反。十三日，李自成统领农民军六万（一说二十万）开赴山海关。二十一日，农民军始抵山海关，遂三面包围山海关城。李自成率军攻夺关城，并派唐通出奇兵至一片石，以截堵吴三桂军。时多尔衮已率十五万八旗军驰至。当日晚，八旗军败唐通于一片石，并疾趋关门。李自成军与吴三桂军经昼夜激战，守御北翼城的吴军已濒临危殆。二十二日晨，吴三桂率众出迎多尔衮，剃发称臣，开关迎入八旗军。时农民军自山亘海列阵，三桂先悉锐而出，旋被包围，东西驰突，围开复合。三桂几败，清军猝然冲出，以逸待劳，呼噪骤进，铁骑横击。农民军奋力抵拒，兵寡失利。李自成兵败后，退师北京。多尔衮获山海关之捷，封吴三桂为平西王，统领八旗军，直趋北京。

· **大顺军撤出北京**　李自成山海关兵败后，二十六日，退回北京。二十九日，李自成在武英殿登极称帝。三十日，命焚毁紫禁城宫殿和各门城楼，率大顺农民军撤出北京。

五月

·**清军进入北京** 初二日，八旗军至北京，原明文武官员出城五里外跪迎。清摄政和硕睿亲王多尔衮进朝阳门，入紫禁城。旋命兵部传檄天下：剃发降顺者，地方官各升一级；故明诸王归顺者，不夺其爵；各衙门官员等俱照旧录用。

·初四日，清命官民等为明崇祯帝服丧。后造陵墓，葬之以礼，是为思陵。

·**明福王在南京即位** 十五日，福王朱由崧御极，以明年为弘光元年。寻命兵部尚书兼东阁大学士史可法督师扬州，总兵刘泽清、刘良佐、黄得功、高杰分守江北。马士英等独揽朝政。

六月

·初一日，清命洪承畴仍以兵部尚书兼都察院右副都御史，同内院官佐理机务。

·初十日，京城官民房屋被圈占者，免赋税三年。

·**定议建都北京** 十一日，多尔衮与诸王贝勒大臣等议，以"燕京势踞形胜，乃自古兴王之地，有明建都之所"（《清世祖实录·五》），遂议定迁都北京。

·廿一日，张献忠克重庆。

夏

·**黄河自复故道** 黄河由开封经兰阳（今河南兰考）、仪封、商丘、虞城，迄徐州、宿迁、桃源（今江苏泗阳），经清河与淮水合，历云梯关入海，自复故道。秋，清以杨方兴总督河道，驻济宁。

七月

·**免除"三饷"** 十七日，清命自顺治元年为始，凡正额之外，一切加派如辽饷、剿饷、练饷及召买米豆，尽行蠲免。

·廿七日，多尔衮令南来副将韩拱薇等人赍书致史可法，劝令"削号归藩，永绥福禄"（《清世祖实录·六》）。九月十五日，史可法遣人答书云："庙堂之上，和衷体国，介胄之士，饮泣枕戈，忠义兵民，愿为国死。"（《东华录·清顺治元年》）

·是月，弘光帝遣使往北京，以改葬崇祯帝、割山海关外地和岁币银十万两为条件，通好于清。

八月

·**清行总甲法** 初八日，命各州县卫所属乡村，十家设一甲长，百家设一总甲，凡遇逃人、奸宄（guǐ）等，邻右报知甲长，甲长报知总甲，直至申解兵部。如一家隐匿，其邻右九家、甲长、总甲不行首告，俱治以重罪。

·初九日，张献忠攻破成都。明蜀王和王妃投井死。

·十八日，清禁自关外随米之人借鬻（yù）卖人参，扰害地方。

九月

·十二日，始严查逃人之令：遇有逃人，获时即行解京，若隐匿不解，所属官员从重治罪，窝主置之重刑。

·是月，南明将领高杰、黄得功讧于仪真（今江苏仪征）土桥，史可法亲往调停之。史可法为进取而请饷，马士英不发。

十月

·**清福临即皇帝位** 初一日，福临在北京告祭天地宗社，即皇帝位，"号曰大清，定鼎燕京，纪元顺治"（《清世祖实录·九》）。初十日，颁即位诏于天下，免原明加派"三饷"及其他项差徭，令京都旗民分城居住，封多尔衮为叔父摄政王。寻分封诸王，定诸王、贝勒等岁俸。

·十三日，清军占太原。先是清遣阿济格等追击李自成，获胜于庆都（今河北望都）、真定（今河北正定），至是攻占太原，平五州二十县。

·十九日，清以英亲王阿济格为靖远大将军，率领吴三桂、尚可喜等满、蒙、汉军队，由大同向西安进攻大顺军。

·廿五日，清以豫亲王多铎为定国大将军，率领孔有德、耿仲明等军，进攻江南。

十一月

·初一日，清设满洲司业、助教。凡满、汉官员子弟，有愿习满文、汉文者，俱送入国子监。由满洲司业、助教教习满文。

· 初八日，吏部司务傅作舟受贿，勘实弃市。

· **张献忠建大西政权** 十六日，张献忠在成都称帝，国号大西，建元大顺，定成都为西京，设置官职，建立军制，开科取士，厉行酷法。寻命安西将军李定国北略汉中。

· 廿六日，清遣朝鲜世子李淐回国，并减其贡品。

· 是月，直隶、山西、河南、山东民前后起事抗清。

十二月

· 初六日，固山额真叶臣奏言：清军平直隶、河南、山西共九府、二十七州、一百四十一县。

· 初十日，蒙古喀尔喀部土谢图汗等各遣使贡马。

· **始行圈占土地** 二十三日，谕户部："凡近京各州县民人无主荒田，及明国皇亲、驸马、公、侯、伯、太监等死于寇乱者，无主田地甚多。尔部可概行清查。若本主尚存或本主已死而子弟存者，量口给与，其余田地，尽行分给东来诸王、勋臣、兵丁人等。"（《清世祖实录·十二》）清遂实行大规模圈拨土地。圈占之时，户部派遣满官会同有司，率领笔帖式、拨什库和员役，进至村庄，相度田亩，以两骑前后持部颁绳索，圈定四周，其中田地、房屋、场圃悉皆占有，民失田庐，倾家荡产。

是岁

· 画家崔子忠死。崔子忠（约 1574—1644），山东莱阳人。居京师，擅画人物、仕女，时有"南陈（洪绶）北崔"之称。

· 小说家凌濛初死。凌濛初（1580—1644），浙江乌程（今湖州吴兴区）人。编著短篇小说集《初刻拍案惊奇》《二刻拍案惊奇》，后人称为"二拍"。

· 清行盐七十一万九千五百五十引，收盐课银十五万八千九百七十三两；铸"顺治通宝"钱七千一百六十六万三千九百余。

1645 年　乙酉　清顺治二年　南明弘光元年、隆武元年

正月

·**清军攻占西安**　先是豫亲王多铎率师追击大顺农民军，十一日攻逼潼关口。农民军凿壕坚壁，奋勇抵拒。清军发红衣大炮轰击，农民军死伤众多，仍横冲堵御。李自成亲率马步兵驰援，失利。十二日，清阿济格领兵冲渡潼关口，农民军退向西安。十三日，清军进入潼关。旋自潼关起行往西安。李自成已焚宫室，离西安，出蓝田，走商州。十八日，清军至西安。

·廿三日，清更国子监孔子牌位为"大成至圣文宣先师孔子"。

·廿五日，清禁内务府管领等私收投充汉人、冒占田宅。

二月

·初三日，清阿济格率兵抵徐州。

·初八日，清命多铎移师江南，趋往南京。

·廿九日，清于大同、密云铸钱。

三月

·初八日，清免山东顺治二年分荒地额赋。

·**申严逃人法**　二十五日，命凡投充旗下汉人有逃走者，逃人、窝主、两邻、十家长和百家长，均照逃人定例治罪。

·**清军取河南归德**　先是多铎等统军出虎牢关，自龙门关及南阳三路并进。二十二日，遂取归德（今河南商丘）。寻定河南。

四月

·**清军攻破扬州**　先是多铎占归德后，分兵亳州、徐州两路，向南推进。因明总兵李成栋逃遁，遂入徐州。时左良玉以"清君侧"为名，率师讨马士英，发动内战。史可法遂被调入卫，而左良玉兵至九江病死。多铎借弘光朝内讧，率师入亳州、破盱眙。明淮安守将刘泽清以入卫为辞，避而南下，城防空疏，旋即纳

款于清。清军乘势下淮安，夺泗州（今安徽泗县），渡淮河。史可法冒雨赶回扬州，登陴设守。十九日，明叛将许定国引多铎师至扬州。江北守御一片混乱，扬州被清军水陆重围。督师史可法统率军民，坚守孤城，并血疏告急，弘光不应。多铎督军连日猛攻，史可法率官兵力御。二十一日，总兵李栖凤、监军副使高岐凤拔营出降。二十五日，清兵又炮击城西北隅，城遂破。史可法自刎不果，被俘。多铎劝史可法投降，史可法说："城存与存，城亡与亡。我头可断，而志不可屈！"（《中国全史·明代政治史》）于是惨遭杀害。可法部将率其余部继续鏖战，直至人尽矢绝。清军占扬州后，纵兵屠掠，十日封刀，史称"扬州十日"。

五月

· 初二日，始命纂修《明史》。

· **李自成死难** 李自成退出西安之后，经商州入襄阳、据武昌。清军跟踪而至，分水陆两路，围武昌数匝。刘宗敏等领兵出战，败还。李自成弃武昌东下，初四日，至通山九宫山，亲率二十余骑登山探路时，突遭地主团练袭击。会大雨，二十余名战士先后被击杀，李自成也在搏斗中壮烈牺牲，年三十九岁。其余众一部以郝摇旗为首，往与明督师何腾蛟；另一部以李锦为首，往与明巡抚堵胤锡——合师抗清。

· **清军进入南京** 多铎攻占扬州之后，初五日，率师进临长江，旋取瓜洲，破镇江。镇江总兵郑鸿逵等纵兵大掠，遁逃闽中（今福建）。初十日，清军渡江，南京大震。弘光帝夜半酣宴，闻警急走芜湖，投黄得功。寻刘良佐等率步骑二十余万降清。十五日，清军至南京，明忻城伯赵之龙、魏国公徐文爵、大学士王铎、礼部尚书钱谦益等迎降。旋多铎遣刘良佐等袭芜湖，黄得功兵败自杀。弘光帝于芜湖为刘良佐所俘，在押回南京路上，"百姓夹道唾骂，甚有投瓦砾者"（吴伟业《鹿樵纪闻》）。后被解至北京，斩首于市。六月，清军取无锡，下苏州。十三日，清军至杭州，明潞王朱常淓率众开门迎降。

· 十七日，清命满洲子弟入学。

· 十八日，清于陕西铸钱。

·十九日，清命免除山东章丘、济阳二县京班匠价，并令各省俱废除匠籍为民。

·是月，清兴工太和殿、中和殿、位育宫（今保和殿），乾清宫竣工。

六月

·**剃发令**　清已夺得南京，初六日，严令军民剃发："各处文武军民，尽令剃发；倘有不从，以军法从事。"十五日又令："自今布告之后，京城内外限旬日，直隶各省地方自部文到日亦限旬日，尽令剃发。遵依者为我国之民，迟疑者同逆命之寇，必置重罪。"（《清世祖实录·十七》）

·廿六日，命停开山东招远芝山银矿。

闰六月

·初九日，黄河决王家园。时战事频仍，官窜夫逃，无人防守，河溢田没。

·十一日，改江南民解漕、白二粮为官兑官解。

·**太湖渔民抗清**　以渔民赤脚张三为首的起义军，头缠白布，号白头军，据太湖，驻宜兴，横扫三州。十三日，突入莳门，焚烧府署。至康熙元年（1662）败，赤脚张三被杀。

·**唐王称帝与鲁王监国**　先是弘光政权覆亡之后，原明唐王朱聿键在黄道周、郑芝龙等扶持下监国于福州。二十七日称帝，年号隆武，并赐芝龙子森朱姓，名成功。其时张煌言、钱肃乐等拥立原明鲁王朱以海监国于绍兴。唐、鲁二王，各拥重兵，自主一方，势成水火。

七月

·**"嘉定三屠"**　先是从上月十七日，嘉定人民为反剃发令，在黄淳耀、侯峒曾等领导下，坚守孤城，抗击清兵。初四日，李成栋率清兵破城后，下令屠杀，旋退出嘉定。后朱瑛重兴义旅，奋起抗清。二十六日，嘉定二次被清军攻破，再遭屠难。至八月十六日，原明把总吴之蕃反清失败后，嘉定复遭屠难。时义民投河，水为不流，僵尸满路，血流漂杵。史称"嘉定三屠"。

·初九日，命军民衣冠悉遵清制。

·十九日，河决，山东兖西新筑月堤。

·二十日，诏以后内外满、汉章奏俱由通政使司封进。

·廿三日，清定岁给原明宗室赡养银两、地亩例。

八月

·**江阴人民抗清** 先是多铎令"江阴限三日剃发"。闰六月初一日，江阴诸生百姓会集于孔庙明伦堂前，誓言："头可断，发决不可剃也！"旋捕杀清所授之县令方亨，占据县城。县民先推本县主簿陈明遇，又举前任典史阎应元统领军务，抗御清军。阎应元领导人民，修缮城池，制作火器，严密防务，婴城守御。江阴人民坚持守城八十一天，前后挫败二十余万清军的进攻，打死清军七万五千人，并毙其"三王十八将"。至二十一日，因众寡悬殊，矢尽粮绝，清军以大炮破城，阎应元、陈明遇等壮烈牺牲。清军得城后，下令"满城杀尽，然后封刀"。史称是役城外死者七万五千余人，城内死者九万七千余人，仅存大小五十三人（《清朝史料汇编·满清入关暴政上》）。

九月

·初二日，南明鲁王部将方国安、王之仁率师攻杭州，兵败。

·廿九日，清平江西南昌等十一府。

十月

·初四日，朝鲜解运白米五万七百八十余石于清。

·**明鲁王兵攻杭州** 明鲁王兵出师于钱塘江上，初八日，复攻杭州，至草桥门；时浙西义师四起，苏、松、嘉、湖列营百里，相为声援。但援兵不继，又值大风雨，弓矢不能发，遂败退。

·**金声兵败被杀** 原明翰林金声受唐王敕，起兵徽州（今分属安徽、江西），拥众十万。初十日，兵败，不屈被杀。

·清以多铎统军克潼关，下西安，拔扬州，占江宁，收服陕西、河南，平定江南、浙江，三十日，加封为和硕德豫亲王。

十一月

·**《新法历书》告成**　先是，明依元《授时历》而行《大统历》。成化以后，交食往往不验。明末徐光启等引进西法，主持编撰《崇祯历书》一百十七卷，但并未用来编历。顺治元年（1644）七月，耶稣会士汤若望（日耳曼人）进《时宪历》。十一月，以汤若望掌钦天监事。十九日，汤若望对《崇祯历书》删改成书，名《新法历书》。命宣付史馆，发监肄习。

·**清招抚张献忠**　清命何洛会为定西大将军，遣巴颜、李国翰率师往会，进攻大西农民军，并于二十日下诏，招抚张献忠。献忠置之不理。

十二月

·初一日，明云南之阿迷州（今云南开远）土司沙定洲与其妻万氏，率士兵入昆明，据黔府，黔国公沐天波遁走永昌（今云南保山）。旋陷大理、破蒙化（今云南巍山、南涧），传檄州县，全滇震动。

·**黄道周兵败被俘**　明隆武阁臣黄道周出师北伐，兵趋广信（今属江西上饶），次婺源遇清兵而战败。道周率三百人，马十匹，行至明堂里，猝遇降清将张天禄导清兵至。黄道周奋力抵拒。但寡不敌众，二十四日被俘，被解往南京。后洪承畴劝降，黄道周慷慨激昂，不肯屈服。翌年三月十五日殉命。

·廿八日，清罢内监朝参之制。

·廿九日，陕西固原武大定率众奋起抗清。清总兵何世元死之。

是岁

·**班禅名号之始**　蒙古和硕特部顾实汗赠达赖四世和达赖五世师父、日喀则扎什伦布寺住持罗桑却吉坚赞（1567—1662）为"班禅博克多"尊号，是为班禅名号之始。

·**刘宗周与夏允彝死**　哲学家刘宗周（1578—1645），闻杭州破，绝粒而死，著有《刘子全书》。史学家夏允彝（1596—1645），以松江（今属上海）陷，投井而死，著有《幸存录》。

·湖北枣阳、襄阳、光化、宜城大饥，人相食。

1646年　丙戌　清顺治三年　南明隆武二年

正月

·**清军进抵武昌**　先是李自成余部与南明湖广总督何腾蛟等合师，称荆襄十三家军。何腾蛟驻师长沙，挥兵北进，获"藤溪大捷"。但内部分裂，援兵不赴。初十日，清军遂进至武昌。寻略临湘，至岳州（今湖南岳阳），战荆州。

·十三日，清定西大将军何洛会奏报：贺珍等率众七万余攻西安，兵败。

·廿一日，清命肃亲王豪格为靖远大将军，统兵入川。

·廿二日，清于湖广铸钱。

二月

·**江南改京为省**　初七日，罢南京旧设部院，设官同各省一例，唯在京户、兵、工三部，差满汉侍郎各一员驻江宁，分理其事。

·廿八日，清于延绥铸钱。

三月

·初四日，清于湖广荆州铸钱。

·**清始会试、殿试**　十八日，取傅以渐等三百七十三名进士及第出身有差。

四月

·初八日，清免浙江钱塘、仁和（今属浙江杭州）间架房税。

·十二日，清革除贯穿耳鼻之刑。

·**清免明末加征之税**　十七日，清以太平府姑溪桥米税、金柱山商税和安庆府盐税，为明末加增，命悉行革除。

·廿三日，清罢织造太监。

·**裁汰府县冗员**　二十五日，清以冗官病民，命各府设推官一员，大县设知县、县丞、典吏各一员，小县设知县、典吏各一员，其各府挂衔别驻推官及各县一切主簿，尽行裁革。

·廿六日，清革去原明乡宦、监生名色，与民一体纳粮应差。

五月

·初二日，蒙古苏尼特部腾机思等率部奔喀尔喀。清命豫亲王多铎率师追击，并命外藩诸蒙古兵备师于克鲁伦河。七月渡土喇河，追至博儿哈都山，大破之。

·**严中隐匿逃人律**　以数月之间，逃人几至数万。初五日，清严申隐匿逃人，从重治罪：将逃人鞭一百，归还原主；隐匿逃人者，加重惩治；其邻右九家及甲家、乡约，各鞭一百，流徙边远；其所属州县官，以失察罪，降级调用。

·**订《大清律集解附例》**　是月，命法司官员参照《明律》，参以国制，酌以时宜，评集廷议。明年三月，书成颁行。分名律例、吏律、户律、礼律、兵律、刑律、工律，凡三十门，四百五十八条，是为清朝第一部完整的成文法典。后于顺治十二年（1655）复颁《满文大清律》。

六月

·**清兵破绍兴**　先是方国安走绍兴，即挟南明鲁王南行。时马士英、阮大铖与方国安谋献鲁王以降，派人守之。值守者病，鲁王得脱，走舟山。初一日，清军破绍兴。后马士英被俘斩，阮大铖降清后也被斩（一说游山时自触石死）。

·初七日，吐鲁番朝于清。

·**禁白莲等教**　清以白莲、大成、混元、无为等教烧香聚众，"或起异谋，或从盗贼"（《清世祖实录·二十六》），十一日，命即实行严捕，处以重罪。

·廿四日，索伦部、使鹿部朝于清。

七月

·**张献忠弃成都**　是月，大西农民军在四川，外受清军威胁，内受地主武装攻击，处境日艰。遂弃成都，走西充，谋入陕西，以图再兴。

八月

·**清命孔有德南征** 以浙江、江西平定，十五日，命恭顺王孔有德为定南大将军，同耿仲明等军南征。二十日，又命尚可喜率师往会，进攻湖广、两广。

·廿五日，达赖五世、顾实汗遣喇嘛朝于清。

·**南明隆武帝死** 先是清军夺取建宁后，隆武帝自延平出奔，走顺昌，往汀州。清军蹑其后，二十四日，占延平。二十八日，克汀州，俘隆武帝，执至福州而死。

九月

·初六日，江南溧阳、金坛等县农民军奉原明瑞昌王朱谊泐（lè）集兵二万人，围攻江宁，兵抵神策门，并约城内市民做内应。但事机不密，为洪承畴所败。谊泐等被俘，后死。

·初八日，清博洛统兵占泉州。寻郑芝龙自安平降清，其子成功谏不听，去之。

·廿四日，南明督师何腾蛟等攻岳州，兵败。

十月

·**清兵攻破赣州** 先是清军三月陷江西吉安，四月陷抚州后，直薄赣州城下。南明督师、大学士杨廷麟和兵部尚书万元吉率军民凭城拒守。清军围赣州城半年之久不下，至用"向导夜登城"（《明通鉴·大清顺治三年》），初四日，城破。廷麟、元吉投水死。

·**禁疏奏五事** 十三日，清命"有为剃发、衣冠、圈地、投充、逃人牵连，五事具疏者，一概治罪，本不许封进"（《明清史料·清世祖登极诏稿》）。

·十四日，南明两广总督丁魁楚、广西巡抚瞿式耜（sì），奉原明桂王朱由榔于肇庆监国。

·三十日，太和殿、中和殿、体仁阁等重建告成。

十一月

·**朱聿鐭称帝** 先是初二日，苏观生等拥立原明唐王弟朱聿鐭（yuè）于广州监国。初五日，朱聿鐭仓促举事，衣戏装袍笏登极，改称皇帝，建元绍武。

·**朱由榔称帝**　先是原明桂王朱由榔监国之后，朱聿鐭又在广州称帝。十八日，朱由榔遂于肇庆称皇帝，改元永历。

·廿四日，原明鲁王至厦门。

·**张献忠牺牲**　大西农民军弃成都、走西充之后，二十七日，叛将刘进忠引清兵入西充凤凰山。翌日，张献忠冒雾晓行，猝然遇敌，单骑当先，弯弓直射，但中矢落马，壮烈牺牲。时豪格督兵四出，大西军一百三十余营败。其余部由孙可望、李定国、刘文秀、艾能奇率领，继续抗清。

十二月

·**郑成功起兵抗清**　先是郑芝龙降清后，其子成功率部入海。初一日，郑成功大会文武群臣于烈屿，订盟复明，起兵抗清。

·**清兵克广州**　上月唐王、桂王称帝后，广州攻肇庆，自相残杀。清军自福建趋陷潮州、惠州后，二十一日，破广州。绍武帝与苏观生皆死。肇庆闻报后，永历帝奔梧州。

·廿二日，位育宫成。是日，顺治帝移居位育宫。

是岁

·**冯梦龙死**　冯梦龙（1574—1646），明南直隶长洲（今江苏苏州）人，文学家。辑有话本《喻世明言》《警世通言》《醒世恒言》，世称"三言"，并有《墨憨斋定本传奇》。

1647年　丁亥　清顺治四年　南明永历元年

正月

·初五日，清命文武官员随征出差，不得接受地方官员馈遗。

·初七日，清禁盐丁投充于王、贝勒等。

·初十日，大西农民军孙可望等陷遵义，寻占贵阳。

· 二十日，赤斤蒙古和哈密维吾尔请清颁给敕印。

· 廿九日，清兵克梧州，南明永历帝走桂林，又走全州。

三月

· 廿八日，清禁汉人投充满洲。

· **禁止圈地**　清以"被圈之民，流离失所，煽惑讹言，相从为盗"（《清实录经济资料辑要·第二辑　农业》），二十九日，命停止圈拨民间田屋，已圈占者拨补。

四月

· 初八日，湖广巡抚高士俊报，清兵占长沙。寻克湘阴。南明督师何腾蛟奔衡州（今湖南衡阳）。

· 廿六日，山东义军攻占邹平等十五州县。

· **孙可望等入昆明**　先是沙定洲据昆明，沐天波败遁。孙可望等乘云南内战之机，率兵入滇。沙定洲弃昆明走阿迷（今云南开远）。是月，孙可望等遂入昆明，五月又至大理。随之云南十八府（除普洱、东川）皆平。

五月

· 初一日，清于广东铸钱。寻又于河南铸钱。

· 初三日，清禁开矿。以甘肃巡抚张尚擅开矿税，著议处，寻命降级调用。

· 先是原明缙绅侯峒曾等施行反间计，谋陷清大学士洪承畴、江宁巡抚土国宝。初九日，计为清廷识破。

七月

· 初一日，清晋封多铎为辅政叔德豫亲王。

· **陈邦彦等攻广州**　先是二三月间，南明给事中陈邦彦起兵于高明，金都御史张家玉起兵于东莞，大学士陈子壮起兵于南海。邦彦密约子壮等，初五日袭广州，未几皆败。至九、十月，陈子壮、陈邦彦、张家玉先后败死，史称"广东三忠"。

八月

· 初九日，清禁寓居澳门佛朗西人至广州贸易。

·廿二日，郑成功与郑鸿逵会师于泉州桃花山，围攻泉州，不克。

·同日，清于湖广铸钱。

·**清兵破武冈**　先是清军围桂林急，永历帝走武冈。后清军下衡州，攻常德。二十四日，陷武冈。永历帝仓促走靖州，后又奔柳州，驻象州，于十二月复还桂林。

十月

·十八日，清浙江左布政使王敬锡，以贪污被革职提问。

·廿　日，清定直省官员三年考绩制。

·廿四日，清于江西铸钱。

·廿五日，清以广东采珠，"例用长绳数百丈，缒蜑户入海底，每果鲸鳄之腹"（《清世祖实录·三十四》），命罢之。

十一月

·十五日，裁山东明季添设牙、杂二税。

·廿二日，紫禁城午门五凤楼成。

是岁

·**夏完淳死**　夏完淳（1631—1647），原名复，字存古，江南松江（今属上海）人。十四岁从父夏允彝和陈子龙起兵抗清，后兵败被捕，在南京痛骂洪承畴，遭杀害。著有《夏节愍（què）公全集》，后名《夏完淳集》，其附编收有《续幸存录》。

1648 年　戊子　清顺治五年　南明永历二年

正月

·**降将金声桓反清**　金声桓为左良玉部将，降清后，平江西，任总兵。后与江西抚、按积怨。二十七日，声桓杀巡按、执巡抚，受命于永历帝。寻陷南康，攻九江，围赣州。

·是月，原明宗室朱容藩称监国于夔州（今重庆奉节）。

二月

·南明永历帝奔南宁 初，桂林城内与城外兵内讧。二十二日，永历帝出走。诸兵纵恣焚劫，桂林内外如洗。翌日，瞿式耜熄灭余烬，安抚远近。

三月

·降济尔哈朗为郡王 贝子吞齐等讦告和硕郑亲王济尔哈朗，以皇太极死后国忧，福临为太子，两黄旗大臣图赖、谭泰、索尼、鳌拜等谋立豪格为君时，乃言"我意亦如此，但摄政王尚未知，待我与众商之，擅谋大事"和"向与肃王同谋"等罪（《清世祖实录·三十七》）。初四日，命降为多罗郡王。

·幽系豪格 和硕肃亲王豪格，为皇太极长子。初六日，被摄政睿亲王多尔衮构陷下狱，同年死于系所。

·十五日，清命谭泰为征南大将军，统兵征江西金声桓。

·十六日，甘肃巡抚许宏祚，以私馈固山贝子满达海，命革职。满达海受馈物，坐以应得之罪。

·廿七日，清定官吏及生监优免丁粮则例。

·米喇印、丁国栋起义 米喇印，回族，起卒伍、任副将。是月，同丁国栋在甘州（今甘肃张掖）诱杀巡抚张文衡，射死总兵刘良臣，率众起义，占有甘州。推明延长王朱识𨧱（bēn），以"反清复明"为号召，旋拥众十万，连下凉州、兰州、河州、洮州、岷州（今甘肃岷县），关陇大震。清派总督孟乔芳等率兵镇压，米喇印、朱识𨧱在凉州战败被杀。后丁国栋退保肃州，次年冬被清游击张勇战败俘死，甘州回民反清起义失败。

春

·广州、鹤庆、嵩明大饥，人相食；阳春、梧州、北流大饥，斗米可易一子。

·大岚山寨义军破上虞 先是浙东四明山抗清义师中一支大岚山寨义军，以庠生王翊为首，曾与黄宗羲等领导义军会聚四明山。是春，王翊率义师陷上虞，浙东震动。后设五营五司，履亩而税。至八年（1651）七月，王翊被俘，不屈死之。

但四明山义军的抗清斗争，继续至康熙年间。

四月

·**大西军内讧**　先是张献忠死后，平东王孙可望、安西王李定国、抚南王刘文秀、定北王艾能奇各领一军，后于昆明开府设部。初一日，谋议各营兵将赴演兵场，尊可望为主。定国先至营中，鸣炮升旗。可望以定国违制，怒命杖责五十，隙遂成。

·初八日，廓布梭讦（jié）告遏必隆与白旗诸王有隙等罪，法司议论死，命免死革职。

·**降将李成栋反清**　李成栋为高杰部将，以徐州总兵降清。清命成栋与声桓分攻广东、江西，"攻城略地，皆声桓、成栋力"（《圣武记》）。及事平，清以辽东旧臣佟养甲总督广东，而以成栋为提督，受其节制，怏怏欲反。至金声桓反清于江西，诱之同反，谋遂决。初十日，以计诱胁总督佟养甲反清，传檄远近，奉永历年号。其时成栋、声桓各拥众十万，粤、赣大震。于是永历有云、贵、粤、桂、赣、湘、川七省之地。

闰四月

·初四日，清复多罗郡王济尔哈朗爵为和硕郑亲王。

·**清定债负月息三分**　十三日，命户部今后一切债负，银一两只许月息三分，不得息上增息，并不许放债与赴任之官及外官放债与民。

五月

·十八日，安徽巡抚王懩（yǎng）以徇庇受贿，命降三级，调外用。

·廿二日，陕西按察使刘允坐贪婪罪，命革职。

·廿七日，郑成功收复同安。

六月

·初十日，永历帝由南宁至浔州。先是李成栋请其入广州；瞿式耜又请其还桂林，不报。遂至浔州，七月次梧州，八月至肇庆。

七月

·初九日，开封府河工成。

·**初设六部汉尚书等** 十四日，命设六部汉尚书及都察院汉左都御史各一员，以陈名夏为吏部尚书、谢启光为户部尚书、李若琳为礼部尚书、刘余祐为兵部尚书、党崇雅为刑部尚书、金之俊为工部尚书、徐起元为左都御史。

八月

·**金声桓围攻赣州兵败** 先是金声桓反清，南赣巡抚刘武元不从，据城固守。金声桓等拥众十万，围江西赣州城三月。清兵自江宁水陆并进，复九江，占饶州（今江西鄱阳），攻南昌。金声桓回救，中伏兵败。初一日，刘武元报赣州围解。

·**东明义军建立政权** 山东东明农民军，初七日，建立政权，年号天正，拥众数十万，围攻县城。后为清军所败。

·十五日，清禁民间养马与收藏武器。命邻右及十家长具结，隐匿兵器者处斩；其习武生员，许有一马、一弓、九箭。

·十九日，清命京师汉族官民徙居南城，其原房每间给银四两，或拆或卖，各从其便。

·二十日，清允满、汉官民联姻嫁娶。

·是月，郑成功奉表于南明永历帝。

十月

·十一日，清和硕礼亲王代善死，年六十六。

·**李成栋败于赣州** 李成栋率军二十万，号称百万，进攻赣州。二十六日，营栅未立，军中自乱，突遭清兵攻击，大败。成栋单骑走，十大营皆溃。

十一月

·**何腾蛟师克永州** 先是南明何腾蛟、堵胤锡等，值金声桓、李成栋反清之机，遣将取全州、靖州、沅州、常德、桃源（今江苏泗阳）、澧州等，并进围永州（今湖南永州零陵区）三月，经大小三十六战。初一日，攻克永州。

十二月

·**降将姜瓖反清**　大同总兵姜瓖"号称反正，易明冠服"，初三日，据城反清，其附近十一城皆应。

是岁

·**王嗣奭死**　王嗣奭（shì）（1566—1648），浙江鄞县人，精研杜诗近四十年，著《杜臆》传世。

1649 年　己丑　清顺治六年　南明永历三年

正月

·初四日，清以山西纷起抗清，命多罗郡王尼堪等率官兵往太原攻之。

·**清军破南昌**　先是上年五月，清兵围南昌。南昌城三门傍山，三门临江。清军用锁围法，墙堑其山冈，船截其江路，自是内外耗绝。十月南昌粮食告急，李成栋攻赣，败走信丰，城中粮尽，人相食。本年初际，大雨连旬，城多坏。十八日，清军攻城。时西门守将潜约内应。清兵佯攻东门，而奇兵突袭西门。翌日城破，金声桓投水死。原明大学士姜曰广自沉于池。

·**清军占湘潭**　先是忠贞营李赤心（锦）自夔州（今重庆奉节）至湖南，所至常德等皆为空城。何腾蛟约李赤心共入湘潭，其时湘潭为空城，赤心不守而去。清军侦知腾蛟入空城，二十一日，遣降将徐勇引军入。勇为腾蛟旧部将，劝其降清，腾蛟怒斥之。勇遂拥腾蛟而去。腾蛟绝食七日，后被杀。

二月

·十四日，清摄政王多尔衮统兵攻大同姜瓖。

·**李成栋兵溃身死**　先是清兵占南昌后，溯流入赣，径围信丰，并竖梯登城。二十六日，李成栋溃败，乘醉渡水，溺死。清军寻定抚州、建昌。其时金声桓、何腾蛟、李成栋败报连至，永历帝大惊。

三月

·初八日，陕西王永强等攻陷延安、榆林等十九州县，旋败。

·初十日，多尔衮以多铎出痘，命即日旋师。

·十八日，清辅政德豫亲王多铎死。多铎为清太祖努尔哈赤第十五子，多尔衮同母弟。卒年三十六。

四月

·**孙可望遣使请封王**　先是杨畏知言于孙可望："王与三将军比肩而起，不借虚名，无以詟众。"（《东山国语·粤徼语》）初六日，可望遣畏知进表永历帝请封王。不许，封为景国公，赐名朝宗。

·初十日，清裁明漕运官员世职，择有才干者授职，量功升转，挂欠治罪。

·十四日，清于浙江、山东铸钱。

·**清准民垦荒耕种**　时地多荒芜，民多逃亡。二十四日，命招民垦种，编入保甲，永准为业，六年起科。

·廿五日，浙江左布政使王敬锡坐贪婪革职。

五月

·十九日，清改封孔有德为定南王、耿仲明为靖南王、尚可喜为平南王，时吴三桂为平西王。并命孔有德征广西，耿仲明、尚可喜征广东。

六月

·十四日，清禁诸王及满洲大臣干预各衙门政事。

·廿五日，清封张应京为正一嗣教大真人。

七月

·初一日，多尔衮复征大同。寻罢大同之行，行猎而还。

·初二日，清于江西铸钱。

·**郑成功受封延平公**　先是郑成功据南澳，奉南明唐王正朔，攻泉州等不克。后奉表永历帝，是月受封延平公。

八月

·十四日，福建巡按周世科贪婪枉杀，被斩首。

·**清兵入大同**　大同被围日久，兵民饥饿，死亡殆尽，总兵杨振威杀姜瓖献城。二十九日，清军进入大同。

十一月

·廿六日，南明督师堵胤锡病死于浔州（今广西桂平）。

·**耿仲明死**　仲明往攻广东，至江西吉安，以部将犯法，二十七日，惧罪自缢。后其子继茂袭爵驻广州，又移福建，为清初二藩之一。

十二月

·廿四日，南明永历帝始开科取士。

·三十日，清兵占南雄州（今广东南雄）。时平南王尚可喜、靖南王耿继茂等率师攻广东。除夕，潜兵袭南雄，克之。

冬

·**李锦病死**　锦本名过，为李自成侄。自成死难后，与高一功等联明抗清，改名赤心，所部号为"忠贞营"，转战湖南、广西等地，至是死。其众由义子李来亨率领。

1650 年　庚寅　清顺治七年　南明永历四年

正月

·廿五日，摄政王多尔衮娶肃亲王豪格福晋博尔济吉特氏。

·**永历帝至梧州**　先是朱由榔闻南雄失陷，廷议欲移跸西行，群臣争谏不从，督师瞿式耜疏言："退寸失寸，退尺失尺。今朝闻警而夕登舟，将退至何地耶？"（《明通鉴·顺治七年》）不听。二十六日，退至梧州，驻舟江干。

三月

·廿七日，刑部侍郎鄂罗塞臣坐谳（yàn）狱徇情罪革职。

四月

· **清兵抵衡州**　先是,定南王孔有德率军破武冈,夺永州(今湖南永州零陵区)龙虎关,南明总兵曹杰建败走灌阳。十一日,清军据衡州(今湖南衡阳),后徇广西。

· 十八日,满译《三国志》告成。

夏

· **清杀画网巾者**　有人着明衣冠,隐居福建邵武山中,被捕讯后,摘其网巾,释放。其人令仆从画网巾戴在头上,又被获杀害。闽人收葬其遗骸,题"画网巾先生之墓"。

七月

· **多尔衮议建避暑城**　先是五月初六日,摄政王多尔衮率诸王大臣出猎于山海关,旋迎娶朝鲜福晋于连山。初四日,以京师"夏月溽暑难堪"(《清实录经济资料辑要·第十辑　赋税》),议在塞外建城避暑。加派直隶、山西、浙江、山东、江南、河南、湖广、江西、陕西九省钱粮二百五十余万两。

八月

· **郑成功取厦门**　先是郑成功自南澳攻诏安,败归;再攻潮州,又败回。至是依施琅等"吕蒙赚荆州之计"(《小腆纪年附考·卷第十七》),中秋之夜,袭入厦门,寻杀郑联,遂据其岛。旋派人召郑彩,又据金门。后在厦门建筑炮台,操演阵法,整备船只,制造军器,威震海上。

十一月

· **清兵攻占广州**　广州城三面临水,李成栋在时,复筑两翼,附于城外为炮台,以水环之,守御益固。先是二月二十六日,清军围广州。五月永历帝遣将援广州,但自相仇杀,旋即撤师。广州久围不下,清约总督杜永和等为内应,决炮台水。借薪径渡,夺占炮台,竖梯登城,初二日,克之。

十二月

· **多尔衮死**　多尔衮(1612—1650),为清太祖第十四子。清太宗时封和硕睿亲王。皇太极死后，力阻豪格嗣位。福临即位后，多尔衮为皇叔摄政王，独专威权。顺治元年统清兵入关，都燕京，创制度，定中原。初九日，病死于喀喇城（今河北承德滦河镇）。讣闻，追尊为成宗义皇帝。

·**瞿式耜被杀**　先是清定南王孔有德率军占灌阳，粤西民苦于诸镇抄掠，阴为向导以迎清兵，遂攻占全州。七月初四日，清兵自全州进，翌日夺兴安，遂入严关，逼桂林。时桂林守城兵将逃尽，王永祚迎降，城中竟无一兵。大学士瞿式耜端坐府中，总督张同敞往见式耜，式耜曰："吾为留守，当死此，子无城守责，盍去诸！"同敞曰."昔人耻独为君子，公顾不许我共死乎？"（《明通鉴·顺治七年》）式耜喜与共饮。旋式耜拥至原靖江王府，见孔有德踞地坐。有德不怒，自言不杀忠臣，劝之降，不从。式耜与同敞被各幽一所，但声闻相通，日夜赋诗唱和，诗名《浩然吟》。后孔有德派人劝降，式耜不从；劝剃发为僧，也不从。瞿式耜被囚四旬，十七日，殉于独秀峰下，同敞俱死。式耜兵败后，永历帝先走浔州，后至南宁。

是岁

·张潮生，后刻《昭代丛书》，辑《虞初新志》等。

1651 年　辛卯　清顺治八年　南明永历五年

正月

·**清幽禁阿济格**　英亲王阿济格为清太祖第十二子，多尔衮之同母兄。多尔衮死，阿济格图谋摄政，初六日，被幽禁。后被削爵赐死。

·初八日，清罢汉中岁贡柑等，并罢江南橘、河南石榴，寻又罢陕西织造及岁贡皮张、临清岁造成砖。

·**清顺治帝亲政**　十二日，福临御太和殿受贺，始亲国政，颁诏天下。时福临十四岁，多尔衮已死。

二月

·初二日，清更定钱制，每钱百文，准银一钱。

·十三日，以多尔衮死，命罢塞外筑城避暑之役，已加派钱粮准抵本年正赋。

·**清曝多尔衮罪于天下**　先是十五日，苏克萨哈等首告故摄政王多尔衮罪，籍其家。二十一日，郑亲王济尔哈朗等合词疏奏多尔衮罪。旋削其封典、撤其庙享，并诛其党羽定西大将军何洛会，大学士刚林、祁充格等。又封肃亲王豪格子富寿为显亲王，予遏必隆等平反。

·廿八日，清命将前圈土地退还原主耕种。

闰二月

·**清整饬吏治**　以不肖官吏，刻剥民财，钻营升转，不识文义，倩人代笔，初九日，命各督、抚严加甄别，选优除劣，澄清吏治。

三月

·**永历帝封孙可望为秦王**　先是孙可望派其将贺九仪至南宁请封秦王。大学士严起恒不允，九仪将其怒杀，投尸于江，并追杀兵部尚书杨鼎和，南宁鼎沸。初一日，永历帝封孙可望为秦王。

·初六日，清命诸王等分管六部、理藩院和都察院，寻罢之。

·廿九日，许旗人子弟科举。满洲、蒙古、汉军各旗子弟科考，中试者照甲第除授官职。

四月

·**郑成功斩郑芝莞**　先是郑成功谋援广州，乘舟出师，留郑芝莞守厦门。上月清兵袭击厦门，芝莞弃城而遁。寻郑成功回师收复厦门。初十日，成功大会文武，以军功，赏施琅；又以失机，斩芝莞。

·**施琅降清**　施琅（1621—1696），福建晋江人，事成功，年最少，官左先锋，知兵善战。厦门之战功最高，但因成功只赏与银而未还其兵，遂请为僧。值琅有亲丁曾德犯法，逃匿成功营。琅擒执之；成功驰令勿杀，琅竟杀之。成功怒，捕琅并逮其家口。琅以计得脱。二十一日，成功出令杀其父及弟等。后施琅降清，任水师提督。成功颇惜施琅之去，以为恐贻患于后。

六月

·**建北海白塔成**　在琼华岛广寒殿旧址，十二日，建白塔成，塔后设号杆五根，悬龙旗、灯笼，其下藏信炮，以传警报，并派八旗军校轮流戍守。

八月

·｜三日，清顺治帝娶蒙古科尔沁吴克善亲王女博尔济吉特氏为皇后。

·廿三日，清追复肃亲王豪格爵。

九月

·**清军破舟山**　先是南明鲁王进入舟山（瀹洲），以张肯堂为大学士，张名振执掌军务。时清军由定关出海，渡横水洋，集螺头门。大学士张肯堂率居民坚守，左都督张名扬统将士力战。初八日，城中食尽力竭，清兵掘地道破城。张肯堂自缢于雪交亭，张名扬举家自焚死。张名振等奉鲁王走厦门，依郑成功。

·十八日，以承天门重建工成，命改名为天安门。

十一月

·十二日，清平南王尚可喜兵克广东雷州（今海康）。

十二月

·**清兵破南宁**　先是永历帝闻浔州破，仓皇出走。初七日，清军占南宁。孙可望遣将迎永历帝驻安隆，从之。

是岁

会计直省丁口数地数等　人丁户口口一千零六十三万三千三百二十六，地二百九十万八千五百八十四顷余，征银二千一百一十万余两，米麦豆五百七十三万九千四百余石，草四百七十四万余束。

1652 年　壬辰　清顺治九年　南明永历六年

正月

·**清改订宗室王公封爵制**　十三日，定宗室王公子年至十五岁以上者，和硕亲王一子袭封亲王，其余俱封郡王；郡王一子袭封郡王，其余俱封贝勒；贝勒以下不准袭封，贝勒之子封贝子等。

·十五日，安徽贵池地震，屋瓦皆飞，江波如荡。

三月

·初七日，清命满、汉册文诰敕，兼写满文、汉文；外藩蒙古册文诰敕，则兼书满文、蒙古文。

·十三日，严禁人贩子诱拐贩卖子女。

四月

·十四日，清准山西潞绸（chōu）机户，照明季例：十年一派，三年一解，随时估价，今年为始。

·廿四日，清设宗人府衙门。

七月

·**李定国攻占桂林**　先是孙可望闻清命孔有德入贵州，吴三桂争川南，遂遣李定国等出湖广，由武冈、全州趋桂林，又遣刘文秀等出川南，由叙州、重庆图成都。文秀虽攻取叙州，但被吴三桂所败，回贵州，入川之师受挫。但李定国东进之师，连陷沅州、靖州、武冈，势如破竹。李定国下全州后，与孔有德战于严关。定国驱象阵猛攻，有德退入桂林。定国围城三匝，初四日，遣兵援梯登城；有德登陴守御，为矢中额，见武胜门已破，遂手刃爱姬，自经而死。李定国攻破桂林后，连陷柳州、梧州，旋取永州（今湖南永州零陵区），略岳州（今湖南岳阳）。十一月，败清兵于衡州城下，敬谨亲王尼堪死之。定国"两蹶名王，天下震动"。

八月

·**河南等地大水**　二十八日，户部侍郎王永吉奏称，江南、湖广、浙江大旱，直隶、山东、山西、河南大水。其时河决封丘，冲毁县城，旋塞旋决，漕运梗阻。给事中许作梅奏请勘九河故道，使河北流入海。河督杨方兴言："宋以前治河，但令入海有路，可南亦可北。元、明以迄我朝，东南漕运，由清口至董口二百余里，必藉黄为转输，是治河即所以治漕，可以南不可以北。"（《清史稿·黄河》）遂于丁家寨凿渠引流，以减水势。

九月

·十七日，清驻防宁古塔章京海塞遣官率兵往黑龙江，反击沙俄军入侵败绩，命杀之。

·是月，郭怀一率领台湾人民发动反对荷兰殖民者之武装起义，进攻赤嵌城，旋败牺牲。

十月

·三十日，大学士范文程等奏言，各直省钱粮，每年缺额四百余万，赋亏饷绌，急宜筹划。

十一月

·廿七日，顺治帝召六部诸臣于午门五凤楼，严谕各部咸通贿赂、姑息瞻徇。吏、兵两部授官，凡行贿及私爱者，处以腹内善地；无贿而憎恶者，置之边远恶地。

十二月

·**顺治帝接见五世达赖喇嘛**　五世达赖喇嘛阿旺罗桑嘉措（1617—1682），应清廷之邀请抵京。十五日，在南苑行宫受顺治帝接见，并进马匹、方物。

是岁

·**陈洪绶死**　陈洪绶（1598—1652），号老莲，浙江诸暨人，著名画家。擅画人物、仕女，绘有《水浒叶子》等，时有"南陈北崔（子忠）"之称。

·**王铎死**　王铎（1592—1652），字觉新，河南孟津人，为明清之际著名书法家，其书法集为《拟山园帖》。

1653年 癸巳 清顺治十年 南明永历七年

正月

· **顺治帝允朱鼎延所奏** 河南道监察御史朱鼎延奏言："自古帝王致治，先天下之忧而忧，后天下之乐而乐……愿皇上居深宫而念民流离之苦……一举箸而思民供纳之艰，一服御而念民捉襟露肘、冒冻号寒之况……"（《清世祖实录·七十一》）疏入，初三日，顺治帝是其言。

二月

· 初九日，清少詹事李呈祥奏"部院衙门，应裁去满官，专用汉人"（《清史稿·李呈祥传》）一疏。以攻击满官罪，命将李呈祥流徙尚阳堡。

· 十七日，清命满译《五经》。

三月

· 初二日，赐汤若望号通玄教师。

· **设立宗学** 十五日，命八旗各设宗学，隶宗人府，选满洲生员为师。凡未封宗室子弟十岁以上者，俱入学，习满文。

· **孙可望率兵追李定国** 先是李定国败于衡州，孙可望约定国赴沅州议事，谋图之。定国觉其意，辞不行。十五日，可望率兵追定国。清借孙、李内讧之机，先后连取衡、永、武、靖、辰、沅等，定国退入广西，可望败还贵州。

· 是月，南明鲁王去监国之号。

四月

· **清册封达赖喇嘛** 二十二日，清赐五世达赖喇嘛阿旺罗桑嘉措为"西天大善自在佛所领天下释教普通瓦赤拉怛喇达赖喇嘛"，并封顾实汗为"遵行文义敏慧顾实汗"。

五月

·**郑成功拒清敕封**　初十日，清封郑芝龙为同安侯，子成功为海澄公，成功拒之。同月，南明永历帝封郑成功为延平王。李定国致书成功，约会师。

六月

·初八日，甘肃天水发生七点五级地震。

七月

·**清严明钱法**　二十二日，定每文重一钱二分五厘，每千文折银一两，精工铸造，画一通行，严禁私铸，违者治罪。

八月

·廿五日，清废皇后博尔济吉特氏为静妃。

十二月

·先是入春以来，南旱北涝，直隶等地"河水泛滥，沿河一带，城郭庐舍，漂没殆尽"（《清世祖实录·七十七》）。二十五日，京师地震有声。

1654 年　甲午　清顺治十一年　南明永历八年

正月

·**张名振等再入长江**　南明鲁王定西侯张名振、兵部侍郎张煌言，自上年十二月师次崇明，败清军于平阳沙洲之后，十三日，再率舟师入长江。二十日，登金山，望石头城，遥祭孝陵。遂略瓜洲、仪真（今江苏仪征），抵江宁观音门，旋沿江东下。寻郑成功攻崇明、金山，失利。

三月

·**宁完我劾陈名夏**　陈名夏，崇祯进士，官修撰，降李自成。顺治二年（1645）降清，复原官。以阿附摄政王多尔衮，官至吏部尚书、大学士。初一日，大学士宁完我劾名夏怀奸结党，居乡暴恶，曾言"留发复衣冠，天下即太平"（《清史稿·陈名夏传》）等罪，寻命处绞。

·**南明"十八先生之狱"** 先是永历帝到安隆后，孙可望设内阁六部，立太庙，定朝仪；并以朝事尽委执掌戎政之马吉翔、督勇卫营之庞天寿，谋禅代帝位。永历帝欲密敕晋王李定国，令统兵入卫；即令告给事中徐极等五人，五人许诺，引以告大学士吴贞毓。于是密敕定国，定国接敕感泣，许以迎帝。吉翔闻知有密敕事，启报可望。可望大怒，遣其将郑国追讯之。郑国挟贞毓直入御所，迫帝索主谋者，帝惧不敢质言。郑国怒械贞毓并刑科给事中张镌、中军左都督郑允元、大理寺丞林钟、吏科给事中徐极等，系之私室。众受拷掠，不胜痛楚，皆大骂。初六日，孙可望挟永历帝，以张镌等为首罪，凌迟；贞毓为大臣，绞死；余为从罪，斩首。诸臣就刑，神色不变，各赋诗大骂而死。是狱惨死者十八人，史称"十八先生之狱"。后李定国奉永历帝入云南，疏请褒恤贞毓等有差。

·**玄烨生** 十八日，顺治帝第三子玄烨生，母佟氏（佟佳氏），后为清圣祖康熙帝。

四月

·**命修订《赋役全书》** 先是顺治三年（1646）照明万历《赋役册》订定刊行。初七日，始行修订，十四年（1657）刊行。内容列地丁原额、荒亡、实征、起运和存留等，每州县发二部，一存有司，一存学宫。

六月

·初一日，河决封丘大王庙。给事中林起龙以河决劾奏总河杨方兴侵冒，方兴解任。遣官往勘，起龙坐诬陷，复方兴任。

九月

·**清申严隐匿逃人罪** 初六日，定隐匿逃人者正法，家产入官；其两邻各责四十、流徙，十家长责四十。

十月

·廿三日，清设十三衙门，复设尚方司，共为十四衙门。

·廿六日，李定国占高明，围新会。清平南王尚可喜、靖南王耿继茂以高明失陷、新会被围，飞章告急。后新会城中粮尽，杀马为食。至十二月清援兵大至，围解。

十二月

·**郑成功克漳州** 十九日，闽抚奏报：郑成功袭入福建漳州。守将刘国轩降，十邑皆下。寻成功进围泉州，不克而还。

·廿一日，清命固山额真明安达礼统兵往黑龙江征入侵沙俄军。

是岁

·蒙古和硕特部首领顾实汗死。

·侯方域死。侯方域（1618—1655），字朝宗，河南商丘人，时以诗文名海内，著《壮悔堂文集》《四忆堂诗集》等，卒年三十七。

1655年　乙未　清顺治十二年　南明永历九年

正月

·十六日，清顺治帝谕吏部："惟贤才难得，政事需人。必舍短以取长，宜计功而忘过。"（《清世祖实录·八十八》）

二月

·**进击入侵呼玛沙俄军** 先是自沙俄军侵入黑龙江流域之后，顺治九年（1652），清军在乌扎拉屯痛击哈巴罗夫。二十七日，明安达礼率兵到呼玛反击俄国入侵军，"攻其城，颇有斩获"（《曹延杰集·征罗刹》）。

三月

·户部右侍郎赵开心以流民载道，地方官因惧逃人法而不敢容留，请暂宽逃人之禁。初三日，命将赵开心降五级调用。

五月

·初八日，清和硕郑亲王济尔哈朗死。

·廿二日，俄国沙皇政府遣使于清贡方物。

六月

·初四日，命紫禁城后山名为景山，西华门外台名为瀛台。

·**严申海禁** 十九日，从浙闽总督屯泰疏言："沿海省份，应立严禁，无许片帆入海，违者立置重典。"（《清世祖实录·九十二》）

·廿八日，清立内十三衙门铁碑，严禁宦官干政。

十月

·初六日，清于山东莱州铸钱。

·**郑成功下舟山** 成功派官兵围攻舟山，守军孤城援绝，降附。二十三日，成功军进城，声振江南。

十一月

·**顾仁婪赃被斩** 上月十九日，吏部书吏章冕刎颈叩阍，控告顺天巡按顾仁收蠹纳贿，陷害无辜。初三日，命将顾仁处死。寻定内外大小官员受赃十两以上者，俱籍没其家产入官。

·初定例喀尔喀蒙古各部，岁贡白驼各一、白马各八，是谓"九白年贡"。二十一日，土谢图汗等各遣使遵例进贡。

十二月

·十五日，颁行《满文大清律》。

是岁

·医学家李中梓（1588—1655）死，著《内经知要》和《医宗必读》等。

1656 年 丙申 清顺治十三年 南明永历十年

三月

·**永历帝居滇都** "十八先生之狱"发生后，内外对孙可望愈加不满。是年正月，孙可望闻李定国将由粤西抵安隆，派白文选至安隆移永历帝入贵阳，以便控制。但文选通于定国，二十六日共奉永历帝奔滇。至是初一日，永历帝入昆明，居可望旧第，号"滇都"。寻封李定国为晋王，刘文秀为蜀王，白文选为巩昌王。

闰五月

·初三日，清河西务钞官员外郎朱世德，以多征税课入己、侵盗库银受贿委官罪，被绞死。

·**乾清宫等告成**　先是清顺治帝以保和殿为位育宫，居住十年，乾清宫等白顺治十年（1653）秋始修。十二日，乾清宫、乾清门、坤宁宫、坤宁门、交泰殿及景仁、永寿、承乾、翊坤、钟粹、储秀等宫成。遂于七月初六日移居乾清宫，并祭告天地，颁诏天下。

六月

·**黄梧降清**　先是郑成功援粤失利归，怒斩其将苏茂，并罚总兵黄梧。梧受罚不平，于二十二日献海澄降清。寻清封梧为海澄公。

九月

·初二日，吐鲁番阿布杜拉哈遣使入贡，清赐缎绢。

·廿八日，清命今后大学士不得与议政大臣会议。

十月

·初四日，右长安门外设登闻鼓，以满、汉科道官员轮值，凡击鼓告状者，在内经各衙门审理果有冤屈，在外督、抚、按不为昭雪，则审明封进。

·**永顺土司附清**　湘西永顺六司总兵彭弘澍，二十八日，率所属三州六司三百八十峒降清，寻授太子太保。

十一月

·初七日，清禁白莲、闻香等教。

十二月

·初六日，清册封内大臣鄂硕女董鄂氏为皇贵妃。

·是月，荷兰命揆一为台湾总督。

1657 年　丁酉　清顺治十四年　南明永历十一年

三月

·十一日，清命直省学臣搜求遗书。

·**郎廷佐请舒江南三大困**　清两江总督郎廷佐奏请舒江南三大困：一、官多因钱粮积欠多且考成严而降调；二、自顺治八年至十三年（1651—1656）已积欠钱粮四百余万；三、商贾舟楫多被封船载运军队，致商民坐困。十一日，命下所司详议。

·十八日，山东汶水发生六级地震。

·先是清海澄公黄梧具揭兵部，请斩郑芝龙以绝郑成功之根。二十三日，命廷臣密议，寻流徙郑芝龙于宁古塔，籍没家产。

八月

·**郑成功克台州**　成功兴师北伐，舟入浙江，先夺海门、下黄岩。二十六日，攻占台州（今浙江临海）。寻太平、天台、仙居诸县归附。九月，郑成功以闽安陷落，虑失两岛，遂回守厦门。

九月

·夏秋间中州淫雨大水，冲毁田舍。初八日，河决河南祥符槐疙瘩地，旋塞。

·**孙可望与李定国战交水**　孙可望以"清君侧"为名，释白文选于系中，令为大将前行，自率十余万军犯滇。寻渡盘江，滇中大震。是月永历帝闻警，削孙可望秦王称号，以李定国、刘文秀合师迎击。定国约文选为内应。十九日，战于交水。可望军先夹水而阵，文选迅以轻骑奔定国。定国发起猛攻，里应外合，可望师溃，一军瓦解。孙可望狼狈东逃。十月，率数十骑至长沙降清。十二月，孙可望被清封为义王，越三年，以病死。

·廿八日，京师地震有声。

·**清议铸钱归一**　时除京宝泉局铸钱外，各省开炉鼓铸，铸钱过多，私钱公行，官钱壅滞，钱法大坏。三十日，议铸钱归一，只准宝泉局铸钱，停止各省鼓铸。

十月

·**顺天乡试案**　因生员陆其贤以银三千两，贿买考官李振邺、张我朴得中举人，致京闱发榜后"途谣巷议，啧有烦言"（《清世祖实录·一一二》）。翌年正月，于太和门复试，每人以一兵夹之。是狱迁延半年，李振邺、张我朴等处斩，多人流徙尚阳堡。

十一月

·**江南乡试通贿舞弊**　南闱主考官方犹、钱开宗等弊窦多端，物议沸腾。发榜后士子哭文庙，殴帘官；两主考撤闱归里时，又随舟唾骂，至欲投掷砖瓦。有人刊《万金记传奇》，以方字去一点为万，钱字去右旁为金，指二主考官姓，极尽其纳贿作弊丑态。是案审理逾年，方、钱俱弃市，并处绞、杖、流多人。

是岁

·**谈迁死**　谈迁（1594—1657），原名以训，浙江海宁人，撰编年体明史《国榷》一百零八卷，凡五百万言，历时三十余年。

1658年　戊戌　清顺治十五年　南明永历十二年

正月

·**清派兵攻云南**　以孙可望与李定国互相争战，可望降清。初九日，顺治帝命多罗信郡王多尼（多铎之子）为安远靖寇大将军，统领将士，分兵三路，罗托等由湖南、吴三桂等由四川、赵布泰等由广西，进攻贵州，征取云南。

·廿四日，黑龙江下游使犬部头目替尔库等贡于清。

三月

·**内监吴良辅伏诛**　先是清不设宦官，顺治初设内务府后罢之。又袭明宦官之制，设立十三衙门。寻立铁碑以限制内监预政。初七日，内监吴良辅因交通官员、作弊纳贿，寻伏诛。旋原大学士陈之遴等因贿结吴良辅被革职流徙。

五月

·清军占贵阳　先是清兵分三路征贵州。时李定国败孙可望兵，志骄意得，武备渐弛。光禄少卿高勋、郎中金简进谏言："今内难虽除，外忧方大，而我酣歌漏舟之中，熟寝爇（ruò）薪之上，能旦夕安邪？"（《明通鉴·顺治十五年》）定国愬于永历帝，欲杖二臣，旋高、金以败报踵至获免。而清军吴三桂一路，先后陷重庆、取遵义。二十八日，罗托疏报，清兵进取贵阳，守将马进忠弃城远走。赵布泰亦报兵抵贵州。清兵三路会黔，贵州平。后多尼至贵州，会吴三桂、洪承畴等，议分路进取云南。

·郑成功北伐　是月，成功公布北伐禁条，大举兴师北上，寻克平阳，降瑞安，攻温州。八月，遇飓风，退师舟山，修舰养兵。

七月

·清军击毙斯捷潘诺夫　先是斯捷潘诺夫替代哈巴罗夫指挥入侵沙俄军后，累犯黑龙江下游一带，受到清军重挫。七月，斯捷潘诺夫率五百余名哥萨克，往松花江流域抢粮食、劫貂皮。十五日，沙尔虎达统领清兵，在松花江口以逸待劳，将斯捷潘诺夫等围截。经过激战，清军打死和俘获哥萨克共二百七十余人，击毙斯捷潘诺夫，并获甲仗、貂皮等物。翌年沙尔虎达死。其子巴海继任宁古塔昂邦章京。

·清改设殿阁大学士　先是皇太极于天聪十年（1636）改文馆为内三院（秘书、弘文、国史）。二十三日，命取消内三院名称，内三院大学士改为殿阁大学士，仍为正五品，另设翰林院。寻以巴哈纳、金之俊为中和殿大学士，额色黑、成克巩为保和殿大学士，蒋赫德、刘正宗为文华殿大学士，洪承畴、傅以渐、胡世安为武英殿大学士，卫周祚为文渊阁大学士，李霨为东阁大学士；并各兼尚书。

十月

·长江涨溢　十九日，湖广总督疏报，湖北荆州、襄阳、安陆等地淫雨连绵，江水涨溢，漂没田舍，淹溺万余人。

是岁

·《明史纪事本末》刊行　谷应泰（1620—1690）撰，将明代史事，列八十个专题，每题为一卷，凡八十卷，成书较《明史》为早，有重要史料价值。

1659年　己亥　清顺治十六年　南明永历十三年

正月

·夔东十三家军围重庆　先是李锦死后，刘体纯、郝摇旗、李来亨等进入川东，称夔东十三家军，众至十余万人。上年八月为牵制清军进黔，进攻重庆，不克而还。是月初二日，又以谭氏三兄弟（文、宏、诣）为前队，战舰蔽江，再攻重庆。但三谭内讧，宏、诣杀文，纳款降清。清军乘势掩袭，十五日解围回川东。

·清军占"滇都"　先是清安远大将军多尼会吴三桂、赵布泰于平越府杨老堡，议分兵三路，进取"滇都"（今云南昆明）：多尼自贵阳取道关岭为中路，吴三桂自遵义进七星关为南路，赵布泰自都匀趋黄草坝为北路，定于十二月会师云南省城。多尼率兵做浮桥济盘江，败白文选军抵滇；吴三桂兵至七星关，以白文选屯兵守险，遂从水西苗界间道度关，直奔乌撒；赵布泰兵至盘江，见守军据险沉船，便纳土知州策，从下流取沉船宵济，与李定国战于双河口。定国象阵被破，十三日败回"滇都"。寻李定国奉永历帝奔永昌，走腾越，入缅甸。是月初三日，清军遂克"滇都"。

·十九日，清赐外藩蒙古贫乏诸王马、牛、羊。

三月

·廿三日，清命平西王吴三桂驻镇云南，平南王尚可喜驻镇广东，靖南王耿继茂驻镇四川（后移福建）。

闰三月

·清定惩治贪官例　初七日，定凡贪官赃至十两者，杖责四十板，流徙席北（北部边远）地方，应杖责者不准折赎。

· **申严诬告之禁** 十一日，定：如诬告人死罪，已决者，反坐论死监候；未决者，本犯杖一百，发边卫永远充军。

五月

· 先是南明永历帝于正月入缅，三月至井梗。是月初七日到阿瓦，旋驻赭硈，居草屋，以竹为城。

六月

· **郑成功率师围江宁** 先是郑成功与张煌言会师，大举北上，次丹徒，泊焦山，望祭明陵。时清军在金山、焦山间设铁锁横江，称"滚江龙"。成功派泅水者断"滚江龙"，遂于十六日破瓜洲，二十二日克镇江。中军提督甘辉进计言："瓜、镇为南北咽吭，断瓜洲则山东之师不下，据北固则两浙之路不通，公第坐镇此，南都可不劳而定矣。"（《明通鉴·顺治十六年》）成功未听，遂于二十六日率领舟师薄江宁（今江苏南京）。其时，张煌言以偏师进临观音门，成功派煌言往芜湖。一时大江南北四府三州二十四县相率来归。七月十二日，郑成功见势如破竹，亲拥"战舰数千，贼众十余万"（《清世祖实录·一二七》），由仪凤门登陆，连屯八十三营，安炮布雷，设梯竖栅，围金陵，截江路。清江南总督郎廷佐以江宁城大兵单，急待援师，派人见郑成功纳款言："我朝有例，守城者过三十日城失，则罪不及妻孥；今各官眷口悉在北京，乞藩主宽三十日之限，即当开门迎降。"（《中国通史·清时期下》）成功中敌缓兵之计，诸将卸甲饮宴，兵士四出樵采，营垒疏防，自老其师。清军乘时齐集，援兵大至。二十三日，清水师总兵梁化凤由仪凤门、钟阜门穴城而出，突破中军余新营，直攻中坚，前后夹击，成功军失利。翌日，成功军据山守御，清军倾城而出，自下仰攻，施放火器，成功大败，郑成功师败出海，九月再败于温州，后回师厦门。

是岁

· **毛晋死** 毛晋（1599—1659），江苏常熟人，著名藏书家。所藏书共八万四千余册，多为宋元善本，又校刻《十三经》《十七史》《津逮秘书》《六十种曲》等。

1660 年　庚子　清顺治十七年　南明永历十四年

正月

·是月，荷兰通事何斌至厦门，向郑成功密献台湾地图，建议进取台湾。

四月

·清定迟报灾情处分例　十七日，定抚按道府州县官逾限一月者，罚俸一年，逾限两月者，降一级，逾限三月者，革职。

五月

·沙俄国信使至京　先是顺治十二年（1655）、十三年（1656），沙俄国使臣两至京师，皆因其"不具表文"或"不谙朝礼"而遣还。初三日，佩尔菲利耶夫和阿布林至京，顺治帝因其"表文矜夸"，未予接见。

·清军攻厦门兵败　清将军达素、总督李率泰等出漳州攻厦门。郑成功碇海中流，手旗起师，风吼涛立，乘风破敌。初十日，清军败溃，达素回福州后自杀。

·十八日，清命各衙门等本章，于每日午时进奏，次日发下拟旨：密本不拘时封进。

七月

·巴海败俄军　宁古塔昂邦章京巴海等率领舟师，顺松花江口而下，追袭入犯俄军。二十四日，至古法坛村（伯力之北），敌弃舟登岸败走，斩首六十余级，淹死者甚众，并获火炮、盔甲、器械等物。

八月

·清攻李定国　先是四月二十二日，吴三桂疏奏"滇土虽收，滇局未结"（《清世祖实录·一三四》），请及时进兵缅甸攻永历帝。经廷议具奏，十八日，命爱星阿为定西将军，统兵会同吴三桂往攻李定国。

·十九日，皇贵妃董鄂氏死，旋追封为皇后。

九月

·**清下令迁界** 十一日，从福建总督李率泰疏请，迁同安排头、海澄方田八十八堡及海澄边境居民入内地安插。

十月

·初六日，清罢朝鲜贡鹰。

·廿七日，费牙喀部头目柴阿奴等贡黑狐、貂皮至京师。

1661年 辛丑 清顺治十八年 南明永历十五年

正月

·**顺治帝死** 初七日，顺治帝福临死于养心殿，在位十八年，年二十四，下遗诏十四条罪己，以子玄烨嗣位，年八岁，明年改元康熙。遗命内大臣索尼、苏克萨哈、遏必隆、鳌拜辅政。后谥章皇帝，庙号世祖，康熙二年（1663）六月初三日葬于孝陵（清东陵）。

二月

·**罢内十三衙门** 十五日，以《遗诏》数委用宦寺之过，命革去十三衙门，宦官俱永不许干政。

·十三日，命云贵凡无主荒田，招民垦种，三年起科，永为己业。

三月

·**郑成功进军台湾** 二十三日，郑成功率军二万五千人，分乘船舰二百艘，自金门料罗湾出发，翌日抵澎湖。四月一日，驶入鹿耳门，何斌引导舟师于禾寮港登陆。旋从水陆两面进攻荷兰殖民军，敌立阵不住，退守赤嵌城。成功军切断赤嵌城和台湾城之间的联系，进围赤嵌城。六日，守将描难实叮以孤城援绝，城中乏水，而成功又欲放火焚城，遂出城降。郑成功旋即围攻台湾城。

四月

·初四日，安南国王黎维祺遣使贡于清。

五月

·是月，湖北宜昌大火，烧毁民房千余间。

六月

·二十日，清复设内三院，罢内阁、翰林院。

七月

·**缅人杀永历帝从官**　本年五月，李定国、白文选会师阿瓦，使人向缅求永历帝，以缅人不许而动干戈，缅人失利，退保阿瓦新城。时清兵大举入缅，吴三桂遣人告缅王曰："速缚伪主来，不然我且屠阿瓦！"（《中国历史大事年表》）缅人决计杀明从官以邀好于清。十九日，缅人设计邀明从官出，以兵围杀黔国公沐天波等，唯存永历帝及其宫眷二十五人，母子啼哭，声闻远近。

八月

·初八日，清复明季加增练饷例。命每亩加征一分，共计征银五百余万两，自本年为始，限三个月内征完解部。后罢之。

·初八日，达赖喇嘛请互市，以马易茶，许之。

·**厉行迁海政策**　先是为消除海上抗清势力，黄梧等密陈沿海居民迁入内地、设立边界部署防守、烧毁沿海船只和寸板不许下水等策。十三日，清廷命濒海居民迁移内地，派户部尚书苏纳海至闽，督责迁界。寻自辽东至广东，近海居民，各移内地三十里，燔（fán）宅舍，焚积聚，伐树木，荒田地。妇泣婴啼，流民塞路，民死过半，惨不可言。

十月

·**山东于七起义**　先是顺治五年（1648），于七在山东栖霞发动农民起义，并以锯齿山为根据地。十八日，山东巡抚许文秀、登州总兵范承宗等以失察被逮问。

翌春，山寨被清军用火器攻破，于七突围出，不知所终。

十一月

·廿九日，湖南巡按御史仵劭昕，以贪污及馈赂司道等官二十三员罪，被处斩。

十二月

·**吴三桂获永历帝** 先是九月吴三桂、爱星阿率兵十万，由大理、腾越出边入缅，分路进兵。十一月初八日，清军会师木邦，三桂将马宁等败白文选并迫降之。十二月，清兵抵缅甸旧晚坡（今阿瓦城东六十里），初三日，缅人执永历帝献军前。清军遂班师。

·**郑成功收复台湾** 先是成功四月初六日克赤嵌城后，初七日，即围击台湾城（今台湾台南）。城垣坚固，久攻不陷。成功遣通事致书劝降，揆一严拒，翘待援师。八月，郑成功击败巴达维亚东印度公司援军。至十二月初，郑成功采纳乡民建议，以城中无井，断其水源。并致书谕降曰："台湾者中国之土地也，久为贵国所据。今余既来索，则地当归我！"（魏大业《台湾大事纪要》）十三日，荷兰总督揆一被围七月，舰只遭焚，炮台被平，援绝城危，遂向郑成功投降。

是岁

·**金圣叹死** 金圣叹（1608—1661），名人瑞，江苏苏州人，著名文学评论家，以哭庙案被杀。评点《水浒》，并将《离骚》《庄子》《史记》《杜工部集》《水浒传》《西厢记》合称为"六才子书"。又能诗，有《沉吟楼诗选》。

康熙（1662—1722）

1662年 壬寅 清圣祖仁皇帝玄烨康熙元年

三月

·初四日，西宁、龙门、宣化、保安等处地震，人昏房倒。

四月

·**吴三桂杀永历帝** 吴三桂执朱由榔自缅甸还至昆明，以弓弦绞杀永历帝于篦子坡（在昆明城内）。

五月

·**郑成功死** 郑成功收复台湾，改赤嵌地方为东都明京，设承天府和天兴、万年二县，奉明正朔；招集东南沿海不愿迁界的破产之民入台，开辟草莱，推行屯垦，发展生产，贸易外国；整军经武，励精图治。初八日逝世，年三十九，子经嗣主台湾政。

六月

·**李定国死** 先是定国迎战三桂，败走勐腊，乞师暹罗，以图兴复。事未成而闻永历帝遇害，二十七日，悲愤而死，年四十二。

七月

·**施琅为福建水师提督** 二十七日，清命福建同安总兵官施琅为水师提督。其时水师提督带兵四千驻海澄，左路水师总兵官带兵三千驻闽安，右路水师总兵官带兵三千驻同安。

十一月

·初八日，南明巩昌王白文选降清，封为承恩公。

·廿一日，原明鲁王朱以海死于台湾。

十二月

·廿二日，清命平西王吴三桂总管云、贵两省。

是岁

·**会计直省丁口数地数等** 人丁户口一千九百二十万三千二百三十三，地五百三十一万余顷，征银二千五百七十六万余两，米豆麦六百一十二万余石，草二百二十六万余束，茶一十五万余引，行盐四百二十万余引，征课银二百七十三万余两，铸钱二亿九千七百八十九万余。

·**罗桑却吉坚赞死**　"班禅博克多"罗桑却吉坚赞（1567—1662）死后，达赖五世为其选定转世"灵童"，是为班禅五世，黄教始建班禅活佛系统。

·阎尔梅（1603—1679）死，著有《白耷山人集》。

·张学礼等奉使琉球，著《使琉球记》。

·**《蒙古源流》成书**　小彻辰萨囊台古《蒙古源流》著成，与《元朝秘史》《蒙古黄金史》鼎称为蒙古族史三大著作。

1663年　癸卯　清康熙二年

二月

·初三日，广东海阳火，延烧民房千余家。

三月

·廿四日，荷兰船至闽安，求助攻台湾，并请贸易，许之。

五月

·十七日，迁山东宁海之黄岛，蓬莱之海洋岛等居民入内地，酌量安插。

·十八日，从吴三桂请，于云南开局铸康熙钱。

·**天下钱粮统归户部**　先是直省解京钱粮总归户部，自顺治七年（1650）复令各部、寺分管催收，致事繁弊多。十九日，命自康熙三年（1664）始，直省钱粮除扣拨兵饷外，其余通解户部。

十月

·**清军克厦门、金门**　先是成功死，子经在厦门，守将黄昭等奉成功弟袭理台事。郑经闻讣，自称招讨大将军，将入台。昭等谋奉袭拒经。经杀昭入台，又计杀其伯父泰等。于是诸将离心，黄泰之子缵绪及部下蔡鸣雷、陈辉等先后降清。

二十一日，靖南王耿继茂、总督李率泰、水师提督施琅率降清诸军，合荷兰夹板船出师渡海，攻克厦门，并取金门、浯屿二岛，郑经将周全斌降清。

十二月

·**夔东十三家军抗清失败** 清军俘杀永历帝后，本年八月以穆里玛为靖西将军、图海为定西将军，率三十万军队，分兵三路，"合营进剿"夔东十三家军。二十三日，清军攻入巫山天池寨，刘体纯（又名二虎）自缢死。郝摇旗等退至黄草坪被俘，后不屈而死。

是岁

·吴炎与潘柽章合著《明史记》，遭庄廷钺明史案文字狱牵连被杀，书稿焚毁。

·免直隶、江南等十省二百七十余州县灾赋。

1664 年　甲辰　清康熙三年

正月

·二十日，刊刻满文《通鉴》告成。

四月

·**鳌拜杀费扬古** 辅臣鳌拜与内大臣费扬古有隙，以费扬古守陵怨望，其子侍卫倭赫撞骑御马，于初七日将费扬古及其子尼侃、萨哈连俱绞死，房屋籍入鳌拜之弟穆里玛家。

六月

·**蠲免顺治年间逋赋** 自顺治元年至十七年（1644—1660），直省拖欠银二千七百万余两，米七百万余石，药材十九万余斤，绢布九万余匹。二十九日，命将顺治十五年（1658）以前所欠银、米、药材、绢布等项钱粮概予蠲免。

闰六月

·十五日，刑部尚书高景以考满不称职，解任。

七月

·初十日，禁外国馈赠边藩总督、巡抚。

·十八日，命施琅为靖海将军，以降将周全斌、杨富辅之，进兵台湾，但因风阻罢兵。

·**张煌言被执**　张煌言（1620—1664）兵败后，散军隐居南田（今浙江宁波东南）悬岙（ào）孤岛中，结茅为屋，以数人随。浙江提督张杰募煌言故校装扮僧民，密访其踪迹。二十日夜，乘船进汊，攀藤登崖，突入帐房，执张煌言。寻解至杭州，劝之降，抗而不屈。九月初七日，煌言赴市，赋《绝命词》，挺立受刑而死。著有《张苍水集》。

八月

·**李来亨牺牲**　穆里玛、图海率清军取天池寨得胜后，集中兵力进攻李来亨军。来亨据守茅麓山九莲坪（今湖北兴山），形势险峻，顽强防御。清军施放火器，昼夜环攻。初五日，李来亨孤寨无援，矢尽力竭，举火焚室，全家自缢。

是岁

·医学家喻昌（1585—1664）死，著《尚论篇》和《医门法律》等。

·**钱谦益死**　钱谦益（1582—1664），号牧斋，江苏常熟人，崇祯初官礼部侍郎，后降清。诗文颇负盛名，著有《初学集》《国初群雄事略》等。其姜柳如是（1618—1664），明末名妓，能诗画，著《戊寅草》等。

1665 年　乙巳　清康熙四年

正月

·**定京察大计为制**　官员三年考绩之法，京官称京察，外官称大计。先是顺治二年（1645）始行大计，后行考满。时以考满贿赂徇情、钻营奔竞、逐层剥核，其弊尤甚。初十日，命自康熙四年（1665）起，以后每六年将内外官员考察一次。

·十二日，命关税照定额征收，停止缺额者处分、溢额者加级记录之例。

·十四日，致仕大学士洪承畴（1593—1665）死。

三月

·初二日，京师通县（今北京通州）发生六点五级地震。

·**杨光先攻讦汤若望**　先是官生杨光先叩阍进所著《指谬论》，指摘汤若望新法十谬，其《时宪历》中"依西洋新法"五字尤为不妥，又奏汤若望进二百年历，皇祚无疆岂止二百年。清廷因杀钦天监历科李祖白、春官正宋可成、秋官正宋发、冬官正朱光显、中官正刘有泰等，汤若望下狱，从宽免死。复用"大统"旧术，以杨光先掌监务。

五月

·**裁并督抚**　二十二日，命湖广、四川、福建、浙江四省仍各留总督一员，裁贵州总督并云南，广西总督并广东，江西总督并江南，山西总督并陕西，设直隶、山东、河南总督一员，郧阳巡抚、宁夏巡抚、南赣巡抚俱裁去。

·**贵州水西设三府**　先是二月吴三桂征贵州水西，俘其土司安坤，并占乌撒。二十七日，从三桂请，水西设流官，置三府。

六月

·**云南反清起义**　先是三月云南土官王耀祖等据新兴，建号大庆，陷易门、攻昆阳；嶍峨土官禄益陷嶍峨；六诏、哀牢山哈尼、彝族民推举宁州土官禄昌贤（彝族）为首，攻陷宁州，据大西山地方，攻江川、通海、宜良，威胁澄江府（今云南澄江），滇中南大震。十四日，吴三桂奏闻。总督卞三元、巡抚袁懋功、提督张国柱等调兵分路镇压，两年后失败。

1666 年　丙午　清康熙五年

正月

·**圈换旗地议起**　先是圈占土地时多尔衮欲往永平，故将镶黄旗应圈之地给予正白旗，而给镶黄旗地于右翼之末，即保定、河间、涿州等处。事已二十余年，旗民安业。及镶黄旗鳌拜与正白旗苏克萨哈同辅政，有隙，鳌拜故立意更换土地。另二辅臣索尼素恶苏克萨哈，遏必隆不能自异，因共附鳌拜。但大学士、户部尚书苏纳海以土地分拨已久而不便更换等由，请将八旗移文驳回。十五日，著廷议以闻。

三月

·廿六日，喀尔喀台吉滚布什希等率四部降清。

五月

·廿七日，命直省督、抚，查禁离任官员，不得逗留原任地方。

八月

·初一日，给事中张维赤疏请玄烨亲政，报闻。

十月

·**江浙五府改征本色**　漕运总督林起龙以江南苏（州）、松（江）、常（州）三府和浙江嘉（兴）、湖（州）二府，白粮折征每石银二两，而民间谷价只七八钱，民力不堪，请改征本色，二十一日，谕从之。

·廿四日，云、贵二省武职员缺，悉听吴三桂题补。

十二月

·**鳌拜矫旨杀苏纳海等**　先是命大学士苏纳海、侍郎雷虎会同总督朱昌祚、巡抚王登联酌议圈换镶黄旗与正白旗田地，寻朱昌祚奏言圈拨不便、旗民交困。王登联疏言："旗民皆不愿圈换，自闻命后，旗地待换，民地待圈，皆抛弃不耕，荒凉极目，亟请停止。"（《清圣祖实录·二十》）疏入，忤辅臣鳌拜，被逮下狱。刑部议将苏纳海、朱昌祚、王登联各鞭一百，籍其家产。二十日，康熙帝召辅臣询问，苏克萨哈不回答，鳌拜、索尼、遏必隆坚奏应置重典。康熙帝不允所奏。鳌拜矫旨，苏纳海、朱昌祚、王登联情罪重大，着即处绞，免籍家产。

是岁

·**汤若望死**　汤若望（1592—1666），日耳曼人，耶稣会士，天启二年（1622）来华，崇祯间与修《崇祯历书》。清顺治间任钦天监正，并进《新法历》。后为杨光先所劾下狱，寻释放。著有《主教缘起》《古今交食考》等。

·致仕大学士范文程（1597—1666）死。

1667年　丁未　清康熙六年

二月

·初四日，吴三桂疏报进攻乌撒，俘其女土司陇氏。

·初十日，命禁止各旗拨换土地。

四月

·初五日，建宁古塔（今黑龙江宁安）木城。

·**沈天甫之狱**　江南人沈天甫等撰诗二卷，诡称为黄尊素（黄宗羲之父）等一百七十人作，陈济生编集，故明大学士吴甡（shēn）等六人为之序。吴甡之子吴元莱察其书非父手迹，控于巡城御史。二十日，沈天甫以谋叛诬陷罪弃市。

·二十四日，定八旗满郎中员缺：宗人府四，吏部八，户部十八，礼部六，兵部十二，刑部十四，工部十四，督捕一，共七十七员；两蓝、镶红各九缺，其余各十缺。

·廿六日，从刑部奏，凡以“通海”“逆书”“于七党”“逃人”诬陷人者，皆反坐。

五月

·十七日，荷兰国噶喽吧王油烦马绥极遣使进方物。

六月

·**定夏税秋粮征收月份**　以征收钱粮民苦于杂派之无穷，初六日，从顺天府尹李天裕疏奏，夏税定于五、六月征收，秋粮定于九、十月征收。

·廿三日，辅政大臣一等公索尼死。

七月

·**禁官员贸易之害**　以王公官员家人强占关津要地，不容商民贸易，初二日，命将旗民在原犯地治罪，其纵容家人之藩王罚银一万两，公罚银一千两，文武各官俱革职。

·**康熙帝亲政**　初七日，玄烨御太和殿受贺，宣恩诏十七条。是日，始御乾清门听政，后日以为常。

·**苏克萨哈被绞死**　先是辅臣索尼病死之后，辅臣苏克萨哈奏求守陵，如线余息，得以生全。寻议以其不识有何逼迫之处，将苏克萨哈及其子孙等拿问。十七日，议上苏克萨哈二十四罪，应凌迟处死。康熙帝不允所请。鳌拜攘臂御前，强奏累日，竟坐苏克萨哈处绞，其子内大臣查克旦凌识，叔弟侄无论已成年或未成年皆斩决，家产籍没，妻孥入官。

·廿六日，桃源（今江苏泗阳）烟墩口河决，冲入洪泽湖。

九月

·初五日，命纂修《清世祖章皇帝实录》。

·云贵总督卞三元、云南提督张国柱、贵州提督李本深，合词请吴三桂总管滇、黔事务。二十八日，优诏不允。

十月

·十一日，蒙古喀尔喀毕锡勒尔图汗之子根敦代青台吉率众归清，封为辅国公。

十二月

·十三日，命各省复开炉铸钱。

是岁

·通计直省敕建寺庙一万二千四百八十一所，私建寺庙六万七千一百四十所，共七万九千六百二十一所。僧十一万零二百九十二人，道二万一千二百八十六人，尼八千六百一十五人，共十四万零一百九十三人。

1668年　戊申　清康熙七年

二月

·十六日，诏访求精通天文者。直省若有精通天文历算之人，送京考试，于钦天监衙门用。

三月

·**紧要员缺勿论资俸** 初九日，谕吏部，国家政务必委任贤能，"今在京各部院满汉官员，俱论资俸升转，虽系见行之例，但才能出众者，常以较量资俸，超擢无期。此后遇有紧要员缺，著不论资俸，将才能之员，选择补用"（《清圣祖实录·二十五》）。

·廿三日，停止叩阍之例，内外官民果有冤抑事情，著照例于通政使司登闻鼓衙门告理。

·**外国非贡期不准贸易** 兵部会同礼部察奏，外国非贡期来贸易者，唯康熙二年（1663）准荷兰贸易一次，康熙三年（1664）准暹罗贸易一次，于康熙五年（1666）永行停止。请嗣后非系贡期，概不准其贸易。二十九日，从之。

四月

·廿一日，命裁减直省大小衙门吏役三千八百四十九名，共存留二万六千五百八十六名。

·廿三日，御史徐旭龄奏垦荒之议。

五月

·十六日，子时，京师地震。

六月

·初十日，严禁赌博。

·**郯城大地震** 十七日，山东郯城一带发生八级大地震，城楼房舍尽圮（pǐ），死伤者数以万计，地裂泉涌，沟浍皆盈。

七月

·初五日，命乡、会试复以八股文取士。

·初十日，浑河水发，冲决京师西南卢沟桥及堤岸。

八月

·十二日，河决桃源（今江苏泗阳）黄家嘴，报闻。

九月

· **熊赐履谏止巡边** 十六日，秘书院侍读学士熊赐履，闻车驾将幸边，疏请收回成命。寻谕："今览诸臣前后各疏，称今岁灾变甚多，不宜出边，以致兵民困苦。朕思诸臣抒陈忠悃，直言进谏，深为可嘉，已允所请，停止边外之行。以后国家紧要重大事情，如有未当，务将所见直陈，朕不惮更改。"（《清圣祖实录·二十七》）

· 廿六日，命苏州府开炉一百座铸钱。

十月

· 十三日，定武殿试一甲进士用例，一甲一名进士以参将用，二名进士以游击用，三名进士以署游击管营都司金书用。

· 廿五日，裁湖广总督。

是岁

· 方维仪死。方维仪（1585—1668），女，少年寡居，与嫂共教养其侄方以智。工诗，著有《清芬阁集》《宫闺诗史》等。

1669年 己酉 清康熙八年

正月

· 先是因乾清宫竣工后漏雨墙斜，康熙帝移居清宁宫（保和殿）。二十六日，太和殿、乾清宫等兴工。

二月

· **钦天监正杨光先革职** 先是杨光先讦告汤若望而任钦天监正后，因于天算学不精，推算康熙八年（1669）闰十二月差误等，欲托疾去职，不允。康熙七年（1668）十二月，南怀仁奏言所颁民历不合天象，寻会议、测验，以南怀仁所算与天象合。杨光先言："臣不知历法，惟知历理。"（《清史稿·推步因革》）初七日，被夺职。旋以南怀仁为钦天监副。于是"大统""回回"两法俱废，专用西法，如顺治初。

后南怀仁劾杨光先诬陷汤若望，应反坐，敕免议。

·初八日，挑浚京师护城河，以护城河淤泥填塞，水不通流，从工部奏请，命修浚之。

三月

·实行"更名地"　初八日，命直省故明废藩田产，免其易价，改入民户，名为"更名地"，令其耕种，照常征粮。

五月

·康熙帝擒权臣鳌拜　先是辅政大臣鳌拜结党擅权，势焰嚣张，恣意妄为，贪聚贿赂，且以康熙帝幼，肆行无忌，独揽国事，不请辞政。康熙帝得太皇太后懿旨，与索额图谋划，伺鳌拜入见日，命羽林士卒擒之（一说：选小内监强有力者习布库戏，一日鳌拜入，命布库擒之）。十六日，命议政王等勘审鳌拜。

·鳌拜被革职拘禁　康亲王杰书等遵旨勘问鳌拜欺君而擅权，文武各官尽出门下；引用内外奸党，致失天下人望；政事先于私家议定，启奏官员带往私门商酌；倚恃党恶紊乱国政，喜者荐举恶者陷害，将苏克萨哈灭族，又将苏纳海等擅杀；欺君贪揽事权，延挨不请辞政等罪款三十，遏必隆阿附鳌拜罪款十二，辅国公、大学士班布尔善附和鳌拜罪款二十一，鳌拜之侄塞本得罪款六。二十八日，命将鳌拜革职、籍没、拘禁；子纳穆福免死拘禁，弟都统穆里玛、侄塞本得及其党大学士班布尔善、吏部尚书阿思哈、兵部尚书噶褚哈等俱立斩；遏必隆以未尝结党、咎在瞻顾谄附，削去太师及后加公爵；余俱降革有差。

六月

·初五日，鳌拜弟内大臣巴哈革职为民。

·初七日，从南怀仁言，改造黄道经纬仪、赤道经纬仪、地平经仪、地平纬仪、纪限仪、天体仪等六仪。

·十一日，禁王公大臣家下商人赴各省贸易。

·**停止圈占房地**　以"将民间房地，圈给旗下，以致民生失业，衣食无资，流离困苦"（《清圣祖实录·三十》），十七日，命自后圈占民间房地，永行停止。

七月

·初一日，裁直隶、山东、河南总督。

·**苏纳海等昭雪**　先是准苏克萨哈案内文武官员复原官，十一日，予原户部尚书苏纳海、总督朱昌祚、巡抚王登联昭雪。

·吴明烜以谎称能推算南怀仁新法及制造星仪速限，二十四日，命责四十板。

八月

·**禁复立天主教堂**　先是南怀仁等呈告杨光先依附鳌拜，捏词陷人，汤若望应复通玄教师之名。十一日，命杨光先从宽免死，天主教除南怀仁等外，禁止直省复立教堂传教。寻予汤若望祭葬如例。

·廿四日，命索额图为内国史院大学士。

九月

·初四日，京师地震有声。

·廿九日，以林丹汗之孙布尔尼袭封和硕亲王。

十月

·初九日，重修卢沟桥工成。

十一月

·廿三日，太和殿、乾清宫告成。翌日御殿行庆贺礼，由武英殿移居乾清宫，并颁恩诏十五款。

是岁

·经学家刁包（1603—1669）死，著有《易酌》《四书翊注》等。

·丁耀亢（1599—1669）死，著小说《续金瓶梅》等。

1670年　庚戌　清康熙九年

正月

·**废藩自置田地免纳租银**　自上年实行"更名地"后，故明宗藩自置田地由民佃种者，既纳正赋，又征租银。二十一日，命与民田一例输粮，免其纳租。

三月

·**满汉官员品级划一**　先是满大学士、尚书、左都御史俱系一品，汉大学士原系五品，十七日，将满、汉划一，满、汉大学士、尚书俱定为二品。

四月

·廿九日，河决归仁堤，高邮等以东城郭房舍尽毁。

五月

·是月，淮、黄暴涨，湖水泛溢，田舍被淹。

九月

·**选取官学生研习天文**　以天文关系重大，必选择得人，令其专心学习，方能通晓精微。初四日，命每旗选取十名，交钦天监，与汉天文生一同学习，有精通者俟满、汉博士缺出补用。

·廿一日，严禁内外官员馈送。

十月

·**复改设殿阁大学士**　先是顺治十五年（1658）改内三院大学士为殿阁大学士后，十八年（1661）七月复改设内三院。初十日，命再改设内三院大学士为殿阁大学士。以图海、巴泰为中和殿大学士兼吏部尚书，索额图、李霨为保和殿大学士兼户部尚书，杜立德为保和殿大学士兼礼部尚书，对喀纳为文华殿大学士管刑部尚书事等，折库纳、熊赐履为翰林院掌院学士。

是岁

·**吴八十起义**　江西石城佃农吴八十等为争取"永佃权"起义，并把"永佃"

主张刻石立碑。后据蓝田、克县城，终致失败。

·说书艺人柳敬亭（1587—1670），以擅说《隋唐》《水浒》而著名，约于是年死。

1671年　辛亥　清康熙十年

正月

·以蒙古苏尼特部及四子部地方大雪饥寒，青草不生，牛羊倒毙，十五口，命发粟赈济之。

·**大计直省官员**　二十二日，计贪酷官十员、贪官一百一十九员、酷官四员、罢（疲）软官八十五员、不谨官一百二十一员、年老官二百三十五员、有疾官一百三十八员、才力不及官一百四十员、浮躁官五十六员，俱处分如例。

·**罢内外各衙门通事**　先是因满官不通汉语，内外各衙门俱设通事；时各满洲官员已懂汉语。二十五日，命悉罢之。

四月

·**开浚吴淞江、刘河口**　以江南苏、松、常三府和浙江杭、嘉、湖三府之水，俱由刘河口、吴淞江两处宣泄入海，因其年久淤塞，致去岁湖水泛滥。从两江总督麻勒吉、江宁巡抚马祜疏请，十五日，命于吴淞江、刘家口疏浚、建闸。

五月

·**官员犯罪永禁锁拿**　以总督麻勒吉被锁系，江南百姓群集鼓厅，吁请保留，因从给事中姚文然疏，二十一日，命官员犯罪，锁禁锁拿，永行停止。

六月

·十五日，靖南王耿继茂死，寻以其子精忠袭爵。

九月

·**康熙帝东巡**　初三日，自京起行，十九日谒福陵、昭陵，二十三日御盛京（今辽宁沈阳）清宁宫，寻自盛京东巡。十月初三日，驻爱新，召见宁古塔将军巴海，谕善绥瓦尔喀、胡尔哈。寻又谕巴海："罗刹虽云投诚，尤当加意防御，操练士马，整备器械，毋堕狡计。"（《清圣祖实录·三十七》）至十一月回京。

十月

·廿七日，河决桃源（今江苏泗阳）。

十一月

·十五日，平南王尚可喜患疾，允其子尚之信暂管军务。

十二月

·十八日，罢民间养马及用马驾车之禁。

·是月，免江南上元、湖广武昌等九府一百三十二州县卫灾荒额赋有差。

是岁

·**会计直省丁口数田地数等**　人丁户口一千九百四十万七千五百八十七，田地五百四十五万余顷，征银二千五百九十万余两，米豆麦六百二十一万余石，草二百三十万余束，茶十六万余引，行盐四百四十四万余引，征课银二百七十九万余两，铸钱二亿九千零四十七万余。

·**方以智死**　方以智（1611—1671），字密之，安徽桐城人，为思想家、科学家，著《东西均》《物理小识》等。

·**吴伟业死**　吴伟业（1609—1672），号梅村，江苏太仓人，著《梅村集》《绥寇纪略》等。

1672 年　壬子　清康熙十一年

正月

·**噶尔丹遣使进贡**　先是厄鲁特蒙古分为准噶尔部、和硕特部、杜尔伯特部和土尔扈特部等四大部。准噶尔部游牧于伊犁河流域，其首领为巴图尔珲台吉。噶尔丹（1644—1697）为巴图尔珲台吉之子，少时在西藏为僧。巴图尔珲台吉死后，内部发生汗位之争。噶尔丹从西藏赶回伊犁杀其兄侄，于康熙九年（1670）夺得汗位。二十三日，遣使进贡。

四月

·三十日，命侍卫吴丹、学士郭廷祚阅视河工，绘图进览。

五月

·二十口，《清世祖章皇帝实录》告成。

九月

·廿三日，福建总督刘斗以克扣废弁（biàn）叶禄饷，降五级调用。

·廿五日，福建总督自漳州移驻省城（今福州）。

十二月

·初四日，允裕亲王福全疏辞议政，寻又允庄亲王博果铎、惠郡王博翁果诺、温郡王孟峨疏辞议政。

·**与民休息，道在不扰**　十七日，谕讲官等曰："从来与民休息，道在不扰。与其多一事，不如省一事。朕观前代君臣，每多好大喜功，劳民伤财，紊乱旧章，虚耗元气，上下讦嚣，民生日蹙，深为可鉴。"（《东华录·清康熙十一年》）

是岁

·**《罪惟录》撰成**　著者查继佐（1601—1676），明亡后编纂明史，"寒暑晦明，风雨霜雪，舟车寝食，疾病患难，水溢火焦，泥涂鼠啮，零落残破，整饬补修"（《自序》），历二十九年，易数十次稿，终成纪传体《明史》。但因庄廷钺明史狱牵连，改书名为《罪惟录》。

·周亮工（1612—1672）死，著有《赖古堂集》《因树屋书影》等。

·陆世仪（1611—1672）死，著《思辨录辑要》《陆子遗书》等。

1673年　癸丑　清康熙十二年

正月

·十三日，清予冯铨祭葬。铨为明大学士，与魏忠贤相勾结，充《三朝要典》总裁官。明亡降清，任大学士等职，士论薄之。

·十九日，康熙帝于南苑大阅八旗官兵。

二月

·初四日，削解任湖广总督张长庚太子少保衔，以其在任偏沅巡抚时捏报垦荒之故。

三月

·初七日，康熙帝以时雨未足，亲往城外查看麦禾。

·**尚可喜请撤藩归老**　平南王尚可喜年已七十，用幕客金光之计，请撤藩归老辽东。十二日，命确议具奏。寻部议，令尽撤藩兵回籍。

四月

·十二日，以江南之苏、松、常、镇、淮、扬六府连年灾荒，免明年地丁钱粮一半。

·十八日，封森烈拍腊照古龙拍腊马呼陆坤司由提呀菩埃为暹罗国王，赐诰命银印，令贡使赍回。

五月

·**考察直省督、抚**　二十一日，考察直省督、抚，浙江总督刘兆麒、两江总督麻勒吉、湖广巡抚徐化成等，俱降二级调外用。

六月

·初九日，康熙帝赐诸王、贝勒、大学士、六部、院、司、寺、监、科、道等官宴，并赏荷、泛舟。

·十七日，禁止八旗包衣佐领下奴仆随主殉葬。

·**定书办等役期五年**　先是旧例各省司府州县，招募经制、书办、典史、攒典等役，恐积久弊生，一年一次转拨，致有数万人相为烦扰，且文册生疏每多舛误。是月，定照督抚盐院衙门之例，五年役满，停其转拨。

七月

·**吴三桂、耿精忠疏请撤藩**　平西王吴三桂疏言，臣身在岩疆已十六年，今闻平南王尚可喜已准撤藩，仰恃鸿慈，请撤安插。初三日，旨嘉奖："王下官兵家口，作何迁移安插，议政王大臣等会同户、兵二部确议具奏。"（《清圣祖实录·四十一》）靖南王耿精忠见平南王尚可喜之归获允，亦疏请撤藩。

八月

·**遣官经理各藩撤兵事宜**　十五日，差遣礼部左侍郎折尔肯、学士傅达礼往云南，户部尚书梁清标往广东，吏部右侍郎陈一炳往福建，经理各藩撤兵起行事宜。寻命户部侍郎达都会同盛京户部侍郎、奉天府府尹，察看安插三藩地方。

九月

·初九日，京师地震。

·廿五日，命逃人在外娶妻所生之女，若已聘嫁则不许拆散，也不许向其夫追银。

十月

·初八日，淮扬地方清水潭石堤复决，黄、淮水势弥漫，高、宝等十八州县卫所受灾。

十一月

·先是垦荒定例，六年起科。初五日，命再加宽限，通计十年，方行起科。

·**吴三桂兵反**　时平西王吴三桂镇云南，平南王尚可喜镇广东，靖南王耿精忠镇福建，称之为三藩。尚、耿二藩所属各十五佐领，吴藩所属五十三佐领，且收罗四方精兵猛将。三藩各拥重兵，自雄一方，横虐敛暴，尾大不掉，岁费二千余万两，耗天下财赋之半。在三藩中三桂功最高、兵最强、权最重、势最大。吴三桂树党羽，布庄田，征关市，设鼓铸，缮仗积硝，挟边自重，日练士马，专制滇中。清廷撤其将军之印，免其总管之职，罢其除吏之权，更欲裁其营制之兵，三桂心不自安。康熙帝尝"以三藩及河务、漕运为三大事，夙夜廑念，曾书而悬之宫中柱上"（《清圣祖实录·一五四》），决意撤藩。吴三桂见尚可喜归老辽东，疏请撤藩，以探朝旨。廷议唯户部尚书米思翰、兵部尚书明珠、刑部尚书莫洛等力主移藩，其他多持异议。以三桂子应熊为额驸、精忠诸弟留京师，谅其无能为变，特允其请。撤藩诏下，三桂愕然。二十一日，吴三桂杀云南巡抚朱国治，拘礼部侍郎折尔肯，举所部兵反。移檄远近，自称天下都招讨兵马大元帅。以明年为周王元年，改元绍武，铸钱"利用通宝"，蓄发易衣冠，旗帜皆白。贵州巡抚曹申吉、提督李本深、云南提督张国柱皆从之。云贵总督甘文焜闻变出走，至镇远遇厄自刭。报闻京师，举朝震动。

十二月

· 初十日，禁直省官吏私税市货。

· 十六日，浙江仁和、钱塘大火，焚二千一百余家。

· **京师杨起隆举事** 杨起隆佯称朱三太子，会齐肩王焦三、阁老张大、指挥朱尚贤、军师李柱、总督陈继志、提督史国宾、黄门官王镇邦等，密聚于鼓楼西街降将周全斌之子公直家。约于京城内外放火举事，建元广德，起义者称"中兴官兵"，以白布裹头、红带束身为号。事泄，二十二日，都统祖永烈、图海及镶黄旗佐领鄂克逊等率兵往捕，起义者纵火发矢抵拒，但寡不敌众，杨起隆破围出走，其余被捕遇害。时京城九门昼闭，四处严缉，市民惊恐，纷避西山。

· **清兵讨吴三桂** 先是吴三桂反乱奏报驰驿至京，命前锋统领硕岱率劲旅扼守荆州，调云南提督桑峨为湖广提督以固守御，授孙延龄为抚蛮将军、线国安为都统镇广西，令西安将军瓦尔喀进守四川；停撤尚、耿二藩，召还梁清标、陈一炳。二十四日，命多罗郡王勒尔锦为宁南靖寇大将军，率师往湖南讨吴三桂；并将吴三桂子吴应熊下狱，寻削吴三桂爵，宣示天下。

是岁

· 诗人宋琬死。宋琬（1614—1673），山东莱阳人，与施闰章齐名，称"南施北宋"，著有《安雅堂全集》等。

·归庄（1613—1673）死，著有《归庄集》。

·史学家马骕死。马骕（1621—1673），山东邹平人，研究先秦历史，著《绎史》《左传事纬》等。

1674 年　甲寅　清康熙十三年

正月

·**卢震弃长沙奔岳州**　先是上月二十九日，吴三桂陷沅州（今湖南芷江），澧、辰路梗。二十二日，奏报偏沅巡抚卢震弃长沙奔岳州（今湖南岳阳）。二十四日，四川巡抚罗森、提督郑蛟麟、总兵谭宏等降吴三桂。其时清滇、黔、川失陷，桂、闽、陕危殆。因此先后命都统巴尔布等率军赴荆州，都统朱满等驰赴武昌，将军尼雅翰等速抵安庆，总兵徐治都还守彝陵，镇西将军席卜臣驻守西安。清兵云集于郧阳、宜昌、荆州、武昌诸郡，逗留观望，无敢渡江撄其锋者。

二月

·廿七日，以陕西南通巴蜀，西控回疆，恐吴三桂之乱人心摇惑，授刑部尚书莫洛为大学士，驻扎西安，经略陕西。

·**孙延龄叛清**　先是吴三桂据澧州（今湖南澧县），占常德，陷长沙。二十七日，广西将军孙延龄反，自称安远大将军，杀都统王永年，执巡抚马雄镇。

三月

·**耿精忠叛清**　十六日，杭州将军图喇奏称，耿精忠自称兵马大元帅，据福建叛清，巡抚刘秉政降附，总督范承谟被幽。寻调总兵曾养性东略浙江，总兵白显忠西攻江西，都统马九玉北犯安徽。清命平南将军赖塔、定南将军布尔根往攻耿精忠。

四月

·初十日，卢震以逃弃长沙罪，被谕死。

·十三日，命杀吴三桂子应熊、孙世霖于京师。

·**诏以禁旅调遣寄示尚可喜**　先是平南王尚可喜奏："获孙延龄檄，有三藩并变之语。臣与耿精忠为婚姻，今精忠反，不能不踯躅于中；臣惟捐躯矢志，保固岭南，以表臣始终之诚。吴三桂遣贼兵二万屯黄沙河，若与孙延龄合，势益猖獗，请就近移师同臣剿贼。"（《东华录·清康熙十三年》）因嘉悦其忠贞悃忱，旋命驻江西军分遣会剿。二十九日，谕兵部以分遣禁旅诸路调度之情形移会尚可喜曰："今宁南靖寇大将军顺承郡王率大军由常、澧进平云、贵；镇南将军尼雅翰，都统朱满、巴尔布等帅师由武昌水陆进取岳州、长沙，直入广西；都统宜理布等帅师驻彝陵；都统范达礼等驻郧、襄；安西将军赫叶等由汉中取进四川；副都统扩尔坤等、吴国桢驻汉中；镇西将军席卜臣等驻西安，复遣尚书莫洛经略三秦，帅大兵居中调度；镇东将军喇哈达等于山东、河南、江南要地控制；安南将军华善等于京口水陆驻防；扬威将军阿密达等防守江宁、安庆沿江险要；平南将军赖塔由浙江平定福建；平寇将军图喇驻杭州，兼防海疆；定南将军希尔根等亦由江西平定福建；吏部侍郎觉罗舒恕，副都统根特巴图鲁、席布等往广东，会王进剿，一切机宜，王其参酌以行。"（《东华录·清康熙十三年》）后封可喜为平南亲王，给其子之孝大将军印。

五月

·初三日，康熙帝次子允礽（réng）生，其母皇后赫舍里氏死。

·**清军复朝天关**　安西将军赫业自汉中抵七盘关，进败吴三桂总兵石存礼于札阁铺山下。初八日，复朝天关。

·十九日，浙江平阳兵变，执总兵官蔡朝佐，与耿精忠将曾养性合围瑞安。清命将军赖塔等率师攻之。

六月

·先是总兵官祖弘勋以温州附耿精忠，寻黄岩总兵所属太平诸营亦相继投附。耿精忠攻建昌、常州，不克。十九日，命镇东将军喇哈达移驻杭州。

七月

·初十日，差往达赖喇嘛处员外郎拉笃祜还奏称，达赖喇嘛欲相助攻吴三桂，并诫谕其兵不得妄夺山陕居民。

·**耿精忠兵合力犯衢州**　先是耿精忠遣将西略江西，江西南瑞总兵杨富潜附，事觉被诛；寻陷石城、犯宁都、逼赣州，清以赣州为通粤孔道，命将严守，并任赵应奎为袁临总兵，驻防袁州（今属江西宜春）；又北略浙江，攻金华、陷义乌、占诸暨，并合力攻衢州。十四日，报闻。清命副都统穆赫林率蒙古喀喇沁、土默特兵自江宁驰援。后败耿精忠兵于衢州、金华、处州（今浙江丽水）等处。

·十九日，浙江嘉兴、湖州民朱二胡子等起事，旋败死。

·清贝勒察尼、将军尼雅翰等分水陆进攻岳州，吴三桂将吴应麒率兵七万余相拒，应麒败于七里山。二十五日，报闻。

八月

·十一日，命南怀仁铸造火炮，以应军需。

·十四日，两广总督金光祖疏报，水陆官兵，分为四路，败孙延龄，恢复梧州。

九月

·初一日，命虽当此多事之时，仍每日进讲。

·**耿精忠陷徽州**　先是耿精忠遣将攻浙、赣，十二日，又攻入安徽，破徽州和歙、祁门等县。清调将率兵堵御。

·**吴三桂东犯袁州**　先是吴三桂集重兵于中路长沙、岳州一线；又遣总兵彭士亨为左路，直犯川北广元，谋据宁羌深入陕西。二十三日，清定南将军希尔根奏，吴三桂派将率兵出右路，径攻江西袁州（今属宜春），图与耿精忠兵连势合。

·**马雄等降附吴三桂**　二十四日，两广总督金光祖奏，广西提督马雄、左江总兵郭义叛清，广西全省变动。清命安亲王岳乐为定远平寇大将军，率兵讨之。

十二月

·**王辅臣附吴三桂**　王辅臣曾参加明末农民起义，别号马鹞（yào）子。降清后随吴三桂进攻永历军，为三桂藩下总兵官，后擢陕西提督。本年二月，王辅臣举首吴三桂所送书札，被授为三等精奇尼哈番。后带兵随经略莫洛向四川进军。初四日，辅臣在宁羌杀莫洛，叛走平凉，陕、甘大震。康熙帝欲御驾荆州亲征，廷议以京师根本重地，止可居中运筹，谏止。寻速发清兵保固秦省，并谕王辅臣曰："莫洛于尔，心怀私隙，颇有猜嫌，致有今日之事。则朕之知人未明，俾尔变遭意外，忠荩莫伸，咎在朕躬，于尔何罪？"（《清圣祖实录·五十一》）并劝其"敛戢所属官兵，各归队伍，即令率领，仍还平凉原任"。

是岁

·农学家张履祥死。张履祥（1611—1674），号杨园，著《杨园先生全集》。

1675 年　乙卯　清康熙十四年

正月

·**命岳乐攻取长沙**　时清失陷滇、黔、川、湘、桂、闽六省，陕、甘动摇，浙、赣不靖。谕兵部"今日事势，先灭吴逆为要"（《清圣祖实录·五十二》）。但荆州兵未能渡江，岳州兵又难骤进。初二日，命定远平寇大将军、安亲王岳乐统兵自赣入湘，攻取长沙，以断其饷道，分其兵势，扼广西咽喉，固江西门户，夹攻岳州（今湖南岳阳），底定湖南。

·十八日，令扬威将军阿密达驰往兰州，以袭取秦州，并防阶州，夹攻平凉，保固三边。

·廿六日，陕西兴安总兵王怀忠，以贪苛激变被杀。

二月

·**王辅臣陷兰州**　初五日，王辅臣攻兰州。因守城官兵内应，城陷，巡抚花善等奔凉州。其后王辅臣连陷定边、秦州、靖边、临洮、庆阳、绥德、延安、花马池等。王辅臣占领陇右，自踞平凉；吴三桂以银二十万两与之。

· 十三日，康亲王杰书奏报复浙江处州（今丽水）。

三月

· 先是王辅臣叛清后，甘肃提督张勇、甘肃总兵孙思克、西宁总兵王进宝、宁夏总兵陈福拒降附，守河西。十九日，授张勇为靖逆将军，加孙思克为左都督，王进宝为都督同知，补陈福为陕西提督，暂驻宁夏。

· **察哈尔布尔尼叛清**　先是蒙古察哈尔林丹汗后裔布尔尼于康熙八年（1669）袭封和硕亲王。十七口，布尔尼乘三藩之乱叛清，执侍卫塞楞，约于二十五日举事。奏闻，清命多罗信郡王鄂札为抚远大将军、大学士图海为副将军，率满洲家丁等往讨布尔尼。四月，布尔尼大败于达禄，以三十骑逃遁，寻败死。

· 三十日，以翰林院掌院学士熊赐履为武英殿大学士。

四月

· 初一日，安亲王岳乐疏报，于奉新、五桂寨等处抚、斩约四万人，获船九百余艘。

· **封张勇为靖逆侯**　王辅臣遣人持吴三桂札印授张勇靖逆将军，勇斩其使以闻；王进宝出首王辅臣文书。初七日，封张勇为靖逆侯，王进宝为一等阿思哈尼哈番。

· 廿五日，甘肃巡抚花善疏报，王进宝克临洮，孙思克复靖远。

闰五月

· **命张勇节制全秦军务**　先是上月甘肃提督张勇复洮、河二州。至是初一日，清廷命其节制秦省军务。寻陈福复定边，又平花马池；王进宝克秦州；孙思克复礼、清水、伏羌（今甘肃甘谷）、西和等县。

· **诏责勒尔锦**　初三日，谕责宁南靖寇大将军多罗顺承郡王勒尔锦曰："王亲率大兵至荆州，又不即渡江进取，致令吴三桂一至，而常德等处遂为所据。都统朱满率兵至武昌时，岳州、长沙犹未叛也，又不急趋镇守，逍遥武昌，六百里之程行逮一月，而岳州、长沙又陷。巴尔布等畏懦不前，坐失险要，使逆贼从容得据守湖南，致我兵难以攻取。且糜费粮饷，倍于他处，究之寸步不能前进，因贼渠与我精兵相持荆、岳间。而广西孙延龄、福建耿精忠遂相继变叛，贼寇蜂起。"（《清圣祖实录·五十五》）其时吴三桂身在松滋，遣兵两路出犯南漳、均州，并声言渡江，又欲决堤水灌荆州，使清岳州之兵不得援荆。因敕调附近官兵，星驰赴援。

· 廿五日，清将军额楚复江西广信府（今属上饶）。

· 廿九日，清将军希尔根复取江西饶州府（今鄱阳）。

六月

· **王进宝等复兰州**　先是将军毕力克图八日平绥德，提督张勇等二十五日克巩昌。二十七日，西宁总兵王进宝复兰州。毕力克图又于二十九日复延安。寻运红衣大炮往平凉，命张勇等速取平凉，并颁谕招降王辅臣。

七月

· 廿六日，广东高州总兵祖泽清叛附孙延龄。

八月

· **曾养性败走温州**　将军傅喇塔遣将自土木岭，间道出半山岭，破曾养性二十五营，进复黄岩。养性败走浙江温州。傅喇塔转战至城外，又大破之。养性堕马浮水，逃入城内，浚壕增陴，设兵固守。温州环城皆水，清军不能陆攻，久围不下。

十一月

· **郑经攻陷漳州**　先是郑经与耿精忠掎角相倚。经将刘国轩、何祐败尚可喜兵，势大震。郑经遂围福建漳州。二十日，总兵吴淑引经兵入城，黄芳度巷战不支，投井死。经兵捞其尸寸磔（zhé）之，并掘其父海澄公黄梧墓，劈棺暴骸。

十二月

· 十三日，立皇子允礽为皇太子。时允礽两岁，是为清立皇太子之始。

· **再诏责勒尔锦**　以大将军顺承郡王勒尔锦顿兵荆州，耽延时日，屡疏请兵，又不渡江，二十二日，诏责之，并命参赞巴尔布等俱落职自效。

·廿二日，宁夏兵变，提督陈福死之。

是岁

·学者孙奇逢死。孙奇逢（1584—1675）与黄宗羲、李颙并称"清初三大儒"，著《理学宗传》《夏峰先生集》。

1676 年　丙辰　清康熙十五年

正月

·初四日，授王进宝为陕西提督，暂驻秦州，仍兼理西宁总兵官事。寻改宁夏总兵为提督，以天津总兵赵良栋升补。

·十五日，浙江遂安等处耿精忠部下五千余人降清。

二月

·初七日，以经筵讲官喇沙里、徐元文奏经筵讲章，谕曰"嗣后经筵讲章，称颂之处，不得过为溢辞，但取切要，有裨实学"（《康熙起居注·康熙十五年丙辰》）。

·初十日，以都统、大学士图海为抚远大将军，亟赴陕西征王辅臣，贝勒董额以下，俱听节制。

·**尚之信附于吴三桂**　尚之信为尚可喜长子，营第酗酒，残暴嗜杀。吴三桂首乱之后，尚可喜一心清室。后刘进忠引郑经入潮州，祖泽清引马雄至高州，雷、廉失守。粤东十郡，竟失其四。可喜东西受敌，力不能支，疏称病剧，请遣威望大臣赴粤。诏将军舒恕、副都统莽依图驰往。二十一日，之信叛清，以兵守其父尚可喜府，受吴三桂招讨大将军号，易帜改服，传檄郡县。将军舒恕引兵退赣，副都统莽依图自肇庆突围出。两广总督金光祖、广东巡抚佟养钜，广西巡抚陈洪明、总兵孙楷宗等俱叛降。吴三桂封尚之信为辅德亲王。

·以贝勒尚善统兵往驻岳州（今湖南岳阳），时近二载，未能寸进，致吴三桂之兵左右分援，粤、赣不得少息。二十二日，命尚善整顿甲兵，速行进取，或攻岳州，或袭长沙。

· 廿三日，吴三桂将高大杰陷吉安。寻安亲王岳乐军败夏国相，复萍乡。

三月

· **王进宝败吴之茂** 先是吴之茂率军出四川、逼巩昌，命张勇等速往堵御。初三日，王进宝疏报，败吴之茂军于北山口，擒其总兵徐大仁、斩其总兵四员，其余杀获无算。

· **傅喇塔败曾养性** 初七日，康亲王杰书奏报，将军傅喇塔统兵围困温州，耿精忠都督曾养性、将军祖弘勋率水陆四万众与战。傅喇塔等败之，斩杀二万余。

· 先是宁南靖寇大将军勒尔锦统兵自荆州渡江，先锋胜于石首县。二十七日，又失利于太平街，退守荆州。

四月

· **遣将调兵御广东变乱** 尚之信叛清报闻，初九日，谕广东变乱，两江可虞，宜增兵守江南，分驻京口堵御，并应援江西，寻命贝勒尚善分兵赴长沙，以配合安亲王岳乐由萍乡趋长沙之师。

· 十六日，以复洮、河二州功，加甘肃提督张勇少保仍兼太子太保。勇又破敌兵，复通渭。

五月

· 初二日，谕兵部："自逆贼煽乱以来，各省绿旗官员兵丁，剿御贼寇，恢复地方，勤力行间，著有劳绩。"（《清圣祖实录·六十一》）

· 初三日，清兵复江西南康、吉安、饶州（今鄱阳）等府，招抚兵民二万五千余名。

· 初四日，固山贝子、宁海将军傅喇塔（1625—1676）病死于军中。

· **俄国尼果赖使团至京** 初五日，尼果赖·斯帕法里使团向清提出无理要求。康熙帝先后两次接见了使团，并拒绝俄使无理要求，要俄方勿扰边陲，交还叛逃之人根特木儿等。尼果赖·斯帕法里等后离京回国。

六月

·**王辅臣降**　先是大将军图海抵平凉，统围城官兵攻城益急，并率官兵至城北护山墩，相度形势。辅臣官兵万余突出迎战，步前马后，布列火器。图海督兵分路进击，大败敌众。初六日，遣官赍诏入城，次日，王辅臣派其副将乞降。奏闻，命颁诏抚慰王辅臣。寻命复王辅臣原官，加太子太保，擢靖寇将军，立功赎罪。至此，西线叛军解休，全秦悉定。

·**耿精忠弃建昌**　先是郑经与耿精忠交恶，郑经夺取其漳、泉、汀、邵诸府。精忠为经所逼，初六日，撤建昌（今江西南城）。二十八日，命大将军杰书、将军傅喇塔、总督李之芳等乘机征抚，勿失事机。

七月

·十四日，大学士熊赐履以票拟疏误，掩饰过错，革职。

八月

·**清军击败马九玉**　先是大将军杰书、贝子傅喇塔、总督李之芳等合军趋衢州。时耿精忠将军马九玉率数万兵屯衢州河西，而分万人营于大溪滩。杰书等命都统赖塔先断其饷道，以夺其势。十五日，赖塔统兵宵抵大溪滩，败马九玉军，乘胜进取江山县。复遣兵渡河，捣马九玉营。清军以炮轰击，敌兵溃乱。翌日，乘势放火烧寨，九玉仅以三十骑遁。旋杰书军破仙霞关，入福建，拔浦城。

·陕西提督原驻平凉，十九日，从大将军图海请，令提督王进宝移驻固原，固原总兵朱衣客驻西宁，总兵陈奇谟驻庆阳。

·廿六日，以图海平布尔尼、降王辅臣，封三等公。

九月

·原任广西提督马雄叛清，其母及族人俱在固原。初二日，从图海疏请，命马雄子承先、承霄持书赴广西，招雄归降。

·**耿精忠杀范承谟**　先是耿精忠叛清，福建总督范承谟不附，被囚三年。及康亲王杰书破马九玉、入仙霞关，将军希尔根败白显忠、复建昌，显忠遂降。耿精忠既失两路兵，郑经又取闽地之半，闻清兵入闽，意欲出降。十六日，精忠恐承谟暴其罪，遂缢杀之，以冀饰词免死。

· 十八日，命杰书晓谕耿精忠速降。

· 以三秦平定，二十七日，授署前锋统领穆占为都统，佩征南将军印，率陕西、河南诸军赴湖广，讨吴三桂。

十月

· **耿精忠降清**　先是奉命大将军康亲王杰书率师进抵延平（今福建南平），耿精忠将军耿继美等以城降。精忠闻之大惧，遣使赴延平献"总统将军印"，又遣其子显祚迎康亲王师抵福州。清令侍读学士尹泰持免死敕书往谕。初四日，杰书军至福州，耿精忠率文武官员出城迎降，献所属官兵册籍。寻清命仍留靖南王爵，从征郑经图功赎罪。后其将曾养性、祖宏勋俱降。至此，东线叛军瓦解，闽、浙、赣略定。

· 十三日，以淮、扬等处堤岸溃决，命工部尚书冀如锡、户部侍郎伊桑阿前往阅视。

· **郑经兵攻福州**　十五日，郑经遣其将许耀率兵三万余直攻福州，连营至乌龙江之南小门山等处。杰书派都统喇哈达率兵渡江大败之。寻复兴、泉、汀、漳四郡。

· **暂停八旗子弟科试**　以值用兵之际，武备为急，若八旗子弟与汉人一体考试，偏尚读书，有误训练。二十日，命嗣后暂行停止八旗子弟考试生员、举人、进士。

· **尚可喜死**　先是，平南亲王尚可喜（1604—1676）于二月其子之信兵变后，投缳未遂，至是月二十九日忧郁病死。

十一月

· **命穆占率军讨吴三桂**　初九日，谕湖广大将军等："今出师三年，未获尺寸，坐失机会，使疆圉日逼，贼势鸱张，糜饷困民，误国孰甚，罪在王、贝勒、将军、大臣，于众官兵无与。今陕西、福建、江西、浙江虽渐次底定，然贼渠吴三桂不诛，于事何济？"（《清圣祖实录·六十四》）因特简穆占为征南将军，统兵进讨吴三桂。

·十八日，以岳乐围长沙不下，命穆占速趋长沙，接应岳乐。

·是月，咸阳大雪，深数尺，树裂井冻。

十二月

·初二日，命淮、扬沿河植柳，以备河工需用。

·初四日，以额驸耿昭忠为镇平将军，驻守福州。

·诏许尚之信降　先是尚之信叛清后，吴三桂封之信为辅德亲王，促其出师，索其助饷；又遣其总督董重民代金光祖、巡抚冯苏代佟养钜，分守冲要。之信等皆复悔。及见王辅臣、耿精忠先后降，尚之信使人赍密疏诣行营乞降，简亲王喇布以闻。初九日，诏赦免其罪，令立功自效。

·吴三桂杀孙延龄　孙延龄妻为故定南王孔有德之女孔四贞，延龄称额驸，据桂林应三桂；提督马雄亦以柳州应三桂。三桂封延龄为临江王，以雄为东路总督。延龄故与雄有隙，四贞日夜劝降而意动，马雄侦知后告吴三桂。三桂杀延龄，以其众隶线国安。

·清兵复邵武　先是康亲王杰书派人招抚耿继善，继善弃福建邵武。郑经将军吴淑乘势据邵武，犯延平，清副都统穆赫林等击败之。经武定将军彭世勋以邵武府城降清，二十八日，报闻。

是岁

·孙承泽死　孙承泽（1593—1676），字耳伯，号北海，又号退谷，顺天府上林苑（今北京大兴）籍。崇祯四年（1631）进士，官刑科给事中。在清朝官至吏部侍郎。著有《春明梦余录》《天府广记》《元明典故编年考》《畿辅人物略》等。

1677 年　丁巳　清康熙十六年

正月

· **穆占会兵攻长沙**　征南将军穆占已抵荆州，增拨在荆官兵率赴岳州（今湖南岳阳）、长沙。十二日，调河南、陕西兵移驻荆州，以资防守。翌日，命大将军图海暂停汉（中）兴（安）之役，留兵防御秦州诸隘；分兵赴荆防守，由勒尔锦乘穆占进取湖南时，相机渡江破敌。

· 十九日，将军额楚等攻江西吉安，三次失利，命户部侍郎班迪等至军严察其罪状。

· **更定诱卖人口律**　原律内设方术诱取良人与略卖良人子女者，罪只论戍；为妻孥子孙者，罪只论徒。因法轻不足蔽辜，致犯者颇多。二十二日，着详议奏闻。寻议定：嗣后凡犯诱取典卖或为妻妾等事，不分所诱为良为妾、已卖未卖，为首者立绞。

· **穆赫林复汀州等**　二十七日，杰书奏，副都统穆赫林等率兵攻取泰宁、建宁、宁化、长汀、清流、归化（今福建明溪）、连城七县及汀州府（今福建长汀）城。寻复福建上杭、武平、永定及江西瑞金等县，赣州一路俱平。

二月

· **喇哈达平闽地**　初九日，杰书疏报宁海将军喇哈达败郑经兵，复占福建泉州，斩经将军一员、总兵六员、副将三十一员。寻于二十日克漳州及海澄等十县，郑经走厦门。闽地平定。旋命康亲王杰书军进广东、取潮州。

· 十四日，设岳州水师营，以万正色充任岳州水师营总兵官。

· 二十日，谕云："岳州、长沙，势如两足，此蹶则彼不能独立。我国家禁旅徂征，战胜攻克，未有如此之相持旷日者也！"（《清圣祖实录·六十五》）寻命讨逆将军鄂内从岳州，征南将军穆占从长沙，速行夹剿吴三桂。

· **靳辅为河道总督**　先是遣工部尚书冀如锡等前往淮、扬阅河。寻河道总督王光裕以河工溃坏解任，后命杖一百。二十四日，升安徽巡抚靳辅为河道总督。

·廿七日，以董额出征秦中，贻误军机，着削多罗贝勒、罢议政；贝子温齐亦革去都统等职。

三月

·**刘进忠与苗之秀降**　原潮州总兵刘进忠、碣石总兵苗之秀，派人至杰书军前求降。初八日，报闻。寻命宥其罪，以原官随军征讨。旋授进忠为讨逆将军。

·廿六日，户部侍郎班迪还自吉安，以所察军情奏闻。简亲王喇布等师久无功，命自大将军以下处分有差。

·**清军攻围长沙**　先是命康亲王杰书分遣官兵同耿精忠取潮州，授莽依图为镇南将军夹攻广东，舒恕等镇守赣州；二十九日，命勒尔锦进临江，图海扼汉中；寻命喇布偕多诺镇吉安，额楚驻袁州（今属江西宜春），莽依图赴韶州，以分敌兵力，乘机进剿，攻围长沙。

四月

·十二日，诏促大将军图海进逼四川。

·吴三桂以清兵攻围长沙，兵困势绌，率众往衡州。二十四日，命分兵防御，不时奏闻。

·廿九日，莽依图师至南安。先是广东提督严自明叛清，至是复以南安城降莽依图。寻克南雄，抵韶州。

五月

·**尚之信降**　初四日，尚之信以广东降。奏闻，命复其爵，随军征讨。寻命袭其父平南王爵。至此，南线乱军崩溃，两粤形势突变。

·**以傅弘烈为广西巡抚**　先是弘烈为庆阳知府，当三桂未叛时，告其不轨事于朝，坐诬谪戍苍梧。三桂变乱后，佯受官职，阴结义勇，移檄讨吴。三桂使马雄害其家百口于柳州。初十日，授弘烈为广西巡抚，寻命为抚蛮灭寇将军。

·日讲官进讲《孟子》，十八日，谕曰："君子进，则小人退；小人进，则君

子退。君子、小人，势不并立。"（《康熙起居注》）

·十九日，噶尔丹攻败喀尔喀蒙古车臣汗，遣使至京，献阵获弓矢等物。清以其内自相残，不受。

六月

·初十日，提督常进功败郑经之众于浙江舟山。

·十二日，原高雷总兵祖泽清降，广东高、雷、廉三府平定。

·**计调刘进忠驻福州**　刘进忠以潮州降后，复遣书于吴三桂，被尚之信举发。为防其留潮生变，二十五日，命康亲王杰书计调刘进忠，改驻福州。

七月

·初九日，定侵盗钱粮人犯，于册报后发解前全完者免罪，著为令。

·十九日，浙江总督李之芳以恢复地方、调度有功，加兵部尚书衔。

·廿二日，命征南将军穆占率岳州官兵，速赴茶陵、攸县，与简亲王喇布协力进取衡州、永州（今湖南永州零陵区）。

·廿五日，郑经部将刘国轩踞广东惠州，从水路攻东莞，为尚之信分兵击败；其总兵陈琏以惠州降，报闻。

·大学士巴泰年老致仕，二十九日，命吏部尚书明珠、户部尚书勒德洪为内阁大学士。

八月

·**傅弘烈复梧州**　广西巡抚傅弘烈率领所部兵万余乘机先进，败赵天元，克广西梧州府，十九日，奏闻。随后复南平，下浔州，夺郁林，所向克捷。

十月

·**败明宗室朱统锠**　故明宗室朱统锠集兵盘踞山谷，流毒三省。初四日，福建巡抚杨熙奏，福建按察使吴兴祚设计，遣投诚总兵蔡淑偕回做内应，复分兵斩关夺寨破之；执朱统锠，收降官兵万人。

·**噶尔丹兴兵败济农**　甘肃提督张勇等上疏言，厄鲁特济农等为噶尔丹所败，逃至沿边，违禁阑入塞内，掠夺马匹，骚扰居民。十一日，奏闻，谕"若交恶果实，当遣使评其曲直，以免生民于涂炭"（《清实录·察哈尔卷》）。

十一月

·十四日，将军穆占复湖南茶陵、攸县。

·十八日，简侍讲学士张英、内阁中书高士奇入值，以备顾问。

是岁

·**宋德宜请停捐纳**　先是康熙十三年（1674）以用兵二藩，始行捐纳文官。至是左都御史宋德宜言："邝例二载，知县捐至五百余人……宜限期停止……小慎重名器。"（《清史稿·一一二》）及三藩平，捐例停。后停复无常。

·经学家张尔岐（1612—1678）死，著有《仪礼郑注句读》《周易说略》《老子说略》等。

·陈确死。陈确（1604—1677），字乾初，浙江海宁人，著《大学辨》《葬书》《瞽言》《性解》等。

1678年　戊午　清康熙十七年

正月

·**韩大任等降**　护军统领哈克山率兵破韩大任等。初二日，大任兵穷势绌，诣福建康亲王杰书军前投降。寻清又斩、抚其众八万余人。

·十四日，吴三桂总督董重民自广东解献京师，命赦之。

·**诏举博学鸿儒**　二十三日，谕凡有学行兼优、文辞卓越之人，不论已仕未仕，在京三品以上及科道官员，在外督、抚、布、按，各举所知。于是大学士李霨等荐原任副使道曹溶等七十七人。

二月

·十八日，抚远大将军图海率八旗军、汉军、绿旗兵二万六千余人，分两路向四川进兵。

·**莽依图与傅弘烈败于平乐**　先是傅弘烈进军粤西，兵皆无马无炮，借于尚之信而不应。及莽依图军至，使进围平乐。吴三桂将吴世琮率水陆数万众自桂林来援，夹江列营。先犯绿旗营，兵溃；满洲营隔水不能救。三十日，败报奏闻。后莽依图退守梧州，所复郡邑皆陷。高雷总兵祖泽清亦复叛。粤东又震。

三月

·**吴三桂称帝于衡州**　先是吴三桂既失陕西王辅臣、福建耿精忠、广东尚之信三大援，又失江西、浙江两省区，其势力范围除滇、黔外，仅有川、湘、桂之一部。时地日缩，势日孤，兵力不足，财赋竭绌。为挣脱困境，维系人心，筑坛于衡州（今湖南衡阳）南岳之麓。初一日，吴三桂祭天称帝，建号大周，改元昭武，以衡州为定天府，置百官，封诸将，造新历，举乡试，号召远近。殿瓦不及易黄，以漆髹（xiū）之，构庐舍万间为朝房，遇大风雨，潦草成礼而罢。

闰三月

·**再严申海禁**　以郑经踞厦门，不时犯扰濒海地方，十六日，命申严海禁，如顺治十八年（1661）立界之例，将界外百姓迁移内地。

·廿五日，命内大臣喀代、尚书马喇往科尔沁等四十九旗会盟。

·吴三桂水师右翼将军林兴珠，先从湘潭遣人至安亲王岳乐军前约降。二十七日，命从优封侯，受建义将军，留于军前进剿。

四月

·十五日，将军傅弘烈等率师西进，复郁林州。寻尚之信败祖泽清，十九日复高州。

五月

·初一日，以海澄公黄芳世死，命其弟总兵黄芳泰袭之。

·先是福建总督郎廷相、巡抚杨熙、提督段应举，俱以庸懦解任，调杨捷为福建水陆提督。十四日，升姚启圣为福建总督、吴兴祚为福建巡抚。

六月

·**郑经攻陷海澄**　先是郑经军四路围攻福建漳州府海澄（今福建龙海），城内官兵顽强抵御，城外木栅炮台俱陷。海澄总兵黄蓝驰书告急。终因孤城失援，海澄粮尽矢绝，初十日，城陷。署前锋统领希佛战殁，副都统穆赫林、提督段应举俱自缢死。

·十八日，以大旱，康熙帝步祷天坛祈雨。

·**吴三桂兵围永兴城**　吴三桂称帝后，召回马宝、胡国柱等，悉锐围攻永兴城。永兴为衡州门户，二城相距仅百余里，为三桂所必争。二柱军据河外营垒，列队发炮，二面环攻，昼夜不息。清都统宜理布、护军统领哈克山相继战殁。前锋统领硕岱等入城死守，简亲王喇布屯茶陵不敢救，将军穆占由郴州所遣援兵亦畏不敢进。城被炮毁，筐土补之；且筑且战，危在旦夕。二十三日，奏闻。

七月

·郑经遣将刘国轩等攻福建同安，副都统雅塔里弃城退入泉州。国轩遂直前围泉州。副都统纪尔他布等退至兴化，惠安复陷。初六日，命速调兵驰援之。

·**清军再攻岳州**　以岳州（今湖南岳阳）为湖南咽喉要地，岳州不下，荆州大兵不能渡江，长沙亦不能攻取，二十一日，再命进取岳州。寻报水师败吴三桂兵于岳阳湖。

·廿八日，召翰林院掌院学士陈廷敬、侍读学士叶方蔼，入值南书房。

八月

·初二日，西洋国王阿丰素遣使进狮子。

·**吴三桂病死**　吴三桂（1612—1678）病中风，噎嗝，且下痢，十七日遂死。其将胡国柱、马宝等自永兴诸处赴衡州。永兴围解。旋迎三桂孙世璠于云南嗣立，改元洪化，拥柩归滇。报闻，命诸路将军，宜乘时机，分路进剿，早奏荡平。

·廿七日，颁行南怀仁所进《康熙永年历》。

九月

·**命急取岳州**　先是以吴三桂死，命大将军安亲王岳乐、大将军顺承郡王勒尔锦、大将军贝勒察尼,具奏进兵方略。勒尔锦疏言:"以守兵余力,并入行军,复多增枪手,五路渡江,齐力大举,庶可灭贼。"岳乐疏言:"臣亲赴岳州,仍旧布置舟师,调诸路大炮,急攻陆营,势必克复。"(《清圣祖实录·七十七》)察尼疏言:宜乘水势,分拨立营,绝其粮道,不难扑灭。康熙帝览三疏,十一日,命急取岳州。

·十九日,闽督姚启圣、将军赖塔,率军败刘国轩于蜈蚣山,泉州围解。

十月

·**胤禛生** 三十日,康熙帝第十一子(第四子)胤禛生,母乌雅氏,后为清世宗雍正帝。

是岁

·噶尔丹攻占南疆,虏叶尔羌汗。

1679 年 己未 清康熙十八年

正月

·**岳州之役** 岳州(今湖南岳阳)为湖南咽喉要地,恃洞庭湖为险。吴军与清军在岳州相持数年,岳州不下,荆州之兵不能渡江,长沙也不能攻取。时叛军东线、西线、南线皆溃,三桂已死,因命安远靖寇大将军察尼急取岳州。岳州敌粮需湘阴、常德仰给,察尼纳降将林兴珠水陆围困、断其粮道之策,将官兵三万、鸟船百艘、沙船四百余只,以其半泊君山,截常德、华容之道,以其另一半泊扁山,并沿九贵山立营,以断湘阴、长沙之道。由是水陆之围始密。吴应麒遣将犯陆石口,为将军鄂内所败,饷道不继。察尼又纵反间计,应麒以疑杀数将。十八日,吴应麒总兵王度冲、将军陈珀等各以其舟师降;应麒内外交困,迫于饥饿,徒步逃遁,遂复岳州。自此,中线叛军节节败退。

·**勒尔锦军由荆州渡江** 宁南靖寇大将军勒尔锦军,闻岳州敌溃,二十七日渡江。寻下湖北松滋、枝江、宜都，湖南华容、澧州、常德等。

· 廿九日，定远平寇大将军岳乐统领官兵，克复长沙。报闻，命亟进取衡州。

二月

· 先是吴三桂将吴世琮陷广西藤县，水陆三路犯梧州。初一日，将军莽依图疏报，傅弘烈败吴世琮于梧州。

· 扬威大将军喇布遣前锋统领希佛等取衡州，十三日夜，抵城下，参领戴屯等夺门入城，守将吴国贵、夏国相等惊遁，遂复府城。

· **任命滇、黔大吏**　为进取云、贵，十六日，命原四川总督周有德为云贵总督，原云南巡抚李天浴仍为云南巡抚，副都御史杨雍建为贵州巡抚，调湖广提督桑峨为云南提督，湖南提督赵赖为贵州提督。

三月

· **试博学鸿儒**　初一日，召试内外诸臣荐举博学鸿儒一百四十三人于体仁阁。旋取中、一等彭孙遹等五十人，授翰林官有差，皆入史馆，纂修《明史》。

四月

· 十五日，旱甚，康熙帝步祷天坛祈雨。

五月

· **诏修《明史》**　二十六日，命内阁学士徐元文为监修总裁官，翰林院掌院学士叶方蔼、右庶子张玉书为总裁官，编修《明史》。

六月

· **清进兵武冈、辰州**　以湖南略定，二十五日，诏进兵湘西。湘西武冈之枫木岭、辰州（今湖南沅陵）之辰龙关，为入黔要路，皆天险关隘。安亲王岳乐进攻武冈，简亲王喇布进取新宁后移兵武冈，贝勒察尼攻取辰州，是为由湘入黔、滇之师。

七月

· **淮扬翟家坝工成**　河道总督靳辅疏言："淮河东岸自翟家坝至周桥闸，乃淮扬运河上游门户，山、盐等七州县民生之保障。黄河循故道，淮流安澜直下，此地未闻水患。迨黄流南徙夺淮，淮流不能畅注，于是壅遏四漫，山阳、宝应、高邮、江都等四州县，河西低洼之区尽成泽国者，六百余年。明万历初……与今日情形相似，彼时河臣潘季驯筑堤堵决，治效斑斑可考。然此处不议加高，素因明皇室祖陵在西，故停河东之障以泄水。殊不知如虑淮涨西侵，何难两岸并筑？而顾留患门庭。历年既久，遂致成河九道，使淮扬叠受水灾……今遵谕遍为修治，翟家坝成河九道之处，计共宽一千三百二十三丈，已经合龙。宝应、高邮、江都、山阳等四州县，河西诸湖，亦逐渐涸出，拟设法招垦，使增赋足民。"（《清通鉴·卷三十六》）初二日，辅疏闻。

·**南宁围解**　先是傅弘烈、莽依图合军复桂林。吴世琮复围马承荫于南宁。承荫为马雄子，雄死以南宁降清。至是世琮围攻数月，城中食尽，几陷。承荫请救，救兵至。世琮渡江越岭，于新村西山之巅，列鹿角拒战。莽依图统兵前冲后截，擒斩殆尽。吴世琮负重伤，仅以数十骑遁。南宁围解，广西尽复。二十三日，奏闻。

·**京师大地震**　二十八日，巳时，顺天府三河与平谷间发生八级大地震。京师震时，天阴惨，地频荡，声如轰雷，势若巨浪。宫殿、城堞、衙署、民房倒坏，死伤旗民甚众，总河王光裕被压死。震后大雨，官民日则暴处，夜则露宿，不敢入室，昼夜不分。清廷命发银赈灾。

八月

·初二日，傅弘烈疏报，恢复柳城，桂、柳路通。

·**林兴珠等克武冈**　先是初一日喇布派将军穆占复新宁，新宁败兵逃奔武冈。喇布率兵至武冈同岳乐军会合。武冈守将吴国贵率胡国柱以兵二万堵隘口。广西巡抚傅弘烈遣参将温绍贤等从后路断其枫木岭粮道。将军林兴珠、提督赵国祚率兵奋击其前，吴国贵中炮死，余众奔溃。章泰等追及于木瓜桥，又败之。十八日，克武冈州及枫木岭。

·廿七日，噶尔丹遣人赠马、裘并致书甘肃提督张勇，请假道往青海。

十月

·初五日，制定钱法十二条，每文重一钱四分。

·廿八日，从河道总督靳辅请，另开运河于骆马湖之旁。

·**陕西四路出师**　是月，大将军图海率将军佛尼勒由兴安路进兵，将军毕力克图、提督孙思克由略阳路进兵，将军王进宝由栈道进兵，提督赵良栋由徽州（今甘肃徽县）路进兵。寻王进宝占凤县，破武关，复汉中府；赵良栋克徽州，陷略阳，翌月夺阳平关；毕力克图、孙思克据成县，复阶州，翌月克文县；图海、佛尼勒翌月复兴安府及湖广竹溪、竹山、上津。

十二月

·初一日，命蔡毓荣为绥远将军，总督所有各省调拨官兵及湖广全省绿旗兵马军务，进定云贵。

·初三日，太和殿火灾。西御膳房起火，延烧十小时，正殿被焚毁。

·**授赵良栋为勇略将军**　以"自古汉人逆乱，亦惟以汉兵剿平"（《清圣祖实录·八十五》），二十一日，命陕西提督赵良栋为勇略将军，与奋威将军王进宝进定四川。

是岁

·史学家张岱（1597—1689）死，张岱明亡后入山著书，有《石匮书后集》等。

·**《芥子园画传谱》书成**　王概等编撰。初集四卷：卷一为画学浅说，卷二为画树法，卷三为画石法等，卷四为画人物法等，并附诸家成式及所附说明，简明扼要，井然有序。二集不分卷，首有兰、竹、梅、菊四谱，次有画其他花卉、草虫、翎毛诸法，附有画法歌诀，颇便初学（后来二集分为二、三两集）。

·免顺天、江南等省二百六十一州县灾赋有差。

1680 年　庚申　清康熙十九年

正月

·**赵良栋复成都**　先是勇略将军赵良栋统绿旗兵入川，败敌于白水坝等处，克龙安府，又夺绵竹。十一日，至成都二十里铺，吴世璠属下之将军汪文元、巡抚张文德等迎降，遂复成都。寻授赵良栋为云贵总督、加兵部尚书衔，仍命兼管将军事务。

·王进宝克保宁　奋威将军王进宝于上年十二月破朝天关、占广元后，是月初分兵三路趋保宁（今四川阆中），据孔道进军，至锦屏山，破敌四垒，敌退保桥。十七日，夺桥斩关入城，王屏藩等自缢，遂复保宁。翌日，其将又复顺庆（今四川南充）。

二月

·初一日，湖广提督徐治都率兵克四川夔州（今重庆奉节），寻谭弘降。

·同日，清杀叛将祖泽清及其子良梗（pián）于京师。

·十五日，升福建布政使于成龙为直隶巡抚。

·吴丹复重庆　十六日，建威将军吴丹统兵至重庆，城中文武官员迎降。于是达州、东乡、太平、新宁、南江、安岳等州县悉定，杨来嘉等降。

·清军占厦门　先是诏准福建巡抚吴兴祚、水师提督万正色等会同定议，不用荷兰国船只，即命水陆官兵，规取厦门等地。于是，万正色领水师由定海先行出洋，初六日航近福建海坛，分为六队，直冲而入，并力夹攻，炮火齐发，击沉郑经舰十六艘，溺死者三千余人，遂驻泊海坛。郑经总督朱天贵退据平海嵎。万正色复尾至平海嵎，朱天贵又遁据崇武嵎。二十日，万正色率水师击沉敌舰，进陷崇武诸嵎。康亲王杰书一路，水陆分进，直逼海澄，刘国轩自海澄退守厦门；二十三日，海澄守将苏堪降，官兵入城。姚启圣、赖塔一路，占据围头，遏敌出入；并率水陆兵七路，破陈州、马州等，为吴兴祚、万正色声援。吴兴祚一路，自泉州会将军喇哈达、总兵王英等赴同安，渡海，分左、中、右三路，进逼厦门。经激战，郑经军大溃，二十八日，克厦门。万正色又攻占金门。郑经与刘国轩等败走台湾。至是郑氏在福建沿海之地尽归于清。

三月

·察尼率军取辰州　先是上年六月命贝勒察尼率师攻打辰州（今湖南沅陵）。

兵至辰龙关，径狭箐密，仅容一骑，敌阻隘口，立营以拒，相持逾半年。至是察尼率军由间道破关，十三日，进克辰州。寻吴应麒败，清复沅州。

五月

· 初四日，命甘肃巡抚自巩昌（今甘肃陇西）移驻兰州。

· 廿一日，山海关设官收税。

六月

· 初七日，绥远将军蔡毓荣疏报，攻取贵州思南府。

· 初十日，云贵提督桑峨以先失陷常德、澧州罪革职，命留原任，戴罪图功。

· 十五日，郑经将军朱天贵率官兵、船只降。寻经将江机带领官兵四万四千余人又降。

七月

· 初七日，停加捐官考选科道。

· 左都御史舒恕在尚之信叛清时，不据守韶州，竟还赣州，掳掠百姓，佯病缴印；初十日，命革其职。

· 十七日，四川石砫、酉阳土司降附。

八月

· 廿六日，因镇南将军莽依图病死于军，命以都统勒贝代之。

· **赐尚之信死**　先是都统王国栋等疏列其罪，命侍郎宜昌阿与王国栋谋执之信至京对簿。二十八日，将尚之信赐死，其党尚之节、李天植处死，其弟之孝等免革职。

闰八月

· **命靳辅堵筑河堤决口**　先是靳辅疏报河决淮安府山阳、清河等县，自请严处。初一日，命其堵塞决口，如修筑不固，另行议处。

九月

· 吴世璠遣将夏国柱等入川，谭弘复叛，陷泸、永、叙等州，夔州民亦变。

初八日，报闻。

· 初十日，命赖塔为大将军，统广西满、汉官兵，进定云南。

十月

· **章泰复贵阳** 先是定远平寇大将军章泰统兵抵贵州，十一日克镇远府，十七日占平越府（今贵州福泉），二十一日进抵省城，吴世璠及其将刘国炳、吴应麒率众夜遁，遂复贵阳。其余安顺、石阡、都匀诸府，依次收复，贵州平定。

十一月

· **革勒尔锦王爵等** 初六日，以退缩不前、贻误军机罪，命将多罗顺承郡王勒尔锦削郡王，并议政、籍没拘禁；察尼革去贝勒并议政；尚善（已死）革去贝勒；兰布革去镇国公；朱满革去都统，鞭一百，籍其家；都统鄂内以复岳州（今湖南岳阳），免籍没鞭责，著革职；护军统领伊尔度齐、额司泰（已死）等俱革职。

· **疏浚苏、常水利** 初十日，从江宁巡抚慕天颜疏请，浚常熟白茆（máo）港四十三里入海，又浚武进孟渎河四十八里达江。

十二月

· 二十日，漳州设炉铸钱，命将民间所用故明小钱，给价收买销毁。

是岁

· 画家王时敏（1592—1680）死，时敏与王鉴、王翚、王原祁合称清初画坛"四王"。

· 文学家李渔（1611—1680）死，著有《笠翁十种曲》《李笠翁小说十五种》。

1681年 辛酉 清康熙二十年

正月

· 廿一日，挑浚通州运河。

·**郑经病死**　先是经连年用兵在外，用陈永华言，以长子克臧监国，克臧为乳婢所生。二十七日，经死。侍卫冯锡范先以计罢永华兵权，永华忧死，克臧失助；成功妻董夫人复入间言，遂缢杀克臧。冯锡范奉郑经次子克塽袭为延平郡王。克塽为锡范婿，年十二，事皆决于锡范。报闻，诏乘机进取澎湖、台湾，底定海疆。

二月

·初五日，直隶巡抚于成龙至京陛见，康熙帝召成龙至懋勤殿，称其为"清官第一"。

·**归化寺之战**　先是大将军赖塔、大将军章泰和将军蔡毓荣等统兵，先后至昆明，营于归化寺。二十一日，吴世璠遣其将胡国柄等率步骑数万，摆列象阵，出城迎战。清将章泰军其左，赖塔军其右，分队进击，自卯至酉，吴军五却五进，殊死抵拒。群象受击，反践其军；劲骑乘势，左右冲突——敌兵大溃，追至城门。斩其将军胡国柄、刘起龙及总兵九员，擒官兵、获甲仗无算。寻自归化寺列营至碧鸡关，为长围数十里。复掘壕围之。吴世璠诸将移家眷于五华山宫城，分门婴守。

四月

·十九日，山西巡抚图克善以捏报蒲县开垦地亩，革职，并削兵部尚书衔。

五月

·十一日，遣官前往蒙古苏尼特部等十五旗地方，赈济银米。

·是月，浙江温州大火，焚民舍五千余间。

六月

·廿九日，免湖南偏沅平溪、清浪、偏桥、镇远四卫房号税。

七月

·以蜀省战乱，百姓流亡，所存唯兵，各弁官强占民田，抗赋不纳；初九日，命官兵退还占种民田，违者治罪。

·**授施琅为福建水师提督**　以三藩之乱基本平定，郑经死后台湾主少、内讧，二十八日，命郑氏降官施琅为水师提督、总兵官，加太子少保，往福建与将军、总督、巡抚、提督商酌，统领舟师，进取澎湖、台湾。万正色因奏"台湾断不可取"（《清圣祖实录·一一六》），改为陆路提督。寻调郑氏降将朱天贵至闽，仍统原辖舟师，以协力攻台。

九月

· **康熙帝询问灾情** 先是康熙帝巡视近畿，初九日，驻雄县，召见知州吴鉴、知县李文英，问询浑河水决及居民受灾情状。寻召直隶巡抚于成龙至行宫，密询百姓生业及地方事宜。

十月

· **清军攻占昆明** 先是二月，清定远平寇大将军章泰、征南大将军赖塔兵抵昆明，取得归化寺之捷后，立营掘壕，环力攻城。吴世璠以城危，急调胡国柱等回救。赵良栋等率诸将分路蹙击，吴将或斩俘，或溃降，无一援兵至滇城。世璠复以割地乞师于达赖喇嘛，其书亦被截获。九月，赵良栋率师自蜀至滇，见长围距城过远，世璠负固抗拒，竟半年围攻不下，主张速攻滇城（今云南昆明），曰："我等大兵，连营四布，不就近速战，迨至日久，米粮不继，满兵无妨，绿旗兵何以存立耶？"章泰答以："皇上豢养之满洲，岂可轻进，委之于敌？且尔兵远来，亦宜休养，何可令其伤损？"（《清圣祖实录·二八七》）但良栋仍主速攻，于是公议攻城。十月初八日，诸军进薄其城，围之数重。又在昆明池内布船，以断其接济。二十五日后，赵良栋率兵连逾三壕，进夺土桥、新桥、得胜桥三桥。时城中食尽援绝，城外围兵扼吭；吴世璠惶迫无措，人心始乱。二十八日夜，其将军线緎、胡国柱等谋执吴世璠、郭壮图以献。世璠及壮图等闻变皆自杀。翌日，线緎等率众出城降。戮吴世璠尸，传首京师；寻析吴三桂骸骨分发各省，云南平。自吴三桂起兵，至是八年始灭，三藩之乱平定。

十一月

· 十四日，琉球国中山王世子尚贞遣使贡谢请封。

是岁

· **会计直省丁口数田地数等**　人丁户口一千七百二十三万五千三百六十八，田地五百三十一万余顷，征银二千二百一十八万余两，米豆麦六百二十七万余石，草二百四十五万余束，茶十五万余引，行盐三百九十八万余引，征课银二百三十九万余两，铸钱二亿三千一百三十九万余。

· 清筑墨尔根（今黑龙江嫩江）、齐齐哈尔城。

· **魏禧死**　魏禧（1624—1681），字叔子，江西宁都人，为清初著名散文家，有《魏叔子集》。

1682 年　壬戌　清康熙二十一年

正月

· **耿精忠死**　二十日，诏将耿精忠革去王爵，凌迟处死；其子耿显祚处斩，白显忠、曾养性、刘进忠等俱凌迟，进忠枭示，祖宏勋等俱处斩。

· 廿一日，裁江西总督缺，归并江南。

· 先是粤西地丁钱粮，每银一两折收米一石。及军兴，每银二两折收米一石。二十一日，从广西巡抚郝浴疏请，本年份折征米石照旧征银。

二月

· **朱方旦被斩**　朱方旦号尔枚，自称二眉道人，汉阳人。曾私刻秘书，自比圣贤，讲修炼术数之学。又入大将军勒尔锦幕府，勒尔锦赠其"圣人堂"匾额，巡抚张朝珍亦赠其"圣教帝师"匾额。十六日，以方旦"诡立邪说，妄言休咎，煽惑愚民，诬罔悖逆"（《东华录·清康熙二十一年》）罪，命斩之。

四月

· **康熙帝乌喇赐宴**　先是二月十五日，康熙帝以云南平，谒陵祭告，启銮东巡。寻至盛京（今辽宁沈阳），祭福陵、昭陵。旋出抚顺，至吉林乌喇（今吉林省吉林市），泛舟松花江上，远览形胜。初六日，赐乌喇将军巴海等宴，兵丁均赐银两。后于五月初四日回京。

·初十日，清以制造火炮精坚之功，加封南怀仁工部侍郎衔。

·十四日，遣使汪楫等册封尚贞为琉球国中山王。

·廿八日，尚阳堡流犯王廷试之子王德麟叩阍，乞以身代父。诏其父子俱系读书人，著一并发回原籍。

五月

·十八日，候补布政使崔维雅呈所辑《河防刍议》及《两河治略》二书。命勘阅河口大臣将伊带往，会同总河靳辅确议具奏。

·十九日，免吉林鹰贡，减省徭役。

八月

·先是潼关额税七千余两，三藩之乱时增至四万余两。初六日，命潼关收税，仍照旧额。

·**派郎坦、彭春巡察雅克萨** 先是沙皇俄国侵扰黑龙江一带，筑室盘踞，杀掠不已。曾命大理寺卿明爱等令其撤回，犹迁延不去，而恃雅克萨（今俄罗斯阿尔巴津）为据点。十五日，遣副都统郎坦、公彭春等往雅克萨一带，巡察沙皇俄国侵扰情形。

·廿五日，以九卿议准土司田舜年开矿采铜之请，诏令严禁开矿采铜。

·廿七日，南怀仁随驾测得盛京北极高度，准照各省例，制九十度表，以凭推算。

九月

·二十日，诏每日御朝听政，春、夏以辰初，秋、冬以辰正。

·廿二日，《清太宗文皇帝实录》告成。

十月

·十一日，定远平寇大将军、贝子章泰和征南大将军、都统赖塔，自云南凯旋。

十一月

·初四日，遣官发大同、宣府（今河北宣化）仓粮，救济蒙古四子部落、苏尼特饥。

·初八日，免安南贡白绢、白木香等物。

十二月

·**考察直省官吏**　初六日，定贪酷官四十员、不谨官五十一员、罢软官一百五十一员、年老官一百二十九员、有疾官六十一员、不及官一百六十三员等，分别处分如例。

·二十日，定三亲王贻误军机罪。命予大将军安亲王岳乐罚俸一年，大将军康亲王杰书削去军功、罚俸一年，大将军简亲王喇布削去王爵。

·**增强黑龙江边防守御**　副都统郎坦等白黑龙江还，奏俄国犯边情形。二十七日，命调兵演习、置造船舰、制枪铸炮、屯田备粮、增设驿站，建黑龙江（今黑龙江瑷珲区）、呼玛尔（今黑龙江呼玛）二木城，并派宁古塔将军巴海、副都统萨布素统兵往驻黑龙江、呼玛尔。

是岁

·**顾炎武死**　顾炎武（1613—1682），初名绛，字宁人，学者称亭林先生，江苏昆山人。少年时参加"复社"反宦官权贵斗争。清兵南下、嗣母王氏殉难后，又参加昆山一带之抗清起义。失败后，十谒明陵，遍游华北，学问渊博，撰述勤奋。晚年治经侧重考证，开清代朴学先风。承认"气"为宇宙实体，"盈天下之间者气也""非器则道无所寓"。提倡"经世致用"，反对空谈"心、理、性、命"。著有《日知录》《天下郡国利病书》《肇域志》《音学五书》《亭林诗文集》等。

·文学家陈维崧死。陈维崧（1625—1682），字其年，号迦陵，江苏宜兴人。填词一千六百余首，有《迦陵词》《陈迦陵文集》等。

·学者朱之瑜死。朱之瑜（1600—1682），字鲁屿，号舜水，浙江余姚人。明亡抗清失败后，亡命日本，居日讲学二十余年，受到日人礼遇，著《舜水遗书》。

·天文学家王锡阐死。王锡阐（1628—1682），字晓庵，江苏吴江人，著《晓庵新法》《五星行度解》等。

·卞永誉编《式古堂书画汇考》成书。

·**达赖五世死** 达赖五世阿旺罗桑嘉措（1617—1682），六岁时被迎至拉萨哲蚌寺内供养。后受沙弥戒、比丘戒。二十五岁时，与班禅四世派人入青海，密招厄鲁特蒙古首领顾实汗率兵入藏，打击对黄教进行迫害和摧残的教派及其所属的贵族，黄教及其寺院经济更加发展。后将西藏首府由日喀则迁至拉萨，兴建布达拉宫，落成后即迁入住锡。又派喇嘛赛青曲结至盛京，上书与清太宗皇太极"觉吉甲布"（通好）。顺治时率领藏官侍众三千人入京，受到顺治帝册封达赖喇嘛的金册金印。又给黄教寺庙制定僧制，后来相沿不变。晚年不大过问政事，一切由第巴桑结嘉措主持治理，潜心于著作经典，有《相性新释》《西藏王臣史》《菩提道次第论讲义》《引导大悲次第论》等三十余卷，传布甚广，为西藏宗教与历史名著。

1683 年　癸亥　清康熙二十二年

正月

·十九日，升正红旗满洲副都统彭春为蒙古都统，寻转满洲都统。

·廿六日，遣使册封黎维正为安南国王。

三月

·初八日，遣使阅视辽河及伊尔门河等，以伐木造船，通运军饷，设仓屯粮，固围边防。

春

·都统巴尔布、宗室公瓦山、公倭赫、都统觉罗画特、都统穆占、西安将军希福等，以在平定三藩之乱中交战失利、致误军机等罪，俱降革遣戍有差。

四月

·**命建额苏里木城** 以黑龙江、呼玛尔之间额苏里既有田陇旧迹，又便于藏船，初八日，命建额苏里木城（今黑龙江黑河北）。并命宁古塔将军巴海仍驻乌喇（今吉林省吉林市），副都统萨布素、瓦礼祜统兵往黑龙江。

· 二十日，銮仪使赵良栋奏，统兵克成都、取昆明，二次功绩，未经查叙；蔡毓荣在滇城未能取德胜桥，却官兵加叙十三等。寻议赵良栋以不急救建昌而致失陷，"功罪相抵，无庸议叙"（《东华录·清康熙二十二年》）。

五月

· **不准台湾例称臣进贡**　先是郑克塽令刘国轩遣官，请照琉球、高丽等外国例，称臣进贡，发服依旧。二十三日，诏"台湾贼，皆闽人，不得与琉球、高丽比。如果悔罪、剃发、归诚，该督、抚等遴选贤能官前往招抚"（《清圣祖实录 一〇九》）。乃促施琅速进兵台湾。

六月

· **施琅率师克澎湖**　先是施琅于顺治八年（1651）降清后，于康熙七年（1668）密陈取台方略，因授内大臣。二十年（1681）时以奏规取台湾，旋再授为福建水师提督。至是率水师二万人、战舰三百艘，升帆起航，进取澎湖。时郑克塽将刘国轩，拥兵二万，踞守澎湖，缘岸二十余里，环筑围墙，安置腰铳；又分兵牛心泊和鸡笼屿，成犄角阵，倾力顽守。十六日，施琅派蓝理等以鸟船首先攻击，但前锋数船被围。琅亲自驾船冲入，吴英继后夹攻，焚杀国轩官兵三千余名，初战告胜。十八日，施琅遣兵进取虎井与桶盘屿。刘国轩督舟师奋力抵御。二十二日，水师提督施琅议兵分四路：东路派总兵陈蟒等领五十只战船为奇兵，直入鸡笼屿；西路派总兵董义领五十只战船为疑兵，径入牛心泊；自率五十六只大鸟船为中路，分作八队，直进攻坚；另留八十只战船为后援。琅还令各路不列大阵，机动灵活，船自为战；以众击寡，五攻其一。四路水师乘南潮扬帆，破浪航进。刘国轩督船齐出迎战。总兵朱天贵率先突阵，不幸战死。国轩命舰四面围攻。施琅流矢中目，以帕止血，奋击愈厉；东南两路夹击，硝烟蔽海，波涛沸腾。自辰至申，合力奋战，击沉其舰船一百九十四只，焚杀其官兵一万二千余人。刘国轩力不能支，乘快船从吼门败走台湾，余众悉降。是役，鏖战七昼夜，清军遂克澎湖。

闰六月

·**沙俄军头目梅利尼克等投降**　是月，沙俄军头目梅利尼克（机里郭礼）带领一支六十七人的侵略队伍，自雅克萨沿江而下，航至额苏里地方，被清军包围。梅利尼克等投降。清军相继收复雅克萨外围的多伦禅、西林穆宾斯克和结雅斯克等。

七月

·**郑克塽遣官呈交降表**　十五日，台湾郑克塽遣官至施琅军前呈交降表，总督姚启圣奏闻。二十七日，帝颁诏曰："将尔等从前抗违之罪，尽行赦免，仍从优叙录，加恩安插，务令得所。"（《清圣祖实录·一一一》）

八月

·**康熙帝统一台湾**　福建水师提督施琅率领官兵，自澎湖起航，十三日，入鹿耳门，抵达台湾。台湾人"壶浆迎师"。十八日，郑克塽及其武平侯刘国轩、忠诚伯冯锡范等文武官员，剃发受诏，缴册印降。寻加施琅靖海将军，封靖海侯。自郑成功入台，至是二十二年，清终于统一台湾。

九月

·**释放俄俘宜番等**　初九日，命理藩院释放沙皇俄国俘虏宜番、米海罗莫罗对，令其持理藩院咨文回雅克萨。谕理藩院尚书阿穆瑚琅曰："鄂罗斯国罗刹等，无端犯我索伦边疆，扰害虞人，肆行抢掠，屡匿根特木尔等逃人，过恶日甚。朕不忍即遣大兵剿灭，屡行晓谕，令其自释过愆，速归本地，送还隐匿逃人。前次所差彼使尼过来（尼古赖），亦经晓谕。但罗刹尚执迷不悟，反遣其部下人，于飞牙喀、奇勒尔等处，肆行焚杀；又诱索伦、打虎儿（达斡尔）、俄罗春（鄂伦春）之打貂人额提儿克等二十人入室，尽行焚死。此曹虽经晓谕，藐不畏法，因特遣将军统兵驻守黑龙江、呼马尔等处，不许罗刹仍前恣意妄行，遇即擒杀。顷者罗刹诸人，经过黑龙江地方，遇我将卒，降其三十余人。奏至，朕体好生之德，未戮一人，皆加豢养，使各得其所。今雅克萨、尼布潮（尼布赞）罗刹等，若改前过，将根特木尔等逃人送来，急回本地，则两相无事，于彼为益不浅；倘犹执迷不悟，留我边疆，彼时必致天讨，难免诛罚；如路远难归，倾心投诚者，朕亦纳之，必加恩恤，使各得其所。尔院即遵旨，明白具文，遣招降罗刹内宜番、米海罗莫罗对，执书晓谕。彼有何言，令其回奏。"（《清圣祖实录·一十二》）宜番等于次年初抵雅克萨，沙俄方拒不作答。寻命将沙俄归顺人机里郭礼等编为一佐领，隶正白旗。

·**限噶尔丹入贡人数**　时噶尔丹贡使等多至数千人，沿途践禾抢掠，捆缚平民。十五日，命限其有印验者二百名入关，其余在张家口等处贸易；并令严行约束其贡使，不得肆行抢夺，殃民作乱。

十月

·初五日，山西原平一带发生七级地震。

·**始弛海禁**　十九日，以台湾平，命粤、闽、江、浙等沿海地区，迁民归里，招垦荒地。寻命对迁移百姓，察明原产，给还原主。

·**升萨布素为黑龙江将军**　先是上月初九日设立黑龙江将军，驻黑龙江城。二十五日，命萨布素为黑龙江将军，并令副都统穆秦于来年三月率兵往修黑龙江城。寻定自吉林至黑龙江城设十驿。

·**萧家渡河工告成**　是月，河督靳辅疏报："萧家渡工成，河归故道。"（《东华录·清康熙二十二年》）靳辅自十六年受任以来，同陈潢等实地踏勘，调度民工，开河筑堤，填塞决口，使黄、淮各归故道，治河显见成效。

十一月

·初六日，允云、贵二省录取土司生员各二十五名。

·**奇勒尔人等击杀俄军**　奇勒尔之奚鲁噶奴等、鄂伦春之朱尔铿格等以及飞牙喀人"击杀罗刹甚众"（《清圣祖实录·一一三》）。十六日，奏闻。至本年年底，除黑龙江上游尼布楚、雅克萨尚被沙俄军盘踞外，其中下游地区基本已无入侵沙俄军踪迹。

是岁

·经学家万斯大（1633—1683）死。斯大为斯同兄，攻《春秋》、治《三礼》，著《学礼质疑》《学春秋随笔》等书。

·文学家施闰章死。施闰章（1619—1683），字尚白，号愚山，安徽宣城人，诗与宋琬齐名，称"南施北宋"，有《学余堂文集诗集》。

·福建总督姚启圣（1624—1683）死，著有《平海录》。

·**吕留良死**　吕留良（1629—1683），初名光轮，字用晦，号晚村。明亡，图谋复兴，事败。后剪发为僧。雍正时因曾静案，被剖棺戮尸，焚毁著述。著有《吕晚村文集》等。

1684 年　甲子　清康熙二十三年

三月

·**减捐纳人员选授知县缺**　先是吏部定例：知县出有十缺，其中推升为二缺；大选为八缺——进士、举人、贡监选授三缺，捐纳人员选授五缺。初二日，命增加进士选授员缺，减少捐纳人员选授员缺，即大选八缺中，进士选授二缺，举人、贡监选授三缺，捐纳人员选授三缺。

·初六日，以郑氏降将刘国轩为天津总兵官。

·**命清查各省钱粮**　以广西巡抚郝浴侵欺银十九万两，各省类此者亦不少，初七日，命直省清查钱粮，凡奏销钱粮、兵马钱粮等，其存留、起运等逐项分析，造册报部，以便查对，不得塞责。

四月

·**台湾设一府三县等**　先是施琅疏奏："台湾地数千里，人民数十万，弃之必为外国所据，请设镇守官弁。"（《东华录·清康熙二十三年》）十四日，康熙帝拒绝李光地等于台湾"迁其人、弃其地"（《清史稿·施琅传》）之议，采纳施琅奏议，命在台湾设一府三县，即台湾府（府治设今台南），台湾、凤山（今高雄）和诸罗（今嘉义）三县；并设巡道一员、总兵一员、副将二员，兵八千，分为水陆八营；设澎湖副将一员，兵二千，分为二营。寻允浙、闽、粤沿海援山东例，百姓装载五百石以下船只，准往海上贸易、捕鱼，并登记姓名，取具保结，船头烙号，发给印票。

五月

·初三日，命纂修《大清会典》。

·十七日，推举清廉官员，九卿詹事科道遵旨举出清廉各官：直隶巡抚格尔古德，吏部郎中苏赫、范承勋，江南学道赵岺，扬州府知府崔华，兖州府知府张鹏翮，灵寿县知县陆陇其等。

·**宜昌阿等因罪处死**　侍郎宜昌阿、巡抚金儁等，往广东查看尚之信家产，隐蚀银八十九万余两，并杀害商人沈上达；刑部侍郎禅塔海等审谳不实，十八日，命俱处死。

·**再申严禁圈拨田地**　先是民间田地，已永停圈占。十九日，再命部存地亩分拨时，严禁借端圈占民地，或以劣地换良田。

·**准马喇等疏奏**　先是马喇等往索伦，询察得知雅克萨、尼布楚沙俄军，赖在二城附近筑室散居、耕种自给，并取资喀尔喀巴尔虎人等贸易、贡赋，得以盘踞多年。"臣请敕喀尔喀车臣汗，收其所部附近尼布潮者，兼禁止交易；再请敕黑龙江将军，水陆并进，作攻取雅克萨状，因取其田禾，则罗刹不久自困，量遣轻骑剿灭似易。"（《清圣祖实录·一一五》）十九日，从之。

六月

·十三日，许琉球国中山王尚贞请，送官生来国子监读书。

·二十日，暹罗国遣使入贡，并准在粤省登岸贸易。

九月

·**更定钱法**　先是每钱一串值银一两，但银一两仅买铜七斤，而毁钱一串得铜八斤十二两，多毁钱卖铜，以是钱价昂贵。初三日，命更铸新钱，减重四分之一；毁钱为铜，因无厚利，毁钱之弊自绝。并命产铅、铜地方，停其收税，任民开采，产铜日多，铜价自平。

十月

·**康熙帝南巡与论治河方略**　先是康熙帝首次南巡于上月二十八日起行。本月初八日次济南，至趵突泉；初十日驻泰安，登泰山。十九日次桃源（今江苏泗阳），阅河工，与河道总督靳辅论治河方略，曰："朕向来留心河务，每在宫中细览河防诸书及尔屡年所进河图，与险工决口诸地名，时加探讨。虽知险工修筑之难，未曾身历河工，其河势之汹涌潎漫，堤岸之远近高下，不能了然。今详勘地势，相度情形，如萧家渡、九里冈、崔家镇、徐升坝、七里沟、黄家嘴、新庄一带，皆吃紧迎溜之处，甚为危险，所筑长堤与逼水坝，须时加防护。大略运道之患在黄河，御河全凭堤岸。必南北两堤修筑坚固，可免决啮，则河水不致四溃；水不四溃，则浚涤淤垫，沙去河深，堤岸益可无虞。今诸处堤防虽经修理，还宜培薄增卑，随时修筑，以防未然，不可忽也。"（《清圣祖实录·一一七》）寻临视天妃闸，次高邮湖，登岸巡堤，问民疾苦。又至焦山、金山，渡扬子江，驻苏州，至虎丘。翌月初一日至江宁，遣官祭祀明陵。初四日回銮，旋遣官视察海口，次高家堰；过曲阜，书"万世师表"额；二十九日还京师。是为康熙帝第一次南巡。

·**开海禁**　二十五日，命直隶、山东、江南、浙江、福建、广东各省，先定海禁处分之例，尽行停止；若有违禁将硝黄、军器等物，私载出洋贸易者，仍照例处分。

十二月

·十二日，命都统公瓦山往黑龙江，与萨布素详议攻取雅克萨事宜。

·**安置郑克塽等**　十三日，授郑克塽公衔，刘国轩、冯锡范伯衔，俱隶上三旗，并拨给房田。其文武官员二千余人、兵四万余人，或回籍、受职，或入伍、归农，各听其便，先已安排。

·**命于成龙经理海口**　先是遣官往视黄河海口，谕曰："朕车驾南巡，省民疾苦，路经高邮、宝应等处，见民间庐舍田畴，被水淹没，朕心甚为轸念，询问其故，具悉梗概。高、宝等处，湖水下流，原有海口，以年久沙淤，遂至壅塞。今将入海故道浚治疏通，可免水患。"（《清圣祖实录·一一七》）因命其逐一详勘，于旬日内复奏。寻议奏，应差官专任海口及下河事务。十七日，命安徽按察使于成龙经理黄河海口及下河，一切事宜申详靳辅具题。

是岁

·吴嘉纪死。吴嘉纪（1618—1684），江苏泰州人，为清初诗人，著有《陋轩诗集》。

·分巡台厦兵备道高拱乾编纂《台湾府志》。

·**吴兆骞死**　吴兆骞（1631—1684），江苏吴江人，以顺治丁酉科场案，流放宁古塔二十余年。其诗多写关外景色，亦颂黑龙江军民抗俄斗争。著有《秋笳集》《归来草堂录》。

·**傅青主死**　傅青主（1607—1684），名山，阳曲（今山西太原）人。明亡后，着朱衣，居土穴，以示抗清，著《霜红龛集》。兼攻书画、金石，又通经学、医学。传有《傅青主女科》等书。

1685 年　乙丑　清康熙二十四年

正月

·**命将出师攻雅克萨**　先是命瓦山与萨布素等详议应否攻取雅克萨城。二十三日，会奏："我兵于四月杪水陆并进，抵雅克萨城招抚，不纳款，则攻其城。倘万难克取，即遵前旨，毁其田禾以归。"（《东华录·清康熙二十四年》）议从之。又谕王大臣等曰："兵非善事，不得已而用之。向者罗刹无故犯边，收我逋逃，后渐越界而来，扰害索伦、赫哲、飞牙喀、奇勒尔诸地，剽劫人口，抢虏村庄，攘夺貂皮，肆恶多端。是以屡遣人宣谕，复移文来使，罗刹竟不报命，反扰害益甚。爰发黑龙江兵扼其往来之路，罗刹又窃据如故，不送还逋逃，应即剪灭。今大将军逼临雅克萨城，姑再以朕谕旨，宣布罗刹，倘仍抗拒，则大兵相机而行。"（《东华录·清康熙二十四年》）因命都统公彭春统兵、副都统班达尔沙偕佟宝等参赞军务，命建义侯林兴珠、都督何佑等率福建藤牌军，并调直隶、山东、山西、河南等省火器兵前往协攻；寻命蒙古科尔沁十旗送牛羊至黑龙江军前。

二月

·十四日，广西巡抚施天裔因舞弊仓库银米，著革职。

三月

·初三日，诏修《赋役全书》。

四月

·**准在毛城铺等处建闸坝**　先是靳辅疏陈河务：一、徐州以上，岁岁漫溢，应添建减水闸（毛城铺一座、王家山十八里屯三座、北岸大谷山二座），平日闭闸束流，遇大涨则启闸分泄；二、睢宁峰山、龙虎山之旁开减水闸四座，归仁堤添石闸坝二座，以资分泄；三、拦马河再添石闸一座，南岸各闸坝分引黄水注洪泽湖，以助淮流；四、清河县西建双金门石闸一座，并于闸下挑引河一万余丈，另于清河运口添建石闸一座，以防黄灌运、保运济漕。初二日，九卿等议复差往阅河郎中杭霭言："毛城铺等处建造闸坝，有益黄河堤岸、运道、民生等……拟令靳辅乘时建造。"（《清通鉴·康熙二十四年》）从之。

·初四日，令满汉人民，俱可出洋贸易。

·**减免直隶钱粮**　初九日，免直隶八府上年未完地丁钱粮六十余万两，并免今年正赋三分之一约五十余万两。

·初九日，礼部尚书杭艾原系宗室额奇属下之人，以巧称其不系属下人等罪，命革职。

五月

·初一日，福建设炉二十五座铸钱，并销毁明代旧钱。

·**雅克萨之战**　雅克萨位于黑龙江上游左岸，与额穆尔河口隔水相对，为从尼布楚方向和从雅库茨克方向进入黑龙江地区之水陆咽喉。雅克萨城堡建筑在高峻崖岭上，西临黑龙江，成为沙俄军剽掠纵恶、收纳逃人的重要据点。先是康熙帝命将出师进攻雅克萨。清都统公彭春、都统郎坦、黑龙江将军萨布素等，遵照"勿杀一人，俾还故土"（《清圣祖实录·一二一》）之谕旨，于四月率领满、蒙、汉等官兵三千余人，水陆两军分别出黑龙江城（今黑龙江瑷珲）和卜魁城（今黑龙江齐齐哈尔），向雅克萨进发。是月二十二日，彭春等率清军抵雅克萨城下，即发出咨文，要求沙俄方撤出雅克萨，归还逃人，以雅库（今俄罗斯雅库茨克）为界，但被沙俄方拒绝。二十三日，分水陆兵为两路，列营布阵。二十四日，清军移"神威无敌大将军"炮于阵前，列置火器。二十五日，一队增援雅克萨之哥萨克，乘筏顺黑龙江而下，林兴珠率福建藤牌军截击。藤牌军兵士激游江中，头顶藤牌，手持揗刀，奋力杀敌，哥萨克势绌兵败。是日夜，清军水陆并进，四面围攻，火炮齐发。经一昼夜鏖战，沙俄军伤亡惨重，力竭势穷，神父额摩尔金胸佩十字架，仰乞上帝，为败军鼓气。二十六日，郎坦令积柴焚城。沙俄军头目托尔布津走投无路，出城乞降，并誓称不再回雅克萨城。彭春等将托尔布津及其所属官兵和妇女孩童免死放归，放出被掠边民，收复雅克萨城。被沙俄军侵踞达二十年之久的雅克萨城恢复后，沙俄军回至尼布楚（今俄罗斯涅尔琴斯克），清军也返回黑龙江城。

六月

· **复直省廪生饩粮**　初清袭明制，绅衿优免例，一丁而免数十丁，一户而免千百亩。至顺治十三年（1656），因钱粮入不敷出，将每年廪膳银十九万余两全裁。十一日，准复直省儒学廪生饩粮三分之一。

七月

· 初八日，蒙古蒿齐特地方大饥，灾民以草根为食，派官赈济之。

· 十四日，自吉林乌喇（今吉林市）至黑龙江城共设十九驿。

· **改直隶守、巡为特简**　先是京师不设藩、臬，其藩、臬责任归之守、巡二道：守道司度支，总八旗钱粮二百余万；巡道司刑名，畿南北满、汉八旗借以综理。是月，从左都御史胡升猷疏请，嗣后二道缺出，奏请特简。

九月

·**准筑荥泽至仪封河堤**　十七日，从总河靳辅疏言，筑修河南荥泽（今河南郑州北）堤工二百一十丈，封丘大月堤三百三十丈，仪封（今河南兰考东）等堤工七千九百八十九丈。"此工告成，不特河南无虞，又实可为江南保障。"（《清圣祖实录·一二二》）

·廿七日，命黑龙江副都统温代、纳秦驻黑龙江城；黑龙江将军萨布素及副都统博定驻墨尔根城，博定负责筑城，并增夫役、兴屯田。

十月

·初一日，命广东开炉铸钱。

十一月

·先是九月，御史钱珏参奏山西巡抚穆尔赛多加文水等县火耗、嫁女时索取属员礼物等罪，逮京严讯。十四日，命将穆尔赛斩监候。

·**黄河海口之议起**　先是上月二十二日靳辅疏言，诸河工需银四百八十九万余两，请先拨二百一十九万余两。因需费甚多，三工兼举，著详议。寻命靳辅和于成龙驰驿来京，与九卿等详议。二十日，大学士等奏：靳辅议开大河，建长堤，高一丈五尺，束水一丈，以敌海潮；于成龙议开浚海口故道。两人各执己见，议不划一。康熙帝命传问高、宝、兴、盐、山、江、泰七州县现任京官。翌日，召问起居注官侍讲乔莱等河工事宜，乔莱奏言："从于成龙议，则工易成，百姓有利无害；若从靳辅议，则工难成，百姓田庐、坟墓伤损必多，且堤高一丈五尺，束水一丈，比民间屋檐更高，伏秋时，一旦溃决，为害不浅矣！"因谕："今两人建议，皆系泄水以注海，虽功皆可成，毕竟于成龙之议便民。且开浚下河，朕欲拯救生民耳，实非万不可已之工也。若有害于民，如何可行？于成龙所请钱粮不多，又不害百姓，姑从其议，着往兴工。"（《清圣祖实录·一二三》）寻命工部尚书萨穆哈、学士穆称额速往淮安等处，会同漕运总督徐旭龄、江宁巡抚汤斌详问地方父老回奏。

是岁

·**纳兰性德死**　纳兰性德（1655—1685），原名成德，字容若，满洲正黄旗人，大学士明珠之子。年廿二，成进士，官至一等侍卫。善骑射，工文翰，好读书，长词令。所著《纳兰词》清新秀隽，自然灵逸。有《通志堂集》，又与徐乾学编刻《通志堂经解》一千八百余卷。

1686 年　丙寅　清康熙二十五年

正月

·**俄使戈洛文启程来京**　先是沙皇政府接到康熙帝上年三月信件和彭春咨文后，任命文纽科夫和法沃罗夫为先遣信使，于十二月从莫斯科动身来京，通知清政府，俄国将接受谈判建议并决定派遣使团。本年正月，沙皇政府任命费奥多尔·阿列克谢耶维奇·戈洛文为对清谈判使团全权大使。十三日，戈洛文等从莫斯科出发。

二月

·**再议开浚海口河工**　先是萨穆哈、穆称额往勘下河，请暂停开浚，九卿等议允。康熙帝以"海口不行开浚，则泛溢之水无归；浚之使水有所泄，高邮等处淹浸田亩可以涸出"，令集议。初七日，九卿奏："奉差大臣及该督抚，亲历河干，问河滨百姓，佥谓挑浚海口无益，应行停止。"（《清圣祖实录·一二四》）因召问于成龙，成龙仍议挑浚海口。命再酌之。

·初十日，减广东海关征收洋船额税十分之二。

·**再命出征雅克萨**　先是上年八月，托尔布津得知清军撤离雅克萨后，带领五百余人重返雅克萨，筑城盘踞。十三日，清遣人侦实报闻。因命黑龙江将军萨布素等率所部官兵往攻雅克萨。

·二十日，重修《清太祖高皇帝实录》告成。

·廿四日，准外藩蒙古四十九旗管旗扎萨克及索伦总管，照内都统例，各颁给印一颗。

三月

·初五日，命纂修《大清一统志》。

四月

·**靳辅疏请河工议行**　先是河督靳辅疏言。高家堰等处堤工长共三十三万五千一百余丈，需银一百八十万四千余两，请先借拨库银七十二万四千余两。定限六年告竣，"工完之后，不特向来蠲除灾荒额赋可以尽复，而每岁更可加增新赋十余万矣"（《清圣祖实录·一二五》）。初九日，下部议行。

·**近畿旗民共编保甲**　二十七日，从直隶巡抚于成龙疏言，顺天、永平、保定、河间四府，将各庄屯旗丁同民户共编保甲，由村领催与保甲长互相稽查，旗丁、居民犯法，许地方官申报该巡抚、都统究治。

六月

·**遣孙在丰往督河工**　先是开浚海口河工，人众言杂，不能划一，汤斌、乔莱等称开海口有益；萨穆哈、穆称额以其不便被革职。初六日，准发帑银二十万两，命侍郎孙在丰前往督修。

八月

·**库伦伯勒齐尔莅盟**　先是喀尔喀蒙古三部，土谢图汗部驻牧在土拉河一带，扎萨克图汗部驻牧在杭爱山西麓，车臣汗驻牧在克鲁伦河流域。康熙二十三年（1684）土谢图汗察珲多尔济，执杀扎萨克图汗成衮而夺其妾，三部不睦。特令理藩院尚书阿喇尼与达赖喇嘛代表噶尔亶西勒图赴漠北，于库伦伯勒齐尔召集喀尔喀两翼汗及济农、台吉等，谕令其同归于好。二十三日，喀尔喀两翼汗及济农、台吉等检选寨桑六十余人，齐集于噶尔亶西勒图、哲布尊丹巴呼图克图前莅盟：两翼互相侵略之台吉、人民各归原主，一切应结事件审拟完结；济农、台吉重誓，嗣后永远协和。

·二十三日，以索额图为领侍卫内大臣。

九月

·命解雅克萨之围　先是黑龙江将军萨布素及郎坦、班达尔沙等率军二千一百人进攻雅克萨。五月二十八日，水陆两路，会师查克丹，逼近雅克萨城。沙俄军"退进要塞，挖洞穴居"（《中国历史大事编年》），负隅死守。萨布素要求沙俄军投降，托尔布津不答。六月初九日夜，萨布素下令攻城：郎坦领兵从北面用红衣大炮向城内轰击；班达尔沙领步骑从南面猛攻，自夜达旦，予敌重创。沙俄军先后五次出城逆战，均被击退。寻萨布素令于城外三面掘壕筑垒，壕外设置木桩鹿角，分汛防御；城西对江设水师，封锁从尼布楚方向援敌航道。又城中无井，饮水靠通向黑龙江的水道供引。清军激战四昼夜，断其水源，并以"神威无敌大将军"炮轰击城堡。托尔布津中弹毙命，杯敦（拜顿）继任其职。雅克萨城俄军被围数月，官死兵亡，水缺柴尽，粮罄弹绝，疾疫流行，濒临绝境。二十八日，俄国先遣使文纽科夫和法沃罗夫等人至京，"乞撤雅克萨之围"。因令萨布素等"撤回雅克萨之兵，收集一所，近战舰立营，并晓谕城内罗刹，听其出入，毋得妄行攘夺，俟鄂罗斯后使至定议"（《清圣祖实录·一二七》）。后派太医赴雅克萨为患病沙俄军治病，又发粮赈济之。后于翌年七月十二日，以俄使戈洛文抵边报闻，命萨布素等统围攻雅克萨之官兵，还至黑龙江、墨尔根，但"仍于要地严设斥堠，并以鄂罗斯遣使请和、撤还大兵之故，晓谕雅克萨城内罗刹知之"（《清圣祖实录·一三〇》）。至此，历时两年之久的第二次雅克萨之战结束。

十月

·十六日，山东蓬莱、栖霞地震，声如雷鸣，月余方息。

是岁

·理学家魏裔介死。魏裔介（1616—1686），直隶柏乡（今河北柏乡）人，官至大学士。治程朱理学，有《圣学知统录》等。

·文学家董说死。董说（1620—1686），字若雨，乌程（今浙江吴兴）人，明亡后为僧，通经学、工草书、善诗文，著《董若雨诗文集》。作小说《西游补》，讽刺明末世态，时颇有名。

1687 年　丁卯　清康熙二十六年

正月

·命孙在丰挑浚下河　先是汤斌奏："今皇上令堵塞高家堰之坝，修理下河，不止七州县之民渐安生理，即漕运亦永受其益。"靳辅复奏："挑浚下河，使积水入海，虽云善策，然下河即浚恐海水倒灌可虑。"诏曰："海水断无倒灌之理，今若将黄河两岸毛城铺等处减水坝闭塞，则黄之水不入洪泽湖，洪泽湖止有淮水，则高家堰堤可以暂塞一年。"（《清圣祖实录·一二九》）二十三日，着孙在丰速备工料，年末兴工，挑浚下河，勿至迟误。

二月

·初二日，兵部右侍郎蔡毓荣以在云贵总督任内"隐藏逆女、贪取逆财"（《清圣祖实录·一二九》）罪，革职籍没、枷号三月、鞭一百，发往黑龙江。

·十六日，禁"淫词小说"。

·廿四日，以浒墅关监督桑额在任内除征收正额外，溢银二万一千余两，又私封便民桥，命严加议处。

九月

·二十日，议蠲江宁、陕西应免钱粮共六百万两。

·诏噶尔丹与土谢图汗息争修好　先是喀尔喀蒙古自库伦伯勒齐尔莅盟之后，喀尔喀七旗业已誓和。后噶尔丹唆使扎萨克图汗沙喇进攻土谢图汗察珲多尔济，沙喇兵败被俘死。噶尔丹复遣其弟多尔济扎布带兵攻略喀尔喀右翼班第戴青台吉、巴尔丹台吉等人畜。土谢图汗察珲多尔济率兵追杀多尔济扎布，将被掠众台吉及属裔尽行收回。噶尔丹欲借词大举兴兵东犯。二十五日，颁谕噶尔丹与察珲多尔济，令其罢兵，息争修好。

十二月

·**靳辅同于成龙治河意见相左**　户部尚书佛伦等查看河工回奏："河臣靳辅疏请修筑高家堰重堤，束洪泽湖水，尽出清口，并黄河两岸立闸，分泄黄水；而抚臣于成龙又奏下河宜挑不宜停，重堤宜停不宜筑，彼此意见不合。臣等会勘上下河道，知高邮等七州县水患，皆因洪泽湖水从减水坝东注高邮、宝应、邵伯三湖流入漕河，又从高邮城东堤减水坝流入下河，以致七州县民田被水淹没。故治下河必先塞上流，使上流之水不得东注下河，则保守高家堰水出清口，自为第一要着。臣等阅视高家堰地势，应如河臣原议。"（《清圣祖实录·一三二》）二十一日，命九卿詹事府科道会议。

·**太皇太后博尔济吉特氏死**　博尔济吉特氏（1613—1688）为蒙古科尔沁贝勒寨桑女，天命十年（1625）皇太极迎娶，后封庄妃，生福临。福临即位，尊为太后。玄烨八岁时父福临死，十岁生母又死，依博尔济吉特氏鞠养，并尊为太皇太后。博尔济吉特氏身历四朝，两辅幼主，朝政多告而后行。在顺治帝登极嗣位、康熙帝除鳌御政以及削平三藩等重大政争中，博尔济吉特氏襄助朝政，淑才卓异。二十一日，博尔济吉特氏死，卒年七十五，葬昭西陵（东陵），后谥孝庄文皇后。

是岁

·魏象枢死。魏象枢（1617—1687），蔚州（今河北蔚县）人，官至刑部尚书。治程朱理学，称"五伦之外无道，六经之外无文，四书之外无学"（《池北偶谈·卷六》）。著《寒松堂集》等。

·理学家汤斌死。汤斌（1627—1687），河南睢州（今睢县）人，任江宁巡抚时禁止刻印小说，官至礼部尚书（后改工部）兼管詹事府。治程朱理学，不能践其言，有《汤子遗书》。

1688 年 戊辰 清康熙二十七年

二月

·**大学士明珠等革职** 先是初六日，江南道御史郭琇疏参大学士明珠等，弹其指麾票拟、市恩立威、联结党羽、贩鬻官爵、任意派缺、交结靳辅、牵制言官、意毒谋险等八款。初九日，命勒德洪、明珠、余国柱俱革去大学士，大学士李之芳休致回籍（时大学士五人），吏部尚书科尔坤、户部尚书佛伦、工部尚书熊一潇等俱解任。

·廿一日，改定宗室王公将军袭封例，将原亲王以下奉恩将军以上子年十五概予袭封，改为年至二十，其文艺骑射之优者授封。

·**予南怀仁祭葬** 南怀仁（1623—1688），比利时人，耶稣会士，来华后传教、修历、治炮，通汉文、满文，官至钦天监监正加工部右侍郎，向康熙帝讲授数学等知识。南怀仁死，二十七日，予祭葬。著有《教要序论》《康熙永年历法》等，谥勤敏。

三月

·**靳辅疏报中河工竣** 先是漕船自运河出清口后，须逆黄河行一百八十余里，纤夫挽缆，航速缓慢，风涛险恶，往往沉覆。靳辅与陈潢在黄河北岸自宿迁至清河（今江苏清江）创开中河，初一日告竣。漕船出清口后，在黄河中航行二十余里即进入中河，避开黄河百余里之险，漕挽安流，商民利济。

·**命索额图等同俄谈判** 以俄使戈洛文等至蒙古色棱额地方，初三日，命内大臣索额图、都统公佟国纲、尚书阿喇尼、左都御史马齐、护军统领马喇等为谈判使团，同俄使集议定界。

·**革总河靳辅等职** 先是正月二十三日，御史郭琇参靳辅治河无功，偏信幕客陈潢，阻挠下河开浚，宜加严处。户部尚书王日藻等议靳辅疏请屯田，有累于民，请行停止。下郭琇参本，令九卿等会议。十二日，命罢靳辅任，寻革陈潢职，潢被拘禁死。靳辅（1633—1692），辽州（今辽宁辽阳）人，属汉军镶黄旗。任总河十二年，将决口堵塞，两旁筑堤，束水攻沙，河流故道；修建闸堤，河涨溢洪，开挖中河，漕运畅通；将多年水淹之田，涸出数百万亩，额田给予本主，余地做屯田以抵补河工所用钱粮。靳辅承明季清初溃败决裂之河，次第修复，大见成效，用费不过数百万，"而河以治安者五十年"（《中衢一勺·筹河刍言》）。后再任总河，不久病死。有《治河方略》《靳文襄公奏疏》。辅幕客陈潢（1637—1688），浙江钱塘人，不避寒暑，无分昼夜，驾舟测河，曲体水情。著《河防述言》《河防摘要》，附载于靳辅《治河方略》。后康熙帝称赞靳辅言："靳辅自受事以后，斟酌时宜，相度形势，兴建堤坝，广疏引河，排众议而不挠，竭精勤以自效。于是黄、淮故道，次第修复，而漕运大通。其一切经理之法俱在，虽嗣后河臣互有损益，而规模措置不能易也。至于创开中河，以避黄河一百八十里波涛之险，因而漕挽安流，商民利济，其有功于运道民生，至远且大。朕每莅河干，遍加咨访，沿淮一路军民，感颂靳辅治绩者，众口如一，久而不衰。"（《清圣祖实录·二二九》）

五月

·初二日，领侍卫内大臣索额图等率使团同沙俄方谈判启行。行前谕曰："朕以为尼布潮（尼布楚）、雅克萨、黑龙江上下及通此江之一河一溪，皆我所属之地，不可少弃之于鄂罗斯。"（《清圣祖实录·一三五》）旋以噶尔丹东犯喀尔喀，遣侍卫召还索额图等。

·**夏逢龙率裁兵举事**　湖广督标议罢饷裁兵，众论汹汹。二十二日，裁兵夏逢龙（夏包子）率众闭城造反，巡抚柯永升投井死，按察使丁炜弃家奔安庆，署布政使叶映榴自刎死，总兵许盛中矢逃遁。连陷武昌、嘉鱼、咸宁、蒲圻等。六月初三日，命都统瓦岱领兵前往镇压。七月，夏逢龙兵败而死。

六月

·**噶尔丹大举东犯喀尔喀**　是月，噶尔丹借与其弟复仇为名，率劲骑三万，自杭爱山后掠喀尔喀左右翼台吉等，至忒木尔地方，土谢图汗之子噶尔旦台吉领兵拒战，为所败，仅噶尔旦等八人逃回。噶尔丹兵焚额尔德尼召，取土谢图汗之居，直抵喀喇卓尔浑地方，距哲布尊丹巴所居仅一日程。哲布尊丹巴携土谢图汗察珲多尔济妻子及喇嘛班第等移至车臣汗旗下额古穆尔地方。噶尔丹进劫哲布尊丹巴之帐。喀尔喀诸台吉为噶尔丹兵逼集议所向，哲布尊丹巴主投清朝，遂定计东向。于是，哲布尊丹巴率喀尔喀众台吉等，弃其庐帐、器物、牲畜，分路投漠南内附，昼夜不绝。八月初二至初四日，土谢图汗察珲多尔济与噶尔丹相遇于鄂罗会诺尔之地，双方鏖战三日，察珲多尔济兵败东奔。寻土谢图汗察珲多尔济与其弟西地西里巴图尔台吉率左右翼台吉等，又哲布尊丹巴呼图克图亦率弟子等入汛界，沿边一带阿霸哈纳诸台吉等皆从之，共拥众数十万人内附。命受而养之，俾其得所。即令理藩院尚书阿喇尼前往汛界，面见哲布尊丹巴呼图克图、土谢图汗察珲多尔济宣旨，并命边塞加意防守。

七月

· **召见靖海侯施琅** 十五日，召施琅入乾清宫，谕之曰："尔果能竭力尽心，不负任使，举六十年难靖之寇，殄灭无余，诚尔之功也。迩来或有言尔恃功骄傲者，朕亦颇闻之。今尔来京，又有言当留尔勿遣者。朕思寇乱之际，尚用尔勿疑；况天下已平，反疑尔勿遣耶？今命尔复任，自此宜益加敬慎，以保功名。从来功高者，往往不克保全始终，皆由未能敬慎之故。尔其勉之。"（《清圣祖实录·一三六》）

九月

· 十五日，噶尔丹遣使进贡请安，并请照常贸易。

十一月

· 是月，清于台湾开炉铸钱，收买原南明钱销毁。

是岁

· 朱伯庐（1627—1688）死，著《治家格言》即《朱子家训》等。

· 陈淏子撰《花镜》成书。

· 文学家毛先舒死。毛先舒（1620—1688），浙江钱塘人，研究音韵，兼长诗文，与毛奇龄、毛际可齐名，时称"浙中三毛，文中三豪"，有《思古堂集》《韵学通指》等。

1689年　己巳　清康熙二十八年

正月

·**康熙帝南巡视河**　初八日起行。十四日，驻平原，免山东明年地丁额赋。二十三日，阅中河，寻免江南积欠地丁钱粮二百二十余万两。翌月十三日，渡钱塘江，至会稽山麓。三月初一日，发江宁，寻阅高家堰。十九日，还京师。旋谕："朕巡行南省，阅视河道，江南、淮安诸地方，自民人船夫皆称誉前任河道总督靳辅，思念不忘。且见靳辅浚治河道，上河堤岸，修筑坚固，其于河务，既克有济，实心任事，劳绩昭然，著复其原品。"（《清圣祖实录·一四〇》）是为康熙帝第二次南巡。

四月

·初二日，免江、浙、闽、粤等沿海地方捕捞鱼虾及贸易小船税，俾商民均益。

·十三日，康熙帝再遣使谕噶尔丹曰："战争非美事，展转报复，将无已时。仇敌愈多，亦不能保其常胜。是以朕欲尔等解释前仇，互市交易，安居辑睦，永息战争。"（《清圣祖实录·一四〇》）

·**遣索额图等往尼布楚**　先是俄国谈判代表戈洛文派洛吉诺夫至北京，议商会谈地点，旋定之以尼布楚。二十六日，再派领侍卫内大臣索额图等，往尼布楚与沙俄方议分界事宜。行前索额图奏言："尼布潮（尼布楚）、雅克萨既系我属所居地，臣等请如前议，以尼布潮为界，此内诸地皆归我朝。"康熙帝谕曰："今以尼布潮为界，则鄂罗斯遣使贸易无栖托之所，势难相通。尔等初议时，仍当以尼布潮为界，彼使者若恳求尼布潮，可即以额尔古纳为界。"（《清圣祖实录·一四〇》）

·廿六日，台湾府开炉铸钱。

·廿八日，遣内大臣费扬古往赈南徙喀尔喀蒙古饥民。

七月

·**中俄《尼布楚条约》签订**　先是索额图使团至尼布楚。初八日，索额图使团与戈洛文使团就分界事宜举行首次会议。戈洛文"初犹以尼布潮（尼布楚）、雅克萨为所拓之地，固执争辩"。索额图则据理力争："鄂嫩（河）、尼布潮系我国所属毛明安诸部落旧址，雅克萨系我国虞人阿尔巴西等故居，后为所窃据。"翌日，双方举行第二次会议。戈洛文仍坚持以黑龙江至海为界。索额图让步以尼布楚为界。后经会外谈判，索额图再让以尼布楚及其迤西地区予俄；戈洛文同意放弃对雅克萨之占领。二十四日，索额图与戈洛文签订中俄《尼布楚条约》。规定："一、将由北流入黑龙江之绰尔纳即乌伦穆河相近格尔必齐河为界，循此河上流不毛之地，有右大兴安以至于海，凡山南一带流入黑龙江之溪河，尽属中国。山北一带之溪河，尽属鄂罗斯。一、将流入黑龙江之额尔古纳河为界，河之南岸属于中国，河之北岸属于鄂罗斯。其南岸之眉勒尔客河口，所有鄂罗斯房舍迁移北岸。一、将雅克萨地方鄂罗斯所修之城，尽行除毁；雅克萨所居鄂罗斯人民及诸物，尽行撤往察汉汗之地。一、凡猎户人等断不许越界，如有一二小人擅自越界捕猎偷盗者，即行擒拿，送各地方该管官，照所犯轻重惩处。或十人或十五人，相聚持械捕猎、杀人抢掠者，必奏闻，即行正法。不以小故沮坏大事。仍与中国和好，毋起争端。一、从前一切旧事不议外，中国所有鄂罗斯之人，鄂罗斯所有中国之人，仍留不必遣还。一、今既永相和好，以后一切行旅，有准令往来文票者，许其贸易不禁。一、和好会盟之后，有逃亡者不许收留，即行送还。"（《清圣祖实录·一四三》）

八月

·十四日，派官于喜峰口、古北口、杀虎口、张家口、独石口五口赈济蒙古贫民，每口给米五斗。

·原闽浙总督王隲疏请令日本商船停泊定海山，遣官查验后方许贸易。二十五日，谕此事无益，勿查。

九月

·**郭琇参劾高士奇等**　十九日，左都御史郭琇参劾原少詹事高士奇、左都御史王鸿绪等罪四款：谄附大臣、揽事招摇，奸贪坏法、自立门户，置田千顷、金逾百万，背公行私、结党纳馈。寻命高士奇、王鸿绪、何楷、陈元龙、王顼龄俱休致回籍。

十月

·**许三礼参劾徐乾学**　初八日，副都御史许三礼疏劾原刑部尚书徐乾学革职之后，留恋长安，与高士奇相为表里，物议沸腾。寻列其赃款八条：放债取利、怨声载道、收贿纳馈、得赃累万、置田万顷、势倾中外等，京师传有"去了余（国柱）秦桧，来了徐（乾学）严嵩"之谣，又有"四方宝物归东海，万国金珠送澹人"之对，旋以许三礼所奏不实，降二级留任；徐乾学准假回籍，带书修史。

·左都御史郭琇寄私书与山东巡抚钱珏，属荐知县等官，未允，挟怨使御史张星法诬劾钱珏。事下法司鞫（jū）讯，琇致书属荐事实。初十日，命郭琇降五级调用。

1690 年　庚午　清康熙二十九年

二月

·**京师八旗役仆请愿**　先是近畿上年大旱，入春无雨，流民入京，米价腾贵。命发银三十万两往直隶赈灾，京师粥厂展期，并八旗兵丁家口每人给米一石，但京师八旗官兵之跟役、奴仆未沾实惠。十九日，京师八旗役仆四五千人集齐皇宫前广场长跪请愿。及得闻康熙帝在御花园中散步，有人闯至御花园门外高喊，要求赏赐，几酿大变。其为首者被捕（后斩首），余众被驱散。

四月

·廿六日，《大清会典》告成。

五月

·初一日，以三河县（今河北三河）知县彭鹏、清苑县（今河北保定清苑区）知县邵嗣尧、灵寿县知县陆陇其、麻城县知县赵苍璧居官有声，俱准行取科道。

六月

·初六日，原太常寺少卿胡简敬，一门济恶不法，霸女占田横行，俱发往河南开荒种地。

·**傅拉塔疏参徐元文**　两江总督傅拉塔疏劾大学士徐元文及其兄原任尚书徐乾学，纵放子侄，出入大小衙门，唆使争讼，招摇纳贿，重利累民，祸害地方，所行劣迹，共十五款。江苏巡抚洪之杰，趋附献媚，馈徐元文之子树本银三万两，甚为溺职。十四日，命徐元文休致回籍，洪之杰先已革职。

七月

·**康熙帝初征噶尔丹**　先是噶尔丹以追击土谢图汗和哲布尊丹巴为名，率骑过克鲁伦河，入呼伦贝尔草原，沿大兴安岭西麓南驰，抵乌尔会河。尚书阿喇尼领军阻截，兵败。噶尔丹入乌珠穆秦地。初二日，命裕亲王福全为抚远大将军，皇子允禔副之，出古北口；恭亲王常宁为安北大将军，简亲王雅布、信郡王鄂扎副之，出喜峰口；内大臣佟国纲、佟国维、索额图、明珠、阿密达，都统苏努、喇克达、彭春、阿席坦、诺迈，护军统领苗齐纳、杨岱，前锋统领班达尔沙、迈图俱参赞军务。寻命常宁率师会福全军，康亲王杰书驻归化城（今内蒙古呼和浩特）防守。康熙帝巡兵至博洛和屯，旋因病回銮。

八月

·**乌兰布通之役**　先是噶尔丹率劲骑二万，屯兵于乌兰布通（今内蒙古克什克腾旗南境）。噶尔丹驻乌兰布通峰顶，于峰前泡子河畔丛林沼泽布阵防御，将骆驼缚蹄卧地，背负箱栅，蒙以湿毡，环列为垒，名为驼城。再于栅隙，列置兵士，引弓发铳，守御严固。时抚远大将军福全次乌兰布通，设营盘四十座，连营六十里，首尾联络，屹如山立。初一日晨，福全军分左、右翼，设鹿角枪炮，列兵徐进。日晡，右翼内大臣佟国纲率部临敌，发枪放炮，进至山下。噶尔丹军隔河相拒，横卧驼阵，以为蔽障。佟国纲率军攻至泡子河，为噶尔丹军炮击中，战殁。右翼军阻于泥淖，失利，回至原处立营。至昏，左翼内大臣佟国维等自山腰入，炮击卧驼，驼惊阵乱，步骑陷阵，大败敌众。敌奔至山顶大营。次日，福全见噶尔丹依险坚拒，令将士暂息。适噶尔丹遣伊拉古克三呼图克图至福全军前，请执土谢图汗、哲布尊丹巴畀（bì）之。初四日，济隆率其弟子七十余人又至福全军前，称噶尔丹"深入汛界，部下无知，抢掠人畜，皆大非理"（《清圣祖实录·一四八》）。仍请送土谢图汗、哲布尊丹巴与达赖喇嘛，福全拒之。济隆保噶尔丹不敢妄行，福全檄各路军暂止勿击。寻噶尔丹设誓乞宥后，领兵渡西拉木伦河，连夜遁往刚阿脑儿地方。是役，裕亲王福全明知济隆行说而不即行进剿，以致贻误军机，后命夺爵、罢议政、罚俸三年、撤三佐领。

九月

· 廿五日，废止民间养马之禁。

冬

· **南方大雪寒** 十一月，高淳（今江苏高淳）大雪，树多冻死；武进（今江苏常州）大寒，木枝冻死。十二月，庐江（今安徽庐江）大寒，竹木多冻死；当涂（今安徽当涂）大雪，橘橙冻死；阜阳（今安徽阜阳）大雪，江河冻，三日始消；竹溪（今湖北竹溪）大雪，深四五尺，河水冻；海阳（今广东潮安）大寒，冻毙人畜；海澄（今福建龙海）大雪，牛马冻毙。

是岁

· **画家恽寿平死** 恽寿平（1633—1690），江苏武进人。父抗清兵败，寿平被俘，以计脱之。后不应举，卖画为生。画自成一格，被称"恽派"，为"清六家"之一。兼精书法，亦长诗文，有《瓯香馆集》。

1691 年　辛未　清康熙三十年

正月

· **发兵备噶尔丹** 先是噶尔丹认罪立誓，上书请降。诏噶尔丹狡诈，宜发兵预备。二十二日，授都统瓦岱为定北将军，驻张家口；授都统郎坦为安北将军，驻大同。

二月

·初二日，噶尔丹之侄策妄阿喇布坦等遣使至京，奏与噶尔丹交恶始末，报闻。命厚赐而遣之。

·十七日，命步军统领管辖巡捕三营，兼辖五城督捕，印信署"提督九门步军巡捕三营统领"。

三月

·初二日，满译《通鉴纲目》告成。

四月

·**朱敦厚贪污案**　先是革职县丞谭明命控告吏部主事朱敦厚，在前任山东潍县知县时婪赃四万余两。事发，朱敦厚求原任刑部尚书徐乾学赂书于山东巡抚钱珏，珏徇情指使布政使卫既齐销案。初三日，鞠实，朱敦厚绞死，徐乾学、钱珏革职，卫既齐降三级。

五月

·**多伦诺尔会盟**　先是喀尔喀蒙古土谢图汗杀死扎萨克图汗沙喇后，三部内战不休。噶尔丹乘机东犯，逼喀尔喀南迁。康熙帝命喀尔喀各部汗、济农、台吉等盟会，以消弭旧怨，各相和睦，怀柔诸部，固御长城。上月三十日，康熙帝至多伦诺尔（今内蒙古锡林郭勒盟多伦），召集喀尔喀蒙古左右翼、内蒙古四十九旗王公贵族盟会。初二日，盟会：土谢图汗、哲布尊丹巴、策妄扎布（扎萨克图汗沙喇之弟）、车臣汗坐第一行，余各依次坐定。谕"今土谢图汗等将一切大过自行陈奏，当此大阅之时，若即惩以重罪，岂惟朕心不忍，尔等七旗能无愧于心乎"（《清圣祖实录·一五一》）。因责其大过，复原恕其情。寻封策妄扎布为和硕亲王。众皆欢忭，叩礼奏乐。初三日，颁诏：将喀尔喀各旗与内蒙古四十九旗一例编设，其名号亦与四十九旗同；土谢图汗、车臣汗各号仍旧，其余济农、台吉依次授予郡王、贝勒、贝子、公、台吉等，并赐宴赏。初四日，大阅。初五日，赐赏。初七日，回銮。谕曰："昔秦兴土石之工，修筑长城。我朝施恩于喀尔喀，使之防备朔方，较长城更为坚固。"其时允"建汇宗寺于多伦，以一众志"（乾隆《普宁寺碑文》，引自《乌论文史资料（1—4辑·合辑）》）。至此，经过为时七天之多伦诺尔会盟，喀尔喀蒙古完全降附于清。

九月

·十九日，免河南通省明年钱粮并漕粮。

十二月

·以京仓储米七百八十万余石，足支三年。初四日，谕户部：将湖广、江西、浙江、江苏、安徽、山东应输漕粮，自康熙三十一年（1692）始，以次各蠲免一年。

是岁

·**会计直省丁口数田地数等** 人丁户口二千零三十六万三千五百六十八，田地五百九十三万余顷，征银二千七百三十七万余两，米豆麦六百九十五万余石，草二百零八万余束，茶十五万余引，行盐四百三十三万余引，征课银二百六十九万余两，铸钱二亿八千九百九十二万余。

·散文家汪琬死。汪琬（1624—1691），字苕文，长洲（今江苏吴县）人，以庐居太湖尧峰山，时称尧峰先生，著《尧峰文钞》《钝翁类稿》等。

1692 年 壬申 清康熙三十一年

正月

·先是钦天监题本年正月初一日日食，查占验大臣有黜、近臣有忧等语。谕大学士等曰："自古帝王于不肖大臣正法者颇多，今设有贪污之臣，朕得其实，亦必置之重典。此皆系于人事。凡占候当直书其占语，今钦天监往往揣度时势，附会陈说。"（《清圣祖实录·一五四》）

二月

·以靳辅为河道总督 总河王新命以勒取库银六万余两解任，初一日，谕："朕听政以来，以三藩及河务、漕运为三大事，夙夜廑念，曾书而悬之宫中柱上，至今尚存。倘河务不得其人，一时漕运有误，关系非轻。"（《清圣祖实录·一五四》）因命靳辅为河道总督。

四月

·初十日，发库银一百万两往陕西，以备散给军需，赈济饥民。

·廿二日，康熙帝召近臣入瀛台内丰泽园，观看所种稻禾等。

五月

·定喀尔喀部为三路 二十四日，以土谢图汗为北路喀尔喀，车臣汗为东路喀尔喀，亲王策妄扎布为西路喀尔喀。属部各从其分地管理军事，俱授之印信。

八月

·奉旨差往策妄阿喇布坦处员外郎马迪，行至哈密被噶尔丹部属所杀。十一日，报闻。寻谕其使臣；噶尔丹阳奉阴违，全弃誓言，生事起衅，彰彰明矣！

十月

·初四日，免陕西明年地丁钱粮及从前积欠，以其连年饥荒，继以疾疫。

·以光禄寺奏停荐新芽茶。二十五日，谕凡贡物解京，均于地方百姓有累，省一件，如去一病，有类于此者，俱宜停止。

十二月

·初八日，以靳辅病死，命于成龙为河道总督。

是岁

·王夫之死 王夫之（1619—1692），字而农，号薑斋。衡州（今湖南衡阳）人，杰出思想家。晚年居衡州之石船山，称船山先生。夫之与黄宗羲、顾炎武鼎称为"清初三大师"。明亡，在衡山起兵抗清，失败后潜迹湘西，伏身瑶洞，隐遁著述，长达四十年。善诗文，工词曲，长于天文、历法，亦研数学、地理，尤精于经史。

在哲学上总结和发展了中国传统的唯物主义。认为"天地之间无不是气""天下唯器而已","理在气中""无其器则无其道";"气""器"是指客观事物,"理""道"则是指客观规律。驳斥了程朱"理气""道器"的唯心主义观点。又以"氤氲生化"说明气变化之辩证性质,并坚持历史进化论。此外,提出"耕者有其田"的主张。著有《张子正蒙注》《尚书引义》《周易外传》《读通鉴论》等著作百余种、四百余卷,后人纂辑为《船山遗书》。

· **顾祖禹死**　顾祖禹（1631—1692）,字景范,江苏无锡（白署常熟）人,历三十年之久,撰《读史方舆纪要》一百二十卷,为研究历史沿革、战守形势的历史地理名著。

· 陆陇其（1630—1692）死,著《三鱼堂文集》。

1693 年　癸酉　清康熙三十二年

二月

· 廿八日,以卫既齐在贵州巡抚任内轻率用兵、妄杀苗民、虚报功绩、启衅边疆,命发往黑龙江。

四月

· **车陵扎布来归**　先是土谢图汗六扎萨克之一、达什子车陵扎布等,于噶尔丹东犯时北去俄国,至是集众来归。十二日,赐其于克鲁伦巴颜乌兰驻牧,并赏以袍服布币。

八月

· 初三日,以广西、四川、贵州、云南四省俱属边地,土壤硗瘠,生民艰苦,命其所有三十三年应征地丁银米,俱通行蠲免。

十月

· **俄国遣使进贡**　二十七日,大学士等将俄国贡使表章翻译进呈,因谕曰:"外藩朝贡，虽属盛事，恐传至后世，未必不因此反生事端。总之，中国安宁，则外衅不作，故当以培养元气为根本要务耳。"（《清圣祖实录·一六○》）

十一月

·初一日，赠故天津总兵官刘国轩为太子少保，予祭葬如例。

·以近畿水灾，米价翔贵，上月免直隶顺天、保定、河间、真定（今河北正定）四府属三十八州县本年份灾赋有差。至是月二十一日，禁止四府烧酒，寻又免其明年应征地丁银米及历年旧欠。

十二月

·初二日，敕西藏第巴（政务官）金印。

是岁

·**雷发达死**　雷发达（1619—1693），江西建昌（今江西南城县）人，著名建筑工匠，参与紫禁城太和殿重建等工程，后裔承袭其业，世称"样式雷"。

1694 年　甲戌　清康熙三十三年

正月

·**于成龙革职留任**　先是康熙帝召见于成龙问曰："尔向日议河工事，曾面奏减水坝宜塞不宜开，汝今观减水坝，果可塞乎？"于成龙奏曰："臣彼时妄言减水坝宜塞，于今观之实不可塞。"又问曰："尔前言靳辅糜费钱粮，并未尽心修筑河工，尔今观之何如？"于成龙复奏曰："臣今亦照靳辅所修而行。"（《清圣祖实录·一六二》）以于成龙于河工事宜妄行陈奏、前后互异，二十六日，命革职留任，戴罪图功。寻左都御史董讷以附和于成龙、排陷靳辅，革职。

·**修三边长城**　自陕西延绥至甘肃嘉峪关，或土筑边墙，或陡崖做界，或铲山掘壕，或石垒木榨，三边墙垣俱历年久远，坍坏已多。二十七日，命渐次进行修墙挖堑，以固御守。

四月

·**编审外藩蒙古人丁**　理藩院题："今岁编审外藩蒙古四十九旗，人丁共二十二万六千二百七十有奇，内除隶公主、郡主、王、贝勒、贝子、公、额驸、台吉等三万一千五百九十六丁外，余十九万四千六百七十余丁，三丁内著一丁披甲，应披六万四千八百九十一甲。"（《清圣祖实录·一六三》）初三日，下所司知之。

五月

·初一日，以噶尔丹遣二千余人进贡请安，佯为修好，潜做窥探，令止于归化城（今内蒙古呼和浩特）。

·二十日，康熙帝巡视畿辅河堤启行，寻阅龙潭口等新堤，越五日回宫。

六月

·初一日，以两江总督傅拉塔和而不流，不畏权势，爱恤军民，甚属可嘉，著从优赐恤。

七月

·**徐乾学死**　康熙帝诏求学问超卓者，大学士王熙、张玉书等荐徐乾学、王鸿绪、高士奇等。二十一日，谕徐乾学等曾为处分之人，著起用来京修书。徐乾学（1631—1694），江苏昆山人，未闻命先死，所著《憺园集》《读礼通考》，遗疏进呈，并所纂《一统志》，下所司察收。曾奉命编纂《清会典》《明史》，与纳兰性德汇刻《通志堂经解》。

·**给事中彭鹏解任**　先是彭鹏疏劾癸酉科顺天乡试第一名举人李仙湄闱墨刊本考官删改过多，第一百零八名杨文铎文理荒谬，"如臣言欺罔，请斧劈臣头，半悬国门，半悬顺天府学"（《东华录·清康熙三十三年》）。寻廷臣议李仙湄闱墨刊本为坊肆刻卖、非考官删改，杨文铎卷磨勘有疵，罚停一科；鹏奏涉子虚，且狂妄不敬，应革职。帝诏彭鹏免其处分，考官均着休致。是月，鹏仍以杨文铎文与廷臣愤争，命解任，效力河工。

十二月

·闽浙总督朱宏祚在大计疏内，有"闽省地瘠民佻"之语。二十二日，谕责曰："岂福建全省之人，尽皆佻薄乎！"（《清圣祖实录·一六五》）以其谬言陈奏，命降四级调用。

1695年　乙亥　清康熙三十四年

正月

·先是原总漕兴永朝请丈量湖南田地，十六日，以恐州县官借机加赋，有累于民，因谕曰："治国之道，莫要于安民。"（《清圣祖实录·一六六》）

·廿三日，下诏捕蝗。谕户部："速行文直隶、山东、河南、山西、陕西、江南诸巡抚，亟宜耕耨田亩，以土瘗（yì）蝗种，毋致成患。"（《清圣祖实录·一六六》）

二月

·**诏责噶尔丹**　噶尔丹遣使请安朝贡，并疏言："使臣马迪被害之事，不获详知，难于复奏……所云约地会盟之事，未便擅定，俟后再行奏闻……请将喀尔喀七旗发回故土，泽卜尊丹巴及土谢图汗二人亦仍照前奏。"二十三日，敕责之曰："嗣后若仍怙非不悛，蔑视前谕，尔永勿上疏、遣使、贸易。"（《清圣祖实录·一六六》）

四月

·初六日，山西临汾发生八级大地震，坏庐舍十分之五，压毙万余人。

·十八日，勇略将军赵良栋以平云南功，补叙一等精奇尼哈番。

五月

·**为八旗无房兵丁建房**　查京师八旗无房者七千余人，赁屋以居。初十日，命拨库银三十余万两，按各旗方位，每旗各造屋二千间，无屋兵丁每名给二间，勿得擅卖，兵丁亡退者，收归入官。

八月

·**设诱噶尔丹之计**　先是康熙帝密谕蒙古科尔沁土谢图亲王沙津："噶尔丹人极狡猾，朕欲发兵，恐彼闻风远遁，兵撤则又复来。今噶尔丹遗尔书，可藉此遣人语云，我科尔沁十旗俱附尔，尔可前来，诱至近地。于时朕亲统大军，风驰电击，断可灭矣。"（《东华录·清康熙三十四年》）二十日，沙津来朝，遣侍郎西拉与沙津同往，密授诱噶尔丹之计。

十一月

·**噶尔丹屯掠巴颜乌兰**　初十日，厄鲁特降人阿穆呼朗等来言，噶尔丹至克鲁伦河源处屯聚，肆掠牲畜于巴颜乌兰，做度冬计，有兵六千。寻谕严饬军旅，准备进剿。

是岁

·**黄宗羲死**　黄宗羲（1610—1695），字太冲，号南雷，杰出思想家，称梨洲先生，浙江余姚人。父尊素为"东林"名士，遭魏阉陷害。宗羲入都讼冤，以袖藏铁锥刺伤仇人。明亡，起兵抗清，失败后隐居著述。宗羲与顾炎武、王夫之并称"清初三大师"。学问渊博，于天算、乐律、释道以及经史百家，均有研究。其哲学思想，认为"盈天地间皆气"，反对宋儒"理在气先"之说。在政治上揭露君主"屠毒天下之肝脑，离散天下之子女，以博我一人之产业"，"敲剥天下之骨髓，离散天下之子女，以奉我一人之淫乐"。指出"为天下之大害者，君而已矣"！认为"天子之所是未必是，天子之所非未必非"（《黄梨洲文集·序言》）。其经济思想，主张"工商皆本"。著有《宋元学案》《明儒学案》《明夷待访录》《南雷文案》等。

·学者刘献廷死。刘献廷（1648—1695），字继庄，别号广阳子，顺天大兴（今北京）人。与修《明史》《一统志》，通地理，精音韵，著作仅存《广阳杂记》五卷。

·梁九死。梁九（约1626—1695），顺天大兴（今北京）人，原为学徒，是年重建太和殿，制作烫样（模型），便于施工。时宫殿建筑，多由其负责建造。

1696年　丙子　清康熙三十五年

二月

·康熙帝二征噶尔丹　先是噶尔丹自乌兰布通败遁后，仍入侵喀尔喀之地，屡书索土谢图汗和哲布尊丹巴，且害及使臣，又阴诱内蒙古各部叛附。康熙帝密谕科尔沁土谢图亲王沙津遣人约之，噶尔丹果沿克鲁伦河而下，遂踞巴颜乌兰。以机不可失，即应往剿，分军三路进发：东路由黑龙江将军萨布素统领盛京（今辽宁沈阳）、宁古塔、黑龙江、科尔沁兵，沿克鲁伦河进剿；西路命费扬古为抚远大将军，由归化城进剿；中路由康熙帝亲自统率京师八旗兵及火器营兵等，出独石口进剿。三路大军约期夹攻，沙碛不宜车，驮子母炮而行。三十日，康熙帝为征噶尔丹，曲尽筹划，厉兵秣马，整军运粮，诸路调度，既毕，亲领六军启行。

四月

·康熙帝驻西巴尔台　先是东路将军萨布素于六日启程，向克鲁伦河前进；命于喀尔喀河地方安营，以御噶尔丹东窜。二十一日，康熙帝率中路军至西巴尔台。西路大将军费扬古疏言："四月二十四日至土喇；二十七日至巴颜乌兰。"（《清圣祖实录·一七三》）是以中路大军，整旅安行，期于中西两路兵夹进。寻费扬古奏至，言与将军孙思克、博霁等一路前进，"计程本月三十日，可至土喇之阿喇克山克勒河朔地方，来月初七日，可至巴颜乌兰"（《清圣祖实录·一七二》）。时费扬古至巴颜乌兰之军期，前后奏报相差十日，原议有两路兵先到者需等候之约，因定议中路缓行以待费扬古等兵。

五月

·昭莫多之战　先是康熙帝亲率中路军，于初一日驻跸拖陵布喇克，遣使同所获噶尔丹之俄齐尔等四人持书往谕。寻遣使回报噶尔丹大营所在。初八日，御驾抵克鲁伦河，登高以圆镜远望。时噶尔丹得知御驾亲征，登山遥望，看见大军分翼排列，营垒遍野，大惊曰："是兵从天而降耶！"（《清圣祖实录·一七三》）

遂尽弃帐房、器械等逃去。寻命内大臣马思喀为平北大将军领兵追剿。马思喀驰追数日，噶尔丹狼狈窘迫，沿途遗佛像、甲胄、锅釜等物及羸病幼小之人，甚至丢弃在釜之羹、在革之酪，仓皇逃至特勒尔济口。大将军费扬古正率西路军向昭莫多（今蒙古国乌兰巴托南）进截，得报噶尔丹踪迹，即令署前锋统领硕岱、副都统阿南达等领前锋先往挑战。硕岱等以噶尔丹势众，且战且却，诱至昭莫多。昭莫多北依肯特岭，东峙丘陵，西临河水。十三日，费扬古分兵四队：东翼为京城及西安八旗兵、察哈尔蒙古兵，屯营高处；西翼为大同总兵康调元所率绿旗兵及右卫八旗兵、喀尔喀蒙古兵，沿河布阵；将军孙思克率绿旗官兵居中；费扬古统军列后。费扬古令官兵步攻，噶尔丹督万骑逆战，自未至酉，激战益烈。费扬古率精骑突袭其妇女、辎重所在之庐帐，噶尔丹军大乱。费扬古麾军四路合击，分兵追逐，剿杀三十余里，斩级三千，俘获驼马、牛羊、兵器、什物无算。噶尔丹仅以数十骑逃遁，妻阿奴战死。清军取得昭莫多之捷。

六月

·初九日，康熙帝还京。

七月

·初四日，命修《平定朔漠方略》。

九月

·初一日，遣阿布都里什特回叶尔羌（今新疆莎车）。阿布都里什特为叶尔羌回部首领，被噶尔丹俘囚十四年，及噶尔丹败，始脱身来归。至是赐银币，遣归叶尔羌。

十一月

·初四日，厄鲁特布达里降，奏称："噶尔丹现存千余之兵，食用困乏。溃散及冻饿死者甚多，又火药、军器遗亡殆尽。"（《东华录·清康熙三十五年》）

·噶尔丹遣使人纳款。二十七日，遣格垒沽英等还，命还语噶尔丹，令其亲身来降，限七十日之内还报，否则将发兵往讨。

是岁

·**颜元主持漳南书院**　思想家、教育家颜元（1635—1704），号习斋，直隶博野（今河北博野）人。抨击理学，强调实学，主讲漳南书院，设文事、武备、经史、艺能诸科，改变宋儒"读书静坐"和侈谈"心性命理"之风。其学生李塨（1659—1733），字刚主，号恕谷，发挥师说，世称"颜李学派"。后人将颜元《四存编》、李塨《恕谷文集》等编为《颜李遗书》。

·屈大均死。屈大均（1630—1696），初名绍隆，广东番禺（今广州）人。明亡抗清，败后为僧，著《广东新语》等。与陈恭尹、梁佩兰并称"岭南三家"。恭尹有《独漉堂集》，佩兰有《六莹堂集》。

1697年　丁丑　清康熙三十六年

正月

·十六日，噶尔丹遣其子塞卜腾巴尔珠尔征粮哈密，为回人擒献，报闻。

·**谕明代史事**　二十二日，谕大学士等曰："观《明史》洪武、永乐所行之事，远迈前王。我朝现行事例，因之而行者甚多。且明代无女后预政、以臣陵君等事，但其末季坏于宦官耳。且元人讥宋，明复讥元，朕并不似前人，辄讥亡国也，惟从公论耳。"（《清圣祖实录·一七九》）

二月

·**康熙帝三征噶尔丹**　初六日，启行。以大学士伊桑阿、内大臣索额图、佟国维、福善、明珠等从征，左都御史于成龙督运粮米。议兵分昭武将军马思喀与大将军费扬古两路，兵各三千，每兵二名给从仆一人、马五匹，四兵为一伍，带百日口粮。

三月

·**第巴密奏达赖喇嘛丧**　先是西藏桑结嘉措于康熙十八年（1679）继任第巴，康熙二十一年（1682）达赖五世死，竟然秘丧不发。桑结嘉措后假达赖五世名义，派济隆呼图克图暗中挑唆噶尔丹袭扰喀尔喀。及噶尔丹乌兰布通兵败，济隆又代其乞和，致延缓时机，噶尔丹逃遁。康熙三十四年（1695），再以达赖五世名义请"金印"。时康熙帝起疑，差人往拉萨诘问。第巴桑结嘉措差人密奏："达赖喇嘛身故已十六年，再生之小达赖喇嘛已十五岁，乞皇上暂隐之，勿闻于众。"（《清圣祖实录·一八一》）二十日，奏闻。后诏许达赖六世仓央嘉措"坐床"。

·**康熙帝驻宁夏**　二十六日，康熙帝至宁夏（今宁夏银川）。后命昭武将军马思喀等穷追噶尔丹，以都统巴浑德、齐世、硕鼐（nài），将军萨布素，护军统领嵩祝，总兵王化行，俱为参赞。即与大将军费扬古会，昭武将军马思喀亦为参赞。

闰三月

·**噶尔丹败死**　先是噶尔丹娶其侄策妄阿喇布坦原议之妻，又杀策妄阿喇布坦之弟，策妄阿喇布坦因率兵五千而逃。及噶尔丹东犯时，策妄阿喇布坦尽收其眷属、部民，使噶尔丹昭莫多兵败后无巢可归。噶尔丹闻大军复行进剿，其内部众叛亲离，四处逃散。噶尔丹仅余五六百人，居无庐，出无骑，炊无釜，食无粮，随处飘遁，走投无路，迫蹙已极，十三日，身死。寻报丹济拉等携噶尔丹骸骨与噶尔丹之女钟齐海等向清军投降。

五月

·**康熙帝回京师**　十六日，康熙帝回至北京。寻谕："噶尔丹曾破回子中之萨马拉罕、布哈尔、哈萨克、布鲁特、叶尔钦、哈思哈尔、赛拉木、吐鲁番、哈密诸国，其所攻取降服者一千二百余城，乃习于战斗之国也。喀尔喀焉能抵敌，是以七旗数十万众，一岁之中丧亡略尽。喀尔喀之汗诺颜台吉等，知朕豢养蒙古夙有厚恩，皆悉款塞来归。其时若不允其内附，恩养得所，必皆沦入于厄鲁特，则尔时噶尔丹之势力，不言可知矣。允其内附而恩养之，噶尔丹必假此衅端，与我朝构难。凡此情事，皆经熟筹，受纳喀尔喀非漫然而为之也。噶尔丹假索取喀尔喀为名，遂犯我边境。尚书阿喇尼帅蒙古兵逆战于乌尔会之地，我师大北。噶尔丹乘势遂直抵乌兰布通，距京师未及七百里。斯时诸王大臣及国家谙悉军务之人，不在行间者少矣。适朕躬以违和还京，左翼军虽能胜敌，而右翼军不能制胜，大臣而下以至军士，阵亡、被创者甚众。噶尔丹亦自知其无济，归路遭罹瘟疫，得还科卜多者不过数千人耳。当是时即豫知其势虽大损，必复称兵报怨。六年以来，乌兰布通之役时廑朕怀，因是训练军旅，咨访形势。正经理武备之时，噶尔丹果复举兵，寇掠喀尔喀之纳木扎尔托音于克鲁伦之地。朕思此贼，不可以寻常寇盗视之，诏武臣三品以上，咸陈灭贼方略，会同详议。举朝皆以为难，其言贼当讨灭者不过四人。朕以为此贼断当亟图，遂昭宣大义，祭告于天地、宗庙、社稷之灵，克成厥勋。"（《清圣祖实录·一八三》）

七月

·十八日，重修太和殿告成。

十月

·初二日，定八旗宗室子弟与满洲诸生一体应试，编号取中。后命停止考试。

·十六日，磔诛伊拉古克三呼图克图于京师黄寺。

十二月

·初三日，发盛京（今辽宁沈阳）仓米二万石往朝鲜赈灾，以其所产之物兑换。

是岁

·耶稣会士白晋著《康熙皇帝》在巴黎出版。

·**浙江匠班银派入地亩** 先是明制征收匠班银，入清只存匠籍，其子弟迁徙，或摊派民户，或邻里补赔。至是浙江将匠班银摊入地亩征收，后各省援例归入地丁。

·画家梅青死，以画黄山风景见长。

1698 年 戊寅 清康熙三十七年

二月

·廿五日，山东巡抚李炜以不奏报"地方饥馑、百姓乏食"（《清圣祖实录·一八七》）实情，著革职。

三月

·十三日，以湖广、江西、江南、浙江、广东、广西、福建、陕西、山西米价腾贵，严禁造酒。

·修浚浑河　先是康熙帝经行浑河（今永定河）灾区，见百姓以水藻为食，亲尝后知百姓艰苦，因命于成龙、王新命阅浑河。十六日，于成龙奏同安多（耶稣会十）履勘浑河，绘图进呈；浚河筑堤，六月完工。

四月

·减广东海关额税　以粤关收税人员，搜检商船货物，概行征税，以致商船稀少，关税缺额，且于外船，殊觉非体，十九日，著减税额三万零二百八十五两。

·廿五日，多罗温郡王延寿行止不端，降为贝勒；固山贝子袁端饮酒恣乱，著黜革；镇国公明瑞、刘永、门度俱庸劣懒惰，亦俱黜革。

七月

·山西暴敛贪婪案　初七日，原山西巡抚温保、布政使甘度横征科派激变，俱革职；太原知府孙毓璘侵吞库银二万八千五百两，斩监候。

·十三、十四两日，台风大作，海潮越堤，冲决浙江海宁县塘一千六百余丈，海盐县塘三百余丈。后命速修筑之。

·浑河改名永定河　直隶巡抚于成龙疏言，霸州等处挑浚新河告竣。新河从良乡张家庄至东安郎神河，长二百里，两岸筑堤，束水出三角淀，在直沽入海。二十一日，赐名永定河，浑河遂称永定河。

十月

·十三日，改贵州水西土司所属地方，归大定、平远、黔西三州流官管辖。

十二月

·十七日，遣官往蒙古地区督教耕牧，引水灌溉，劝善惩恶，赈济贫民。

是岁

· 诗人曹贞吉（1634—1698）死，著有《珂雪诗》《珂雪词》。

1699 年　己卯　清康熙三十八年

二月

· **康熙帝南巡视河**　初三日，启行。后次清口，阅高家堰、归仁堤；又巡黄河堤，用水平仪进行测量；复渡黄河，阅新埽；至五月十七日回宫。是为康熙帝第三次南巡。

五月

· 初七日，黑龙江将军萨布素以逢迎近侍，命降五级调用。

六月

· **起郭琇为湖广总督**　初一日，谕大学士等："原任左都御史郭琇，前为吴江知县，居官甚善，百姓至今感颂，其人亦有胆量，无朋比。"（《清圣祖实录·一九三》）因补授为湖广总督。

七月

· 十七日，河决淮、扬。

十月

· 初九日，以王新命管理永定河工。寻康熙帝阅视永定河堤，准自郭家务至堤尽处，挑河共长七千七百四十丈。

十一月

· 初八日，免湖南明年地丁杂税等项钱粮。

· **议改移清口河工**　先是于成龙奏称："清江浦西界黄水高于淮水一尺，淮水高于运河之水七尺，运河之水高于平地七尺，合而观之，淮水高于运河西堤外平地共一丈四尺。今惟以清口自河之下流，沿武家墩由清江浦之北，另行改移，中间河身量留八、九、十丈空地，两傍坚筑石堤，俾清水畅达。"（《清圣祖实录·一九六》）

十一日，命确议具奏。寻遣侍郎查勘，后于成龙病故。令九卿科道等确议后行。

·**顺天乡试舞弊案**　顺天乡试正考官李蟠、副考官姜宸英瞻顾情面、纳贿徇私、不公已极、物议沸腾。发榜后落第考生揭文于市，曰："顺天大主考李蟠、姜宸英等灭绝天理，全昧人心，上不思特简之恩，下不念寒士之苦，白锭薰心，炎威炫目，中堂四五家尽列前茅，部院数十人悉居高第，若王（熙曾孙）、李（天馥子）以相公之势，犹供现物三千，熊（一潇子）、蒋（宏道子）以致仕之儿，直献囊金满万。"（《永宪录·续编》）十三日，谕将所取举人齐集内廷复试。后李蟠谪戍关外，姜宸英病死狱中。

1700 年　庚辰　清康熙三十九年

正月

·廿四日，以湖南、湖北钱多价低，命暂停铸钱。

三月

·**陕西贪污赈银案**　先是陕西大灾，拨银五十万两赈济。其原任同州知州蔺佳选、蒲城县知县关琇、韩城县知县王宗旦等，侵吞籽粒银十一万两。初三日，命斩监候。原任巡抚党爱，不将属员侵扣情弊确查题参，著已革职，其余有关各官俱降革有差。

·初六日，四川巡抚于养志、提督岳升龙互相讦告，俱革职。

四月

·本年二月，康熙帝曾巡阅永定河。是月十七日，再行巡视，命直郡王允禔（皇长子）总领王公、贝勒暨八旗兵丁前往挑浚下桩。

六月

·河道总督张鹏翮奏，已将黄河海口拦黄坝拆去，开浚河身，于五月初九日完工开放，冲刷泥沙，河水大通。初三日，赐名大通口。

七月

· 初三日，喇嘛商南多尔济奏，策妄阿喇布坦派兵往青海，理藩院拟复以无庸议，谕曰："此事目前观之，虽属甚小，将来大有关系。"（《清圣祖实录·二〇〇》）

九月

· **谕兴修水利不可太骤**　御史刘珩疏请应令直隶巡抚李光地于近河地方引水种田。二十一日，谕曰："见（现）令引水耕种，水利一兴，田苗不忧旱潦，岁必有秋，其利无穷。但不可太骤耳！今若竟定一例，诸处克期齐举，该部复行催查，则事必致于难行矣。亦惟兴作之后，百姓知其有益，自然鼓劝，各相效法。于是因地制宜，设法行之，事必有成。"（《清圣祖实录·二〇一》）

十月

· 初七日，闽浙总督郭世隆疏奏，英圭黎夹板船遭风漂至海岸，命善加抚恤，乘时发还。

· **许科道官以风闻题参**　初八日，命嗣后各省督、抚、将军、提、镇以下，教官、典史，千把总以上，官吏贤否，若有关系民生者，许科道官以风闻入奏；倘怀私怨，互相朋比，受嘱托者，国法自在。

· **李枏疏言九卿会议事**　左都御史李枏疏言："凡有会议仅于前一日薄暮传知，次日即行齐集，惟主稿者及臣衙门先有科抄揭帖，余皆不详事之端委，齐集时止将看语宣读一遍，诸臣仓卒闻之，安有良策，大半就主稿者之议，唯唯画题而散。是虽会而未尝议也。臣请自后内阁于前一日传知，容诸臣略加审度，次日会议。至会议日期，除患病者竟不必列名，有托故不到及倩人画题等弊，概行申饬。"（《清圣祖实录·二〇一》）十八日，下部议行。

十二月

· **琼州黎民起事失败**　先是上年十二月初十日，以文武官员遣人往广东琼州（今海南岛）采取花梨沉香、娄索滋扰，黎人王镇邦等率众起事，攻打宝停等营。初二日，两广总督石琳题报，即被平息。总督石琳、巡抚肖永藻、提督殷化行等俱降革有差。

是岁

·彭孙遹（yù）死。彭孙遹（1631—1700），浙江海盐人。有《松桂堂集》《延露词》等。

1701 年　辛巳　清康熙四十年

三月

·**治河泛论易而实行难**　总河张鹏翮请将治河敕谕纂集成书，永远遵守，礼部议允。初十日，谕大学士等曰："朕以河工紧要，凡前代有关河务之书，无不披阅。大约泛论则易，而实行则难。河性无定，岂可执一法以治之？惟委任得人，相其机宜，而变通行之，方有益耳。今不计所言所行，后果有效与否，即编辑成书，欲令后人遵守，不但后人难以效行，揆之己心亦难自信。……今河工尚未告竣，遽纂成书可乎！"（《清圣祖实录·二〇三》）

四月

·十三日，王新命以监修永定河误工，浮冒银一万六千余两，著斩监候。

五月

·廿二日，毁京师西山碧云寺后前明太监魏忠贤墓及碑。

·廿六日，修永定河、子牙河堤二百一十余里竣工。

七月

·初二日，领侍卫内大臣费扬古患病，康熙帝亲往视疾。旋死。

九月

·**噶尔丹子女咸令得所**　策妄阿喇布坦解噶尔丹之女钟齐海到京。二十九日，命与噶尔丹之子塞卜腾巴尔珠尔同住一处，授塞卜腾巴尔珠尔为一等侍卫，以钟齐海给二等侍卫沙克都尔为妻，咸令得所。

十月

· 是月，免甘肃、江苏明年地丁钱粮。

十二月

· **施世纶为湖南布政使**　世纶为靖海侯施琅之子，先任泰州知州、江宁知府及淮扬道等，居官聪毅果决，摧抑豪猾，遇"百姓与生员讼，彼必庇护百姓，生员与缙绅讼，彼必庇护生员"（《清圣祖实录·二〇六》）。十五日，升为湖南布政使。

是岁

· **会计直省丁口数田地数等**　人丁户口二千零四十一万一千一百六十三，田地五百九十八万余顷，征银二千七百三十九万余两，米豆麦六百九十六万余石，草二百零八万余束，茶十五万余引，行盐四百三十一万余引，征课银二百六十九万余两，铸钱二亿三千八百零六万余。

· 藏书家钱曾死。钱曾（1629—1701），江苏常熟人，藏书室名"述古堂"和"也是园"，编《也是园书目》，收书三千八百余种，著《读书敏求记》。

1702年　壬午　清康熙四十一年

正月

· 二十日，诏修国子监。

· 廿一日，谕大学士等曰："朕观诸臣任科道时多有敢言，沽直声以得升迁者。及为大僚，辄不敢言，问以小事，皆云不知，前后顿不相符。"（《清圣祖实录·二〇七》）

· 廿四日，遣官往四川打箭炉地方监督与藏贸易。

四月

· **广东连州瑶人剃发降**　连州通粤、桂、湘三省，瑶人居其崇山深谷寨中，久不剃发降顺。上年十二月，广东提督殷化行领兵往攻，失败。因命都统嵩祝为广东将军，调集粤、桂、湘三省师旅，于二月二十一日抵连州，分营罗布，挑筑濠堑，攻抚衡庆等三排瑶人。至是初十日，又攻抚军略等五排瑶人，共一万五千余人剃发降附。后建立寨城，安设官兵，地丁选册，征收钱粮。

闰六月

·限外任官所带家口额数 以外任官员携带家口多至数百人，十四日，定凡外任官所带奴仆女婢数，督、抚一百人，藩、臬八十人，府、道六十人，州、县四十人，县丞以下二十人；旗下督、抚家口不得过五百名，其司道以下等官较汉官所带家口准加一倍。多带者降级调用，著为令。其多带家口自义到之日，限二个月内发回原籍。

·是月，四川鸦陇江瞻对地方策冷滚布等缴明印信附清，授为五品安抚使；木鸦地方番民一万九千余口归附，设安抚使等官管辖之。

八月

·先是擢浙江布政使赵申乔为浙江巡抚，是月，谕大学士等曰："浙江布政使赵申乔居官甚清，所有家人仅十三人，并无幕客，办事皆躬亲，火耗分厘不肯取，其陛辞奏云：'到任不做好官，请置重典。'今观其居官若此，真能践其言矣。"（《东华录·清康熙四十一年》）

九月

·廿五日，康熙帝南巡启行，后以皇太子疾自德州回京。

十一月

·十五日，免安徽、陕西明年地丁钱粮。

是岁

·万斯同死 万斯同（1638—1702），字季野，浙江鄞县人。与修《明史》历十九年，不署衔、不受俸，王鸿绪《明史稿》多出其手，后又据王稿增删而成官修《明史》，并撰《历代史表》等。

·胡渭撰《禹贡锥指》成书，提出黄河五次大改道说，对后世黄河变迁史研究有很大影响。

1703 年　癸未　清康熙四十二年

正月

·十六日，康熙帝南巡启行，三月回京。是为康熙帝第四次南巡。

三月

·**张鹏翮治河绩著**　张鹏翮（hé）（1649—1725），四川遂宁人，康熙三十九（1700）年任河道总督，遵旨谕，治清口，堵六坝，开引河，修归仁堤，挑大通口。十六日，康熙帝巡河，赞其功绩。寻颁恩诏三十八款。

·十八日，免四川、云南、贵州、广西明年地丁钱粮。

·**准增衍历书**　钦天监奏称："东至野索，西至雅尔坚地方，自北极高四十四度之巴尔库尔河，以至北极高六十八度之武地河（乌第河）等处，皆宜增衍历书，照四十四度之表式，推至六十八度。"（《清圣祖实录·二一〇》）二十五日，从之。

五月

·**拘禁索额图**　索额图为索尼第三子，初授侍卫，以擒鳌拜功，升大学士。与明珠同柄朝政，植党贪侈，权势日盛。康熙十八年（1679）京师大地震时，魏象枢密奏其怙权贪纵之状，并言惟重处索额图可以消弭此灾。索额图因受康熙帝警告。此后十几年中，索额图曾与俄人签订《尼布楚条约》，参加康熙帝亲征噶尔丹的战争。但其结党市权，势倾朝右。索额图事皇太子允礽恭谨，允礽渐失父意。十九日，以索额图私议国政，结党妄行，助允礽潜谋大事，命交宗人府拘禁，寻死于幽所。其党附者麻尔图、额库礼、温待、阿米达、邵甘等俱被幽禁。

七月

·廿九日，以山东水灾，命截漕米五十万石，派出八旗官员各支库银三千两，差大臣分三路往赈饥民。

九月

·**齐世武勒民立碑降级**　先是甘肃巡抚齐世武，勒令地方为己立德政碑。

二十六日，谕曰："凡居官果优，纵欲禁止百姓立碑，亦不能止，如劣迹昭著，虽强令建碑，后必毁坏。闻昔日屈尽美为广西巡抚，回京时百姓怨恨，持锹镢锄其马迹，庶民之心，岂能强致耶！"（《清圣祖实录·二一三》）命齐世武降五级留用。

是岁

·**高士奇死**　高士奇（1645—1704），浙江钱塘人，字澹人，号江村，著有《左传纪事本末》《清吟堂集》《扈从西巡日录》《金鳌退食笔记》等。

·叶燮（1627—1703）死，有《己畦文集》等。

1704 年　甲申　清康熙四十三年

春

·**山东大饥**　武定、滨州、商河、阳信、利津、沾化饥；肥城、东平、昌邑、即墨、掖县、高密、胶州大饥，人相食；泰安大饥，人相食，死者枕藉；兖州、登州大饥，民死大半，至食屋草。寻免山东九十四州县卫上年水灾税粮并缓征本年额赋。

六月

·**统一直省斗斛**　先是因各省斗斛大小不一，盛京（今辽宁沈阳）并有金石、金斗、关东斗。二十日，再令工部照部中铁斛，铸造升、斗各三十具，分发直省等处，永远遵行。后出内制铜斗、铜升付户都，命以铁制颁行。

七月

·是月，从两广总督郭世隆疏，粤东自南澳经碣石至虎门海面，更设海门营、镇左营、硇（náo）洲营、顺德营、平海营、大鹏营，以资巡防。

九月

·**拉锡等探视河源**　先是，遣侍卫拉锡等于四月初四日自京启程，前去探视河源。六月初七日行至星宿海之东，有泽名鄂陵，周二百余里。初八日至鄂陵西，有泽名扎陵，周三百余里，二泽相隔三十里。初九日至星宿海，登高山视星宿海之源，小泉万亿，不可胜数。周围群山，蒙古名为"库尔滚"，即昆仑也。南有山名古尔班吐尔哈，山下诸泉名为噶尔马塘；西有山名巴尔布哈，山下诸泉名为噶尔马春穆朗；北有山名阿克塔因七奇，山下诸泉名为噶尔马沁尼。三山之泉流出三支河，即古尔班索罗谟，三河东流入扎陵泽，自扎陵泽一支流入鄂陵泽，自鄂陵泽流出则黄河也。自京师至星宿海，共七千六百余里，绘图呈览。三十日，回京报闻。

十月

·初七日，免山东、浙江明年地丁钱粮。

十一月

·**禁造御书楼等**　以湖北巡抚刘殿衡刻刊御书并造御书楼图呈览，二十二日，谕曰："湖广省捐工建楼，殊属糜费。凡车驾巡幸之处……而各省不肖官员，指称修理行宫，供备器物，并建造御书碑亭等项名色，辄行动用正项钱粮……复加倍私派，科敛肥己，以致重贻小民之累……嗣后著严行禁止。"（《清圣祖实录·二一八》）

十二月

·十三日，准湖广各府州县苗人中通文义者，与汉民一体应试。

·**天津等地栽稻屯田**　天津总兵蓝理疏言："直隶沿海旷地，丰润、宝坻、天津等处洼地，可仿南方开为水田栽稻。一二年后渐成肥沃。臣愿召募闽中农夫二百余人，开垦一万余亩；倘可施行，召募江南等处无业之民安插天津，给与牛粮，将沿海弃地，尽行开垦，限年起科。又臣标兵，皆依前朝屯卫之制，入籍力田，亦可节省兵饷。"（《清圣祖实录·二一八》）十九日，从之。

是岁

·**阎若璩死**　阎若璩（qú）（1636—1704），字百诗，号潜丘，山西太原人，迁居江苏淮安。精于考据，撰《尚书古文疏证》，确证东晋梅赜所献《古文尚书》为赝品，予经学界以极大震动。又与修《清一统志》，著《四书释地》，有《潜邱札记》等。

· 思想家唐甄死。唐甄（1630—1704），字铸万，四川达州人，著《潜书》，主张"富民"，抨击君主专制，指出"自秦以来，凡为帝王者皆贼也"（《潜书·室语》）。

· **洪昇死**　洪昇（1645—1704），字昉思，号稗畦，浙江钱塘人，文学家，以传奇《长生殿》闻名，当时与孔尚任有"南洪北孔"之称。因国丧期间排演《长生殿》被逐出京师南归，其后因酒醉落水而死。另有《稗畦集》等。

· 尤侗死，作有传奇《西堂曲腋》，亦有诗文集，其作品多收入《西堂全集》。

· 钮琇死，著有笔记小说《觚》等。

· **始修《佩文韵府》**《佩文韵府》为分韵编排之辞书，张廷玉等撰，凡二百零六卷，后补拾遗六卷。注明音训，备载出典，以经史子集为序，资料宏富。

1705 年　乙酉　清康熙四十四年

二月

· **康熙帝南巡**　先是谕工部等曰："前黄河之水，往往倒灌清口者，皆由仲庄闸与清口相对，骆马湖水势湍急，遂逼黄流，灌入清口。朕视河时，躬临相度，命河臣移仲庄闸，改建于杨家庄出口。工竣之后，河臣报称黄水畅流入海，绝无倒灌清口之患。朕尚未经亲阅，今欲特莅其地，察验形势，用筹善后之规。其中河、黄河、运河有应加修防者，亦随宜指示，以图经久。至于山东省荐饥之氏……并于沿途亲行周览。"（《清圣祖实录·二一九》）初九日，启行南巡。后于闰四月二十九日回宫。是为康熙帝第五次南巡。

五月

· 初十日，严申私盐、私铸之禁。

· **王原以挟私诬劾革职**　先是上年八月给事中王原特参吏部文选司郎中陈汝弼婪赃恣纵，都察院议革职；下九卿詹事科道会议，寻奏复仍照都察院议，命交刑部；本年闰四月刑部定谳，以行贿作弊，拟绞监候，令再加严审；五月初三日，议政大臣九卿等复审拟立绞；旋康熙帝亲审，陈汝弼以"臣无辜抱屈"（《清圣祖实录·二二一》）奏对，又命取陈汝弼出首王原等嘱托私书三封，谕议政大臣九卿再审；十六日，查陈汝弼并未受贿，无罪而有错，著革职；原审各官俱降革有差；王原以嘱托私书，为陈汝弼首举，挟私报复，革职。

六月

·李光地疏劾张霖 初二日，吏部尚书管直隶巡抚事李光地，疏参原任云南布政使张霖纵子为非，赎卖私盐，共得银一百六十余万两。后张霖论斩，家产籍没入官；李光地升为文渊阁大学士，调河南巡抚赵弘燮（宏燮）为直隶巡抚。

·停止广东开矿 广东号牌员堆诸山场，开矿六十四处，在厂有二万余人。御史景日昣疏称："海阳县之仲坑山，开矿聚众几至十余万，强梁争竞，时时有之。"（《清圣祖实录·二二一》）十八日，命封禁各矿。

九月

·廿一日，准湖广南北各土司子弟中有读书能文者，注入民籍，一同考试。

十一月

·蠲免钱粮数目 以蠲免湖广钱粮事，诏查近数年蠲免钱粮数目。十二日，马齐等奏曰："自康熙四十二年（1703）以来，蠲免钱粮数目一千六百余万。"又诏查康熙元年以来所免钱粮总数，寻奏："查自康熙元年（1662）以来，所免钱粮数目共九千万有奇。"（《清圣祖实录·二二三》）又命免湖北、湖南明年地丁银米（除漕粮漕项外）及以前逋欠。

·十四日，新修国子监告成。

·廿八日，设云南广南、丽江二府学官，土人有愿考者，准以民籍应试。

十二月

·顺天乙酉科乡试案 先是顺天乙酉科举子进场者七千余人，二十一日，以取士不公、试卷多不加圈点，应试者各执落卷示人，又做草人至考官家门前砍之以泄不满。寻将正考官户部右侍郎汪霦、副考官赞善姚士蕳（lěi）革职，永不叙用。

是岁

·**拉藏汗杀桑结嘉措**　先是康熙四十二年（1703），西藏达赖汗之子拉藏汗继其父统治西藏。后与第巴桑结嘉措关系日益恶化。至是第巴桑结嘉措谋杀拉藏汗败露后，被拉藏汗捕杀。拉藏汗并废其所立达赖六世仓央嘉措，另立伊喜嘉措代之，并报闻。寻封拉藏汗为"翊法恭顺汗"，赐给金印，并命将达赖六世仓央嘉措解送北京（途中病死）。

·**朱耷死**　朱耷（1626—1705），明宁王朱权后裔，名统，江西南昌人。明亡后，一度为僧，又当道士。有"八大山人"等别号。擅画水墨花卉禽鸟，亦写山水，笔墨简练，意境冷寂，构思奇异，形象夸张，对后来写意画影响很大。

·**哲学家李颙（yóng）死。**李颙（1627—1705），号二曲，与孙奇逢、黄宗羲并称"三大儒"。著《四书反身录》《二曲集》等。

1706年　丙戌　清康熙四十五年

三月

·初一日，以台湾府旱灾，其属台湾、凤山、诸罗三县粮米全行蠲免。

·廿八日，命直隶各省建立育婴堂。

·是月，顺天府尹施世纶疏陈四款：一、禁五城司坊擅理词讼；二、禁奸徒包揽捐纳；三、禁牙行要占货物；四、禁流娼歌宴。敕部议行，著为令。

四月

·十二日，以私铸钱多，小制钱价贱，命禁铸私钱，动帑银十万两，回收旧小制钱。

五月

·十七日，免山东、直隶积欠钱粮银一百七十七万四千四百余两。

六月

·初一日，诏修清太祖、太宗、世祖三朝《功臣传》。

·**禁用永丰仓斗**　先是颁行部铸升斗，但陕、甘旧用永丰仓斗，一石较部颁新斗短少三斗。时陕甘满汉十余万兵丁，若照旧斗量给兵粮则相差甚多。是月，命将永丰仓升斗永行停止，百姓交粮照旧斗之数以新斗收，支给兵粮亦照旧斗之数以新斗量给。

七月

·**袁桥疏参噶礼**　山西平遥民郭明奇赴京至浙江道御史袁桥处呈控山西巡抚噶礼。十八日，袁桥并列七条劾奏噶礼，寻山西学政邹士璁代太原士民疏留噶礼。御史蔡珍疏纠士璁：“袁桥疏于七月十八日甫经奉旨，是月二十日太原士民何以即行具呈？显系诬捏。”（《东华录·清康熙四十四年》）后郭明奇交刑部治罪，袁桥被褫（chǐ）革。

九月

·昆明人李天极等，伪称系故明桂王之孙，号称“文兴”，制印散札，设立官制，装扮僧道，谋劫省城，事泄被捕。是月，李天极等被斩首。

十月

·初六日，康熙帝谕武殿试读卷官等曰：“今天下太平日久，曾经战阵大臣已少，知海上用兵之法者益稀，日后台湾不无可虑。”（《清圣祖实录·二二七》）

·廿五日，免山西、陕西、甘肃、江苏、安徽、浙江、江西、湖北、湖南、福建、广东各省，自康熙四十三年（1704）以前，未完地丁银二百一十二万二千七百余两，粮十万五千七百余石。

十一月

·先是康熙四十二年（1703），贷与八旗兵丁银六百五十五万余两。十九日，命将其未完银三百九十五万六千六百余两通行豁免，以济匮绌八旗兵丁。

是岁

·储欣（1631—1706）死，欣曾选《唐宋十大家全集录》，著《在陆草堂集》。

1707 年　丁亥　清康熙四十六年

正月

·**康熙帝南巡视河**　二十二日，启行。先是阿山等请于溜淮套别开河道，使水直达张福口以分淮势，因事关创建，内阁九卿等奏请圣驾亲阅，面授方略，至是启行。二月，舟泊清河县运口，阅武家墩。寻阅溜淮套，由清口登陆，详看地势。问张鹏翮曰："尔何所见，奏开溜淮套？"奏曰："我皇上爱民如子，不惜百万帑金，拯救群生，黎民皆颂圣恩。"谕曰："尔所言皆无用闲义，朕所问者乃河工事务。文章与政事不同，若作文字，牵引典故，便可敷衍成篇；若论政事，必实在可行，然后可言，非虚文所能饰也……尔可将此河当开与否，一一明奏，何必牵引闲文！"鹏翮不能对，免冠叩首。谕群臣曰："前阿山等察勘（看）泗州水势，奏称溜淮套地方另开一河……绘图进呈……今日乘骑从清口至曹家庙地方详看，见地势甚高，虽开凿成河，亦不能直达清口，与伊等进呈图样迥乎不同……今欲开溜淮套，必至凿山穿岭，不惟断难成功，即或成功，将来汛水泛滥，不漫入洪泽湖，必致冲决运河。"（《清圣祖实录·二二八》）寻命革主议者尚书阿山职，余各降级有差。后次江宁，历苏州，驻杭州，至五月二十二日还京。是为康熙帝第六次南巡。

五月

·**弛限大船出洋之禁**　先是兵部尚书金世荣督闽时，以出洋大船易藏盗，奏定渔船禁用双桅，商船梁头勿许超过丈有八尺。是月，闽浙总督梁鼐疏言："商船不许过丈，虑其越出外洋城至为匪，然船大则商人之资本亦大，不肯为匪，且不容无赖之人操驾。自定例改造，所费甚巨，皆畏缩迁延。其现已改造者，仅求合于丈有八尺之梁头，而船腹与底或仍如旧，是有累于商，而实无关海洋机务。"（《东华录·清康熙四十六年》）是月，命大学士等议弛其禁。

六月

·初十日，赫芍色任坐粮厅十年，勒索运丁，得银四五十万两，著革职，锁禁于城门。

·十七日，陕西抢劫犯朱玺等被获，寻论斩。

七月

·廿八日，康熙帝谕曰："今巡行边外，见各处皆有山东人，或行商，或力田，至数十万人之多。"（《清圣祖实录·二三〇》）

十月

·初七日，以江南旱灾，免江苏康熙四十三年（1704）以前未完民欠漕项银六十八万七千余两，粮三十一万一千八百余石。

·廿一日，禁止加增云南矿税。

十一月

·**免江南等地丁钱粮** 以江、浙等地旱灾，初一日，免征江南、浙江通省明年丁银六十九万七千七百余两；其本年安徽、江苏受灾州县卫明年地银二百九十七万五千二百余两、粮三十九万二千余石；浙江受灾州县所明年地银九十六万一千五百余两、粮九万六千余石，俱著免征。共免征银四百六十三万四千四百余两，粮四十八万八千余石。

是岁

·**《全唐诗》成书** 《全唐诗》为彭定求等编，九百卷，共收唐、五代诗四万八千九百余首，附有唐、五代词，作者二千二百余人，按时序排列，并系作者小传。

1708 年　戊子　清康熙四十七年

六月

·**《清文鉴》告成** 《清文鉴》为满文分类辞典，三十六部，二百八十类，二十一卷，共一万二千余条。二十二日成书。后几经重修，成满、汉、蒙、藏、维五种语言对照之《五体清文鉴》。

七月

·初九日，《平定朔漠方略》成书。

·十五日，兴杭、嘉、湖三府水利，拨银建闸，动工疏浚。

九月

·**初废皇太子允礽**　先是康熙十四年（1675）十二月，初立允礽为皇太子。以张英、李光地、熊赐履、汤斌等为之师，南北巡狩多令从行。康熙三十五（1696）、三十六年（1697），康熙帝两次亲征噶尔丹，命皇太子居守。时有蜚语上闻，还京后置太子左右用事者于法。寻索额图又以助允礽潜谋大位等罪幽禁死。初四日，康熙帝行围次布尔哈苏台，召皇太子，集诸王大臣谕曰："允礽不法祖德，不遵朕训，惟肆恶虐众，暴戾淫乱，难出诸口，朕包容二十年矣。乃其恶愈张，僇辱在廷诸王、贝勒、大臣、官员，专擅威权，鸠聚党与，窥伺朕躬，起居动作，无不探听。朕思国惟一主，允礽何得将诸王、贝勒、大臣、官员，任意凌虐，恣行捶挞耶？……更可异者，伊每夜逼近布城，裂缝向内窃视。从前索额图助伊潜谋大事，朕悉知其情，将索额图处死。今允礽欲为索额图复仇，结成党羽，令朕未卜今日被鸩，明日遇害，昼夜戒慎不宁。似此之人，岂可付以祖宗弘业？"（《清圣祖实录·二三四》）且谕且泣，谕毕复痛哭仆地。当日即执允礽，命诛索额图之子格尔芬、阿尔吉善及允礽左右二格、苏尔特等。康熙帝废太子允礽之后愤懑不已，六夕不安寝。及还京，在上驷院旁设毡帐，命允礽居之，后幽禁于咸安宫。并以废太子事告天地、太庙、社稷，宣示天下。

十月

·**朱三太子案结**　先是张念一起事于浙东大岚山，被获后供出朱三太子等。旋山东巡抚赵世显派人拿获朱三太子并解往浙江。命侍郎穆丹往审后解往北京。经会审，朱三即王士元。初五日，命将朱三即王士元凌迟处死，其子俱著立斩。

·以江南、浙江受旱灾，十六日，命康熙四十八年（1709）除漕粮外，将江南地丁银四百七十五万余两，浙江地丁银二百五十七万余两全行蠲免。

十一月

·**命幽禁皇长子允禔** 先是皇太子允礽被废幽之后，谕"诸阿哥中如有钻营谋为皇太子者，即国之贼，法断不容"（《清圣祖实录·二三四》）。允禔奏称允禩（sì）（皇八子）好。以允禩希冀为皇太子，命将其锁拿。皇十四子允禵（tí）愿保允禩，康熙帝震怒，出所佩刀欲诛允禵，众子跪抱劝止。因命诸皇子齐挞允禵。初一日，又以允禔希冀皇太子位，革去王爵，幽其府内。

·**谕廷臣举奏皇太子** 康熙帝废皇太子后，无一日不流涕。十四日，满汉文武诸臣齐集畅春园，命举奏皇太子。阿灵阿、鄂伦岱、揆叙、王鸿绪等私相计议，与诸大臣暗通消息，书"八阿哥（允禩）"三字于纸，交内侍转奏。内侍又传旨称，"尔等其各出所见，各书一纸，尾署姓名，奏呈朕览，将裁定之"（《清圣祖实录·二三五》）。寻释废太子允礽，复允禩贝勒。

是岁

·张英死。张英（1638—1708）死，安徽桐城人。先后任《清一统志》《渊鉴类函》等总裁，有《周易衷论》等。

·学者潘耒（lěi）（1646—1708）死，著《遂初堂集》等。

·《广群芳谱》成书。汪灏受敕以明王象晋《群芳谱》为基础改编而成，共一百卷。对所载每种植物，详述其形态特征及栽培方法，并引用典故艺文。

·《佩文斋书画谱》修成。孙岳颁等辑，一百卷，分论书画、书画家小传和书画题跋等，征以古籍一千八百余种。

1709 年　己丑　清康熙四十八年

正月

·**拘禁大学士马齐** 二十一日，康熙帝召廷臣问曰："去年冬，朕躬违和，命尔等于诸阿哥中，保奏可为储贰者。尔等何以独保允禩？允禩获罪于朕，身撄缧绁，且其母家微贱，岂可使为皇太子？况允禵乃允禔之党，允禔曾奏言，请立允禵为皇太子，伊当辅之，可见伊等结党潜谋，早定于平日矣。其日先举允禵者为谁？尔等各据实陈奏。"诸臣继陈"公同保奏"。命再行查奏，"朕至晚朝，务必究其根源"。诸臣出而复入，张玉书奏曰："是日，满、汉诸臣奉旨齐集，马齐、温达到在臣先，臣问马齐、温达何故召集诸臣？马齐云：'命于诸阿哥中举可为皇太子者。'臣又问所举为谁？马齐云：'众意欲举允禵。'后众人俱举允禵，臣等因亦同行保奏。"（《清圣祖实录·二三六》）寻以马齐暗中喻众举奏允禵为皇太子，命交允裪处严行拘禁。

·**谕责佟国维荒诞之言**　二十二日，命将朱笔谕旨传示众大臣，谕曰："舅舅（佟国维）年老之人，屡向朕所遣人云：'我夫妻每日祝天求佛，愿皇上万寿。'朕思自五帝以至今日，尚未及万载，朕何敢侈望及此？此皆以荒诞不实之言欺朕，朕不信也。今舅舅既有祈望朕躬，易于措处之言，嗣后舅舅及大臣等，唯笃念朕躬，不于诸王阿哥中结为党羽，谓皆系吾君之子，一体看视，不有所依附而陷害其余，即俾朕躬，易于措处之要务也。"（《清圣祖实录·二三六》）

·廿五日，朱永祚以附从一念和尚，散札称"大明天德"年号，命即凌迟处死。

·廿七日，以西藏拉藏汗与青海众台吉争立达赖喇嘛不决，命侍郎赫寿前往西藏，协同拉藏汗办理西藏事务。

三月

·**复立允礽为皇太子**　自上年九月废皇太子允礽之后，康熙帝愧愤郁疾，诸皇子谋争储贰，众大臣结党依附。初九日，允礽复立为皇太子。寻封允祉、胤禛、允祺为亲王，允祐、允䄉（é）为郡王，允禟、允䄔、允禵为贝子。

·十三日，革职浙江布政使黄明，以诈财殃民、赃银八万，命绞监候。

七月

·**以浙米济浙民**　先是浙江省宁波、绍兴二府，人稠地窄，薄收米贵；台州、温州二府，稻谷丰熟，米价颇贱。时有禁米出洋之令，致台、温之米，不能济宁、绍之民。浙江巡抚黄秉中疏请，给殷实商民印票，准从内洋贩运，以浙省之米接济浙省之民。初九日，从之。

八月

·二十日，偏沅巡抚赵申乔疏劾武弁违禁取利、贪食空缺、放债盘剥、开设典铺。寻谕："今天下兵额缺，而空名食粮者多，所关非细故也。"（《东华录·清康熙四十八年》）

九月

·初十日，安徽巡抚刘光美以匿灾不报，降五级调用。

·十二日，甘肃中卫（今宁夏中卫）南发生七点五级地震，附近民舍倒塌，压死百姓多人。靖远城倾倒六百六十余丈。

·十七日，以内阁学士年羹尧为四川巡抚。

十月

·廿一日，册封皇三子允祉为和硕诚亲王，皇四子胤禛为和硕雍亲王，皇五子允祺为和硕恒亲王，皇十四子允禵为固山贝子等。

·廿五日，免江苏、河南、山东、四川受灾州县卫明年地丁额赋银九十四万二千八百余两。

十一月

·户部库银五千余万　初十日，谕大学士等曰："现在户部库银存贮五千余万两……去年蠲免钱粮至八百余万两，而所存尚多。因思从前恐内帑不足，故将外省钱粮，尽收入户部。以今观之，未为尽善。天下财赋，止有此数，在内既赢，则在外必绌，凡事须预为之备。若各省库中酌留帑银，似于地方有济。"（《清圣祖实录·二四〇》）

·谕明季宫廷事迹　十七日，谕大学士等曰："明朝费用甚奢，兴作亦广，一日之费可抵今一年之用。其宫中脂粉钱四十万两，供应银数百万两，至世祖皇帝登极始悉除之。紫禁城内砌地砖，横竖七层，一切工作，俱派民间。今则器用朴素，工役皆现（见）钱雇觅。明季宫女至九千人，内监至十万人，饭食不能遍及，日有饿死者。今则宫中不过四五百人而已。明季宫中用马口柴、红螺炭，以数千万斤计，俱取诸昌平等州县。今此柴仅天坛焚燎用之。……又明季所行，多迂阔可笑。建极殿后阶石高厚数丈，方整一块，其费不赀，采买搬运至京，不能舁入午门。运石太监参奏此石不肯入午门，乃命将石捆打六十御棍。崇祯尝学乘马，两人执辔，两人捧镫，两人扶鞦，甫乘，辄已坠马，乃责马四十，发苦驿当差。马犹有知识，石何所知？如此举动，岂不发噱！总由生丁深宫，长于阿保之手，不知人情物理故也。"（《清圣祖实录·二四〇》）

是岁

·**朱彝尊死**　朱彝尊（1629—1709），字锡鬯（chàng），号竹垞，浙江秀水（今嘉兴）人。文学家、学者。通经史，有《经义考》《日下旧闻》，与修《明史》；工诗词，诗与王士禛齐名，时称"南朱北王"，著有《曝书亭集》，编有《词综》《明诗综》等。

·理学家熊赐履死。熊赐履（1635—1709），字敬修，湖北孝感人，官至东阁大学士。治程朱理学，有《经义斋集》等。

1710 年　庚寅　清康熙四十九年

三月

·**再封达赖六世**　先是拉藏汗杀第巴桑结嘉措后，立新达赖伊喜嘉措。十三日，再封伊喜嘉措（波克塔呼必尔汗）为六世达赖喇嘛。但拉萨三大寺院上层大喇嘛不予承认，又找到仓央嘉措之"转世灵童"噶桑嘉措，称为达赖六世，因之达赖六世先后为三人。

九月

·**希福纳等侵蚀案**　先是自康熙三十四年（1695），户部设立办买草豆监督起，至康熙四十四年（1705）止，历任尚书、侍郎等得银之官员一百一十二人，共侵蚀银四十四万余两；并前查出户部尚书希福纳等侵蚀银二十万余两。二十日，命俱勒限赔完，希福纳著革职。

十月

·**普免直省钱粮一周**　初三日，谕户部："自明年始，于三年以内，通免一周……直隶、奉天、浙江、福建、广东、广西、四川、云南、贵州所属，除漕项钱粮外，康熙五十年（1711）应征地亩银共七百二十二万六千一百余两，应征人丁银共一百一十五万一千余两，俱著察明全免，并历年旧欠共一百一十八万五千四百余两，亦俱著免征。"《东华录·清康熙四十九年》

十一月

·初一日，命嗣后凡遇蠲免钱粮，合计分数，业主蠲免七分，佃户蠲免三分，永著为例。

是岁

·**王源死**　王源（1647—1710），字昆绳，直隶大兴（今北京大兴）人，经济学家。师事颜元，主张农村土地"有田者必自耕""不为农则无田"，城市土地"听人私相买卖，建造收其房租"；反对传统轻商观点，认为"本宜重，末宜不可轻"，"置大司均以备六卿"，并提出初步商业所得税制概念。著有《居业堂集》，其《平书》已佚，散见于李塨之《平书订》。

1711年　辛卯　清康熙五十年

正月

·廿三日，康熙帝巡视京师通州河堤启行，后至河西务，亲操仪盘，以尺度量。于二月十一日还京。

五月

·**陈五显起事**　先是福建歉收饥馑，赈济未及贫民，陈五显等聚二千余人，于永春、德化二县交界地方起事，散发揭帖，击杀官兵，二十一日，报闻。寻被提督蓝理率兵镇压。后将提督蓝理革职，总督范时崇、巡抚黄秉中各降五级。

八月

·**弘历生**　十三日，雍亲王第四子弘历生，母钮祜禄氏，后为清高宗乾隆帝。

十月

·**免山西等明年钱粮**　初三日，命山西、河南、陕西、甘肃、湖北、湖南各抚属，除漕项之外，康熙五十一年（1712）应征地亩银共八百四十万四千余两，人丁银共一百二十万八千二百余两，著察明全免，并历年旧欠共五十四万一千三百余两，亦俱著免征。以上共一千零一十五万三千四百余两。

·**江南科场案起**　先是安徽歙县贡生吴泌出银八千两贿买副主考赵晋等中式举人。发榜之后，议论纷纷，诸生数百人于九月二十四日，集玄妙观，抬拥财神，直入学宫，口称科场不公，初九日报闻。命严查具奏。

·**戴名世《南山集》狱起**　戴名世（1653—1713），安徽桐城人，中进士，授编修。曾留心明代史事，考订野史。康熙四十一年（1702）刊行《南山集》，书中采摭方孝标《滇黔纪闻》所载桂王时事，用永历年号。至是月十二日，为左都御史赵申乔疏参。后在康熙五十二年（1713）二月，命将戴名世处斩，方孝标戮尸，是案牵连至数百人。

十一月

·初七日，以一等侍卫行走隆科多为步军统领。

十二月

·十三日，永禁直省创建增修寺庙。

是岁

·**会计直省丁口数田地数等**　人丁户口二千四百六十二万一千三百二十四，田地六百九十三万余顷，征银二千九百九十万余两，米豆麦六百九十一万余石，草四百八十五万余束，茶二十三万余引，行盐五百零九万余引，征课银三百七十二万余两，铸钱三亿七千四百九十三万余。

·张玉书死。张玉书（1642—1711），字素存，江苏丹徒人，官至文华殿大学士兼户部尚书。曾多次出差视察河工，奉敕撰《康熙字典》《佩文韵府》，有《张文贞集》等。

·**王士禛死** 王士禛（1634—1711），后因避雍正帝名讳，改称士正、士祯，号渔洋山人，山东新城（今桓台）人，官至刑部尚书。能诗善词，有《渔洋山人精华录》《带经堂集》《池北偶谈》等。

·《纲鉴易知录》成书。吴乘权（字楚材）等辑，为简略编年体通史，一百零七卷。乘权等另有《古文观止》。

1712 年　壬辰　清康熙五十一年

二月

·**噶礼与张伯行互参** 噶礼于康熙四十八年（1709）任江南江西总督，上年与副考官赵晋等交通关节，榜出哗然。江苏巡抚张伯行疏参噶礼"得银五十万两，徇私贿卖举人程光奎、吴泌等"（《清圣祖实录·二四九》）。噶礼亦疏劾张伯行不出洋捕盗和诬陷牙行等款。以是案察审实难，若命满大臣审理则徇庇满官，命汉大臣审理则徇庇汉官。初四日，遣张鹏翮会同赫寿查审，并俱解其任。

·**谕滋生人丁永不加赋** 二十九日，谕大学士等："朕览各省督、抚奏编审人丁数目，并未将加增之数，尽行开报。今海宇承平已久，户口日繁，若按见在人丁，加征钱粮，实有不可，人丁虽增，地亩并未加广。应令直省督、抚，将见今钱粮册内，有名丁数，勿增勿减，永为定额，其自后所生人丁，不必征收钱粮，编审时止将增出实数察明，另造清册题报。"（《清圣祖实录·二四九》）

四月

·二十日，以原任刑部尚书齐世武受贿三千两，原任步军统领托合齐受贿二千四百两，原任兵部尚书耿额受贿一千两，经审得实，俱著绞监候。

五月

·**禁山东民往返口外**　以山东民人往来口外垦地者多至十余万，二十日，命嗣后山东民人有到口外种地者，该抚查明年貌、姓名、籍贯，造册移送稽查；由口外返回山东者，亦查明造册，移送该抚对阅稽查。

九月

·**拘执皇太子允礽**　三十日，谕诸皇子等曰："皇太子允礽，自复立以来，狂疾未除，大失人心，祖宗弘业，断不可托付此人。朕已奏闻皇太后，著将允礽拘执看守。"（《清圣祖实录·二五一》）寻禁锢允礽于咸安宫，遣官祭告，颁诏天下。

十月

·**免江南等明年钱粮**　初三日，命江苏、安徽、山东、江西四省，除漕项之外，康熙五十二年（1713）应征地亩银共八百八十二万九千六百四十四两，人丁银共一百零三万五千三百二十五两，俱著查明全免，并历年旧欠银共二百四十八万三千八百二十八两，亦俱著免征。以上共一千二百三十四万八千七百九十七两。总计三年之内，蠲免天下地亩人丁新征旧欠，共银三千二百零六万四千六百九十七两。

·初七日，谕大学士等曰："今年浙江等处海贼，沿途劫夺客商船只，杀伤官兵，直至盛京，殊属可恶。现今正当北风之时，海贼俱焚毁船只，各回本省家中，应趁此时，严加查拿。"（《清圣祖实录·二五一》）命派官往浙江、福建、广东，会同该督、抚，逐户严行搜查。

十二月

·十二日，增建京师通州仓廒一百座。

是岁

·**文学家曹寅死**。曹寅（1658—1712），字子清，号荔轩，又号栋亭，为小说家曹雪芹之祖父。官至通政使，管理江宁织造，巡视两淮盐漕监察御史。有《栋亭集》等。

·吴升辑中国书画著录书《大观录》成。

1713 年　癸巳　清康熙五十二年

正月

·**江南科场案结**　先是康熙五十年（1711）十月江南科场案起，二十六日，九卿议复：江南科场贿通关节之副考官编修赵晋改斩立决（后从狱中脱出，借尸冒称自缢），呈荐吴泌试卷之同考官句容县知县王曰俞亦改斩立决，夤（yín）缘中式之吴泌及说事通贿之俞继祖等照原拟绞监候，呈荐程光奎试卷之山阳县知县方各改斩立决，入场前在贡院内埋藏文字、入场后抄写中式之程光奎照原拟绞监候，倩人代笔中式之徐宗轼及夹带文字中式之席圻照原拟枷责，正考官副都御史左必蕃失察革职。从之。

·三十日，册封班禅五世罗桑意希（班禅呼图克图）为"班禅额尔德尼"。

二月

·顺天乡试中式第一名查为仁，其父倩人代笔并贿买书办传递文章，中式之周启倩代作弊，俱事发。二十五日，著论死。

五月

·**定嗣后不准开矿**　先是四川提督康泰奏称，蜀省一碗水地方，聚众万余人开矿，随逐随聚，差官力行驱逐。命九卿等议奏。初五日，议复，除云南、湖广、山西各雇本地人开矿不议外，他省所有之矿，未经开采者，仍严行禁止。

是岁

·**《律历渊源》成书**　《律历渊源》共一百卷，其中《历象考成》四十二卷，采用西方第谷体系，分"揆天察记"即阐明理论、"明时正度"即计算方法和运算表三部分;《数理精蕴》五十三卷、《律吕正义》五卷，介绍西方数学、音乐知识，并总结了中国传统的数学、音乐成就。后于雍正元年（1723）十月刻成。

1714 年　甲午　清康熙五十三年

正月

· 廿一日，以大钱不敷流通，准户部奏，将小钱流通再展限三年，与大钱并用。

三月

· **商船渔船各刻标记**　初三日，从江苏巡抚张伯行请，将商船、渔船各刻"商""渔"字样，两旁刻某省府州县、编号及船主姓名；并颁发腰牌，刻明姓名、年貌、籍贯等；渔船山洋不许装载米、酒，进口时不许装载货物。违者严加治罪。

· **王鸿绪进《明史列传》**　先是开馆纂修《明史》，由万斯同主撰。斯同死后，王鸿绪删改其史稿，至是进呈《明史列传》二百八十卷。十六日，命交明史馆。后又进呈《本纪》十九卷，《志》七十七卷，《表》九卷。尔后《明史》即以此为底本。

四月

· **查禁小说**　初三日，凡坊肆小说淫词，一律严查禁绝，着将板片、书籍销毁，违者治罪，印刻者杖、流，市卖者杖、徒。

· **令噶礼自尽**　噶礼，满洲正红旗人，荫生，曾任山西巡抚、两江总督，贪婪狡诈，势倾一时，家资巨万，淫奢无度。尝为其母造金丝帐，又家蓄女尼数百人。其母曾向康熙帝面言噶礼之贪状及张伯行之冤谴，噶礼谋杀其母，噶礼之母叩阍。十九日，令噶礼自尽。

· 廿八日，在湖南辰州府乾州镇溪所苗人地区，设立学校，开科取士。

九月

· 十二日，从湖广总督额伦特疏请，湖南荒田四万六千一百余顷招民开垦，六年起科。

十一月

· 十二日，免甘肃靖远（今武威东南）等二十八州县卫所明年额征银九万余两、粮二十三万余石、草二百五十余万束。

·十三日，遣修历官何国栋等往广东、云南、四川、陕西、河南、江南、浙江等省测量北极高度及日景，以备推算修历。

十二月

·廿三日，四川洮（今甘肃卓尼北）、岷（今甘肃岷县）所属边外番民十九族八千零四十六口投附。

是岁

·学者胡渭死。胡渭（1633—1714），字朏明，浙江德清人。与修《清一统志》，著《易图明辨》《禹贡锥指》等。

·词人顾贞观死。顾贞观（1637—1714），字华峰，江苏无锡人，有《弹指词》《积书岩集》。

1715 年　乙未　清康熙五十四年

二月

·廿二日，命直隶村庄设立义学，延师教读。

三月

·十六日，蒙古吴喇忒、阿霸垓、蒿齐忒等部大雪，牲畜倒毙，部民饥困，派官往赈之。

·**策妄阿喇布坦兵犯哈密**　先是策妄阿喇布坦献其叔噶尔丹之尸后，阳示驯昵，阴违约束，至是率兵二千余东犯哈密。二十五日报闻。康熙帝命肃州总兵路振声先赴哈密往救，将军席柱等带领西安满洲兵等星速救应，派吏部尚书富宁安等驰驿前往。寻驻防哈密游击潘至善同哈密伯克额敏率兵击败策妄阿喇布坦兵。后策妄阿喇布坦闻甘肃提督路振声率援兵至，领兵遁去。五月，遣使由喀尔喀、哈密两路持敕往谕策妄阿喇布坦。

七月

·**哈密等处屯田**　二十八日，遣公傅尔丹等往苏勒图哈拉乌苏、拜达拉克河、明爱、察罕格尔、库尔奇勒、扎布罕河、察罕搜尔、布拉罕口、乌兰古木及哈密等一带地方屯田实边，并备明年进兵策妄阿喇布坦。

九月

·先是和托辉特公博贝带兵往乌梁海处招抚，十七日，博贝疏报："招抚吴（乌）梁海，已经归顺。"（《清圣祖实录·二六五》）

十月

·初四日，谕大学士等曰："各处奏折所批朱笔谕旨，皆出朕手，无代书之人。此番出巡，朕右手病，不能写字，用左手执笔批旨，断不假手于人。"（《清圣祖实录·二六五》）

·**赵凤诏巨赃案**　户部尚书赵申乔之子山西太原知府赵凤诏，受赃银三十余万两。申乔以居官不能教子，求赐罢斥。二十五日，令仍在任供职。后鞫实赵凤诏共婪赃银十七万四千余两，命斩立决。

·三十日，以直隶顺天（今北京）等五府水灾，免明年地丁银八十五万余两，米豆谷十一万余石，草九万余束。

十二月

·廿三日，再免甘肃靖远（今武威东南）等二十八州县卫所明年额征银九万余两，粮二十三万余石，草二百五十三万余束。

是岁

·**蒲松龄死**　蒲松龄（1640—1715），字留仙，别号柳泉居士，也称聊斋先生，山东淄川（今淄博市南）人。早负文名，屡试不中，久为塾师，家境贫困。以数十年时间，写成著名短篇小说集《聊斋志异》。又能诗文，善俚曲，有《聊斋文集》《聊斋诗集》《聊斋俚曲》等。

·画家王原祁死。王原祁（1642—1715），字茂京，江苏太仓人，为王时敏之孙，继承家法，擅画山水。与王时敏、王鉴、王翚合称"四王"。有《瓯画集》《雨窗漫笔》。

· 姚际恒约于是年死，著《古今伪书通考》。

· 亟斋居士著成中医妇科专书《达生编》。

· 王奕清等编《词谱》《曲谱》成书。

1716 年　丙申　清康熙五十五年

二月

· **图呼鲁克等地屯田**　先是议转运军粮，用山西、陕西小车三千辆，每辆用夫三名，自嘉峪关至哈密设十二台，每台分车二百五十辆；并议至阿尔泰一路，备骆驼三千只供运输，备羊十万只供兵丁口粮。初四日，命于哈密所属布鲁尔与图呼鲁克接壤之处等地屯田，派副都统苏尔德前往管理。

· **丁银摊入地亩**　御史董之燧疏言："直隶各省内，有丁从地起者，其法最善。但愚民每急欲售地，地去而丁存，贻累无穷。嗣后民间买卖地亩，其丁随地输课。"（《清圣祖实录·二六七》）二十七日，从之。后户部议准："广东所属丁银，就各州县地亩分摊征收。"（《清朝文献通考·卷十九》）正式将丁银摊入地亩。

十月

· 初七日，免山、陕二省大同、西安等州县卫所明年额征银八万余两，米豆谷三十一万余石，草二百七十六万余束。

· **限制出海贸易**　以苏州船厂每年造船出海贸易多至千余艘，回来者不过十之五六，二十六日，命出海船只不许多带口粮，于海坛截留出南洋船只。并谕："海外如西洋等国，千百年后，中国恐受其累。此朕逆料之言。"（《清圣祖实录·二七○》）

十一月

· 初五日，谕以明年进兵策妄阿喇布坦，路途遥远，米粮难运；须加意耕种，将粮饷马匹预备整齐，准备后年再行进兵。

十二月

·廿六日，免直隶顺天、永平（今属河北秦皇岛）二府属三十五州县卫所旧欠及明年地丁银三十五万四千七百三十二两，粮三万七千九百二十一石，草十七万九千四百二十束。

·廿九日，封青海故亲王扎什巴图尔子罗卜臧丹津为亲王。

是岁

·**毛奇龄死**　毛奇龄（1623—1716），字大可，号初晴，称西河先生，浙江萧山人，经学家、文学家。曾任翰林院编修、明史馆纂修。晚年居杭州讲学、撰述。治经学、敢怀疑，攻朱熹、疑《周礼》，辨"河图洛书"为伪托；又长诗文，通音律。著述五百余卷，有《西河合集》。

·**《康熙字典》成书**　张玉书等编，四十二卷，凡十二集，一百一十九部，每字详其声音、训诂，共收字四万七千零三十五个。

·**《格萨尔》雕梓**。在北京以藏文梓板藏族说唱体英雄史诗《格萨尔》，即《格萨尔王传》。后译成俄、德、英、法等文节译本。

1717 年　丁酉　清康熙五十六年

正月

·十七日，以噶斯口驻兵一千，甚为单弱，命派西安兵二千及西宁兵一千增戍之。

·**定商船出洋贸易法**　广东将军管源忠、闽浙总督满保、两广总督杨琳议商船出洋贸易法：不许商船往南洋吕宋等处贸易，于南澳等地拦截，派水师各营巡查，违禁者严拿治罪；造船须报地方官亲验烙印，取船户甘结，并将船只丈尺、客商姓名、货物往来某处贸易，填给船单，由沿海口岸官员照单严查，按月册报督、抚存案；每日每人准带食米一升，并余米一升，以防风阻，如有越额之米，查出入官，船户、商人一并治罪；小船偷载米粮、剥运大船者，严拿治罪；如将船卖与外国者，造船与卖船之人皆立斩；所去之人留在外国，将知情同去之人枷号三月，该督、抚行文外国，令其将留下之人解回立斩；沿海官员如遇私卖船只、多带米粮、偷越禁地等事，隐匿不报，从重治罪。十九日，从之。并行文山东、江南、浙江之将军、督、抚、提、镇，各严行禁止。

三月

· **分兵攻策妄阿喇布坦** 二十三日，授富宁安为靖逆将军，由巴尔库尔一路，授公傅尔丹为振武将军、祁里德为协理将军，由阿尔泰一路，分兵袭击策妄阿喇布坦。并令都统穆赛率兵三千于紧要适中地方，以备应援。后傅尔丹奏报，率兵分队前进，至博罗布尔哈苏地方，略有斩获；富宁安奏报，率兵进至乌鲁木齐，擒获百余名，俱于七月撤兵而回。

· 廿四日，山东余大麻子等贩运私盐，千百为群，开店买卖。

四月

· **再令禁天主教** 先是康熙八年（1669）命"天主教除南怀仁等照常自行外，其直隶各省立堂入教，著严行晓谕禁止"。但年久法弛，至是广东碣石总兵陈昂疏言："天主一教，设自西洋，今各省设堂，招集匪类。此辈居心叵测，目下广州城，设立教堂，内外布满，加以同类洋船丛集，安知不交通生事？乞敕早为禁绝，毋使滋蔓。"（《清圣祖实录·二七二》）十四日，从之。

七月

· **亢珽率众起义** 河南宜阳亢珽等，以巡抚李锡等贪虐，指称军需科派，预征明岁钱粮，又强以道官瘦马分养，率众起义，杀县令强克捷，延及闵乡、渑池。二十七日，命严加查审。旋起义被镇压，李锡褫职论斩。

十月

· **策妄阿喇布坦攻扰拉萨** 策妄阿喇布坦自噶尔丹死后，占据伊犁地区，统一准噶尔，欲吞并喀尔喀，控制西藏。遂娶拉藏汗之姐为妻，又留拉藏汗之子丹衰居伊犁做婿。先是第巴桑结嘉措被杀死，其余部逃往准噶尔，要求策妄阿喇布坦为其报仇。上年策妄阿喇布坦借口为第巴桑结嘉措报仇，派台吉策凌敦多布统兵六千，翻越雪山，于本年七月由腾格里入藏，奔向拉萨。拉藏汗兵在达穆地方迎战失败，准噶尔军进至拉萨。三十日，台吉那木扎尔等开布达拉北城门投顺，准噶尔兵遂拥众而入。十一月初一日，拉藏汗被杀。遂废掉拉藏汗所立六世达赖伊喜嘉措。至此，蒙古和硕特部顾实汗及其后裔在西藏的统治宣告结束。准噶尔军在西藏烧杀抢掠，并将劫掠拉萨寺院重器运回伊犁。

　　十一月

　　·**严查白莲教徒**　河南巡抚张圣佐疏报，兰阳（今河南兰考）县民李雪臣之子李兴邦，在生员李山义家以白莲教为名，聚徒惑众，今已拿获。初九日，命严审定拟具奏。后李雪臣被杖毙，为首之袁进（朱复业）凌迟处死，李兴邦等二十二人俱斩立决，孙丙等十四人俱斩监候。并命行令地方官，严查各处白莲教。

　　·廿四日，免八旗公库未行扣完银共一百九十六万八千余两。

　　·**免直隶等带征地丁银**　二十六日，免直隶、安徽、江苏、浙江、江西、湖广、西安、甘肃等八处带征地丁屯卫银二百三十九万八千三百八十余两；其安徽、江苏带征漕项银（例不准免）四十九万五千一百九十余两，米麦豆一百一十四万六千六百一十余石，免征各半。

　　是岁

　　·画家王翚（huī）死。王翚（1632—1717），字石谷，江苏常熟人，康熙帝命其主绘《南巡图》，名震一时。与王鉴、王时敏、王原祁合称"四王"。

1718年　戊戌　清康熙五十七年

　　正月

　　·二十日，翰林院检讨朱天保奏请复立允礽为皇太子，命将朱天保等俱锁拿严审。后朱天保被斩。

三月

·十九日，裁起居注衙门。

·**修筑海宁等海塘**　浙江巡抚朱轼请修筑海宁海塘一千三百四十丈，塘高二丈；筑上虞石塘一千七百九十丈。并疏请用木柜法，即用松杉木为柜，实以碎石，横贴塘底，以固塘根；又用大石高筑塘身，纵横侧立，互相牵制；附塘另筑坦水石，以护塘脚；再将塘内被淤旧备塘河疏通，以疏土培岸。二十九日，从之。

五月

·十一日，从闽浙总督满保疏请，修筑台湾鹿耳门、安平镇等炮台二十九座，补筑红毛城垣；修筑澎湖炮台十座，修葺妈祖澳城垣。

·廿一日，甘肃通渭南发生七点五级地震。

六月

·初三日，遣使册封尚敬为琉球国中山王。

七月

·**高成纵兵殴官**　先是河南南阳总兵高成标下兵丁，因地方官查拿赌博，挟愤入知府署内争闹，将知府沈渊抬至教场，围辱三日，奏闻。二十七日，命派官往查具奏。后往按得实，命将首犯立斩，游击王洪道斩监候，总兵高成革职。

·是月，通州大雪盈丈。

八月

·初七日，以黑龙江索伦地方水灾，冲没人口、牲畜、房舍及地亩。派官往赈，命"无房者即给房屋，无衣服者即给衣服，务令均沾实惠"(《清圣祖实录·二八〇》)。

·初十日，管库官保住等盗窃库银四万九千余两，著斩监候。

闰八月

·廿三日，以地震及用兵，免陕西、甘肃明年地丁银一百八十八万三千五百三十六两，并积欠银四万零七百五十七两。

九月

·**总督额伦特败殁**　先是总督额伦特、侍卫色楞统兵征讨策妄阿喇布坦。额伦特于七月十六日自门赞西里克启程，连获小胜，进至喀喇乌苏（今西藏那曲）；色楞亦于二十日统兵至。额伦特、色楞与托布齐、杜喀尔所率兵相遇于喀喇乌苏，两军相持月余。额伦特矢尽力绝，败殁于阵。二十九日，报闻。

十月

·**命允禵为抚远大将军**　十二日，以额伦特兵败，授皇十四子、固山贝子允禵为抚远大将军。寻命派出之兵，往西安一路为第一起，由扩军统领吴世巴等带领，于十一月十五日启程，驻庄浪（今甘肃永登）；往宁夏一路为第二起，由副都统赫石亨等带领，于十一月二十九日启程，驻甘州（今甘肃张掖）；往榆林一路为第三起，由抚远大将军允禵带领，于十二月十二日启程，驻西宁（今青海西宁）。

·二十日，升年羹尧为四川总督，仍管巡抚事。

·廿六日，命皇七子允祐、皇十二子允祹、皇十八子允衸分理正蓝旗、正白旗、正黄旗满洲、蒙古、汉军三旗事。

是岁

·**石涛死**　石涛（1642—约1718），姓朱，名若极，广西全州人，为明宗室。明亡，年幼为僧，法名原济，号石涛，又号苦瓜和尚、大涤子等。曾游黄山、住南京，晚年定居扬州卖画。擅画山水，意境新奇，构图独特，笔墨恣肆。王原祁叹服其画称："大江以南，当推石涛为第一。"（《晚晴簃诗汇·道济》）对扬州画派及而后国画影响深远。兼工书法和诗，有《苦瓜和尚画语录》（《画谱》）及后人所辑《大涤子题画诗跋》等。

·**孔尚任死**　孔尚任（1648—1718），字聘之、季重，号东塘、岸堂等，山东曲阜人，戏曲家，为孔子六十四代孙。其名著传奇剧本《桃花扇》，与洪昇《长生殿》媲美，时有"南洪北孔"之称。著有《湖海集》《岸堂文集》等。

·理学家李光地死。李光地（1642—1718），字晋卿，号榕村，福建安溪人。

治程朱理学，奉命主纂《性理精义》《朱子大全》等书，有《榕村全集》等。

·画家吴历死。吴历（1632—1718），字渔山，号墨井道人，江苏常熟人。擅画山水，兼善书法，好鼓琴，亦工诗。著有《墨井画跋》《墨井诗钞》等。

1719 年　己亥　清康熙五十八年

正月

·初一日，日食。

·是月，太湖地区大雪四十余日，严寒。

二月

·初九日，遣使册封黎维裪为安南国王。

·**《皇舆全览图》成书**　《皇舆全览图》成书，历时三十余年，经大规模全面实测后，采用经纬图法，梯形投影绘成。内地各省记注用汉文，满、蒙地名用满文。为第一次用新法测绘之中国地图集（康熙《皇舆览图》为八排图；后雍正时补充新资料，绘成十排《皇舆览图》;乾隆时又订正其西藏部分讹误，完成对新疆之实测，编绘成十三排《皇舆览图》，凡一百零四幅，后名为《溥乾隆内府览图》)。

·十九日，在库库车尔修城驻兵。

·是月，三等侍卫毕里克练鹰至涞水，强宿民舍，肆虐伤人，涞水知县甘汝来拘讯之。事闻后，部议革甘汝来职，罚毕里克俸。命毕里克革职，甘汝来免罪。

三月

·廿七日，封青海贝勒察罕丹津为多罗郡王。

四月

·初三日，从抚远大将军允禵疏请，今年暂且停兵不进，大军驻扎西宁。

五月

·**考官索泰论斩**　十四日，以浙江正考官、编修索泰，允侍读学士陈恂嘱托，将陈凤墀中式，借陈恂银一千五百两，著斩监候；倩人作文、夤缘中式之陈凤墀和代营关节之陈莘衡，绞监候；陈凤墀之父陈文炽、陈恂之子陈钰过交关节，绞监候；代陈凤墀作文之段志闳枷责。

六月

·十六日，都统法喇言："遵旨令副将岳钟琪领绿旗兵先行到里塘……又令岳钟琪进取巴塘。"（《东华录·清康熙五十八年》）寻巴塘就抚。

八月

·初五日，赈贵州镇远、施秉二县饥。

·初十日，浙江巡盐御史哈尔金挟妓酣酒，殴伤平民，额外加派，收受馈银，派官前往审理。后命枷责之。

·十八日，从振武将军傅尔丹疏请，于莫代察罕搜尔和鄂尔齐图果尔二处各筑一城，两城间共设十一站，每城盖房二千间，派兵驻防，屯田耕作。

十二月

·廿三日，蠲免陕、甘等沿边六十六州县卫所堡明年额征地丁钱粮。

是岁

·《骈字类编》成书，共二百四十卷，分十三门，采录诸书中骈字（两字相连词语和联绵词），共一千六百零四字，便于查考。

1720 年　庚子　清康熙五十九年

正月

·**命延信率兵进藏**　三十日，命抚远大将军允禵率前锋统领弘曙移驻穆鲁斯乌苏，管理进藏军务粮饷。授都统延信为平逆将军，率兵进藏；以公策旺诺尔布、副都统阿琳宝、额驸阿宝、侍读常授、提督马见伯、总兵李麟等参赞军务。寻授噶尔弼为定西将军，带领滇、川兵进藏。

二月

·**复封六世达赖** 先是康熙五十六年（1717）准噶尔军入藏后，将六世达赖伊喜嘉措废弃，时西藏黄教大喇嘛及青海王、台吉等议立在青海之噶桑嘉措为达赖六世。十六日，命封新呼必尔汗（噶桑嘉措）为弘法觉众第六世达赖喇嘛，并派满汉官兵及青海之兵，送往西藏。后以伊喜嘉措先为六世达赖，噶桑嘉措遂为七世达赖。

三月

·**两路分进准噶尔** 靖逆将军富宁安疏言："今岁议发大兵进剿西藏，其阿尔泰、巴尔库尔两路兵，亦约会前进，袭击准噶尔边境之地。使贼人扰乱，可以相机行事。臣请率兵三千，从乌鲁木齐一路前往；分兵四千，由吐鲁番一路前往。"又征西将军祁里德疏言："阿尔泰一路官兵，臣请领七千人，从布娄尔一路前进；将军傅尔丹领八千人，从布喇罕一路前进——袭击准噶尔边境之地。"（《清圣祖实录·二八七》）二十八日，俱从之。

六月

·初七日，直隶怀来发生近七级地震。

·廿三日，禁商船携带火炮、军器出洋。

七月

·十三日，阿喇衲率军至吐鲁番，十八日，富宁安率军至乌鲁木齐，旋二军会师于乌兰乌苏（今新疆玛纳斯北）；二十一日，傅尔丹领兵至格尔厄尔格；二十九日，祁里德统兵降色布腾等二千余人。四路军各有所获，后回师。

八月

·**清军进入拉萨** 先是定西将军噶尔弼率领云南、四川满汉官兵，初八日自拉里（今西藏嘉黎）前进，令岳钟琪为前驱。钟琪，字东美，四川成都人，先人资为同知，后从军改武职，授游击，迁副将。钟琪为噶尔弼军前锋，次察木多，选军中通藏语者三十余人，更衣间行至洛隆宗，斩准噶尔使人，番众惊，请降。

噶尔弼用岳钟琪策，招西藏第巴达克杂降。继以达克杂等为先导，乘皮船渡河。复分兵三队，二十三日，进取拉萨。噶尔弼令传各寺庙喇嘛聚集一处，"宣示圣主拯救西藏民人至意"（《清圣祖实录·二八九》），封闭达赖喇嘛仓库，扎立营寨。三大寺院之坎布将各寺准噶尔之喇嘛擒献。为首五名喇嘛斩首，其余九十六名监禁。其时平逆将军延信率西路官兵由青海前进，先后三次败策凌敦多布兵，护送噶桑嘉措于九月回至拉萨"坐床"。后命内应清军入藏之原拉藏汗官员康济鼐管理前藏事务，颇罗鼐管理后藏事务。

十月

· 十七日，免陕、甘明年应征地丁银一百八十八万三千七百四十两。

· 廿一日，户部尚书赵申乔（1644—1720）死。

十一月

· 初八日，遣官册封李昀为朝鲜国王。

· 廿七日，以隆科多为理藩院尚书，仍管步军统领事务。

十二月

· 十二日，群臣以康熙帝御极六十年，恭请行庆贺典礼。不准行。

1721 年　辛丑　清康熙六十年

二月

· 初一日，山东盐贩王美公自称将军，聚众起事，至是奏闻。后失败，被俘死。

· **西藏驻兵**　二十八日，命在西藏驻兵三千人，以公策旺诺尔布统辖。并叙平藏功，授第巴阿尔布巴、康济鼐俱为贝子，第巴隆布奈为辅国公。

三月

· **不允群臣上尊号之请**　诸臣请上尊号，初四日，谕曰："从来所上尊号，不过将字面上下转换，此乃历代相沿陋习，特以欺诳不学之人主。以为尊称，其实何尊之有？当时为臣下者，劝请举行，以致后人讥议，往往有之。本朝受命以来，惟以爱养万民为务，从不以庆云景星等为祥瑞。而行庆典，亦无封禅改元之举。且现今西边用兵，外则官兵披坚执锐，冒暑衔寒，劳苦已久；内则民人疲困，受灾地方，民多受累。朕每念及此，惟当修省图治，加惠黎元，有何庆贺？"（《清通鉴·卷七十八》）

四月

·**台湾朱一贵起义** 朱一贵，小名祖，福建长泰人，迁居台湾罗汉门，先为衙门小吏，后以养鸭为生，广交友，孚众望。时知府王珍等贪婪残暴，盘剥繁苛，民怨沸腾。十九日，朱一贵率众焚表起义。寻各地揭竿响应，拥众数万人。二十七日，朱一贵率义军围攻台湾府城，杀死总兵欧阳凯。朱一贵攻陷府城后，几占全台，被推为中兴王，年号永和，分封公侯，以牛代马，假戏装为朝服，斗志懈怠。福建水师提督施世骠、总兵蓝廷珍率军万人，乘船六百艘渡海，六月十六日，抵台湾府城鹿耳门。朱一贵连战失利，二十二日，退出台湾府城，被俘后在北京遇害。余部转入山区继续斗争。

五月

·三十日，以直隶、山东、河南、山西等旱灾，发四省常年仓储米谷一千二百四十八万余石，遣官平粜（tiào）分赈。

六月

·**革副主考李绂职** 先是落第举子往左副都御史、副主考李绂门前喧闹。初八日，监察御史舒库参奏李绂匿不奏闻。命将左副都御史李绂革职。并谕："嗣后会试发榜后，考试官有不公之处，许下第举人、生员据实赴该管衙门具控；如有竟往考试官家喧闹者，该地方官即严拿送刑部，从重治罪。"（《清圣祖实录·二九三》）

八月

·廿八日，河决河南武陟，运河堤溃，漕船阻滞。

是岁

·会计直省丁口数田地数等　人丁户口二千四百九十一万八千三百五十九，又永不加赋滋生人丁四十六万七千八百五十，田地七百三十五万余顷，征银二千八百七十九万余两，米豆麦六百九十万余石，草四百八十六万余束，茶二十九万余引，行盐五百一十一万余引，征课银三百七十七万余两，铸钱四亿三千七百三十二万余。

·废除西藏第巴制　废除旧政务官第巴，设噶伦康济鼐、阿尔布巴、隆布鼐、扎尔鼐（后加颇罗鼐）共理政务，命康济鼐为首席噶伦。

·梅文鼎死　梅文鼎（1633—1721），字定九，号勿庵，安徽宣城人。研究中国传统数学、历法和西方算法，并有所补充和阐发，著述有《几何补编》等八十余种。

1722年　壬寅　清康熙六十一年

正月

·举行千叟宴　初二日和初五日，分别召八旗与汉官文武大臣官员及致仕退斥人员，年满六十五岁以上者，共一千零二十人，宴于乾清宫前。命与宴者各作诗纪盛，名曰《千叟宴诗》。

二月

·阿喇衲奏进兵机宜　十七日，协理将军阿喇衲奉旨折奏进攻策妄阿喇布坦方略言："臣观贼人，进退虽熟，踪迹甚轻，虽有鸟枪，而火药铅子甚少；我兵炮位鸟枪全备，火药铅子充裕，此胜贼者一也。贼人虽有枪戟，而弓箭甚少；我兵锋刃铦利，弓马精强，此胜贼者二也。贼众临阵易败，惟恃乘空侵掠；我兵部伍整齐，无隙可乘，此胜贼者三也。贼众所恃，夜间偷马为计；我兵马厂有备，彼不能入，此胜贼者四也。贼众游牧前来我地，似若轻便；我兵一入其驻扎之处，伊等为妻子、牲口所累，各相顾恋，不能齐心迎战，此胜贼者五也。从此直至伊里（今新疆伊犁），捣其巢穴，并无难处……若为进兵之计，则可分为三路：其阿尔泰一路之兵，由和（科）布多沿河地方，越厄尔齐斯河前进；巴尔库尔一路之兵，由乌鲁木齐前进；吐鲁番一路之兵，由阿拉挥口越那拉特岭前进。每路可用兵一万五千。若贼人三路来迎，则势分而易败；若一路来迎，则我一路之兵与彼拒战，其两路之兵，直抵其妻子存扎之处，彼必不能兼顾。且其所恃窄隘者三岭，然可以步行而上，非比栈道之难也。彼所恃资生者，牛羊与牛羊之乳，若举众聚集一处，水草易罄，牲口难存，势必各自谋生，纷然离散，一散之后不能复强，非有固结之情也。是乘此时而剿灭之，亦甚易耳。"（《清圣祖实录·二九六》）寻以阿喇衲所奏详细得理，命再议。后向伊犁进兵之事议令暂停。

·**革松江提督赵珀职** 松江提督赵珀不速发应给兵丁之粮米，又坐扣空粮九百一十名，共侵蚀银三万四千六百九十二两，米六千九百余石，收各营规礼银一万九千四百余两。二十九日，命将赵珀革职，解部枷号鞭责，其所坐空粮银及所收规礼银，勒限一年追完。

四月

·先是上年十月，召抚远大将军允禵及祁里德、富宁安来京，指示明岁大举进兵伊犁方略，后议令暂停进攻。十五日，命抚远大将军允禵复往军前。

·福州将军黄秉钺标下披甲王殿吉等夤夜聚哗，围将军大门，旋平。二十七日，报闻，命将黄秉钺革职，王殿吉等立斩。

五月

·十四日，漕运总督施世纶死。

六月

·初九日，以盛京（今辽宁沈阳）地方连年丰收、米谷价贱，令弛禁粜，听海运。

七月

·**派色尔图驻藏** 先是川陕总督年羹尧听信驻藏喇嘛楚尔齐木臧布等恝言，

奏请撤回驻藏官兵。事下廷议，以羹尧擅奏撤兵，应严加议处。十九日，命署理四川巡抚色尔图进藏，管辖四川绿旗兵丁，与公策旺诺尔布一同办事。

十月

·**胤禛查勘通州仓廒** 先是命雍亲王胤禛查勘通州仓廒。十八日，奏报："查勘通州西、中、南三仓，共三百七十六廒……及院内露囤四百六十一围，通共米五百一十三万九千余石……嗣后诸王以下领米时务各按廒支领……倘仍前拣廒占领……即报仓场总督题参……如该监督不将好米给与而搀杂变色之米，勒令支领，亦许领米官员呈告仓场总督，将该监督题参，交部严加议处。"（《清圣祖实录·二九九》）命如议。

十一月

·初六日，雍亲王胤禛奏查勘京城海运八仓、清河本裕一仓，共五百六十二廒，又有院内露囤十五围，现共存米三百六十九万六千八百余石。

·**康熙帝死** 先是初七日，康熙帝不豫，自南苑回驻畅春园。初九日，命皇四子雍亲王胤禛恭代祀天。十三日，丑刻，康熙帝病危，戌刻，死。康熙帝在位六十一年，享年六十九。后谥仁皇帝，庙号圣祖。雍正元年（1723），九月初一日，葬于景陵（清东陵）。

·十三日，命贝勒允禩、十三阿哥允祥、大学士马齐、尚书隆科多总理事务。召抚远大将军十四阿哥允禵与允礽之子弘曙二人驰驿来京。

·**胤禛即皇帝位** 二十日，胤禛御太和殿，祇告天地、宗庙、社稷，布告天下，以明年为雍正元年（1723）。

十二月

·十一日，封贝勒八阿哥允禩为和硕廉亲王，十三阿哥允祥为和硕怡亲王等。寻命怡亲王允祥总理户部三库事务。

·十二日，以辅国公延信为西安将军，仍署抚远大将军印务。

·**限直省三年补足仓库亏空** 以直省各级官员，先前每恃宽容，毫无畏惧，恣意亏空，动辄盈千累万。十三日，诏曰："除陕西省外，限以三年，各省督、抚将所属钱粮，严行稽查。凡有亏空，无论已经参出及未经参出者，三年之内务期如数补足，毋得苛派民间，毋得借端遮饰。如限满不完，定行从重治罪。"（《清世宗实录·二》）

雍正 （1723—1735）

1723 年　癸卯　清世宗宪皇帝胤禛雍正元年

正月

·谕饬文武各官　初一日，雍正帝连颁十一道谕旨，训饬总督、巡抚、督学、提督、总兵、布政使、按察使、道员、副、参、游、知府、知州、知县等，严斥文武官吏逢迎意指、暗通贿赂、侵渔克扣、营伍废弛、库银亏空、贪利废法等弊窦。

·十一日，准浒墅、扬州、龙江、芜湖、湖口、赣关、太平桥、粤海、闽海等九关税务，照天津等关例，交与各该抚，令地方官兼管。

·设会考府　以直省奏销钱粮积弊甚大，内外通同欺盗侵冒，十四日，命嗣后一切钱粮奏销事务，俱由怡亲王允祥、尚书隆科多、大学士白潢、左都御史朱轼会同办理，并另立衙署，名为会考府。

二月

·予陈鹏年谥典　河道总督陈鹏年居官廉干，素得民心，常以泽不被民为耻。上年河决，前往堵筑，寝食俱废，风雨不辞，积劳成疾，殁于工所。初四日，报闻，命予谥典。其丧归时，绕棺哭者数万人。

·十六日，令各部院书吏五年考满之后，回籍听选，不准在京逗留，违者治罪。

·科道每日密折具奏　十六日，命各科道官每日一人上一密折，轮流具奏。一折只言一事，在外候旨，或召进面见，或令且退。其所言果是，命即施行；如未甚切当，即留中不发。

·禁坐省家人例　直省督、抚每使家丁管理事务，号为堂官，且使其潜往各属探听事件。各属皆有坐省家人，与督、抚相通，预为贿嘱，颠倒是非，为害滋甚。十六日，著嗣后永行禁止。

·廿二日，命在京部院衙门，复行三年考察例。

·廿九日，罗布淖儿（罗布泊）地方回人古班尔等率众内附。

三月

·**撤回驻藏官兵**　初五日，命原察哈尔等兵由西宁，江宁等兵由云南，四川兵由打箭炉，分三路遣回，并于察木多驻戍。

·**定直省督抚兼衔例**　吏部遵旨议覆直省督、抚兼衔：查川陕总督统理西安、肃州、四川三处事务，控制番羌；两江总督统理江苏、安徽、江西三处事务，地连江海，俱应授为兵部尚书兼都察院右都御史。其余总督及各省巡抚仍照旧例，由各部侍郎以及别项官员补授总督者，俱改为兵部右侍郎兼都察院右副都御史；由侍郎补授巡抚者，小改为兵部右侍郎兼都察院右副都御史；由学士、副都御史及卿员、布政使补授巡抚者，俱授为右副都御史；由左佥都御史补授巡抚者，改为右佥都御史。永著为例。十四日，从之。

四月

·十六日，复日讲起居注官。

·十七日，停国子监监丞、助教、博士等捐纳，以正途出身之教授、学正、教谕升补之。

·十九日，废除山西、陕西教坊乐籍，改业为良民。

·**定垦田起科之制**　二十六日，谕户部："惟开垦一事，于百姓最有裨益。但向来开垦之弊，自州、县以至督、抚，俱需索陋规，致垦荒之费，浮于买价，百姓畏缩不前，往往膏腴荒弃，岂不可惜！嗣后各省凡有可垦之处，听民相度地宜，自垦自报，地方官不得勒索，胥吏亦不得阻挠。至升科之例，水田仍以六年起科，旱田以十年起科。著为定例。"（《清世宗实录·六》）

·廿七日，命各省总兵官俱以折子奏事。

五月

·二十日，以山东等地连年干旱，运河水浅，漕船迟滞，命诸湖蓄水，灌注运河，以资漕运。

·**谕斥贝子允䄉**　二十三日，谕总理王大臣等曰："贝子允䄉原属无知狂悖，气傲心高……朕惟欲慰我皇妣皇太后之心，著晋封允䄉为郡王。伊从此若知改悔，朕自叠沛恩泽，若怙恶不悛，则国法具在。朕不得不治其罪。"（《清世宗实录·七》）

六月

· 初七日，河决河南中牟南岸。

· 十四日，命京师八旗无产业兵丁，移居热河、喀喇和屯、桦榆沟三处垦种。

· **命整饬畿甸地方** 二十五日，谕直隶巡抚李维钧曰："畿甸之内，旗民杂处，向日所在旗人暴横，小民受累。地方官虽知之，莫敢谁何，朕所稔悉。尔当奋勉整饬，不必避忌旗、汉冰炭之形迹，不可畏惧王公勋戚之评论，即皇庄内有扰害地方者，毋得姑容，皆密奏以闻。"（《清世宗实录·八》）

· **定坐粮厅三年更换例** 先是户部各仓监督，向有年限，满汉一同更换。但通州坐粮厅并无年限，在任日久，倘有亏空，更难清理。二十八日，命坐粮厅三年一次，满汉一同更换，定为例。

七月

· 初六日，再申依照旧例停开贵州矿厂。

· 十一日，在嘉峪关西约五百里处建布隆吉尔城，屯兵驻守，以防青海罗卜藏丹津等犯扰。

· 廿五日，以隆科多、王顼龄为《明史》监修官，徐元梦、张廷玉、朱轼、逢泰为总裁官。

· 先是康熙帝时，"每于万寿圣节，京师暨直省各建道场，诵经祝寿"。二十九日，命嗣后"于朕诞日，毋得建立祝寿道场"（《清世宗实录·九》）。

八月

· **禁商人越礼奢侈** 初二日，谕各省盐政："朕闻各省盐商，内实空虚，而外事奢侈。衣服屋宇，穷极华靡；饮食器具，备求工巧；俳优伎乐，恒舞酣歌；宴会嬉游，殆无虚日，金钱珠贝，视为泥沙，甚至悍仆豪奴，服食起居，同于仕宦；越礼犯分，罔知自检；骄奢淫佚，相习成风。各处盐商皆然，而淮阳（扬）为尤甚。

使愚民尤而效之，其弊可胜言哉！尔等既司盐政，宜约束商人，严行禁止。"（《清世宗实录·十》）

·初八日，台湾诸罗县析置彰化县。

·**设建储密制**　十七日，雍正帝御乾清宫西暖阁，召王大臣及文武诸臣入，面谕曰："今躬膺圣祖付托神器之重，安可怠忽，不为长久之虑乎！当日圣祖因二阿哥之事，身心忧悴，不可殚述。今朕诸子尚幼，建储一事，必须详慎，此时安可举行？然圣祖既将大事付托于朕，朕身为宗社之主，不得不预为之计。今朕特将此事亲写密封，藏于匣内，置之乾清宫正中，世祖章皇帝御书'正大光明'匾额之后，乃宫中最高之处，以备不虞。诸王大臣咸宜知之。"（《清世宗实录·十》）于是命诸臣退，仍留总理事务王大臣将密封锦匣收藏于乾清宫"正大光明"匾额之后。

·**命闽浙棚民互结连坐**　先是闽、浙棚民以种麻、种靛、种烟、造纸、烧炭、煽铁等为业，生计艰难。福建上杭县民温上贵往台湾从朱一贵。后回上杭，至江西，聚结棚民，谋攻万载县，事败被捕死。是月，命棚民地邻出结，五棚长连环互结，有事首报，违法连坐。

九月

·二十日，除浙江绍兴府惰民丐籍。

·直隶巡抚李维钧，请于雍正二年（1724）为始，将丁银摊入田粮之内，造册征收。二十二日，准户部议行。

十月

·**派兵征青海罗卜藏丹津**　先是明末厄鲁特蒙古和硕特部顾实汗（图鲁拜琥）据有青海。顺治十三年（1656）顾实汗死后，其裔一驻西藏，一牧青海。康熙帝亲征噶尔丹至青海，顾实汗之子达什巴图尔等朝觐，授为亲王。后清军入藏平定策妄阿喇布坦军，青海部兵皆从征。及达什巴图尔死，其子罗卜藏丹津袭亲王爵。罗卜藏丹津冀望汗号，欲复先人霸业，总长青海及西藏诸部，遂值雍正帝新立，结诸部盟于察罕托罗海，令各仍行故号，不得复称王、贝勒等爵，而自称达赖浑台吉。并以兵胁拒不从命之同族亲王察罕丹津及郡王额尔德尼额尔克托克托鼐等，逼其携众内奔河州关外。雍正帝遣驻西宁之侍郎常寿往谕，反为罗卜藏丹津所执。罗卜藏丹津先已串通青海塔尔寺大喇嘛察罕诺门汗，又阴约策妄阿喇布坦为后援，煽动二十余万人骚乱，犯西宁，掠牛马，报闻京师。初二日，命年羹尧为抚远大将军，率军前往平乱。

十一月

·初八日，禁止贩卖儿童；命关口查拿，违者议处。

十二月

·**复禁天主教**　礼部议覆闽浙总督满保疏言："西洋人在各省，起盖天主堂，潜住行教，人心渐被煽惑，毫无裨益。请将各省西洋人，除送京效力外，余俱安插澳门。应如所请，天主堂改为公所，误入其教者，严行禁饬。"（《清世宗实录·十四》）十七日，复禁天主教。

·廿二日，册立嫡妃那拉氏为皇后。

是岁

·**重申建立社学**　以州县设学多在城市，乡民居住遥远者不能到学。命照顺治九年（1652）例，州县于大乡巨堡各设乡学，择生员中学优行端者补充社师，免其差役，量给廪饩；凡近乡子弟年十二以上、二十以内有志于学文者，俱入学肄业。

·免浙江杭州、安徽合肥、陕西平凉（今甘肃平凉）等二百八十一州县卫灾赋有差。

1724 年　甲辰　清雍正二年

正月

·**授岳钟琪为奋威将军**　先是上年十月年羹尧任抚远大将军之后，令岳钟琪等分领军队，派兵往永昌、布隆吉尔，以防罗卜藏丹津内犯；南守巴塘、里塘，扼其入藏之路；请敕富宁安等屯吐鲁番及噶斯泊（罗布泊东），截其通准噶尔之路；分兵攻南川、归德（今河南商丘）等堡，溃其羽翼；并移察罕丹津所部于兰州。寻败罗卜藏丹津于布隆吉尔。罗卜藏丹津始惧，放归侍郎常寿（命解西安监禁）。十二日，以岳钟琪将兵出归德堡，抚定诸番部及捣平呈库等部功，授为奋威将军，促其进兵。

·**郭隆寺之捷**　郭隆寺在西宁东北，其寺喇嘛应罗卜藏丹津为乱，是月十二日，聚兵干哈拉盲沟。奋威将军岳钟琪等率兵奋击，斩杀数千，据其三岭。次日进抵郭隆寺，喇嘛兵匿于寺外山谷间洞内。钟琪令官兵施放枪炮，聚薪纵火，击杀、熏死无算。是役，前后杀伤喇嘛兵等六千余名，后毁郭隆寺。

二月

·十二日，以明藩裔直隶真定（今河北正定）知府朱之琏为一等侯世袭，回京居住，令其每年春秋二季往祭明陵。

·五台山喇嘛锁呐木于元旦强奸民人杜青云之妻王氏，王氏愤缢。三十日，因喇嘛犯奸，斩立决，著为令。

三月

·初六日，命移江西湖口关于九江，分设口岸于大沽塘。

·**年羹尧奏平定青海**　先是岳钟琪请趁春草未生，以兵五千、马万匹，兼程捣其不备，允之，二月初八日，年羹尧命兵分三路，岳钟琪出南路，武正安出北路，黄喜林出中路，分进合击罗卜藏丹津。钟琪率军进至哈喇乌苏，斩获千余人，寻获其大酋阿尔布坦布。复进次布尔哈屯、薄额穆纳、布隆吉尔（今甘肃安西东），罗卜藏丹津西窜。钟琪率兵追逐，一日夜驰三百里；寻其将来降，言罗卜藏丹津所在距师为五十余里处。于是钟琪分兵一千，蓐食衔枚，日暮复进，二十二日黎明抵其帐。时敌尚未起，马皆无衔勒，仓皇奔溃。罗卜藏丹津易妇人服，骑白驼遁。是役，出师十五日，往返两月，斩降八万，并获罗卜藏丹津之母及妹，其他牲畜、器械、甲仗无数。初九日，抚远大将军年羹尧以平定青海报闻。旋授年羹尧为一等公，岳钟琪为三等公。后从年羹尧之请，于巴尔库尔、吐鲁番、哈密、布隆吉尔、宁夏贺兰山外等处驻兵，余俱撤回原处。

四月

·廿六日，敦郡王允䄉被削爵拘禁。

闰四月

·续修《清会典》　先是所修《清会典》，自崇德元年（1636）起，至康熙二十五年（1686）止。其后所定章程未经纂辑。初四日，命自康熙二十六年（1687）至雍正二年（1724），各部院衙门所定礼仪、条例，俟开馆后，造册送馆编纂。

·十一日，定除边卫无州县可归与漕运卫所自有徭役外，其余内地所有卫所，俱著归并州县。

五月

·禁官弁侵削运丁　漕船运丁受官弁剥削，开兑时粮道发给钱粮任意克扣，启行后沿途武弁借端需索，过淮又受苛刻盘查，徒滋扰累，致运丁浮费过多，力不能支，盗卖漕粮，无所不至。初二日，严禁官弁侵渔运丁，违者治罪。

·十八日，永禁外省文武大臣来京陛见时带食物进献。

·定青海善后事宜十三条　二十六日，封平定青海有功之色卜腾扎尔为郡王，噶尔丹戴青为贝子、阿喇布坦为辅国公；青海诸部依内扎萨克编为佐领，将该管台吉俱授为扎萨克；按期定地朝贡交易，诸王贝勒进贡分作三班，三年一次；于陕西之甘州（今甘肃张掖）、凉州、庄浪、西宁、河州，四川之松潘、打箭炉（今康定）、里塘（今理塘）、巴塘，云南之中甸等番民居住地区，添设卫所，将其头目给予土司等职，由所属道厅卫所管辖；番民于打箭炉贸易免其纳税，并饬达赖喇嘛等不准收受鞍租；定寺庙之房不得过二百间，喇嘛多者三百人、少者十数人，每年稽查，具结存档；创修边墙，筑建城堡；添设官弁，增兵戍守，移民开垦，三年起科等。并从年羹尧奏请，另定《禁约青海十二事》。

六月

·十二日，命八旗不得擅自殴死奴仆，违者治罪。

·**设井田安置无业旗人**　二十三日，从户部侍郎塞德奏请，于内务府余地及官地四千二百余顷中，择二百余顷为井田，将八旗无产业人内，自十六岁以上、六十岁以下者，派往耕种。满洲五十户，蒙古十户，汉军四十户，共一百户，各授田百亩，周围八分为私田，中间百亩为公田，共力同养公田，俟三年之后，所种公田之谷，再行征取。并设立村庄，盖土房四百间，计口分给。其耕种之人，每名给银五十两，以为置办种粒、牛具、农器之用。

七月

·先是宁夏渠口，东为秦渠，中为汉渠，西为唐渠，引水灌田，不下万顷；宁夏设有水利都司，专司修浚。初五日，从川陕总督年羹尧疏奏，待秋后水涸，查勘修理之。

·初六日，旗人有赁住官房而不能完租者，命查明概行豁免。

·初十日，命郡王允䄉往遵化居守景陵。

·十六日，雍正帝撰《朋党论》，颁示诸臣。

·**牛钮请增设水师**　兵部侍郎牛钮条奏，江宁（今江苏南京）、杭州、荆州、京口（今江苏镇江丹徒区）、广州、福州等处驻防兵丁，请令学习水师，勤加操演。二十日，命从京口现有战船，著拣选兵丁操演，其他并无战船，未便学习水师。

八月

·**杭州三次罢市**　十二日，发下裁名奏折，参劾浙江巡抚黄叔琳徇庇乡绅，杖毙民人，收受贿赂，杭州民因此罢市三次。命将黄叔琳解浙江巡抚任。

九月

·初三日，命停止户部捐纳事例。

·**严禁招商开矿**　先是两广总督孔毓珣奏请于广东开矿，初八日，谕曰："养民之道，惟在劝农务本。若皆舍本逐末，争趋目前之利，不肯尽力畎亩，殊非经常之道。且各省游手无赖之徒望风而至，岂能辨其奸良而去留之？势必至众聚难容。况矿砂乃天地自然之利，非人力种植可得，焉保其生生不息？今日有利，聚之甚易，他日利绝，则散之甚难。曷可不彻始终而计其利害耶？至于课税，朕富有四海，何藉于此？"（《清世宗实录·二十四》）命招商开矿，断不可行。

·**准山西摊丁入地** 山西布政使高成龄折奏："地亩生息有常，户口贫富不等。富者田连千亩，竟少丁差；贫民无地立锥，反多徭役。请照直隶新例，将丁银并入地粮，官民两便。"（《清世宗实录·二十四》）十四日，允行。

·**禁毁礼拜寺** 山东巡抚陈世倌疏言："回教不敬天地，不祀神祇，另立宗主，自为岁年，党羽众盛，济恶害民，请概令出教，毁其礼拜寺。"是月，谕曰："礼拜寺、回回堂，亦惟彼类中敬奉而已，何能惑众……其来已久，今无故欲一时改革禁除，不但不能，徒滋纷扰，有是治理乎？"（《东华录·清雍正二年》）

十月

·二十日，以浙江、江苏一带沿海骤雨大风，海潮泛滥，冲决堤岸，沿海村庄居民田庐，多被漂没，溺死灶丁男妇四万九千余人。命发银赈灾。

·廿五日，准厄鲁特蒙古和硕特部郡王额驸阿宝，往青海驻牧。

·廿九日，暹罗入贡稻种、果树等，命加奖赍。

·同日，改直隶巡抚为总督。

十一月

·初十日，禁兵民等出殡时前列诸戏，并前一日聚集亲友设宴、演戏之俗。

·**命追补户部亏空** 先是怡亲王允祥查出户部实在亏空二百五十余万两。十三日，命将户部尚书孙渣齐革职，其各官员应追银两作速完补，其余一百多万两逐年以杂费代完。

十二月

·初二日，实授田文镜为河南巡抚。

·初九日，改直隶守道为布政使、巡道为按察使，以与各省划一。

1725年　乙巳　清雍正三年

正月

·十四日，遣官于直隶固安择官地二百顷为井田，以安置八旗无产业之人耕种。

二月

·初二日，据奏日月合璧、五星联珠。

·**定香山澳洋船数额**　两广总督孔毓珣奏称："广东香山澳向有西洋人来贸易，居住纳租，逾二百年，今户口……至三千五百六十七名，（洋船）共有二十五只……请将现有船数作为定额……不许添置……其无故前来之人……不许容留居住。"（《清世宗实录·二十九》）初二日，从之。

·同日，定布隆吉尔（今甘肃安西东）为安西镇，设总兵一员，驻兵五千名。

三月

·十八日，从尚书朱轼疏言，发银二十九万余两，兴修浙江、江南海塘。

·十九日，免苏州府正额银三十万两，松江府（今属上海）正额银十五万两。

四月

·初九日，内迁吐鲁番、罗布淖儿回人等，至沙州（今甘肃敦煌）、瓜州（今甘肃安西南）等处定居耕作。

·十二日，派内阁学士众佛保等往准噶尔，与策妄阿喇布坦定驻牧区界，自红郭垒至阿尔泰哈道里岭间千里之内，为准噶尔游牧区域。

·**威远土州改设流官**　二十八日，从云贵总督高其倬疏请，将云南苗人聚居之威远（今云南景谷）土州改土归流。并命在九龙江口地区设立防汛，编立里甲，准其子弟入学，田亩酌定额赋，开垦依照定例，水田六年、旱田十年起科。

五月

·先是蠲免江南苏、松两府浮粮，士民有诵经立碑、盖造龙亭、聚会演戏颂祷者，十六日，著严行禁饬。

六月

·十三日，升雍亲王府为宫殿，赐名雍和宫。

·十九日，令历年废官具呈都察院，查核题明引见，以辨冤抑。

七月

·初六日，闽浙总督满保疏奏安辑江西、福建、浙江三省棚民事宜。将棚户设立保甲，按户编册，保长、甲长出结，州县据册稽查；棚民有膂力可用及读书向学者，入籍二十年，准其应试；择地设官驻兵，以稽查防守。

·十七日，命吏部尚书兼理藩院尚书隆科多，往阿兰善山等处修理城池，开垦地亩。

·同日，实授岳钟琪为川陕总督。

·三十日，准将山东通省丁银摊入地亩之内征收。

八月

·初六日，直隶总督李维钧以年羹尧党逮鞫，寻革职，以李绂为直隶总督。

·十一日，命议于天津地方设立水师营。

九月

·初二日，准靖逆将军富宁安疏请，以策妄阿喇布坦遣使入朝，甚属恭顺，将吐鲁番、巴尔库尔等处兵丁撤回。

·三十日，新修《大清律集解》告成。

十二月

·**年羹尧之狱**　年羹尧（1679—1726），字亮工，汉军镶黄旗人，康熙三十九年（1700）进士，改庶吉士，授检讨，后擢四川巡抚，寻以平西藏功，升川陕总督。康熙帝死，召抚远大将军允禵还京师，以年羹尧管理其印务事。雍正帝即位，隆科多以贵戚掌握兵权，年羹尧以战功任大将军，内外夹辅，为胤禛所倚任，雍正二年（1724）年初，以平青海功，累晋爵至一等公。羹尧才气凌厉，女为贵妃，恃宠骄纵。又素为雍正帝心腹，曾与谋其夺取帝位事，为雍正帝所忌，迭次降黜。本年四月，调为杭州将军；六月，其子年富、年兴俱褫职，寻削夺其爵；

八月，直隶总督李绂以年党逮鞫。至是月十一日，会鞫年羹尧大逆之罪五，欺罔之罪九，僭越之罪十六，狂悖之罪十三，专擅之罪六，贪黩之罪十八，侵蚀之罪十五，忌刻之罪六，残忍之罪四，共九十二款。命年羹尧自裁，其父遐龄、兄希尧夺官免罪，其子年富立斩，诸子年十五以上者戍边、子孙未满十五岁者待至时照例发遣，族中文武官员俱革职，其幕客邹鲁、汪景祺先后皆坐斩。

·**修直隶河防水利**　直隶夏秋水灾，命怡亲王允祥等前往查勘。允祥、朱轼疏言："直隶之卫河、淀河、子牙河、永定河皆汇于天津州大直沽入海……卫河与汶河合流，东下德（州）、（无）棣（今庆云）、沧（州）、景（州）（今景县）以下，春多浅阻……请将沧州南之砖河、青县南之兴济河，故道疏浚……筑减水坝……并开直河一道，使砖河兴济河之委同归白塘出口，修理海口旧闸，以时启闭，则沧、瀛以北水利兴而水患除矣。东西二淀，跨雄、霸等十余州县，均应疏浚深广，并多开引河，使诸淀脉络相通……无冲决之患矣。子牙河为滹、漳下流……其下流有清河、夹河、月河……宜开决分注，以缓子牙河奔放之势。永定河俗名浑河，水浊泥多，故道遂湮。应自柳叉口引之稍北，绕王庆坨东北入淀。两河淀内之堤……应照旧开通，逐年疏浚，两河之浊流自不能为患矣……应设营田专官，经画疆理。"（《清世宗实录·三十九》）二十八日，从之。

是岁

·张鹏翮死。张鹏翮（1649—1725），字运青，四川遂宁人，官河道总督，后擢刑部尚书，至武英殿大学士。著《张文端公全集》。

·张伯行死。张伯行（1651—1725），字孝先，河南仪封人，官至礼部尚书。治程朱理学，著《困学录》《正谊堂文集》等。

1726年　丙午　清雍正四年

正月

·**宣诏允禩罪状**　初五日，召诸王、贝勒、贝子、公及满汉文武大臣等，谕以廉亲王允禩希冀非望，狂悖已极，封允禩为亲王之日，允禩对为其贺喜者云："何喜之有？我头不知落于何日！"（《清世宗实录·四十四》）并焚毁皇考御批等。著削籍离宗，革去黄带子；以允䄉、苏努、吴尔占与允禩结党，亦革去黄带子，俱除去宗人府名字。寻命将允禩圈禁高墙，后命改其名为"阿其那"。

· 两淮巡盐御史噶尔泰奏称，盐商感赈蠲之恩，愿公捐银交运库。十二日，命将其捐银三十万两，于江南买米建仓，名"盐义仓"，交商人管理之。

· **禁铸黄铜器物** 以银一两兑大钱八百四五十文，约重七斤，制造铜器可卖银二三两，即如烟袋一物，毁钱十文，制成烟袋一具，值百文有余，图利十倍，因私毁不绝，制钱日少。二十六日，命黄铜所铸器物，除乐器、军器、天平砝码、戥（děng）子及五斤以下圆镜不禁外，其余不论大小器物，俱不得用黄铜铸造；其已成者，俱做废铜交官，估价给值。倘有再造者，依律治罪。

· 是月，赈直隶保定、山东历城、河南汝州等一百四十一州县卫水灾饥民。

二月

· 初九日，以云南鹤庆府邓州、腾越、嵩明三州及太和、浪穹二县土丁，并不承种军田，但身充军、民二赋，每丁纳银一两，命永行豁免。

· **直隶诸河分四局管辖** 十一日，定南运河与臧家桥以下之子牙河，苑家口以东之淀河为一局，由天津道管理；永定河为一局，改永定河分司为河道，驻固安管理；北运河为一局，由通永道兼理；苑家口以西各淀池及畿南诸河为一局，将大名道改为清河道，驻保定管理。凡水田沟洫、工程修筑等责成该道管理，以便稽查。

· **准带附茶入陕** 旧例每引一道，运茶百斤，以五十斤交官贮库易马，以五十斤给商变卖偿本，外有附茶二三十斤为运费。今商人入潼关盘验，每引只许过茶百斤，附茶不许入陕。是月，甘肃巡抚石文焯请每茶千斤，准带附茶四十斤。部议如所请。

三月

· 初十日，谕乌梁海人当轻徭薄赋。

·**革钱名世职衔** 食侍讲俸之钱名世，曾作诗投赠年羹尧称功颂德。三十日，谕曰："著将钱名世革去职衔，发回原籍。朕书'名教罪人'四字，令该地方官制造匾额，张挂钱名世所居之宅……可令在京现任官员，由举人进士出身者，仿诗人刺恶之意，各为诗文，纪其劣迹，以儆顽邪，并使天下读书人知所激劝；其所为诗文，一并汇齐，缮写进呈。俟朕览过，给付钱名世。"（《凌霄一士随笔·雍正帝强词兴文狱》）后命钱名世将其刊刻进呈，直省学校各颁一部。

四月

·先是浙江巡抚李卫查抄原直隶总督李维钧家资，奏称查出寄顿银三十余万两。初二日，准户部等议奏，命李维钧将侵蚀俸工银十四万八千余两，勒限五年追完。

·廿五日，命云南通省丁银摊入田亩内征收。

·四川巡抚罗殷泰请革绅贡监优免差徭，部议以其太刻而予指驳。著九卿再议具奏。寻议："照例优免本身一丁，其子孙、族户滥冒及私立儒户、宦户、包揽诡寄者，查出治罪。"（《清世宗实录·四十三》）二十六日，从之。

五月

·**禁锢允禵** 先是皇十四弟允禵在马兰峪居守景陵，初二日，命将允禵撤回，禁锢于寿皇殿附近。寻命将其党鄂伦岱、阿尔松阿俱立斩。

·初四日，从隆科多请，准于宁夏插汉托辉至石咀子一带筑堤开渠，招民耕种，建城设官，驻兵防守。寻定新县名曰"新渠"。

·**改允禟名为"塞思黑"** 先是皇九弟允禟尝言"若如大阿哥、二阿哥一例拘禁，我倒安逸"。又有"出家离世"（《清世宗实录·三十四》）之语，被发往西宁西大通居住，革去贝子。本年正月又宣诏其罪状。至是以允禟前在数年间挺身觊觎大位，后在给允禩书札内，有"机会已失，追悔无及"（《清世宗实录·四十七》）等语；与允禩、允禵、允禵、允祯等共为党羽，内连外结。十四日，命将允禟改名为"塞思黑"。拘于保定。

六月

·**定阿其那、塞思黑等罪** 初三日，康亲王崇安等公同议参阿其那（允禩）罪四十款，塞思黑（允禟）罪二十八款，允䄉罪十四款，请将阿其那、塞思黑、允䄉速正典刑。因颁发谕旨，宣示中外。后直隶总督李绂奏称，塞思黑"患腹泻之疾"，于八月二十四日亡故；顺承郡王锡保奏称，阿其那"染患呕症"，于九月初十日亡故。

·初五日，从意大利教化王伯纳地哆请，将康熙五十九年（1720）在广东监禁之毕天祥、计有纲一起释放。

七月

·**立保甲法** 二十五日，吏部遵旨议复保甲之法，十户立一牌头，十牌立一甲长，十甲立一保正，各地村落，均一体编排。

八月

·初十日，署理大学士、户部尚书徐元梦，以翻译本章错误，著革职。

·廿三日，从奉天将军噶尔弼疏请，自旅顺口至凤凰城，添设水师营三处。

九月

·以毁制钱造铜器，钱价昂贵，初七日，命除三品以上官员准用铜器外，其余人不准用黄铜器皿；限期三年，将已有铜器报出卖官，违者重治其罪。

·**查嗣庭被革职拿问** 内阁学士兼礼部侍郎查嗣庭，以向来趋附隆科多，典试江西出题讥刺时事，日记中有戴名世获罪为文字之祸等语，二十六日，著将查嗣庭革职拿问。寻嗣庭死于狱，命戮尸枭示，其子坐死，家属流放。

十月

·十三日，直隶各省七十岁以上老民老妇共一百四十二万一千六百二十五名，其中仕宦、绅士、商贾、僧道皆未计入。

·廿六日，实授鄂尔泰为云贵总督加兵部尚书衔。并命岳钟琪驻扎成都。

十一月

·**遣御史分巡直隶** 初七日，令都察院遣满洲、汉军、汉人御史，分三路巡察直隶地方，"凡旗下告退官员、在屯庄头、内监族戚及在籍乡绅衿监，并内府庄头，如有恣行不法者，即行该地方官提拿，讯实惩治。其应交地方官归结者，即会同地方官归结；应参奏者，即行参奏"[《清世宗宪皇帝（雍正）实录·察哈尔卷（附宣化府·口北三厅）之五》]。

·廿七日，以文字获罪之汪景祺（著《西征随笔》）、查嗣庭皆浙江人，命将浙江乡、会试停止，"俟风俗渐趋淳朴，再降谕旨"（《清世宗实录·五十》）。

十二月

·**河南等摊丁入地**　初四日，命河南省丁银摊入地粮内征收。寻准川陕总督岳钟琪奏，自雍正五年（1727）始，将陕西、甘肃、四川丁银摊入地粮内征收。

·御史谢济世参奏河南巡抚田文镜营私负国、贪虐不法十条。雍正帝以田文镜实心任事，初八日，命将谢济世革职，发往阿尔泰军前效力。

是岁

·**铜活字排印《古今图书集成》**　此书为陈梦雷、蒋廷锡等纂，一万卷，五千册，分六编，三十二典，六千一百零九部，每部先汇考、次总论，有图表、列传、艺文、纪事、杂录等，内容丰富而详细，为我国大型类书之一。仅印六十四部。

·免直隶、山东、河南、江西、湖南、湖北等省一百五十三州县卫所水灾额赋有差。

1727年　丁未　清雍正五年

二月

·初六日，命设立江宁水师。

·初八日，以太常寺卿邹汝鲁所进《河清疏》内有讥讪之语，著革职，发往荆州江堤工程效力。

·**禁奉天开矿**　先是奉天将军噶尔弼疏言："奉天金、银、铜、铅等矿，虽久禁开采，而窃掘尚多。恐其中潜藏匪类，致生事端。除杯犀湖等处所产铁为居民犁钼（锄）必需，无须禁止外，请将辽阳属之黄波、罗峪，开原属之打金厂等处，均照锦州大悲岭例，永禁开采。"（《东华录·清雍正五年》）十五日，允其所请。

·十六日，以陕西郑渠、白渠、龙洞渠年久失修，堤堰坍圮，渠道淤塞，命疏渠筑堤，建设闸口。

·广西巡抚韩良辅奏称："在广东本处之人，惟知贪财重利，将地土多种龙眼、甘防（蔗）、烟叶、青靛之属，以致民富而米少。"（《福建通志·卷首二》）二十八日，命加悉心劝导，各务本业，尽力南亩。

三月

·**复开洋禁** 先是上年四月，闽浙总督高其倬疏言："闽省福、兴、漳、泉、汀五府，地狭人稠。自平定台湾以来，生齿日增，本地所产，不敷食用。惟开洋一途，藉贸易之赢余，佐耕耘之不足，贫富均有裨益。从前暂议禁止，或虑盗米出洋，查外国皆产米之地，不藉资于中国，且洋盗多在沿海直洋，而商船皆在横洋，道路并不相同；又虑有逗漏消息之处，现今外国之船许至中国，广东之船许至外国，彼来此往，历年守法安静；又虑有私贩船料之事，外国船大，中国船小，所有板片桅柁，不足资彼处之用。应请复开洋禁，以惠商民。"（《清世宗实录·五十四》）十四日，准其所请。

·十九日，俄国遣使臣萨瓦表贺雍正帝登极。

·廿七日，准江西将丁银摊入地粮内征收。

·**经理苗疆事宜** 云贵总督鄂尔泰奏经理苗疆事宜：不遵化诲之苗民除为首者外，其余一概从宽；本年正赋，请行豁免；归寨苗民每人每月给粮三斗、盐六两，无力耕种者给以籽种；苗民地亩应令各具契纸，官给印牌；应令各照祖姓造报户口清册，编立保甲；悉令缴出一切军器，并不许私造；营汛兵丁不许践踏禾苗，生事扰害；等等。二十七日，从之。

闰三月

·**安置在京无业旗人生计**　初一日，谕凡犯罪革退官兵，在京闲住又无产业可依而仰靠亲戚为生者，令其连妻子一同发往京城附近直隶地方耕种井田，每户给地三十亩，每五户给牛三头，每户给银十五两以制办农具、籽种及半年口粮，并按人口多寡给予与土房居住，交与管理井田官员约束之。

四月

·初六日，令各处铺户人等不得制造黄铜新器，违者照例治罪。

·**开豁伴当、世仆为良**　二十七日，谕内阁："近闻江南徽州府则有伴当，宁国府则有世仆，本地呼为细民，几与乐户、惰民相同。又其甚者，如二姓丁户村庄相等，而此姓乃彼姓伴当、世仆，凡彼姓有婚丧之事，此姓即往服役，稍有不合，加以棰（箠）楚。及讯其仆役起自何时，则皆茫然无考。非实有上下之分，不过相沿恶习耳。此朕得诸传闻者，若果有之，应予开豁为良，俾得奋兴向上，免至污贱终身，累及后裔。著该抚查明定议具奏。"（《清世宗实录·五十六》）寻安庆巡抚魏廷珍议奏，江南徽、宁等处，向有伴当、世仆名色，请嗣后绅之家典买奴仆，其不在主家所生者，应照旗人开户之例，豁免为良；至年代久远、文契无存、不受主家豢养者，概不得以世仆名之，永行严禁。从之。

六月

·**禁楚民等任意入川落业**　前任四川巡抚马会伯疏言："近有自湖广、福建、江西、广东来川者，竟无执照可验……伏乞敕下各省抚臣，凡入川穷民，务令各该地方官给以印照，到日验明安插……即编入保甲。"（《清世宗实录·五十八》）初三日，从之。

·**定出洋贸易者回籍年限**　二十二日，谕云："数年以来（内地之民出洋贸易）附洋船而回者甚少……若听其去来任意，不论年月之久远，伊等益无顾忌，轻去其乡而飘流外国者愈众矣。嗣后应定限期，若逾限不回，是其人甘心流移外方，无可悯惜，朕意不许令其复回内地。"（《清世宗实录·五十八》）寻定出洋贸易人民，三年之内，准其回籍。

七月

·查诬谤岳钟琪重案　初三日，谕内阁："顷岳钟琪奏称：'四川成都府城中，有一男子沿街叫喊，说岳钟琪带领川陕兵马，欲行造反。其人已被提督黄廷桂拿获。臣不便檄讯，又不敢隐匿'等语。数年以来，在朕前谗谮岳钟琪者甚多，不但谤书一篋而已，甚至有谓岳钟琪系岳飞之后，伊意欲修宋、金之报复者，其荒唐悖谬，至于此极。岳钟琪懋著功勋，朕故任以西陲要地，付以川陕重兵。而险奸邪之徒，造作蜚语，煽惑人心，谗毁大臣，其罪可胜诛乎？此成都造言之人断非出于无因，或蔡珽、程如丝辈，怀挟私怨，暗中指使，或再有播弄之人，均未可定。著交与黄炳、黄廷桂会同严审。此事关系诬谤国家大臣重案，非民间诬告比也。"（《清世宗实录·五十九》）

·《布连斯奇条约》签订　先是额驸策凌、四格、图理琛等与俄国代表萨瓦等，在色楞格斯克附近之布尔河畔地方，就议定疆界事宜等举行谈判。十五日，双方签订《布连斯奇条约》，规定了中俄中段边界：自额尔古纳河沿布尔古特山等处至博木沙毕霭岭（沙宾达巴哈，位于唐努乌梁海地区西北端）为两国边界。并定恰克图为互市之场所。

·廿五日，以已革贝勒苏努，涂抹康熙帝朱批谕旨，并让其子苏尔金等信从天主教，谕令悛改，伊奏称"愿甘正法，不肯改易"等罪，命即行正法。

九月

·初二日，禁销毁制钱铸造铜器，令嗣后唯一品官员之家，许用黄铜器皿，余者通行禁止。

·发银安插入川流民　川陕总督岳钟琪疏奏："湖广、江西、广东、广西等省之民，逃荒入川不下数万户，请开招民事例，给穷民牛具、籽种，令其开垦荒地，方为有益。"（《清世宗实录·六十一》）二十六日，允之，并拨发营田水利捐纳银十万两解川应用；其所用牛种、口粮之银两，著落原籍之州县官照原数补还，以杜流移之患于将来。

十月

·**隆科多之狱**　隆科多，满洲镶黄旗人，一等公佟国维之子，康熙帝孝懿仁皇后之弟。为侍卫，擢銮仪使，后官理藩院尚书兼步军统领。康熙帝大渐，召受顾命，"大臣承旨者惟隆科多一人"（《清史稿·列传八十二》）。雍正帝即位，隆科多以勋戚掌握兵权，年羹尧以战功任大将军，内外夹辅，为胤禛所倚重。初，命与大学士马齐总理事务，袭一等公，授吏部尚书。雍正元年（1723），与年羹尧同加太保。二年（1724），兼领理藩院事。三年（1725），以与羹尧交结，解步军统领，寻削太保，发往阿兰善等处修城垦地，又罢尚书职。隆科多尝称："白帝城受命之日，即是死期已至之时。"（《清世宗实录·六十二》）初五日，顺承郡王锡保等遵旨具隆科多狱词：大不敬之罪五，欺罔之罪四，紊乱朝政之罪三，奸党之罪六，不法之罪七，贪婪之罪十六，共四十一款，命于畅春园外造屋三间，将隆科多永远禁锢；长子岳兴阿著革职，次子玉柱发往黑龙江当差；家产籍没。其交结者年羹尧，党附者阿灵阿、揆叙等先已治罪。隆科多于翌年六月死于禁所。

·廿七日，以江南之苏州、松江二府，浙江之嘉兴、湖州（今浙江湖州吴兴区）二府赋税最多，命将嘉兴、湖州二府额征银俱减其十分之一，二府共免银八万七千二百余两，永著为例。

十一月

·十五日，复鳌拜一等公爵，令其孙达福承袭。

·十八日，命于库伦建寺，居哲布尊丹巴呼图克图；于多伦诺尔建寺，居章嘉呼图克图。

十二月

·初四日，各省拔贡改十二年一次为六年一次，国子监届期题请候旨。

·初六日，以已革贝勒、原署大将军印务延信，同阿其那等结为党羽，罪状二十款，命著与隆科多在一处监禁。

·准噶尔汗噶尔丹策零遣使臣特磊入朝，奏报其父策妄阿喇布坦病故，并请入藏熬茶设供。十三日，谕不许，并命交出窝留之罗卜藏丹津。

·二十日，准将江苏、安徽各州、县应征丁银，自雍正六年（1728）为始，均摊入地亩内征收。

是岁

·诗人查慎行死。查慎行（1650—1727），字悔余，浙江海宁人，为嗣庭之兄。官编修，长诗词，有《敬业堂诗集》等。

1728年　戊申　清雍正六年

正月

·廿八日，以云贵总督鄂尔泰所查，据志书所载、粮册所验，以及参考塘汛旧基、居民服饰等，于铅厂山下小河以内四十里与安南（今越南）立界，较旧界已缩减八十里。寻安南国王黎维祹陈谢表章，谕"著将此四十里之地，仍旧赏赐该国王"（《清世宗实录·六十五》）。

·**迈柱奏堤工八事**　是月，湖广总督迈柱疏奏堤工八事：每年修堤业户，按粮均派，造册存案，出示晓谕，杜浮开滥派之弊；长江大堤漫溢时多，应相旧堤之势，无人行走之处修加土一尺，人马往来之处修加土一尺五寸；修堤如阳奉阴违，应令照河工例治罪；护堤插柳，一弓一株，并种芦荻；应定例同堤有险，无分隔属，协力抢护，推诿抗阻者治罪；支河曲港及堤内沟洫，应责成水利各官，督同业户尽力深浚，庶旱涝无虞；堤塍冲溃之处，应刨刷至底，层土层碾，引锥钻试，务求坚实，草率者责令赔修；水利及印官应于农隙时，率民预为择地取土，酌量垒积，险堤高广之处，无事可做岁修，有险可以抢救。谕奖办理允当。

二月

·**定川省苗疆善后事宜**　初一日，兵部议复川陕总督岳钟琪条奏川省苗疆善后事宜十二款：建昌土司近内地者，悉改归流；建昌改置为府，下设一州三县；添设兵弁，驻戍防守；地方文武官员如向苗民勒索科派等，应计赃治罪，地方官应于农隙之时，履亩亲勘，务俾汉、苗各守己业，以杜争端；禁汉人以苗人为奴婢，已为奴婢者概行发还，如有身价酌量追给赎回；于汉番交界之处，每月定场期三次，公平交易，不许汉民利用强短价及兵役借端揋（kèn）勒；将向化苗民令该管流官编入保甲；禁汉民诱骗苗民什物及苗民无故绑掳汉民；散处边方苗民，应编造户册，分清住址，以备稽查；禁苗民带刀出入，并不许私藏鸟枪等；地方失事，汛官带兵巡捕时，如有徇庇疏纵及牵累良苗者，将该管官弁分别议处。均应如所请，从之。寻定新设府为宁远（今四川西昌），新设县为西昌、冕宁、盐源（今四川盐源彝族自治县）。

·十一日，准暹罗商船运米谷、货物至福建、广东、浙江，其米谷免征税，著为例。

三月

·**割肝救母死者不加旌表**　福建罗源县孝子李盛山割肝救母，伤重身故，巡抚常赉请加旌表。初二日，谕："愚夫愚妇救亲而捐躯、殉夫而殒命，往往有既有其事，若不予以旌表，无以彰其苦志……倘训谕之后仍有不爱躯命、蹈于危亡者，朕亦不概加旌表。"（《清史·卷三〇九》）

·初三日，定被灾十分者免七分，九分者免六分，八分者免四分，七分者免二分，六分者免一分。命各有司遍谕乡村，咸使闻知。

·**责魏廷珍禁演戏疏**　安徽巡抚魏廷珍疏言："歙县乡民，违例演戏，应加严禁。"二十三日，谕曰："有力之家祀神酬愿、欢庆之会、歌咏太平，在民间有必不容已之情，在国法无一概禁止之理。今但称违例演戏，而未分晰（析）其原由，则是凡属演戏者皆为犯法，国家无此科条也。"（《清世宗实录·六十七》）

·**谕"八议"不可为训**　先是律例旧文《名例》内载有"八议"之条，即议亲、议故、议功、议贤、议能、议勤、议贵、议宾。二十六日，谕曰："若于亲、故、功、贤等人之有罪者，故为屈法以示优容，则是可意为低昂，而律非一定者矣，尚可谓之公平乎？且亲、故、功、贤等人，或以效力宣劳为朝廷所倚眷，或以勋门戚畹为国家所优崇，其人既异于常人，则尤当制节谨度，秉礼守义，以为士民之倡率，乃不知自爱而致罹于法，是其违理道而蹈愆尤，非蚩蚩之氓无知误犯者可比也。倘执法者又曲为之宥，何以惩恶而劝善乎？……特为颁示谕旨，俾天下晓然于此律之不可为训！"（《清世宗实录·六十七》）

四月

·山东巡抚塞楞额疏言："安山湖堤内无地穷民，查明共四百五十九户，捕鱼为业之湖民共七十五名。应遵旨动用本省耗羡银两，于堤旁搭盖房屋，设置船只，分给各民，俾得安居乐业。"（《清世宗实录·六十八》）二十七日，从之。

五月

·《恰克图条约》签字　十八日，定中俄《恰克图条约》，共十一款：重申《布连斯奇条约》之内容；规定俄商每三年到北京贸易一次，并在恰克图等地建立贸易市场；规定俄人在北京俄罗斯馆内建东正教堂；规定嗣后对逃犯两边皆应查拿，送交各自边界官员等。

·廿五日，以河南巡抚田文镜吏治为直省第一，授为河东总督，管理河南、山东两省之事，不为定例。

·颇罗鼐兵入拉萨　颇罗鼐（1689—1747），本名索南多吉，后藏人，先为拉藏汗传事官。雍正元年（1723），以与康济鼐击败准噶尔军功升任噶伦，管理后藏事务。雍正五年（1727）始在拉萨设置驻藏办事大臣。时达赖喇嘛年纪尚幼，依其父索诺本达尔扎。索诺本达尔扎娶隆布奈二女，遂与噶伦隆布奈、阿尔布巴合为一党。首席噶伦康济鼐虽倾心清廷，但为众噶伦所恨。噶伦阿尔布巴联合隆布奈与扎尔鼐二噶伦举兵作乱，于上年六月十八日谋杀首席噶伦康济鼐。康济鼐之亲信、噶伦颇罗鼐即一面奏报，一面率后藏及阿里军九千余人，自日喀则起兵，往前藏进讨阿尔布巴等。是月二十五日，颇罗鼐率所部兵由潘玉口至喀巴地方，与隆布奈军战于喀木卡伦，败隆布奈兵。二十六日，颇罗鼐率兵入拉萨，围布达拉宫。二十七日，驻藏大臣马腊、僧格回至布达拉守护达赖喇嘛。二十八日，各寺庙喇嘛将噶伦阿尔布巴、隆布奈、扎尔鼐擒献，后俱处死。西藏乱平。旋封颇罗鼐为贝子，总管前藏、后藏事务。后命将康区东部之康定、里塘、巴塘等划归四川管理；康区南部之中甸、维西、德钦等划归云南管理；又将日喀则等地归班禅直接管理。此后近二十年间，颇罗鼐忠于清廷，整顿藏政，训练藏军，均著成效，并被晋为郡王。

七月

·初五日，以河南孟津农民翟世有，路拾陕西三原人秦泰买棉花遗银一百七十两，寻遇原主给还，并不受谢，命给七品顶戴，赏银一百两，并给匾立碑，以正人心、厚风俗。

八月

·初七日，以湖广桑植土司向国栋、保靖土司彭树彬暴虐杀戮、骨肉相残，被害男妇纷纷要求编入版籍，命改桑植、保靖二土司为流官。

·廿九日，命自明年始恢复浙江乡、会试。

十月

·**准河西粮照丁摊**　川陕总督岳钟琪疏言："甘属河东地方，粮轻而丁多；河西地方，粮重而丁少。若将河东丁银摊入河西，是两处田粮，轻者益轻，而重者更重。请将二属各自均派，河东则丁随粮办，河西则粮照丁摊。"（《清世宗实录·七十四》）初二日，从之。

·初四日，准江、浙每年漕粮四百万石，红白兼收。籼粳并纳，著为例。

·初十日，命鄂尔泰总督云南、贵州、广西三省军民事务。

·十四日，免直隶明年额征之钱粮四十一万七千八百九十两。

·十六日，谕停宗室诸王管理旗务。

十一月

·初二日，改四川成都府管粮同知为管粮水利同知，经理都江以下各堰工。

·初四日，免福建康熙五十五年至雍正四年（1716—1726）民欠地丁银三十三万八千三百余两。

·廿二日，添设钦天监西洋人监副一员。

·**命各省修志** 以修《清一统志》，各省志书既多缺略，又不无冒滥，因从《清一统志》总裁、大学士蒋廷锡等奏言。二十八日，命各省督、抚，将本省通志重加修辑，书中各项分类条目，仍照例编纂，务期考据详明，撮采精当，既无阙略，亦无冒滥，以成完善之书。

十二月

·**召民赴宁夏垦田** 以宁夏插汉拖辉等处地广土饶、水利充裕，可垦地二万余顷，每户授田百亩，可安置二万户，十一日，命召募远近人民，给以牛具、籽种、银两，尽力开垦，给为世业。

·二十日，《大清律集解附例》颁行。

·同日，从广西巡抚金疏请，召商于桂林府属涝江等处开矿，所得矿砂以三归公，以七给商。

1729 年 己酉 清雍正七年

正月

·初一日，加蒙古王公以下、扎萨克一等台吉以上俸一倍。

·先是台兵之例，不带家眷，每月将所领钱粮扣留五钱于内地养赡家口。十四日，命每年发银四万两，为驻台兵丁养赡家口之用。

·十七日，云南镇沅（今属云南省普洱市）拉祜族首领扎铁匠、傣族首领刀如珍率众起义，袭府署，焚衙门，杀死威远同知刘宏度。后失败。

·廿七日，令直省各州县岁举老农，给以顶戴荣身，以劝民务本力田。寻设直隶巡农御史。

·廿八日，命修整从京师至江南大道。

二月

·初二日，授尹继善为江苏巡抚，署江南河道总督。

·初八日，以江南苏、松等处钱粮历年积欠至一千六百余万两，特差大臣会同巡抚、藩司等进行彻底清查，以求水落石出。

·**定川省盐茶法**　先是川省私盐充塞而官引壅滞；因定盐以州县户口之数颁发盐引，使私贩息而官引销。又川茶先皆论园论树，以定税额，未为允当，十九日，定茶照斤两收税。

·二十日，定钱价：每银一两，只许换大制钱一千文。

·廿六日，免浙江本年额赋银十分之二，计银六十万两。

三月

·初二日，免河南本年额赋银四十万两。

·初六日，命湖广武、郧等九府州和武昌等十卫所丁银摊入地粮内征收。

·初八日，命江西开炉铸钱。

·**命将出师征准噶尔**　先是罗卜藏丹津败投准噶尔，遣使索之不与；噶尔丹策零初袭为准噶尔汗，不时犯扰西陲。十二日，命领侍卫内大臣傅尔丹为靖边大将军，北路出师；川陕总督岳钟琪为宁远大将军，西路出师，征准噶尔汗噶尔丹策零。时大学士朱轼、都御史沈近思、都统达福等皆力言天时人事未至，暂不可图；但大学士张廷玉等力赞用兵，雍正帝是之。

四月

·**谕回民要从俗从宜**　数年以来，屡有人具折密奏："回民自为一教，异言异服，且强悍习顽，肆为不法，请严加惩治约束。"初七日，谕云："朕思回民之有教，乃其先代留遗家风土俗，亦犹中国之人籍贯不同，嗜好方言亦遂各异。是以回民有礼拜寺之名，有衣服、文字之别，要亦从俗从宜，各安其习。初非作奸犯科、惑世诬民者比，则回民之有教无庸置议也。"（《清世宗实录·八十》）

·同日，四川天全土司改设流官，天全地方改置一州，名为天全州，所辖雅州升为雅州府，雅州府附郭县为雅安县。

·**哲布尊丹巴二世坐床典礼**　时西藏外三大喇嘛寺为青海西宁塔尔寺，驻察罕诺门汗；多伦诺尔汇宗寺，驻章嘉呼图克图；喀尔喀库伦（今蒙古国乌兰巴托）庆宁寺，驻哲布尊丹巴呼图克图。二十二日，哲布尊丹巴呼图克图二世举行"坐床"典礼，有二万五千喇嘛和十万余牧民参加。

五月

·十七日，准浙江商船照闽省例出洋贸易。

·二十日，许各省漕船顺带商货至京贸易，每船于旧例六十石外，增加四十石，永著为例。

·**吕留良文字狱**　吕留良（1629—1683），字用晦，号晚村，浙江崇德（今桐乡）人。明亡，图谋复兴，事败。后又拒以博学鸿词荐，隐遁山林，削发为僧，自称为明之遗民。治程朱理学，著《吕用晦文集》等。后湖南永兴人曾静（1679—1735）科试不第，家居愤郁，读吕留良遗著，受其影响。遂遣其学生张熙（湖南衡州人）至浙江吕留良家访求书籍。吕留良之子毅中授以其父所著诗文，书中称清为"北"或"燕"，文集内有"今日之穷，为羲皇以来所仅见"（《清世宗实录·八十一》）等语。曾静又与留良学生严鸿逵、鸿逵之徒沈在宽等结交。雍正六年（1728），派张熙化名张倬，投书于川陕总督岳钟琪，劝以同谋举事。岳钟琪拘留刑讯，究问指使之人，张熙甘死不吐实。岳钟琪置之密室，许以迎聘其师，佯与设誓。张熙将曾静供出。岳钟琪具密折奏闻。二十一日，著定议具奏。寻派刑部侍郎杭奕禄等往湖南，审讯曾静。随将曾静、张熙解京。并派官往抄吕留良家，获书籍、日记等。后以大逆之罪，命将吕留良戮尸枭示，其子吕毅中斩首，将曾静、张熙释放。

·**准蜑户登岸居住**　广东以船为家、以捕鱼为业之蜑户，被视为卑贱之流，不容登岸居住。二十八日，准其登岸建屋，居住村庄，编列保甲，垦荒力田，不得歧视。

六月

·始设军需房　初十日，以命将分北路、西路出师攻噶尔丹策零，"两路军机，朕筹算者久矣。其军需一应事宜，交与怡亲王（允祥）、大学士张廷玉、蒋廷锡密为办理"（《清世宗实录·八十二》）。

·十二日，命将明年甘肃、四川、云南、贵州、广西额征地丁银两悉行蠲免，西安各属额征钱粮蠲免十分之二。

七月

·初三日，命山东开炉铸钱。

·陆生楠文字案　陆生楠，广西人，由举人部选为江南吴县知县，后授工部主事。作《通鉴论》十七篇，其论君主曰："人愈尊，权愈重，则身愈危，祸愈烈。盖可以生人、杀人、赏人、罚人，则我志必疏，而人之畏之者必愈甚。人虽怒之而不敢泄，欲报之而不敢轻，故其蓄必深，其发必毒。"（《清世宗实录·八十三》）并有论及建储、兵制、相臣等。初三日，陆生楠文字案起。十二月案结，被杀。

闰七月

·开宁夏惠农渠等　先是命发银十六万两，派兵部侍郎通智等在宁夏插汉托辉地方开渠。十一日，通智疏报：修浚之大渠并六羊改渠工程告竣。赐大渠名惠农渠，六羊渠改名为昌润渠。惠农渠长三百里，昌润渠长百余里，引黄河水，支渠四达，灌田二万余顷。后又命通智等勘修宁夏汉、唐、清三渠，灌溉面积更为扩大。

八月

·初五日，命湖南开炉铸钱。

·十一日，命免明年山东、广东、直隶、陕西、山西、安徽六省额征地丁钱粮各四十万两，共二百四十万两，并免今年直隶、陕西二省各银四十万两。

·十七日，命浙江开炉铸钱。

九月

·颁行《大义觉迷录》 十二日，命将吕留良、严鸿逵等言论，曾静、张熙等口供，有关历次谕旨等，刊刻《大义觉迷录》，颁行天下，并令每学宫各贮一册。

·十四日，《治河方略》编纂书成。

·十七日，改广西思恩府属之镇安土司为流府。

十一月

·初四日，发户部帑银一百万两修高家堰堤工。

·初八日，免功臣后裔施世骅等六十二人，应追未完银共五十四万余两、金五百两，以内库银拨补，其应得遣戍、监候、籍没及妻子入官等罪，概行宽释。

是岁

·学者梁份死。梁份（1641—1729），字质人，著《西陲今略》《帝陵图说》《怀葛堂文集》。

1730 年　庚戌　清雍正八年

二月

·廿三日，京师设回纥馆，由在京回民头目二名居住看守，以备安置回纥贡使。

三月

·初三日，命江西开炉铸钱。

·初六日，命西藏办事内阁学士僧格统兵一千五百名，至腾格里脑儿驻防。

·官员失察衙役贪赃例 二十二日，定嗣后凡直省衙役贪赃，本管官除知情故纵照例革职外，其只于失察者照在京部院司官之例，十两以上将该管官降一级留任，不及十两者罚俸一年。

四月

·先是雍正六年（1728）以来，四川巡抚宪德令清丈民田。忠州地方官吏丈量田地，科派需索，骚扰累民。杨成勋等写诉状，倾表怨恨，吹角聚众，准备起事，因事机泄露，未成身死。初六日，报闻。

·王瓒奏各省兵丁之弊　初八日，巡察湖广吏科给事中王瓒奏言："各省兵制，有督标、抚标、提标、镇标、协标各名目。督、抚、提标之兵，差事简少，驻劄（扎）省会地方，习于骄肆，欺压良民，短价强买，藐视同城文官。不加礼敬，且动辄夥（伙）众干求，以势挟制。倘或因公调遣，即多方求恳借贷，以致镇、协标兵，闻风藉口。"（《清世宗实录·九十二》）

·初九日，命改定入学士为正一品，尚书为从一品。

五月

·怡亲王允祥死　允祥（1686—1730），为康熙帝第十三子。雍正帝即位，封为怡亲王，寻命总理户部，清查亏空；三年（1725），京畿水灾，总理畿辅水利，俱有政绩。七年（1729）六月，受命办理西北两路军机，是为首任军机大臣。初四日，病死。

·不准禁回教疏　署安徽按察使鲁国华条奏："回民居住内地，不分大小建，不论闰月，以三百六十日为一年，私计某日为岁首，群相庆贺，平日皆戴白帽，设立礼拜清正（真）等寺，妄立把斋名目，违制惑众，应请严行禁革。"初七日，谕曰："回民之在中国，其来已久。伊既为国家编氓，即皆为国家赤子也。……至回民之自为一教，乃其先代相沿之土俗，亦犹中国之大，五方风气不齐，习尚因之各异，其来久矣。历观前代，亦未通行禁约、强其画（划）一也。"（《清世宗实录·九十四》）命将鲁国华交部严加议处。

·改军需房为军机房　先是上年六月始设军需房，以密筹北、西两路军需。初十日，命马尔赛、张廷玉、蒋廷锡详议军行事宜，赞襄机务。军需房遂改为军机房。

·初十日，噶尔丹策零遣使奉表请解送罗卜藏丹津。差官往谕，因命进兵之期，暂缓一年。

·十九日，从江苏巡抚尹继善疏请，将苏州府属常熟、昭文二县丐户，仿乐籍、惰民之例，除其丐籍，列为平民。

六月

·是月，直隶、山东、河南、江南、湖南等地大水，河水暴涨，漂没人畜。

八月

·初九日，京畿旗庄分为八路，设官八员分司办理。

·**京师地震** 十九日，巳刻，北京西郊发生六点五级地震，房屋倒塌甚多。雍正帝先登舟，后居帐幕，防震月余。

九月

·十八日，免江西、湖南、湖北明年额赋银各四十万两，并免直隶、山东今年额赋及明年额赋银各四十万两。

十月

·初四日，庶吉士徐骏以诗文稿有讥讪语之罪，被斩立决，文稿尽焚。

·**黔、滇彝族等起义失败** 先是从八月二十六日至二十九日，黔西乌蒙（今云南昭通）土司属彝人等，以总兵刘起元等私派公费、贪婪苛索、纵兵劫掠、拷比头人，聚集数万人起义，杀死刘起元，占领郡治。旋东川苗民等亦四处响应，杀知县，截江路，斩关夺隘，刻木传檄。云贵、广西总督鄂尔泰调兵一万数千人，分东川（今云南会泽）、威宁（今贵州威宁）、镇雄（今云南镇雄）三路会攻。初四日，郡治复失，被杀数千人，起义失败。

·廿三日，准山东青、登、莱三府所属之蓬莱等十六州县票盐，革除招商办课，听民自行领票消费，其应纳课银，摊入地粮，征收造报。

十一月

·廿三日，户部亏空钱粮补足。先是雍正帝即位之初，查户部钱粮亏空至二百五十余万两，经陆续完补，至是俱已补足。

十二月

·初五日，直隶设河道水利总督一员，驻天津，节制四道厅员及河务各官。

·准噶尔兵袭科舍图　先是靖边大将军傅尔丹兵出北路，屯阿尔泰；宁远大将军岳钟琪出西路，屯巴里坤（今新疆巴里坤）。命两大将军至京面授方略。时岳钟琪大将军印务交提督纪成斌署理。纪成斌设十数万驼马牲畜之牧场于科舍图，距大营远，又不设备。噶尔丹策零遣二万骑，乘虚突劫科舍图牲畜。总兵樊廷等领兵二千，转战七昼夜，救出两处卡伦官兵，夺回驼马大半，二十一日，奏闻。命传谕北路军小心防范，寻诏奖樊廷等，而降纪成斌为副将。

是岁

·伊斯兰教著译家刘智约于是年死，著译有《天方性礼》《天方典礼》等书。

1731 年　辛亥　清雍正九年

正月

·初四日，以西北有军务，著免本年甘肃额赋，并免本年陕西额赋十分之三。

·廿三日，拨仓谷四十万石，赈山东济、兖、东三府水灾饥。寻又拨义仓谷二十万石，赈江南邳、宿等十八州县水灾饥。

二月

·不准岳钟琪军机事宜疏　大将军岳钟琪奏准噶尔军机事十六条，略谓：吐鲁番地方饶沃，宜广屯种；吐鲁番通伊犁之路，宜严设卡伦；准噶尔所属回人，宜先收抚；巴尔库尔等处宜多派兵丁，以分战守等。二十日，谕曰："岳钟琪所奏十六条，朕详细披览，竟无一可采之处。"（《东华录·清雍正九年》）

·廿三日，天津州升为天津府。

三月

·廿五日，以都统伊礼布为副将军，带领拣选八旗家人二千，赴西路军备用。

六月

·傅尔丹兵败和通脑儿　先是准噶尔汗噶尔丹策零遣兵夺取西路大军马驼后，

又派大策零敦多卜等率兵三万，越阿尔泰山直犯北路。靖边大将军傅尔丹率军于初九日自科布多启程，分兵三队，轻装前驰，欲乘其不备，速迎掩杀。十七日，准噶尔军先遣哨骑佯为被擒，诡供有兵一千，驼马万余，在博克托岭尚未立营防守，且大策零敦多卜途中患病，诸将不和。傅尔丹勇而寡谋，轻信供言，驱兵往袭。前锋统领丁寿等交谏，不听。十八日，丁寿率前队略获小胜，傅尔丹遂驱万骑急驰。二十日，大策零敦多卜等诱傅尔丹军至和通脑儿（在今蒙古国科布多西二百里处）。二十一日，谷中胡笳远作，毡裘四合，伏兵三万，驰骋冲突；傅尔丹前锋四千余人被围。准噶尔军以逸待劳，以主迎客，以静制动，以众击寡；傅尔丹军前锋统领丁寿、参赞苏图、副都统马尔齐等虽经力战，终致败殁。二十三日，准噶尔兵既破前军，又直犯大营。傅尔丹命索伦、蒙古兵迎击，科尔沁蒙古兵竖红纛先遁，索伦兵等遂大溃。傅尔丹率领满洲兵二千且战且退，于七月初一日还科布多。是役副将军巴赛、查纳弼以下皆战死，全军失利。寻降傅尔丹为振武将军，以顺承郡王锡保代之，移科布多营于察罕叟尔（今蒙古国乌里雅苏台南）。

七月

·初六日，召云贵、广西总督鄂尔泰来京。以两江总督高其倬署云贵、广西总督，江苏巡抚尹继善署两江总督。

·**岳钟琪军袭乌鲁木齐** 宁远大将军岳钟琪得傅尔丹败报后，十二日，率军由巴尔库尔起行，进攻乌鲁木齐。在阿尔木克河地方略有斩获，追至纳邻河，探知敌遁，旋回兵。

九月

·廿四日，命贵州开炉铸钱。

十二月

·**严禁铁器出洋** 广东布政使杨永斌条奏："定例铁器不许出禁（境）货卖，而洋船私带，禁止尤严。粤东所产铁锅，每连约重二十斤。查雍正七、八、九年（1729、1730、1731），夷船出口，每船所买铁锅，少者自一百连（至）二三百连不等，多者至五百连，并有至一千连者。计算每年出洋之铁约一二万斤。诚有关系，应请照废铁之例，一体严禁，违者船户人等，照例治罪。"（《清世宗实录·一一三》）初四日，命悉照所请行，粤东既行查禁，则他省洋船出口之处，亦当一体遵行。永著为例。

·二十日，《清圣祖仁皇帝实录》书成。

是岁

·免直隶、陕西、河南、江南、湖南、广西、福建、廿肃等省七十四州县卫灾赋有差。

1732 年　壬子　清雍正十年

正月

·廿四日，命云贵、广西总督鄂尔泰为保和殿大学士兼兵部尚书。

二月

·**清查积欠**　侍郎彭维新、巡抚尹继善等奏报：康熙五十一年至雍正四年（1712—1726），通计各属积欠共一千零一十一万六千三百两，其中侵蚀包揽者共四百七十二万六千三百两，实在民欠者共五百三十九万两。初二日，命将侵蚀包揽之项分作十年带征，实在民欠之项分作二十年带征；从雍正十年（1732）为始，本年带征之项完纳若干，即照所完之数蠲免次年额征之粮若干；于侵蚀钱粮之官吏，其依限完纳者，宽免其罪，或准其开复。

·廿五日，以贵州巡抚张广泗为西路副将军。

三月

·**铸"办理军机印信"**　初三日，命铸给印信："大学士等遵旨议奏：办理军机处密行事件，所需钤封印信，谨拟用'办理军机印信'字样，移咨礼部铸造，贮办理军机处，派员管理，并行知各省及西、北两路军营。"（《清世宗实录·一一六》）从之。其时办理军机大臣为张廷玉、蒋廷锡、鄂尔泰三人。

四月

·**兴办云南水利**　鄂尔泰疏请兴办滇省水利，修浚昆明海口，在其相近之盘龙江及金棱、银棱、宝象、海源、马料、明通、马溺、白沙等河建闸筑坝；寻又疏请于嵩明州（今云南嵩明）、寻甸州（今云南寻甸）、东川府（今云南会泽）、浪穹县（今云南洱源）及临安（今云南建水）等地挖深河道，另开新河，筑堤设闸，引水灌田。十四日，俱从之。

·先是正月二十二日，准噶尔兵入卡伦、犯哈密、掠牲畜。岳钟琪派兵往援，败之，遂从塔库纳库遁归。至是办理军机大臣鄂尔泰参奏岳钟琪玩忽纵敌，应行议处。十七日，命削去公爵，护大将军印务，戴罪立功。

·是月，广东总督由肇庆移驻广州。

六月

·十七日，高其倬奏称，云南普洱府（今普洱）属思茅土把总刁兴国，联合苦聪人等围攻普洱府，后事平。

七月

·十一日，四川开炉铸钱。

·十三日，以大学士鄂尔泰督巡陕、甘，经略军务。

·十四日，调岳钟琪回京，其宁远大将军印务由署陕西总督查郎阿署。

·同日，以浙江总督署刑部尚书，李卫改署直隶总督，八月授为直隶总督。

·**蒋廷锡死**　蒋廷锡（1669—1732），字扬孙，常熟（今江苏常熟）人。康熙四十二年（1703）进士，改庶吉士，转内阁学士。雍正元年（1723）擢礼部侍郎，后官至文华殿大学士、办理军机大臣。继陈梦雷主编《古今图书集成》，充《清圣祖实录》总裁。著《尚书地理今释》，谏言兴山东水利；又工诗善画，有《牡丹百咏》；另有《条奏疏稿》《文武渊海》等。廿一日死。

·是月，广西思明土府（今宁明）属乡村壮民数百人，以官吏贪婪苛刻，审断不公，手执器械，冲入衙署，后被平息。

八月

·**光显寺之捷**　先是准噶尔汗噶尔丹策零，遣将在科舍图与和通脑儿连败岳钟琪西路军和傅尔丹北路军之后，频频东犯。命绥远将军马尔赛统兵一万四千人移守扎克拜达里克城，与察罕叟尔大营相掎角，以扼准噶尔军由山南东犯之冲。七月，噶尔丹策零派将大策零敦卜多提三万骑劲旅，由北路东驰，绕避科布多察罕叟尔大营，潜越杭爱山，掠哲布尊丹巴呼图克图驻地。时哲布尊丹巴已徙帐多伦泊，噶尔丹策零军空无所获。是月初，大策零敦卜多探知额驸策凌率军赴乌里雅苏台东南之本博图山，便于塔米尔河畔突袭其帐，掠子女，驱牲畜。额驸策凌闻报，即断发誓天，麾师驰追。策凌一面急报大将军锡保派援师截击，一面派哨骑侦察虚实，亲自率二万骑绕道出山背，初五日黎明，突袭敌营。大策零敦卜多军兵不及弓，马不及鞍，仓促衔枚，溃败遁逃。日暮，策凌率军追至鄂尔昆河之杭爱山南麓大山梁间。这里左畔水，右阻山，狭道中矗立光显寺（额尔德尼召，在今蒙古国乌兰巴托西南额尔德尼桑图之西）。策凌督骑横冲，杀敌近万，尸遍山谷，河水尽赤。在额驸策凌领右翼官兵奋勇冲杀时，亲王丹津多尔济拥左翼官兵观望不前，致大策零敦卜多率败兵由左翼突围，从杭爱山后逃遁。策凌急檄马尔赛于扎克拜达里克截其归路，但马尔赛拥兵闭城，坐视噶尔丹策零向推河逃去。寻论击噶尔丹策零功，加额驸亲王策凌超勇名号，封其子车布登扎布为辅国公，余各升授有差。

十月

·廿六日，命将岳钟琪革职，交兵部拘禁。

十一月

·鄂尔泰奏言："查肃州嘉峪关金佛寺堡之所管汛地内，南山隘口抵朱鲁郭迤而西，有硫磺山一座，周围四五十里，遍产硫磺。"（《清世宗实录·一二五》）奏闻。十七日，准予开采，并饬令总兵派兵防护。

·十二日，封吐鲁番额敏和卓为扎萨克辅国公。

十二月

·马尔赛军前处斩　马尔赛为图海之孙，少年袭封公爵，后官至武英殿大学士、办理军机大臣。受命抚远大将军西征噶尔丹策零，贪逸怕死而不愿前往，尝言："口称领兵为大将军，不如发遣黑龙江反为安逸。"（《清世宗实录·一二四》）及领兵西行至归化（今内蒙古呼和浩特），马匹损毙大半。后改授抚远大将军，驻扎于扎克拜达里克（今蒙古国邦察干湖之北），以为堵御邀截之设。噶尔丹策零自光显寺（额尔德尼召）溃败突围逃遁，额驸策凌急檄马尔赛于汛地截其归路。警闻，军营将士无不踊跃奋往，马尔赛按兵不举，副将军达尔济整装待发，马尔赛立意不许；副都统傅鼐情急至于跪求，马尔赛坐视不允，执意闭守城池，只准兵士在城上对来敌齐声呐喊。旋准噶尔军奔遁，将士自开城门追击；马尔赛亦虚做尾追之状，又托言敌已远去，遂令兵回营，使"入网之兽，复得兔脱"（《清世宗实录·一二四》）。十四日，命将马尔赛于扎克拜达里克军营前正法。

是岁

·会计直省丁口数、田地数等　人丁户口二千五百四十四万二千六百六十四，又永不加赋滋生人丁九十二万二千一百九十一，田地八百八十一万余顷，征银三千零八万余两，米豆麦四百七十五万余石，草五百零二万余束，茶三十三万余引，行盐五百一十六万余引，征课银四百零一万余两，铸钱九亿一千零一十七万余。

·田文镜死。田文镜（1662—1732），汉军正黄旗人，官至河南总督等。有《州县事宜》，主持编修《河南通志》。

·程国彭著《医学心语》书成。

1733 年　癸丑　清雍正十一年

正月

·初六日，命修浙江海塘。翌日命修江南范公堤。

·初十日，准各省建立书院。

·十八日，命大学士鄂尔泰往北路军营经略军务。

二月

·初七日，封皇四子弘历为和硕宝亲王。

三月

·初一日，定西藏及察木多（今西藏昌都）各留驻防兵五百名，三年更换，余俱撤回。

四月

·初四日，以嵇曾筠为文华殿大学士兼吏部尚书，仍管江南河道总督事务。

·初八日，命在京三品以上官员及外省督、抚会同学政，荐举博学鸿词，召试授职。循康熙十七年（1678）故事。

·初九日，在乌里雅苏台筑城屯兵，建设仓库，以控制西北边地。

·先方苞以戴名世"《南山集》案"下狱，康熙帝赦而用之，以白衣入值南书房。二十三日，以侍讲学士擢为内阁学士兼礼部侍郎。

五月

·初四日，云南普思苗人刁兴国等率众起事败死，报闻。被杀三千六百余人，降附四万二千六百余人。

·十五日，命额驸策凌为靖边左副将军，塔尔岱为靖边右副将军，同戍科布多。

·十七日，续修《清会典》告成。

·先是纪成斌由行伍擢至提督，以岳钟琪荐，协赞西路军务。及钟琪被革职拘禁，成斌亦因粮车一辆被劫等而革职察议。二十九日，究以八年科舍图驼马遭掠罪，命于军营处斩。

六月

·**修葺苏禄国王墓**　先是明永乐中，苏禄国（今菲律宾）东王巴都葛叭哈剌率眷来朝，受封归国，病殁德州（今山东德州）。其长子都麻舍归国嗣位，次子安都禄、三子温哈剌留居德州守茔。后子孙以其祖名分为安、温二姓，每年领额银祭祀。初九日，从苏禄国王臣母汉末母拉律林之请，命将德州苏禄国王墓修饬整理，并于安、温二族中各选一人为奉祀生，给予顶戴，永以为例。

七月

· 初九日，以平郡王福彭为定边大将军。寻又革锡保大将军、亲王，仍留军前效力赎罪。

· **降丹津多尔济为郡王**　先是上年亲王丹津多尔济捏奏光显寺之功，受赏墨尔根巴图鲁名号及黄带子，其子多尔济色布腾封为世子。后查明其时丹津多尔济拥左翼官兵观望不前，及至敌遁又不尾追，致误大事。十一日，命撤其封赏，革去亲王，降为郡王。

八月

· 初六日，免河南、山东本年额赋银各四十万两。

· 额敏和卓原居吐鲁番，为避噶尔丹策零袭扰，率男妇共八千零一十三人，移至甘肃安西。十九日，命支给口粮，妥于安置。

九月

· 初三日，总兵曹勷以领兵哈密，纵敌失机，命于军前枭示。

· 初四日，设福建台湾府学及台湾（今台湾台南）、凤山（今台湾高雄）、诸罗（今台湾嘉义）、彰化四县学训导各一员。

· 初五日，命按功次品级，赏给陕西回民头目职衔。

十月

· **禁擅立牙行**　先是各省商牙杂税额设牙帖，概由藩司衙门颁发，不许州县滥给。后各省牙帖岁增，各集场牙户（今中介）恃此把持，抽分利息，致"集场多一牙户，商民即多一苦累"（《清世宗实录·一三六》）。初六日，将已发牙帖著为定额，报部存案，不许有司任意增添；再有新开集场应设牙行者，酌定名数给发，亦报部存案。

十一月

·**复定每文铸重一钱二分**　十六日，谕内阁："鼓铸钱文，专为便民利用，铜重则滋销毁，本轻则多私铸。原宜随时更定，筹画变通，斯可平钱价而杜诸弊。顺治元年（1644）每文铸重一钱，二年（1645）改铸一钱二分，十四年（1657）加至一钱四分。康熙二十三年（1684）因销毁弊多，仍改重一钱。嗣因私铸竞起，于四十一年（1702）仍复一钱四分之制。适后铜价逐渐加增，以致工本愈重。今宝泉、宝源二局，额铸钱文岁计亏折工本约银三十万两。朕思钱重铜多，徒滋销毁，且奸民不须重本，便可随时镕（熔）化，踩缉殊难。若照顺治二年（1645）之例，每文铸重一钱二分，在销毁者无利，而私铸者亦难，似属权衡得中，可以行之久远。"（《清世宗实录·一三七》）并命滇省就近铸钱解京，以省京铸之半。

是岁

·**全藏之黄教寺庙**　达赖喇嘛报理藩院：全藏黄教寺庙共三千四百七十七所、喇嘛三十一万六千二百三十人，其中属于达赖之寺庙为三千一百五十所、喇嘛三十万零二千五百六十人，属于班禅之寺庙为三百二十七所、喇嘛一万三千六百七十人；寺庙所属农户共十二万八千一百九十户，其中属于达赖之农户为十二万一千四百三十八户，属于班禅之农户为六千七百五十二户。

·**蓝鼎元死**。蓝鼎元（1680—1733），字玉霖，福建漳浦人，曾任广州府知府。著有《鹿洲全集》，提出"大开海禁，听民贸易""以海外之有余，补内地之不足"等主张。

·**李塨死**　李塨（1659—1733），字刚主，号恕谷，直隶蠡县（今河北蠡县）人。少从学于颜元，阐发颜氏学说，世称"颜李之学"。注重实际知识，主张"理在事中"，指出理学家空谈"致虚守寂"之害。著有《恕谷文集》。后人编有《颜李遗书》。

1734 年　甲寅　清雍正十二年

正月

·廿四日，定边大将军福彭请自送马厂滋生马五百匹往军前，允之。

二月

·十九日，遣使册封黎维祐为安南国王。

·廿八日，以额驸策凌之子成衮扎布署理喀尔喀副将军印务。

三月

·初一日，工部尚书范时绎以溺职革退。

·**直省窃盗处分例**　初三日，定嗣后三人以下手持兵器行窃者，虽不得财即杖六十、徒一年，得财一两以下递加一等，至满贯论绞，其中不持兵器者仍照本律科断；四人以上虽不得财亦无器械，为首者徒一年、为从者各杖一百，得财一两以下以次递加，为首者发边卫充军、为从者流三千里；伙众至六人以上，不论曾否得财，首从并徒三年，计赃重于徒三年者，为首者流三千里、为从者各减一等，赃至满贯为首者绞、为从者发边卫充军；至十人以上，不分首从，并发边远充军，赃满贯者仍绞。

·二十日，河南学政俞鸿图受贿营私，著即处斩。

四月

·**改容美土司为流官**　容美（今湖北鹤峰）土司田旻如滥给札付，私征钱粮，僭越制度，掳掠近邻。初二日，命改土归流。后改容美土司地为州，名鹤峰；其所属五峰司地设县，名长乐（今湖北五峰）。

·**改宗室犯枷责罪者准折赎例**　向来定例宗室犯枷责罪者俱准折赎，觉罗犯枷责罪者按照平人例完结。十二日，命嗣后宗室、觉罗若犯枷责之罪，即酌其犯罪之轻重，在宗人府或拘禁或锁禁。

·廿五日，以象牙席华丽工巧、倍费人工，禁广东督、抚等进献。

六月

·**忠峒等土司改设流官**　湖广总督迈柱奏言："忠峒（今湖北宣恩县东南六十五里处）宣抚司田光祖等十五土司，齐集省城，呈恳归流。因见永顺、保靖、桑植诸处改土以来，土民安辑。今土众等既不甘土弁之鱼肉，而土弁又不能仍前弹压，是以激切呈请归流。"（《清史纪事本末》第四卷）初三日，准其改流。

·十三日，从河东河道总督朱藻奏请，准于河南考城（今兰考东北）刘家店地方开挖引河一道。

七月

·**命允礼经理达赖喇嘛回藏**　先是恐阿尔布巴等引准噶尔兵犯扰拉萨，达赖喇嘛遂移住四川泰宁（今四川康定）惠远庙。二十日，以达赖喇嘛随来弟子等怀归乡土，颇罗鼐已严固防守隘口，班禅额尔德尼又年迈有疾，命果亲王允礼往泰宁料理达赖喇嘛回藏事宜。

·**撤科布多兵至察罕叟尔**　先是五月二十日，以西、北两路将军大臣所议今年进兵事宜谋划互异，命北路副将军额驸策凌、西路署大将军查郎阿俱驰驿回京，公同详议。至是军机大臣、王公大臣会同策凌、查郎阿等会议西北军务。康亲王巴尔图、额驸策凌、署大将军查郎阿等俱力主乘势进讨；大学士张廷玉等议遣使谕抚。二十六日，命从后议，将进驻科布多之北路大军撤回察罕叟尔。

八月

·初三日，遣侍郎傅鼐、学士阿克敦、副都统罗密等往准噶尔，谕噶尔丹策零罢兵之事。

九月

·**禁生童邀约罢考**　十六日，命嗣后如果各省地方官有不公不法、凌辱士子等情，许令生童等赴该上司衙门控告，秉公剖断。倘不行控告而邀约罢考，即将罢考之人停其考试；若全邑全学俱罢考，即全停考试。

·廿三日，命云南、广西开炉铸钱。

十月

· 初十日，赈直隶固安（今河北固安）等十七州县水灾饥民。

· 廿四日，四川夔关税务交地方官员管理。

十一月

· **允禔死于禁所**　先是，康熙四十七年（1708）九月皇太子允礽废后，康熙帝长子允禔，用喇嘛巴汉格隆魔术魇废太子。事发，康熙帝大怒，命夺允禔爵，幽其于第。本月初一日，允禔死于幽禁。

· 十五日，以八旗另户壮丁有潜往关东居住者，命嗣后不呈明该旗私往别处者，一经发觉，照逃人例治罪。

是岁

· 画家高其佩死。高其佩（1660—1734），以指头作画著称，有《指头画说》。

· 蔡世远（1681—1734）死，著《历代名臣言行录》等。

1735 年　乙卯　清雍正十三年

二月

· 初四日，办理口外屯田事务左都御史孔毓璞，以侵帑营私革职。

三月

· **噶尔丹策零请定游牧地界**　侍郎傅鼐等奏称，噶尔丹策零请将哲尔格西拉胡鲁苏地方为喀尔喀游牧地界。命将傅鼐等奏折并地图密寄额驸策凌，令其细阅，噶尔丹策零所请应否准行？如不准行，另有何处可定边界？速行具奏。策凌于二十九日回奏称，查从前喀尔喀游牧尚未至哲尔格西拉胡鲁苏地方。应即照伊所请行；但我卡伦原在哲尔格西拉胡鲁苏界外安设，应以额尔齐斯或以阿尔泰岭为界；断勿令其过阿尔泰岭，方为上策。奏入，初六日，报闻。

· 初五日，《清圣祖仁皇帝御制文集》书成。

·再禁广东开矿　十七日，谕内阁："广东开采一事，十数年来，内外臣工奏请者甚多，朕悉未准行。上午总督鄂弥达、巡抚杨永斌奏称：'开采以资鼓铸，于粤民生计大有裨益。'言之再三。朕发九卿确议，旋经议覆准行。后复有数人条陈，极言其不应行。今朕再四思维，广东近年以来，年谷顺成，米价平减，盗贼渐少，地方宁谧，与从前风景迥异。今若举行开采之事，聚集多人，其中良顽不一，难以稽查管束，恐为间阎之扰累。况本地有司，现在劝民开垦，彼谋生务本之良民，正可用力于南亩，何必为此侥幸贪得之计，以长喧嚣争竞之风？此时正在讨议之初，停止甚易。著该部即行文该省督、抚，令其遵谕停止。"（《清世宗实录·一五四》）

闰四月

·初九日，再申停止旌表烈妇之例。

·敕定准噶尔游牧域界　准噶尔汗噶尔丹策零遣垂纳木喀等进贡赍表。二十八日，谕定准噶尔游牧边界：自克木齐克、汗腾格里、上阿尔泰山梁，由索尔毕岭、下哈布塔克、拜塔克之中，过乌兰乌苏，直抵噶斯口为界。使之赍回。

五月

·贵州苗疆事起　初，贵州苗疆辟地二三千里，几当全省之半。总督鄂尔泰以兵招抚，苗民时有不服；后驻防兵大半移戍西北，营汛兵力空虚。镇远台拱（今贵州台江）之九股苗数百寨纷起，攻围大营，并扼关隘，阻饷道，营中薪、水俱断，至食草根死守。后援至，围始解。是年春，苗疆复以官弁贪暴、征粮苛索，远近各寨遍传木刻，连陷台拱（今贵州台江）、黄平、清平（今贵州凯里西北）、施秉等，旁及镇远、思州（今贵州岑巩），黔东大震。初六日，命果亲王允礼、宝亲王弘历、和亲王弘昼与大学士鄂尔泰、张廷玉以及尚书庆复、魏廷珍、宪德、张照、徐本等俱办理苗疆事务。并命提督哈元生为扬威将军，统领四省三万余官兵击之。

六月

·初二日，浙江海塘因风潮冲毁多处，命朱轼等前往督理工程。

·廿四日，吕宋以麦子歉收，载谷、银、海参至闽，特旨许其易麦。

七月

·十八日，大学士鄂尔泰以贵州苗疆事筹虑未周，深切惭惧，自请罢大学士职，并削伯爵。命著解大学士之任，削去伯爵，专心养病。

八月

·**雍正帝死于圆明园**　先是二十一日，雍正帝不豫；二十二日，大渐；二十三日，死。遗命皇四子宝亲王弘历嗣位，庄亲王允禄、果亲王允礼、大学士鄂尔泰和张廷玉四人辅政。雍正帝在位十三年，春秋五十八，后谥宪皇帝，庙号世宗，乾隆二年（1737）三月初二日葬于易州泰陵（清西陵）。遗诏张廷玉、鄂尔泰将来配享太庙。

·廿四日，以张广泗总理苗疆事务，召张照回京。

·**驱道士张太虚等回籍**　先是道士张太虚、王定乾等以炉火修炼之说供奉西苑数年。二十五日，令将其驱出内廷，各回本籍。并谕："若伊等因内廷行走数年，捏称大行皇帝御前一言一字，以及在外招摇煽惑，断无不败露之理。一经访闻，定严行拿究，立即正法。"（《清高宗实录·一》）又谕内监等：国家政事毋许妄行传说，外言亦无得传入内廷，违者正法。

九月

·**弘历即皇帝位**　初三日，弘历御太和殿，祇告天地、宗庙、社稷，布告天下，以明年为乾隆元年。

·初六日，铸乾隆钱。

·廿三日，免雍正十二年（1734）以前各省民欠等。

·先是诏禁擅造寺观神祠。二十九日，令清查丛林古刹斋田，编入册籍。

十月

·初七日，免江南等省漕项芦课及学租杂税等银。

·十二日，释圈禁宗室。

·十四日，命江苏开炉铸钱。

·**禁革乡村市集落地税**　时各省乡镇村落市集有落地税，凡耰锄、箕帚、薪炭、鱼虾、蔬果之属，必查明上税，方许交易。十六日，命将其全行禁革，不许贪官污吏假借名色巧取一文。

·**命收回《大义觉迷录》**　先是初八日，命将曾静、张熙锁拿解京。十九日，谕停止讲解《大义觉迷录》，并敕各督、抚将颁发之原书汇送礼部。后于十二月十九日，磔曾静、张熙于市。

·廿八日，傅尔丹、岳钟琪、石云倬、马兰泰以失误军机罪，著斩监候。

十一月

·十七日，以庆复为定边大将军，赴北路军营。

·十八日，严禁销毁制钱。

·**命王士俊解任来京**　二十一日，历谕河南地方，自田文镜为巡抚、总督以来，苛刻搜求，以严厉相尚，而属员又复承其旨意，剥削成风，豫民重受其困。即如前年匿灾不报，百姓至于流离。及王士俊接任河东，不能加意惠养，且扰乱纷更，以为干济。借垦地之虚名，而成累民之实害。王士俊著解任，来京候旨。河南仍照旧例，只设巡抚，著工部侍郎富德补授。

·廿八日，赏已革宗室阿其那（允禩）、塞思黑（允禟）子孙红带，收入《玉牒》。

十二月

·初一日，命纂《八旗氏族通谱》。

·**禁革契纸契根之法**　先是民间买卖田房，例应买主输税交官，官用印信钤盖契纸，以杜捏造文券之弊。后经田文镜创为契纸契根之法，预用布政使印信，发给州县。行之既久，书吏夤（yín）缘为奸，需索之费，数十倍于从前，甚为闾阎之累。初五日，命嗣后民间买卖田房，仍照旧例，自行立契，按则纳税，地方官不得额外多取丝毫，将契纸契根之法永行禁止。

·十九日，谕审案不许株连妇女。

·**纂修《明史》成书**　《明史》是记载明代二百七十七年史事之纪传体史书，

包括本纪二十四卷、志七十五卷、表十三卷、列传二百二十卷，共三百三十二卷。顺治二年（1645）设明史馆，修纂未就而罢。康熙十八年（1679）再开明史馆，以徐元文等充监修，万斯同以布衣参加编撰，用力最多。康熙五十三年（1714），王鸿绪在万斯同稿本基础上修订列传，此后纪、志、表相继脱稿。雍正元年（1723）以张廷玉等为总裁，又据王鸿绪稿本增删润饰。二十七日，奏报定稿。后于乾隆四年（1739）修订刊行。

是岁

·耶稣会士杜赫德所编《中华帝国全志》在巴黎出版，书中介绍中国历史、地理、社会、民俗等情况。

乾隆（1736—1795）

1736 年　丙辰　清高宗纯皇帝弘历乾隆元年

正月

·准噶尔遣使入觐　十七日，噶尔丹策零贡使吹纳木喀入觐，并献方物。寻命撤西北驻防兵，酌留鄂尔坤与乌里雅苏台驻防兵丁。召大将军庆复回京，并派参赞大臣二员，协同额驸策凌办理事务。

·二十日，谕查禁私盐，不得辗转株连；于肩挑背负四十斤以下易米度日者，不许禁捕。

·廿一日，复停捐纳事例。

·廿九日，赈台湾诸罗（今嘉义）县上年十二月十七日地震灾民。

二月

·命杨名时在尚书房课读　十六日，加原任吏部尚书管云南巡抚事务杨名时礼部尚书衔兼国子监祭酒事，入宫教皇子读书，并侍值南书房。九月病死。名时素治理学，著有《周易札记》《四书札记》《杨文定文集》等。

·廿一日，山东文登县知县王维干残忍刻薄、肆无忌惮、创设非刑、草菅人命，著革职，严鞫审。

三月

·初六日，释汪景祺、查嗣庭兄弟族属回籍。

·初七日，以云南盐每百斤有卖至四两以上者，致僻壤穷民有终年茹淡之事。命将盐价酌议平减之。

·十三日，颁《十三经》《廿一史》于各省会府学、书院及府、州、县学。

·十六日，兵部尚书傅鼐奏称，今科会试各省年老举人，八十岁以上刘起振等三人，七十五岁以上冯应龙等五人，七十岁以上李琬等三十五人。

·廿一日，命广东埠租一项一体免征。并免海丰、惠来、潮阳、归善四县加增之渔税。

四月

·**清厘僧道**　初六日，令将各僧尼、道士之年貌籍贯、焚修处所清查造册，取具印结，汇送到部，发给度牒。

·十七日，裁直隶副总河，以直隶总督兼管河务。

五月

·以山东益都县前明废藩"更名地"仍纳旧额；各"钦租地"粮多赋重，十二日，命裁革之。

·廿七日，免除甘肃民户摊入屯户丁银及康熙五十七年（1718）伏羌等县卫地震，伤亡七千六百八十丁的缺额丁银。

六月

·初六日，禁直省各州县乡村私造鸟枪。

·**定江南水利岁修章程**　初八日，命江南督、抚及河道总督，传令管理水利河务各官等，视河流浅阻，每岁农隙，募夫挑挖，逐年疏葺，定为章程。

·初十日，授张广泗为贵州总督兼管巡抚事务，尹继善为云南总督专办云南事务，以事权归一，专其责成。

·十一日，从大学士兼管工部尚书迈柱之请，命直省工程俱用部颁现行营造官尺式。

·十四日，定直隶天津、大名、清河、永定、通永五道所属河道堤埝民修工程，于每年霜降后，发价兴修。

·**禁百工当官贴费**　先是江浙一带百工匠役，奉官役使，名为当官，又以钱代差，名为贴费。二十二日，命严禁当官各色，不许扰累手艺工匠。

·廿五日，原甘肃巡抚许容以隐匿灾荒等罪，革职解京。

·**京师外城街巷设栅栏**　以京师为辇毂之地，五方之人云集辐辏。二十八日，命于外城街巷各树栅栏，以司启闭，并由步军统领等分派兵役看守。

七月

·**密立皇太子** 初二日，乾隆帝于乾清宫西暖阁，召总理事务王、大臣、九卿等，宣谕密书建储谕旨，收藏于乾清宫"正大光明"匾额之后。

·初七日，免贵州全省本年额赋。

·十九日，追谥明建文皇帝为恭闵惠皇帝。

·**四川巡抚王士俊论斩** 先是，雍正帝以康熙后期法网渐弛，加意振饬纲纪，但政令骏厉，中外骚然。乾隆帝即位后，欲拯其弊，时王士俊密折言："近日条陈，惟在翻驳前案。"甚至对众扬言："只须将世宗时事翻案，即系好条陈。"（《清高宗实录·二十三》）乾隆帝阅奏震怒，二十九日，命将王士俊斩监候，后释。

九月

·廿八日，御试博学鸿词一百七十六人于保和殿，寻授刘纶等十五人官有差。

十月

·**裁广东洋船"缴送税"** 先是洋船到广输税之法，于黄埔地方起出所带炮位，然后每船按梁头征银二千两左右，再照则抽其货物之税。但近来听洋人安放炮位于船中，而另抽"缴送税"。初四日，命仍循旧有起炮之例，并裁减"缴送税"。

·初五日，命广东广州、肇庆二府属沿江建筑石堤。

·初七日，命建绥远城（今内蒙古呼和浩特）于归化城东北五里许。

十二月

·廿五日，开浚淮扬毛城铺引河。

1737年 丁巳 清乾隆二年

正月

·**减台湾"番饷"银** 先是上年八月以台湾丁银多至五钱，较内地多一倍有余，命减至每丁二钱。初五日，又以台湾九十六社于丁银之外，每丁加征"番饷"银多至二两，命裁减之。

二月

·御史薛韫条陈中有"限田"一款，初六日，廷议称"限田之说，种种扰乱，为害甚多，断不可行"（《清高宗实录·三十六》），韫因受斥责。

·先是安南国王黎维祜死，嗣子黎维棉遣使告哀，附贡方物。二十日，命派翰林院侍读嵩寿，修撰陈谈册封黎维祎为安南国王。

三月

·初十日，革广西桂林、临江二厂杂税共二十三条。

·御史谢济世进言称，王世俊既已赦回，"议者以为将来不藩司、必臬司"（《清高宗实录·三十九》）等语。二十四日，严行申斥之。

四月

·十一日，疏浚清口及江南运河。

·十八日，以京师及畿辅干旱，免本年直隶应征地丁钱粮七十万两、山东一百万两。

·十九日，命将云南上年所有分作三年带征之秋粮，全行豁免。

·廿五日，革除福建澎湖渔艇每年缴纳"规礼银"之陋规。

·**裁革广东等杂税**　广东杂税繁多。如广州之通桥税、揭阳之牛骨税，肇庆等府州加征杂税至三百八十二项；云南杂税亦多。二十九日，命悉加裁除。

·同日，海宁石塘奏报工竣。浙江海宁石塘五百丈，密签长桩，平铺巨石，灌以米汁、灰浆，扣以铁钉、铁锔。

五月

·十一日，准本年新进士条奏地方利弊。

·**孙嘉淦奏禁烧锅不可行**　先是本月初九日，命行严禁烧锅。十九日，刑部尚书孙嘉淦奏："烧锅之禁，无益于盖藏，而有损于生计。"帝因谕言："朕之所以命禁烧锅者，原为民食起见。今观孙嘉淦所奏，是严禁亦有必不可行者。王大臣不可曲从朕旨，亦不可回护孙嘉淦，其和衷定议以闻。若果严禁烧锅，不但于民食无益，而且有害，朕旨可收回，何难改正耶！"（《清高宗实录·四十三》）后以居民服食器用不能划一，令各省督、抚因时因地制宜，以观成效。

六月

·免江南未完民欠。十二日，命免江南康熙五十二年至雍正十二年（1713—1734）未完民欠银三十万六千余两、粮九万四千余石。

·十二日，命江西开炉铸钱。

·**直隶试行区田法**　先是原任营田观察使陈时夏进有《区田书》。二十四日，命直隶选出区田。区田四面，凿井灌溉，以防干旱。

·是月，从署陕西巡抚崔纪奏，准陕西西安府、同州府等处凿井开渠，灌田防旱，并免其以水田升科。

七月

·**永定河决**　先是连日大雨如注。初二日，永定河卢沟桥及长辛店、良乡一带河溢，田地被淹，房屋倒塌。寻派官往宛平、文安、霸州等八十一州县卫赈灾，并差官查勘永定河冲决各工。

·三十日，命各省蠲免之额赋，已输纳者，准抵作次年正赋，著为令。

八月

·先是以永定河决，命大学士鄂尔泰往勘形势。二十日，命罢刘勷（xiāng）任，以协办吏部尚书事务，顾琮署直隶河道总督。

·廿六日，准筑浙江鱼鳞大石海塘约六千丈，支银一百余万两。

闰九月

·清河堤岸周回于顺天、保定、河间三府，名曰"千里长堤"。十四日，命动工培筑之。

·二十日，除江西袁、饶二府杂税，免南昌等三十二县茶税。

·廿四日，以云南军丁银未曾摊入地亩，其册载老丁或已无寸土，或绝嗣而波及同伍，命概予豁免。

十月

·十二日，休致安西镇总兵官张嘉翰，坐剥削军需罪，著斩监候。

·廿六日，命清理马政。

十一月

·**命仍设军机处**　先是雍正十三年（1735）八月二十二日，雍正帝病重，命庄亲王允禄、果亲王允礼、大学士鄂尔泰和张廷玉辅政，并任总理事务大臣。至本月二十七日，准庄亲王允禄等解总理事务之请。二十八日，命仍设军机处，以大学士鄂尔泰、张廷玉，尚书讷亲、海望，侍郎纳延泰、班第为军机大臣。

是岁

·理藩院统计，前藏寺院三千一百五十处，喇嘛三十万零二千五百人；后藏寺院三百二十七处，喇嘛一万三千七百人。其中拉萨哲蚌等三大寺各有喇嘛五千人上下。

1738年　戊午　清乾隆三年

正月

·**准噶尔使臣奉表至京**　先是，吹纳木喀赍回敕书，内有"尔诚遵皇考前旨定界，则遣使"（《清高宗实录·六十一》）之语。至是噶尔丹策零遣使臣达什等奉表至京，并贡貂皮。二十四日，命侍郎阿克敦等偕往准噶尔议定牧界。

·是月，严禁安西边外钩鱼沟地方开金矿。

二月

·十六日，公产旗地准民人置买。

·廿五日，挑浚江南淮扬运河告竣。

·三十日，工部尚书赵宏恩以纳贿解任，后被发往台站效力。

三月

·以陕西巡抚崔纪在办理凿井灌田事宜时，只务多井之虚名，未收灌溉之实效；迫令掘井砌井，使农民废时失业。初三日，命将崔纪调补湖北巡抚。

四月

·初二日，停止各省督、抚向来进贡方物之例。

五月

·十五日，定直省水旱灾五分即准报灾，并蠲免钱粮十分之一例。

六月

·**定八旗家奴开户例**　十五日，许八旗家奴，放出为民；但须查明注册，仍存主仆名分，只准耕作营生，不允许求谋仕宦。

·十七日，准江苏商民出洋买铜售卖。

七月

·十四日，复设稽查内务府御史。

八月

·**修南北栈道**　初七日，命四川和陕西巡抚委员确勘南栈和北栈，动用存公银两，两省分任修理。竣工之后，交与地方，不时稽查，坏即修整，俾永远坚固，以便行人。

九月

·十四日，大学士嵇曾筠在浙经理海塘年久，海塘工程即竣，著入阁办事，兼理永定河务。

十月

·十二日，皇次子永琏死。永琏被密建储贰，由是将密藏匾后之旨取出。

·廿一日，免征福建台湾（今台湾台南）、凤山（今台湾高雄）等厅县额征社饷银等。

十一月

·**定原品休致大臣食俸例**　初一日，命大学士、尚书以原品休致者，著给全俸，永定为例；凡遇京察自陈，部议致仕人员，不必给食全俸，一、二品武职大臣致仕者，给食全俸或半俸，具奏请旨而后定。

· 廿四日，银川、平罗一带发生八级强烈地震，新渠、宝丰县之县治沉没，压死五万余人。

· 三十日，设立算学。

十二月

· 初三日，定云南烟瘴地区官员，三年俸满称职，保题升用例。

· 十六日，《八旗通志》书成。初集共二百五十卷，分为旗分、土田、营建、兵制、职官、学校、典礼、艺文八志，封爵、世职、八旗大臣、宗人府、内阁大臣、部院大臣、选举、列传八表。后于嘉庆初续修二集，收乾隆一朝事迹。

· 二十日，发帑银一百万两修浚江南水利。

· **方苞请弛烟酒之禁**　直隶总督孙嘉淦奏请禁止烧锅，侍郎方苞谓：欲将南北各省，无论丰歉，俱禁止种烟、烧锅，即宣化之苦高粱，山陕之枣、柿、葡萄等物，也不许酿酒；且种烟之地，悉令改种蔬粟。臣阅邸抄，中心骇惧。是为夺民之资财而狼藉之，毁民之肌肤而敲扑之，取民之生计而禁锢之。是月，事上。帝曰：“朕自有酌量也。”（《清高宗实录·八十三》）

1739 年　己未　清乾隆四年

正月

· 廿六日，嵇曾筠死报闻。曾筠久任河道总督，经理海塘工程，视国事如家事，懋著勤劳。有《防河奏议》《师善堂诗集》，主修《浙江通志》等。

二月

· 廿三日，噶尔丹策零请以阿尔泰为牧界，许之。

三月

· 廿二日，以直隶、江苏、安徽三省灾，免额赋银二百五十万两。

五月

·**禁民越省进香** 时直隶、山东、山西、陕西、河南等地，百姓进香，不远千里，聚集省会，男女相杂，"成行结队，填塞街衢，树帜扬幡，鸣金击鼓，黄冠缁衣，前后导引"（《清高宗实录·九十二》）。十五日，著各省督、抚晓谕化导，徐徐申禁。

·廿六日，历相三朝大学士马齐死，报闻。

六月

·初六日，安徽兴修水利。除动用帑金和寓赈于工外，行令在外省做官、经商者，准赴灾属报捐，以助工银。

·初七日，添派查旗御史。每旗各设一员，如八旗挑选官兵等事，须造册知会该御史，以便逐案稽查。

·廿二日，以滥增牙行，把持集场，抽分利息，恣意苛索，命严行查核，禁蒙混添加。

七月

·**策凌奏分地戍守** 初四日，定边左副将军额附策凌奏，率兵驻鄂尔海西拉乌苏，分兵驻鄂尔坤河、齐齐尔里克、额尔德尼召、塔密尔和乌里雅苏台附近，以防范噶尔丹策零。

八月

·御史张湄奏称："皇上开言路于上，而诸大臣塞言路于下。凡奉旨交议事件，并不平心和气，斟酌可否，总以'无庸议'三字驳到（倒）为快。甚且极口丑诋，胜于怒骂，意欲箝（钳）小臣之口。"（《清高宗实录·九十八》）奏上，初二日，谕责之。

·十六日，以江南金坛贡生蒋振生（蘅）进手书《十三经》，赐蒋振生国子监学正。后将其楷书经文刻石一百八十九块，连同谕旨、告成碑文共一百九十块，立于国子监。

十月

·**庄亲王允禄等斥革有差** 宗人府议奏庄亲王允禄与弘晳、弘升、弘昌、弘皎等结党营私，往来诡秘，请将其俱革去爵位，永远圈禁。十六日，命允禄免革亲王，其议政大臣、理藩院尚书俱著革退；弘晳著革去亲王，住郑家庄，不许出城；弘升著永远圈禁，弘昌、弘皎分别革去贝勒、贝子，其余降革有差。

十二月

·**许准噶尔通市贸易**　先是本月十日，噶尔丹策零遣使哈柳等表奏，准以阿尔泰为厄鲁特游牧地，杭爱为喀尔喀游牧地，并准其派三百人赴藏熬茶。二十日，又许准噶尔通市贸易。寻定每四年贸易一次，人数不得过二白。

是岁

·自乾隆元年（1736）至本年，各省共发度牒三十四万零一百一十二张。

·《国朝画征录》成书。张庚著，载清初至乾隆初画家四百六十余人，叙其经历、特长、流派、师承以及画论等。

1740 年　庚申　清乾隆五年

二月

·**许召商采煤**　大学士赵国麟奏："凡产煤之处，无关城池龙脉及古昔帝王圣贤陵墓。并无碍堤岸通衢处所，悉听民间自行开采，以供炊爨（cuàn），照例完税。"（《清高宗实录·一一〇》）奏上，命详议具奏。初六日，谕准直隶、山东、山西、湖南、甘肃、广东等省俱听民采煤。

·廿六日，设唐古特助教。

四月

·十五日，鄂弥达以在两广总督任内纵庇家人霸占民利，著革职。

·十九日，四川道御史褚泰坐受贿银五百两，命绞监候。

五月

·十二日，定蒙古王、贝勒、贝子、公、台吉等源流档册家谱，每五年缮写进呈一次。

七月

·先是江苏布政使徐士林入京，乾隆帝召对，问曰："何以用人？"奏曰："工献纳者，虽敏非才；昧是非者，虽廉实蠹。"（《清史稿·列传九十五》）初五日，授徐士林为江苏巡抚。

·初六日，禁止私售旗地。

·**开凿通川河道**　二十九日，从云南总督庆复等奏，开凿通川河道，自东川府（府治今云南会泽），由小江口，入金沙江，溯流至新开滩，直通四川泸州，全长千数百里，工费需数十万金。

九月

·**永定河复归故道**　直隶总督孙嘉淦奏，会同总河顾琮，督工浚河筑堤，使河流入金门闸引河，并自杨柳青至李各庄展挖河道三千六百余丈。十六日，开河放水，复归故道。

·十八日，河决宿迁。

十一月

·**重修《大清律例》成**　《大清律例》分《名律例》《吏律》《户律》《礼律》《兵律》《刑律》《工律》七篇，律、例并行，律文四百三十六条，附例一千四百零九条。十六日，御制序文。

·廿七日，《大清一统志》成书。

十二月

·初四日，定京官交结富户希图肥润者革职例。

·**楚粤苗瑶事平**　先是正月，湖南绥宁等处苗民起事。命巡抚冯光裕调兵平定，嗣命张广泗为钦差大臣，与光裕会商军务。旋广东苗、瑶与湖南起事苗民呼应，粤西义宁苗民也随之举事。张广泗等调兵遣将，搜箐攻堡，分路进围，时近一年，楚、粤苗疆悉平。初六日，奏闻。

是岁

· 王维德撰中医外科专著《外科全生集》成书。

· **图理琛死**　图理琛（1667—1740），满洲正黄旗人，监生出身，历官陕西巡抚、吏部侍郎、内阁学士等。曾于康熙五十一年（1712），以内阁侍读奉命赴土尔扈特。先是厄鲁特蒙古土尔扈特部西徙驻牧于俄国伏尔加河一带。图理琛经喀尔喀、历西伯利亚前往，历时三年余，回京后，将沿途所见道里、山川、民俗等撰成《异域录》。又曾于雍正五年（1727）从策凌为副使，与俄订《布连斯奇条约》《恰克图条约》。

1741年　辛酉　清乾隆六年

正月

· **京官三年京察一次**　廿五日，谕在京官员，三年京察一次，"举一人，使众皆知劝；退一人，使众皆知儆"（《清高宗实录·一三五》）。由以澄清吏治，整饬官方。

二月

· **赵青藜请停捐监**　先是停止各项捐纳，唯留捐监一条。御史赵青藜奏请停止捐监，廷议不允行。时"原议各省捐贮谷数，共应三千余万石；今报部者，仅二百五十余万石"（《清高宗实录·一三六》）。初八日，命在京在外，悉听士民捐监。

三月

· **赐鄂善自尽**　御史仲永檀奏参兵部尚书兼九门提督鄂善受贿。初欲治永檀诬陷大臣之罪，寻命王大臣七人查审得实；复乾隆帝亲讯之，鞫实鄂善得贿银一千两。二十五日，乾隆帝垂泪颁谕，令鄂善自裁。旋擢仲永檀为佥都御史。

五月

· 初一日，礼部侍郎吴家骐以告假回籍收受盘费银，著革职。

·十五日，免台湾自雍正十三年（1735）至乾隆三年（1738）未完地丁钱粮和饷税银。

·**度支经费入不敷出** 二十日，户部侍郎梁诗正奏："度支经费莫大于兵饷，伏见每岁春秋二拨解部银，多则七八百万，少则四五百万。而京中各项支销，合计须一千一二百万，入不敷出。盖因八旗兵饷浩繁，所出既多，各省绿旗兵饷日增，所入愈少。请及时变通，八旗闲散人丁宜分寘（置）边屯，以广生计；绿旗兵丁（按：雍正时为六十九万六千二百余名）宜量停募补，以减冗额。"（《清高宗实录·一四三》）

六月

·**命除各省秋审陋习** 各省秋审定拟，督、抚会同司道等官，张筵设席，鼓吹喧闹，有征歌浮白之欢，无恻怛哀矜之意。二十九日，著革除如此陋习。

七月

·初二日，山西学政喀尔钦以贿卖生童等罪，命处斩。

·初五日，申斥郝玉麟在闽督任内违例建立生祠书院，肖像置牌，妄行崇奉之举。

·廿六日，乾隆帝初举木兰秋狝，自圆明园启銮，后至避暑山庄。此后每年皆如之。

九月

·初八日，命云南东川府开炉铸钱。

·十七日，命陕西开炉铸钱。

十一月

·初七日，命湖北开炉铸钱。

·**徐元梦死** 徐元梦（1655—1741），满洲正白旗人，康熙十二年（1673）进士，后迁侍讲，大学士明珠欲罗致之。元梦以明珠方擅政，不至其门。历事康熙、雍正、乾隆三朝上书房，授诸皇子书。曾以不能挽强弓，受康熙帝责，元梦奏辩，被鞭扑，籍其家，戍父母。后察其忠诚，仍侍直。元梦通满、蒙、汉文，康熙帝尝谓："徐元梦翻译，现今无能过之。"（《清史稿·列传七十六》）充《明史》总裁，与辑《八旗满洲氏族通谱》。官至户部尚书，署大学士。十八日，予祭葬。

十二月

·十一日，《清世宗宪皇帝实录》告成。

·十五日，《蒙古律例》成。

是岁

·**会计直省民数谷数**　各省通共大小男妇一亿四十三白四十一万一千五百五十九名，各省通共存仓米谷三十一白七十二万余石。

·经学家惠士奇死，撰有《易说》等。

1742 年　壬戌　清乾隆七年

二月

·十四日，以拔贡六年一举，为期太近，人愈多而缺愈少，定拔贡十二年举行一次。

四月

·初二日，定永免直省关口米豆征税例。

·**准广西开炉铸钱**　署两广总督庆复奏："粤西向未开炉鼓铸，惟恃滇省解运。今西省厂铜，照配试铸，与滇钱无异。如开厂添配，搭放兵饷各项，实于民用有济。请将粤西矿铜，留充鼓铸，俟流通后，再停解滇钱，以省运费。"（《清高宗实录·一六四》）初十日，从之。

五月

·**移满洲民往边外屯垦**　初七日，命发满洲有妻室之单户一千名，往拉林、阿勒楚喀垦植。每户建房三间，给地三顷，与牛具、籽种。按旗分为八区，设置庄屯，派官管辖。

六月

· **修宁夏水利** 宁夏唐、汉、清三渠及各大小支渠，前因该处地震摇塌，各渠多有裂隙。初八日，从甘肃巡抚黄廷柱疏请，准动项兴修。

· 廿四日，免甘肃康熙三十年至雍正六年（1691—1728）因军需累欠之逋赋。

七月

· 十四日，免福建闽海关麦税。

· 廿七日，禁江南贩米出洋。

· **河决盐城** 先是入春以来，北方亢旱；入夏之后，江南淫雨。江南、安徽、湖南、湖北、江西、山东、河南等省水灾频报。是月，江苏盐城河决，毁民居数万间，淹死人畜无算。后拨银共约四百万两，米谷三百余万石，赈江苏、安徽等省水灾。

八月

· 十一日，准在广东琼州府（今海南岛）崖州等七州县设黎人学十三所，能通文应试者，依额一体乡试。

十一月

· **禁兵丁会盟结党** 先是六月漳浦知县朱以诚，捕获兵民聚结小刀会、子龙会数人，会徒赖石持刀将以诚刺喉毙命。初五日，谕禁兵丁与民会盟结党。

1743 年　癸亥　清乾隆八年

二月

· **杭世骏以对策忤旨革职** 考选御史，试以时务策，杭世骏策称："意见不可先设，畛（zhěn）域不可太分，满洲才贤虽多，较之汉人仅什（十）之三四。天下巡抚，尚满、汉参半；总督则汉人无一焉，何内满而外汉也？三江两浙，天下人才渊薮；边隅之士，间出者无几。今则果于用边省之人，不计其才，不计其操履，不计其资俸，而十年不调者，皆江浙之人，岂非有意见、畛域？"（《清高宗实录·一八四》）初九日，乾隆帝降旨诘问。寻世骏被革职。

·廿六日，停江南牛税一年。

三月

·初十日，减福建莆田等各场渔课。

·廿八日，令沿江驻防大臣每两年出巡江海一次。

四月

·**纂修《医宗金鉴》告成**　《医宗金鉴》为吴谦等编著，九十卷，论述内、外、妇、儿、针灸、正骨等各科疾病的诊断、辨证、治法、方剂等，简明扼要，切合实用。十三日，修成报闻。

六月

·**禁止种烟**　初二日，准大学士等奏请，以种烟耗农功、妨地利，除城堡间隙之地和近城畸零菜圃地外，其野外土田阡陌相连之处，概不许种烟。

·初二日，定藩、县任满三年入觐例。

·廿六日，密准流民到口外就食。

七月

·十九日，乾隆帝自热河起行往盛京（今辽宁沈阳），至十月还京师。

九月

·**顾琮请限田**　上年盛安主均田之说，至是前漕运总督顾琮请行限田之法，每户以三十顷为限。十七日，谕此法断不能行，不允其请。

·是月，浙江海宁鱼鳞塘工竣。海塘自雍正十一年至乾隆八年（1733—1743），各案工程共用银二百三十余万两。

十月

·**定大臣乞休举贤自代例**　二十日，谕："昔萧何相汉，终举曹参；羊祜佐晋，亦进杜预。荐贤自代，青史称焉。是以宋有诏观察荐忠勇自代之条，金有敕宰相奏贤良自代之谕……其以明岁为始，凡大臣自陈乞罢者，令各举德行材（才）能堪以自代之人，随疏奏闻。"（《清高宗实录·二〇三》）

十一月

·初八日，命将山东省养椿蚕、柞蚕之法，移咨各省，如法喂养，以收蚕利。

十二月

·廿八日，禁硝磺出口。

1744 年　甲子　清乾隆九年

三月

·初八日，以西藏郡王颇罗鼐之子珠尔默特策布登等，经理噶尔丹策零遣使进藏熬茶防范合宜，优赉之。

五月

·**柴潮生请兴直隶水利**　御史柴潮生以直隶为《禹贡》冀州之域，水利不兴，灾情频仍，奏言："臣窃以为徒费之于赈恤，不若大发帑金，遣大臣将畿辅水利，尽行经理，既可接济赈民，又可潜消旱潦，而且转贫乏之区为富饶，一举两得，转败为功。"（《清高宗实录·二一六》）初八日，命会议具奏。

·**高对请自备工本开矿**　藁城知县高对呈请自备工本，于峄、滕、费及淄、沂、平阴、泰安等山开采银、铜、铅矿。直隶总督高斌奏称："盖开采矿砂，向惟行于滇、粤边省，若山左中原内地，从未举行。而沂镇、泰安，山属岱岳；费、滕、峄县，地近孔林，更属不宜，且开凿之处，官役兵弁，必有不能不扰民之势。若致开掘民间庐墓，更易滋怨。况利之所在，易集奸匪，争斗之衅必生。更可惧者，去冬彗星所指，金称在齐鲁之方，今开矿适当其地，是于事则无利而有害，于地方则甚不宜，于舆情则甚不愿。"初九日，谕称："所奏甚是。"（《清高宗实录·二一六》）

七月

·初八日，命广东开炉铸钱。

八月

·**顺天乡试怀挟作弊**　十六日，谕今年顺天乡试，特遣官严密稽查，头场搜出夹带者二十一人，交白卷者六十八人，不完卷者三百二十九人，文不对题者二百七十六人；二场仍搜出夹带者二十一人，点名时散去者竟至二千八百余人。因令每搜得一人给银三两，竟有搜役私入纸片诬陷取利者。搜查之时，裸体亵慢，难以言状。

十二月

·初一日，命各省钱粮年终汇册报部，再将会计钱粮汇总奏闻。

·初三日，协办大学士刘於义奏勘直隶水利，准拨银五十万两兴修。

·初九日，允准噶尔宰桑哈柳等随带牛、羊等物，在肃州（今甘肃酒泉）进行贸易。

是岁

·《八旗满洲氏族通谱》书成，记载八旗满洲各氏族源流、世系、最初驻地和归附年月等，共八十卷。

·诗人赵执信（1662—1744）死，著有《饴山堂集》。

·玑衡抚辰仪制成，并置观象台上。

1745 年　乙丑　清乾隆十年

正月

·初四日，命改会试于三月，永为例。寻改殿试于四月，著为令。

·张照死。张照（1691—1745），江南华亭（今上海）人，官至刑部尚书。照擅长戏曲，工书法，尝为乾隆帝代笔。乾隆帝以"羲之后一人，舍照谁能若"

誉之。照十九日病死。报闻后，予祭葬。

二月

·初三日，添设广东水师营。

四月

·初一日，拨银五十六万两，挑浚江南河道。

·**鄂尔泰死** 鄂尔泰（1677—1745），满洲镶蓝旗人，举人出身。康熙末与田文镜、李卫鼎为雍亲王心腹。雍正时任云贵总督，在滇实行改土归流，疏请兴云南水利，后任军机大臣。雍正帝死，受遗命与张廷玉等辅政。遂互相竞权势、角门户，时满人多附鄂尔泰，汉人趋向张廷玉。十三日，鄂尔泰遗疏奏闻。著有《鄂尔泰奏折》《平蛮奏疏》，主修《八旗通志初集》《贵州通志》等。

·十八日，从黔督张广泗疏请，开凿贵州毕节县属之赤水河，使滇铜水运直达重庆。

五月

·二十日，户部尚书阿尔赛为家奴所杀，寻其家奴被磔于市。

·同日，停江南河工捐例。

六月

·初九日，命户部侍郎傅恒在军机处行走。

·**普免各省钱粮一次** 二十四日，命照康熙五十一年（1712）例，蠲免天下钱粮，自明年为始，将各省分作三年，全免一周。是次共免额征正赋二千八百二十四万余两。

八月

·十六日，乾隆帝行围至乌里雅苏台，赐蒙古王、额驸、台吉等宴。九月还京师。

九月

·**禁用非刑** 太常寺少卿邹一桂奏称，监狱创立穿木束囚，即令犯人排卧一头，于镣铐中横穿长木，锁逼两头，压住手足，狱囚缘此毙命甚多。初九日，命禁用非法刑具。

·**噶尔丹策零死**　是月，噶尔丹策零死，次子策旺多尔济那木扎勒嗣立，年十三岁，内乱不已。后报闻。命西、北两路将军大臣等，固守卡伦。

十月

·**命四川严查"啯噜子"**　广东、福建、湖南、陕西等省流民入川者，被称作"啯噜子"。二十日，命将其首领，尽法处治。咨文邻省，凡赴川之人，本省给照，无照者遣回。

·是月，命四川"番夷"课赋和西宁、西藏"番马"贡，照内地一体普蠲。

十一月

·十二日，定驻藏官兵三年换班制。

是岁

·《石渠宝笈》成书。该书为官修书画著录书，共四十四卷，辑录宫廷所收藏之书画。

1746 年　丙寅　清乾隆十一年

四月

·**停止编审妇女**　先是江西每逢编审之年，丁男之外，又有妇女；是因盐钞计口交纳，则不得不稽查妇女存亡增减，以入于编审之内。后食盐课钞已摊入地粮，妇女因之已无可征之项。二十日，命嗣后编审妇女之处，著行停止。又命广东仿照江西之例，查明奏闻办理。

六月

·**庆复奏瞻对事平**　先是三月四川瞻对土司班滚起事。瞻对土司之地跨四川鸭陇（雅砻）江上游一带，分上瞻、中瞻、下瞻，称"三瞻"。瞻对土司班滚起事报闻，命大学士、川陕总督庆复率师往征，不克。庆复改使其他土司输诚效力，攻克如郎寨，班滚出走。讯知班滚潜身丫鲁地方。四月二十日，庆复督尚书班第、提督李质粹，带领官兵进至丫鲁地方，烧毁碉楼达四十余座，并施放地雷，焚泥日寨。初二日，庆复疏报班滚并泥日寨头目姜错太等烧毙碉内，瞻对事平。然二人其实未死，逃往金川。后庆复坐是免职。

·**准卡瓦于茂隆山厂开矿**　云南总督张允随奏称，云南有名卡瓦者，用汉人吴尚贤等在其地茂隆山厂开矿，每年抽课贡银一万一千余两。而在彼处打稽开矿及专厂贸易者有二三万人，请准其开采报纳。三十日，允之。

七月

·**命查禁弘阳教**　弘阳教传习百余年，牵连十四州县，其聚集之所为顺天府大兴县紫各庄三教堂。十六日，命捕治其会头，销毁其神像、经卷。

·**令禁福建天主教堂**　福建省福安县有洋人潜居，招致男女二千余人入天主教。十六日，命将洋人送澳门转回国，究治司教首领。

八月

·**罗日光等聚众抗租**　福建省上杭县民罗日光、罗日照等，因蠲免钱粮未将所纳业户田租四六均分，聚众持械，殴伤地主，并率众拒捕。二十九日，提督武进陞折闻。

九月

·初六日，派高斌往奉天查勘河道。

十二月

·初八日，仍定《玉牒》十年一修例。

·十二日，喀尔喀蒙古受灾，命拨银一万两，交额驸策凌等会议办理之。

·**营兵夜入固原**　固原提督克扣兵饷，营兵愤怒，内外沟通。十八日，打开固原城门，谋杀提督未遂，贪夜劫掠当铺。命严惩其为首者。

·廿二日，准噶尔台吉策旺多尔济那木扎尔，遣使玛木特等入觐。

是岁

·**会计直省民数谷数**　各省通共大小男妇一亿七千一百八十九万六千七百七十三

名，各省通共存仓米谷三千五百零五万余石。

·名医叶天士（1667—1746）死，著有《温热论》。

·《九宫大成谱》编成　即《九宫大成南北词宫谱》，周祥钰等撰，八十二卷。集南北曲二千零九十四个曲牌，连同变体共四千四百六十六个曲调，尚有北曲套曲一百八十五套，南北合套三十六套。搜集唐、宋、元、明及清初诸宫调、曲调等较为详备。

1747 年　丁卯　清乾隆十二年

正月

·许闽民垦耕沿海诸岛　以海域清靖，福建沿海贫民生计艰难，十二日，准其入岛垦辟谋生。后至七月，因绅士包揽把持，又命禁开。

·十三日，准福建商民到台湾贩运米谷。

二月

·大金川土司莎罗奔作乱　大小金川是四川西部大渡河上游的两个支流，是藏族聚居区。"万山丛蠹，中绕沟溪"，形势极为险峻。先是康熙时原土司嘉勒塔尔巴内附，雍正初以其庶孙莎罗奔为金川安抚使。莎罗奔自号大金川，旧土司泽旺称为小金川。上年两金川内讧，莎罗奔劫持泽旺，并夺其印。经总督干预，莎罗奔将泽旺释回。莎罗奔又以土兵攻革布什咱土司，巡抚纪山派兵弹压，莎罗奔举兵反抗。至是月十三日报闻。旋命张广泗为川陕总督，庆复留四川，共商进兵事宜。

·廿六日，准福建商人造船往暹罗（今泰国）采买米粮、木料，并发给牌照。

三月

·初六日，重刻《十三经注疏》《二十一史》告成。

·颇罗鼐死　颇罗鼐（1689—1747），后藏人，雍正初年任噶伦，管理后藏事务。后噶伦阿尔布巴谋杀首席噶伦康济鼐。颇罗鼐奏报清廷，率兵次年入拉萨，擒献阿尔布巴以闻，奉命总理西藏事务。颇罗鼐在整顿藏政、训练藏军、维护统一、安定藏局方面有功，乾隆初晋封为郡王。十五日，颇罗鼐死奏闻。命其子珠尔默特那木扎勒袭封郡王。

七月

· **准旗人入民籍居外省**　先是乾隆七年颁旨称："自从龙人员子孙外，愿改归民籍、移居外省者，准其具呈本管官查奏。"初七日，乾隆又命"嗣后八旗汉军人等，愿在外省居住者，在京报明该旗，在外呈明督、抚，不拘远近，任其随便散处"（《清高宗实录·二九四》）。

· 初八日，禁止买卖苗民子女。

九月

· 初三日，《皇清文颖》修成。

十二月

· 廿四日，禁年少宗室、公等乘轿，以戒希图安逸。

1748 年　戊辰　清乾隆十三年

正月

· **封允禵为郡王**　先是乾隆初年释放十四皇叔允禵家居。上年六月封为贝勒。至是初八日，又封为郡王，上朝如故。

· 廿二日，准山东捐纳贡监备赈。

二月

· 初四日，乾隆帝东巡起行。寻历曲阜、过泰安，驻济南。三月还京师。

三月

· **云南傈僳人起事失败**　先是乾隆十一年（1746），云南腾越（今腾冲）地方秤戛寨傈僳族首领弄更扒等联合怒族人起事，至是失败。初六日，云贵总督张允随等奏闻。

·**皇后富察氏投水死**　十一日，乾隆帝御驾至德州登舟，亥刻（21—23 时），皇后富察氏崩。据笔记记载：乾隆帝东巡回驻德州，于舟中宴饮淫乐。皇后富察氏激切进谏，乾隆帝加以诟谇，后羞愤投水死。皇太后得闻临视，悲恸良久。

四月

·**命讷亲为经略大臣**　先是张广泗分兵进攻金川，为碉所阻，师久无功，副将张兴等战死。十一日，命大学士讷亲赴川经略军务。寻起故将军岳钟琪为提督，驰赴大金川军营，又起原任领侍卫内大臣傅尔丹为内大臣兼统领，驰往大金川军营。

五月

·**命严惩殴官流民**　直省流民，千百成群，诟詈解役，聚众抗官。初六日，命聚集四五十人以上殴官者，首从皆斩绞。

·十三日，苏州顾尧年等以米价腾贵，聚众抗官，后被处死。

七月

·**常安贪婪论绞**　先是闽浙总督喀尔吉善，参奏浙江巡抚常安贪婪。命大学士高斌、总督顾琮往审。初以失察奏报，命再严审。后审出求索财物属实。又命大学士讷亲往审，常安贪婪得实。二十五日，常安以"枉法赃八十两律"（《清高宗实录·三一九》），著绞监候。高斌、顾琮坐是革职留任。

九月

·初七日，以湖广总督塞楞额，违制在皇后丧中剃头，令其自尽。

·十一日，命采集西洋、缅甸、暹罗及海外诸国等书籍，缮写进呈，交四译馆校勘。

·**授傅恒为经略**　先是经略讷亲初至军，锐意进取，下令于三日内攻刮耳崖，并以碉逼碉，每得一碉，死伤官兵无算。总兵任举、副将贾国良皆战殁。攻战数月，无尺寸功。总督张广泗轻讷亲不知兵，遇事掣肘，故经略、总督不和。讷亲劾广泗劳师糜饷，岳钟琪亦密奏广泗所用之向导良尔吉通敌。二十九日，命将张广泗革职治罪，将讷亲革职并发往北路军营效力；以傅恒为经略，统金川军务。

十一月

·清沿明制，各处本章，地方公事用题本，一己之事用奏本；题本用印，奏本不用印。以同一人告，不必分别名色。二十六日，著将向用奏本之处，概用题本。

十二月

·**定制三殿三阁大学士** 先是顺治年间由内三院改设内阁大学士，未有定数。康熙年间满、汉大学士，率用四员。至雍正以来多至六员，或增置一二协办。初四日，谕嗣后定为满、汉各二员，其协办满、汉各一员或二员，因人酌派。大学士官衔例兼殿阁，《会典》所载，四殿二阁，未为划一。其中和殿名以未用去掉，著增体仁阁为三殿三阁，即保和殿、文华殿、武英殿，体仁阁、文渊阁、东阁。

·**杀张广泗和讷亲** 川陕总督张广泗革职后，被逮至京师。初七日，乾隆帝在瀛台亲自鞫讯，广泗"茹刑抗辩"。乾隆帝怒，以其贻误军机罪，十二日命斩之。广泗死，二十二日，命傅恒将革职大学士、经略讷亲于营门，以其祖遏必隆遗刀，徇众斩之。

1749 年　己巳　清乾隆十四年

正月

·**金川事平** 先是经略傅恒驰驿至军，斩泄露军机之小金川土舍良尔吉等，以断其内应。又增调邻省兵力，改变张广泗分碉防守之策，定于四月报捷。乾隆帝以劳师二载，诛二大臣，费帑需近千万，命傅恒班师。时傅恒、岳钟琪两路，连克碉寨，军声大振。莎罗奔慑于军威，粮食将尽，欲降又恐被诛，首鼠两端。而岳钟琪初督川陕时，曾奏给莎罗奔印信。莎罗奔至今感其恩。钟琪请于傅恒，简从轻骑，径入莎罗奔驻地勒乌围。骑至，岳钟琪缓辔（pèi）掀髯笑曰："尔等认识我耶？"因金川先传闻岳钟琪久死，至是惊惧，伏地罗拜。莎罗奔亲奉茶汤进献。岳钟琪宣布皇帝威德，告以恩赦之意。莎罗奔等顶经立誓，椎牛行炙，寻坐船出洞。二月初五日，莎罗奔带领喇嘛、头领多人，焚香跪迎经略大学士傅恒。傅恒宣诏免死。金川事平。后封傅恒忠勇公，封岳钟琪三等公并加兵部尚书衔。

九月

·瞻对土司班滚见莎罗奔降附，请泰宁寺喇嘛达尔罕堪布代为禀降。二十一日，以庆复先误报班滚焚死，赐其自裁。

十二月

·十八日，《五朝本纪》成。

是岁

·**方苞死**　方苞（1668—1749），号望溪，安徽桐城人，官礼部侍郎。长于散文，后人评论他"学行继程、朱之后，文章在韩、欧之间"（《文史通义校注·卷五 内篇五》）。继唐、宋古文传统，著文提倡"义法"，为"桐城派"创始人。有《方望溪先生全集》。

1750年　庚午　清乾隆十五年

二月

·**策凌病故**　策凌（1672—1750），蒙古喀尔喀部人，为成吉思汗直系后裔。娶康熙帝女和硕纯悫（què）公主，授和硕额驸。康熙末，出征准噶尔，立有战功。雍正初，率图理琛等与俄订《布连斯奇条约》和《恰克图条约》。后领兵击败噶尔丹策零将大策零敦多卜和小策零敦多卜，获光显寺（额尔德尼召）之捷。晋亲王，授喀尔喀大扎萨克，驻乌里雅苏台，长赛音诺颜部。初五日病死。褒以"王奋身血战，再挫天骄，震威绝徼，为国家长城"（《中国历史大事编年》）。特敕配享太庙，崇祀京师贤良祠。长子成衮扎布袭亲王爵。

四月

·罢张廷玉配享太庙 先是雍正帝遗言张廷玉死后配享太庙（汉人仅有）。廷玉致仕，乞乾隆帝赐诗为券，乾隆帝遂谕诗一章，以安其心。廷玉具摺谢，因是早风雪，令其子代奏。乾隆帝怒其不亲至，命廷玉明白回奏。旨未下，军机大臣汪由敦漏言廷玉，廷玉次早即来入谢。乾隆帝愈愤，谕责汪由敦泄露消息，降旨切责。是月二十三日，以廷玉在朝"如鼎彝古器，陈设座右而已"（《清高宗实录·三六三》），命罢其配享太庙。

五月

·二十日，重定满文十二字头音训。

六月

·初三日，禁蒙古人与汉人通婚，命驱逐多伦诺尔携眷流民。

·初五日，授成衮扎布（策凌长子）为定边左副将军。

九月

·初一日，以梅㲉（jué）成为左都御史。

·准噶尔宰桑萨喇尔降清，报准噶尔台吉策旺多尔济那木扎勒昏暴不理政事，为部人所杀，立其兄喇嘛达尔扎为台吉。二十三日，报闻。

十月

·驻藏副都统傅清被害 初西藏郡王颇罗鼐死，其子珠尔默特那木扎勒袭封。其先奏罢驻防之兵，继袭杀兄珠尔默特策布登，又暗请准噶尔兵为外援，待准噶尔兵到后聚众谋变。驻藏副都统傅清、左都御史拉布敦察觉其谋，欲先发制之，但手中无兵，遂定智擒之计。十三日，将珠尔默特那木扎勒传至寓中楼上，傅清拔刀杀之。其随从卓呢罗卜藏扎什跳楼逃逸，纠唤党类，聚兵包围，施放枪炮，纵火焚楼。傅清、拉布敦等俱遇害。旋达赖喇嘛聚兵抚众；班第达擒获卓呢罗卜藏扎什等，俱绞决，寻事平，派班第为驻藏副都统。翌年废除封授郡王制，正式设立噶厦厅（地方政府）；噶厦厅设噶厦四人，由一名僧官和三名俗官担任，经清廷任命，共理政务；重大政事先请示驻藏大臣和达赖喇嘛酌定办理。

是岁

·陈复正著儿科专书《幼幼集成》成书。

·李绂死。李绂（1673—1750），字巨来，号穆堂，江西临川人，康熙进士，后迁侍讲学士。雍正时官直隶总督，以参劾河南总督田文镜获罪。乾隆初授户部侍郎。治理学，与修《八旗通志》，有《穆堂类稿》等。

1751年　辛未　清乾隆十六年

正月

·**乾隆帝首次南巡**　先是以初次南巡，免江苏、安徽乾隆元年至十三年（1736—1748）和河南乾隆十四年（1749）以前逋赋及浙江本年额赋，后又免甘肃乾隆元年至十年（1736—1745）逋赋，共银三百四十七万二千余两，粮一百万余石。十三日起行，后南至杭州。五月初四日，还京师。

三月

·廿八日，以前驻藏大臣纪山，在上年驻拉萨时，对珠尔默特那木扎勒曲意逢迎，事事顺从，任其恣肆，日在梦乡，致其乱谋益肆。命纪山自裁。

五月

·**设通藏台站**　初一日，命自西藏东境之嘉玉桥（属类乌齐）至拉萨共一千九百六十余里，分设喋巴管理地方事务，与内地州县同；内设台站共二十五塘三汛，台站官兵所需俱由喋巴办应。

·**停止知县三年行取例**　清沿明制，直省之知县，专重资格，按俸迁转，三年行取一次。二十六日，命知县中才能杰出者，由督、抚题保擢用，永行停止直省知县三年行取例。

闰五月

·初四日，令绘苗、瑶、黎、僮等族衣冠、形貌图，呈览存备。

六月

·廿九日，河决河南阳武十三堡大堤。

七月

·初一日，改天坛祈谷坛大飨殿名为祈年殿。

十月

·十一日，复各省督、抚、提、镇冬季行围例。

·十一日，从川督策楞奏请，以川省开采矿厂需大员专理，调川北道周琬为四川按察使兼理采矿厂务。

·廿六日，云南巡抚爱必达采集本省各族文字，分汇成书十四本进呈。

1752 年　壬申　清乾隆十七年

四月

·**温台县贫民抢米**　闽浙总督喀尔吉善奏称，浙江温台县民抢米。十一日，命以大枷枷号，遍游城乡二月，然后永远枷禁。因谕："地方官遇有灾伤，即当先期一面劝谕富民，出所有余，通融平粜；一面密为弹压保护，使两得其平。"（《清高宗实录·四一二》）

·**马朝柱散札招军**　湖北罗田县民马朝柱，以符篆聚众，散札招军，积粮制械，谋起事于英山县（今湖北英山）天马寨。事泄，牵涉到峨眉山西洋寨、安徽桐城、江苏太湖、河南汴梁（今开封）等地多人。十九日，命密行缉捕。

七月

·廿七日，禁沿海上海、宁波、乍浦等地使用日本"宽永通宝"钱，并禁商船私带进口。

八月

·十八日，以顺天乡试，举人曹咏祖藏匿眼镜匣内纸片，内帘监试御史蔡时田坐交通关节，命均即行斩决。

九月

·初四日，葡萄牙国遣使入贡。

十月

·**四川杂谷改土归流**　先是四川杂谷（今理县东北）土司苍旺与梭磨土司勒儿悟、卓克基土司娘儿吉构衅，攻毁梭、卓各寨。四川总督策楞、提督岳钟琪以剖断三家曲直为名，遣兵乘虚直破杂谷脑寨，降一百零六寨，附四万余人。初三日，准将杂谷地区改土归流，并在杂谷脑等处设官、筑城、驻兵。

十二月

·十九日，命福建巡抚陈宏谋勿究捕天主教民。

是岁

·学者厉鹗死。厉鹗（1692—1752），字太鸿，号樊榭，浙江钱塘人。有《辽史拾遗》《宋诗纪事》，又能文词，著《樊榭山房集》等。

1753 年　癸酉　清乾隆十八年

二月

·**卢鲁生被凌迟处死**　先是大学士孙嘉淦于雍正初年以检讨奏封事三：请"亲骨肉、停捐纳、罢西兵"（《清史稿·孙嘉淦传》），因之直声震天下。乾隆帝即位后，尤倚重孙嘉淦。时以乾隆帝将南巡，江督黄廷桂供张办、严苛责，属吏怨苦。卢鲁生等遂伪撰孙嘉淦谏止南巡奏稿，称"五不可解、十大过"，并遍劾阁臣鄂尔泰等，传播两年，远迩皆闻。此案涉连官吏几至千人，蔓延于七八省。十二日，命将卢鲁生处死。

三月

·廿一日，改八旗军器每年查验一次为三年查验一次。

四月

·初四日，西班牙国遣使奉表并贡方物。

五月

·初一日，裁钦天监满、汉监副各一员，增西洋监副一员。

七月

·初十日，查各省参将一百六十三缺，游击四百五十缺，都司三百四十八缺，守备八百一十八缺。

·廿四日，禁将《水浒传》《西厢记》等汉文小说译成满文。

九月

·十一日，河决铜山县（今江苏徐州）张家湾。

十一月

·十二日，江西生员刘震宇以所著《治平策》中有"更易衣服制度"（《清高宗实录·四五〇》）等语，后命斩之。

十二月

·**孙嘉淦死**　孙嘉淦（1683—1753），字锡公，山西兴县人，故家贫，耕且读，后成进士。曾官至协办大学士、吏部尚书。其居官以八约自戒："事君笃而不显，与人共而不骄，势避其所争，功藏于无名，事止于能去，言删其无用，以守独避人，以清费廉取。"（《清史稿·孙嘉淦传》）著《孙文定奏议》等。

1754 年　甲戌　清乾隆十九年

三月

·**岳钟琪死**　初十日，黄廷桂奏：提督岳钟琪病死。岳钟琪（1686—1754），字东美，四川成都人。由捐纳同知改武职，官至川陕总督，拜大将军。性严峻，善治军。遇战先勘形势，谋而后定；登坛将弁股栗，部伍整肃；临阵，沉毅多智，以奇制胜，待兵与同甘苦，人争效命。一次至大将军傅尔丹帐，看见壁上刀戟森严。傅曰："此吾所素习者，悬以励众！"钟琪出后语人曰："为大将，不恃谋而恃勇，败矣！"（《清史稿·傅尔丹传》）不久，傅果败。

·廿七日，命直省八旗汉军奴仆愿为民者，听其为民。

七月

·**阿睦尔撒纳兵败内附**　阿睦尔撒纳（1723　1757），为厄鲁特蒙古和硕特部拉藏汗之孙，噶尔丹丹衷之子。噶尔丹丹衷娶策妄阿喇布坦之女，先生子班珠尔，死时其妻怀遗腹子，改嫁辉特部台吉卫征和硕齐，生阿睦尔撒纳。先是，乾隆十年（1745）噶尔丹策零死后，遗嘱由年刚十三岁的次子策旺多尔济那木扎勒继立，翌年登位。乾隆十五年（1750），策旺多尔济那木扎勒被杀，其庶兄喇嘛达尔扎为台吉。但喇嘛达尔扎为私生子，大策零敦多卜之孙达瓦齐、小策零敦多卜之子达什达瓦和阿睦尔撒纳商议拥立其季弟策旺达什。喇嘛达尔扎举兵剪除策旺达与达什达瓦，达瓦齐与阿睦尔撒纳败逃。后阿睦尔撒纳帮助达瓦齐袭杀喇嘛达尔扎，并拥立达瓦齐为台吉。时阿睦尔撒纳控制辉特、杜尔伯特、和硕特三部，威胁达瓦齐。达瓦齐统兵三万进攻阿睦尔撒纳。阿睦尔撒纳兵败，于是率二万余众东奔内附，二十日，报闻。寻命萨喇勒迎劳，并命定边左副将军策楞及色布腾巴勒珠尔等来京，商议明年进兵事宜。

十一月

·**封阿睦尔撒纳为亲王等**　十三日，乾隆帝在承德避暑山庄召见阿睦尔撒纳等，赐宴抚慰，驰马校射，又以蒙古语询其变乱始末。封辉特部台吉阿睦尔撒纳为亲王，杜尔伯特台吉讷默库、和硕特台吉班珠尔为郡王等。又命辉特亲王阿睦尔撒纳为北路参赞大臣，杜尔伯特郡王讷默库为西路参赞大臣。

·**乌梁海编设旗分佐领**　先是正月，以达瓦齐与阿睦尔撒纳内讧，命萨喇勒招乌梁海内附。九月，定边左副将军班第率兵破乌梁海。本月二十二日，将乌梁海人众编设旗分佐领，并授其宰桑车根赤伦为总管等。

十二月

·**授征准噶尔军统帅** 初四日，为两路出兵，征准噶尔达瓦齐，命班第为定北将军，阿睦尔撒纳为定边左副将军；永常为定西将军，萨喇勒为定边右副将军。

是岁

·**吴敬梓死** 吴敬梓（1701—1754），字敏轩，一字文木，安徽全椒人，杰出文学家。早年为诸生，后家业衰落，移居江宁。所作《儒林外史》，对腐儒豪绅、科举制度和封建礼教进行深刻的揭露，成为我国古典讽刺小说中的杰出作品。又有《文木山房诗文集》。

1755年　乙亥　清乾隆二十年

正月

·**兴师攻达瓦齐** 初三日，命定北将军班第率师出北路，定边左副将军阿睦尔撒纳及参赞大臣额驸色布腾巴勒珠尔、郡王青滚杂卜、内大臣玛木特、奉天将军阿兰泰俱一同前进；定西将军永常率师出西路，定边右副将军萨喇勒及参赞大臣郡王班珠尔、贝勒扎拉丰阿、内大臣鄂容安俱一同前进。北路军出乌里雅苏台（今蒙古国境内），西路军出巴里坤，两路大兵会合一处，进攻准噶尔达瓦齐。

三月

·**胡中藻诗狱** 胡中藻，江西新建人，为故大学士鄂尔泰门生，曾任翰林学士和陕西、广西学政，著《坚磨生诗钞》。十三日，谕称："'一把心肠论浊清'，加'浊'字于国号之上，是何肺腑？""至其所出试题内，考经义有'乾三爻不象龙'说。……乾隆乃朕年号，龙与隆同音，其诋毁之意可见！"（《清高宗实录·四八四》）胡中藻以悖逆讥讪罪下狱，四月弃市。并将鄂尔泰撤出贤良祠。鄂尔泰之侄巡抚鄂昌，以引中藻为世谊，往复唱和，在诗中称蒙古为胡儿，后令自尽。胡中藻诗狱兴，讦告诗文之事纷起。

四月

·初九日，致仕大学士张廷玉遗疏报闻，仍命配享太庙。

五月

·**清军抵伊犁**　北路与西路清军，分别以准噶尔降附之阿睦尔撒纳、萨喇勒为先导，五月初会师于博罗塔拉河谷地，向伊犁进逼。沿途厄鲁特回民等"牵羊携酒，迎叩马前"（《西域水道记·卷四—巴勒喀什淖尔所受水》）。罗卜藏丹津前自青海败依准噶尔，势蹙投降。达瓦齐素纵酒，弛设备，至是仓促传令集骑，提亲兵万人走格登山麓结营拒守。清兵进围格登山达瓦齐军。十四日，遣降人阿玉锡率轻骑夜突敌营，驰马横突，敌众惊乱，自相蹂躏。达瓦齐带二千余人宵遁，余皆不战而降。十九日，阿睦尔撒纳奏，清军至伊犁。达瓦齐窜走回疆后，不久被霍吉斯执献。后班第等将达瓦齐和罗卜藏丹津献俘京师，乾隆帝御午门受贺，皆赦其死。以准部平，封班第为诚勇公，萨喇勒为超勇公，玛木特为信勇公，晋阿睦尔撒纳为双亲王。寻班第奏阿睦尔撒纳入伊犁后，萌念总统四卫拉特，恐为后患。

·**湖北设立机织局**　湖广总督开泰奏，荆州素出绫绢丝布，但工匠技艺陈旧，若请江浙工匠教以染造，定可改观。经与抚臣司道等共同捐办，由江南雇募工匠至楚，设立机织局，纺织宫绸府纱，颇销江南。二十八日，报闻。

六月

·初一日，命四卫拉特如喀尔喀例，每部各设盟长及副将军一人。

·初九日，以准部平定，命大兵撤回。

八月

·**阿睦尔撒纳逃归作乱**　阿睦尔撒纳欲据伊犁，为四部总台吉，专制西域。乾隆帝命四部分设台吉，以众建而分其力。诏阿睦尔撒纳至避暑山庄入觐，拟就地擒获之。阿睦尔撒纳为班第所促，不得已自伊犁起行。十九日，行至乌陇古地方，因受青滚杂卜怂恿，佯言归治行装，将印信交与喀尔喀亲王额琳沁多尔济，次日从额尔齐斯河间道逃归。及偕行之额琳沁多尔济悟其诈，众追之已无及。阿睦尔撒纳带领一支约五百人的队伍，抢掠额尔齐斯台站，逃回准噶尔。时清军已撤，仅留屯兵五百人。将军班第、尚书鄂容安率屯兵转战至乌兰库图勒，兵败俱死。将军永常拥兵数千屯乌鲁木齐，惧战退至巴里坤。阿睦尔撒纳遂传檄各部，组织军队，日肆鸱张。寻喀尔喀亲王额琳沁多尔济被处死，逮永常至京治罪（道中病死）。起策楞署定边将军，命进讨阿睦尔撒纳。

　　九月

　　·**封四卫拉特汗**　十二日，命四卫拉特仍其旧部，封噶勒藏多尔济为绰罗斯汗，车凌为杜尔伯特汗，沙克都尔曼济为和硕特汗，巴雅尔为辉特汗。

　　十一月

　　·**以策楞为定西将军等**　初四日，命策楞为内大臣兼定西将军，进讨阿睦尔撒纳。又先后任命哈达哈为定边左副将军，雅尔哈善为参赞大臣；扎拉丰阿为定边右副将军，达勒当阿为参赞大臣；阿兰泰为乌里雅苏台参赞大臣。

　　·十四日，宥达瓦齐罪，封为亲王，赐第京师。

　　十二月

　　·十五日，定旗奴告主，问徒不准折为鞭、枷例。

　　·二十日，赈索伦、达斡尔灾。

　　是岁

　　·**全祖望死**　全祖望（1705—1755），字绍衣，浙江鄞县人，学者。著《鲒埼亭集》，续修《宋元学案》，七校《水经注》，三笺《困学纪闻》等。

1756 年　丙子　清乾隆二十一年

　　正月

　　·初三日，阿睦尔撒纳请准其管辖四卫拉特，谕斥之。

二月

·**准八旗家奴出旗为民**　以八旗户口日繁，初二日，令在京八旗与在外驻防之旗下世仆，俱准出旗为民，所有本身田产许其带往。以后每隔数年查办一次。

三月

·**策楞军复伊犁**　阿睦尔撒纳自称四卫拉特总台吉后，发生内讧，许多蒙古王公倾向清军；策楞等统率清军直指伊犁，阿睦尔撒纳败逃往哈萨克。十九日，清军复伊犁奏闻。

四月

·**策楞等革职治罪**　先是玉保率军至特克勒河，探知距阿睦尔撒纳仅一日程，急驰直追。忽报台吉诺尔布已擒获阿睦尔撒纳来献。玉保遂引军以待，并用红旗报捷于策楞。策楞据以驰奏。时乾隆帝启銮谒孔林，闻报改谒泰陵，并连颁谕旨，封赏有差。但报擒获阿睦尔撒纳，为其所施缓兵之计。策楞和玉保受赚，乖张失机，阿睦尔撒纳得以从容逃往哈萨克。十六日，命将策楞、玉保解京治罪。派大学士傅恒前往整饬军务。

　　七月

·**青滚杂卜撤驿之变**　青滚杂卜原为喀尔喀副将军，上年从征伊犁，授为郡王。后将大臣参奏阿睦尔撒纳罪状潜为泄露。及发兵征阿睦尔撒纳，青滚杂卜以对处死亲王额琳沁多尔济和用兵台站苦累不满，密同阿睦尔撒纳联系，伙同作乱，擅自撤驿，使军报中断。命将其捉拿至京治罪。寻又命成衮扎布为定边左副将军率兵往讨。至十一月二十八日，成衮扎布于杭哈奖噶斯地方将辉特郡王青滚杂卜擒获。后解京处死。

八月

·廿六日，乾隆帝木兰秋狝至波罗河屯行殿，宴赏准噶尔杜尔伯特部台吉伯什噶什，旋授盟长。

·**清军击败阿布赍**　先是阿睦尔撒纳败逃至哈萨克。达勒当阿、哈达哈为擒拿阿睦尔撒纳，率兵同哈萨克阿布赉汗军和阿睦尔撒纳军作战。清军连获两捷，阿布赉战败，负伤而归。阿睦尔撒纳及其残兵被收留在阿布赉安设的帐篷里。

九月

·十二日，乾隆帝在由木兰往避暑山庄至安巴赳和罗行幄，宴见土尔扈特部贡使吹扎布。

十二月

·初六日，策楞、玉保解京途中，为厄鲁特人所害，至是报闻。

是岁

·**会计直省民数谷数**　各省通共大小男妇一亿八千八百六十一万五千五百一十四名，各省通共存仓米谷三千零一十九万余石。

·画家华岩死。华岩（1682—1756），字秋岳，福建上杭人，曾为造纸作坊徒工，喜作画，后在扬州卖画。画山水，工花鸟，秀丽出众，颇为著称。

1757 年　丁丑　清乾隆二十二年

正月

·**乾隆帝第二次南巡**　先是以乾隆帝将南巡，免江苏、安徽、浙江上年以前未完民欠等。十一日，乾隆帝南巡起行，后至杭州，五月回京师。

二月

·**伊犁复陷**　先是达勒当阿、哈达哈率军往哈萨克，伊犁清军力弱。绰罗斯汗噶尔藏多尔济、辉特台吉车登多尔济等遂率骑陷伊犁。阿睦尔撒纳也返回准噶尔，在巴里坤、塔尔巴哈台山地和伊犁河谷重新集结军队，继续为乱。

四月

·**阿睦尔撒纳逃向俄国**　先是命兆惠为右副将军出西路，成衮扎布为左副将军出北路，大举征讨阿睦尔撒纳等。令大军所至，玉石不分，"尽诛丁壮，以女

口赏喀尔喀"（《清史稿·卷十二　高宗本纪》）。及阿睦尔撒纳和噶尔藏多尔济领
兵进入伊犁地区后，绰罗斯汗噶尔藏多尔济为其兄子噶尔布所篡，台吉尼玛旋杀
噶尔布。其时诸部内讧，互相残杀，且灾荒严重，牲畜倒毙，痘疫流行，死亡相
踵。兆惠等乘势进兵，连战皆捷。阿睦尔撒纳势绌，复自博罗塔拉河向俄国窜去。
三十日，报闻。

六月

·**彭家屏被论死**　先是原任江苏布政使彭家屏，参奏河南巡抚图尔炳阿匿灾
不报。乾隆帝南巡途中，河南夏邑民刘元德遮道陈诉，并言县令不职，乞易贤能者。
因意其有指使之人，经讯供为生员段昌绪主谋。但夏邑、商丘等县受灾属实，命
将图尔炳阿革职，发往军营效力。旋夏邑令孙默亲往段昌绪家，于其卧室中搜出
吴三桂檄文一纸。又迅得彭家屏家藏《豫变纪略》等书。初七日，命将彭家屏论斩，
后令自尽；将段昌绪斩首。后图尔炳阿以"缉邪"功复任。

八月

·**阿睦尔撒纳病死**　先是阿睦尔撒纳自博罗塔拉河败逃至哈萨克。阿布赉惧
招清兵入部，誓擒阿睦尔撒纳以献。阿睦尔撒纳察觉，仅由八人随从，逃入俄国
境内。清军在夺得阿睦尔撒纳的大车中，发现有俄国勾引其"加入俄国籍"的四
封信件。理藩院行文俄国，索要阿睦尔撒纳，但俄方加以拒绝。初九日，阿睦尔
撒纳患痘症死。经理藩院再三要求，俄国于翌年正月，将阿睦尔撒纳尸体送至恰
克图，并经理藩院遣官验尸。

九月

·哈萨克阿布赉汗先拟擒献阿睦尔撒纳以示结好。时阿睦尔撒纳已死，阿布
赉汗遣使奉表入觐。初五日，乾隆帝在行宫宴之。

·初九日，原任湖南布政使杨灏侵扣银三千两，命斩首。

·十二日，云贵总督恒文坐令属员买金短付金价及纵容家人勒索门礼罪，令
其自尽。

十二月

·十六日，准直隶收曲税。

是岁

·达赖七世噶桑嘉措（1708—1757）在西藏布达拉宫圆寂。

·**第穆呼图克图摄藏事务**　以达赖七世噶桑嘉措死，命第穆呼图克图摄理西藏政教事务，即在达赖死后尚未找到转世之"灵童"至达赖未到十八岁法定执政年龄之前，代理行使达赖职权。是为西藏地方政府摄政制之始。

1758 年　戊寅　清乾隆二十三年

正月

·**汪由敦死**　汪由敦（1692—1758），字师茗，安徽休宁人。进士出身，官至吏部尚书，军机大臣。办理公务敏练安详，文辞雅正。充《平定金川方略》副总裁，任《平定准噶尔方略》总裁。染寒疾死，二十二日，赐奠。著有《松泉诗文集》等。

·**发兵征讨大小和卓**　清初，噶尔丹控制南疆回部，将其首领阿布都实特扣留伊犁做人质。噶尔丹败死后，阿布都实特至京师，受到康熙帝礼遇，并被人护送至叶尔羌（今新疆莎车）掌管回疆事务。阿布都实特死后，其子玛木特继位。后策妄阿喇布坦袭击叶尔羌，将玛木特俘至伊犁囚禁，并扣其二子布拉尼敦、霍集占（大小和卓）。乾隆二十年（1755）清军败达瓦齐，释大小和卓，并派兵送布拉尼敦归叶尔羌继续统治旧部，留霍集占驻伊犁管理维吾尔族事务。后霍集占参与阿睦尔撒纳之乱。阿睦尔撒纳败遁后，霍集占逃回南疆。霍集占以幸无强邻逼处，欲图称汗。但库车、拜城、阿克苏三城阿奇木伯克（城主）鄂对等不应，并走伊犁依兆惠。上年五月，兆惠等派副都统阿敏前往招抚，但被杀害。霍集占兄弟据叶尔羌和喀什噶尔（今新疆喀什），称巴图尔汗，集众为乱。二十六日，乾隆帝宣示"霍集占罪状"，寻命雅尔哈善为靖逆将军，额敏和卓为参赞大臣，率兵往征大小和卓。

·廿九日，户部侍郎吉庆折称，康熙年间共截漕粮二百四十万石，雍正年间亦不过二百九十余万石，今已截至一千三百二十余万石。

六月

·廿三日，河决毛城铺。

八月

·**雅尔哈善得库车空城**　先是靖逆将军雅尔哈善等率兵八千人，自吐鲁番进发，攻围库车。库车城坚，不能骤取，断其水草，匝而围之。霍集占率兵数十，亲援库车。六月十六日，清军斩首搴旗，杀伤甚众；霍集占负伤，敛八百余残兵入保库车。时原库车城主鄂对在军中，知霍集占必突围逃遁，其道或由城西涉河，或经北山出口，请分兵两路，设伏以待。但雅尔哈善不听谏言，顿兵坐守，诸事疏懒，终日弈棋。霍集占果以四百余骑宵遁。都统顺德纳闻报，令待天明发兵，及晓往追，霍集占已渡河断桥远去。后顺德纳以炮攻城不下，令刨掘地道，为守城兵察觉，致穴城兵丁焚死。乾隆帝以库车城围久未破，命将丁壮俱行剿杀，量留老弱。至是库车城被围三月之久，城守将阿布都克呼木率四五十骑夜遁，所余三千余口老弱，二十五日出降，仅得一座空城报闻。后命杀顺德纳、雅尔哈善。

九月

·初六日，布鲁特内附，赐其使臣舍尔伯克宴。

·初七日，西哈萨克图里拜及塔什干回人图尔占等内附。

·十五日，命驻防伊犁大臣兼理回部事务。

十二月

·以鄂对伯克招降和阗（今新疆和田）及其所属之哈喇哈什、玉陇哈什、搭克、齐尔拉、克勒底雅等五城伯克，初三日，命授其为内大臣。

是岁

·**绿旗兵之数**　绿旗兵直隶四万四千三百四十八人，山东二万零五十二人，山西二万八千七百零七人，河南一万零四百三十六人，两江七万三千六百六十一人，闽浙十万八千零九十五人，湖广四万三千四百四十七人，陕甘九万七千二百六十七人，四川三万三千九百七十人，两广九万六千七百三十一人，云贵八万六千六百三十一人，共计六十四万三千三百四十五人。

· 经学家惠栋死。惠栋（1697—1758），号松崖，江苏元和（今江苏苏州）人，著《周易述》《古文尚书考》等。

· 文学家胡天游（1696—1758）死，著有《石笥山房文集》等。

1759 年　己卯　清乾隆二十四年

正月

· **兆惠与富德会师**　先是霍集占自库车败走阿克苏，驻守伯克霍吉斯闭城；又走乌什，乌什不纳。于是，霍集占入叶尔羌（今新疆莎车），布拉尼敦据喀什噶尔（今新疆喀什），互为声援。兆惠率军自伊犁往南疆，阿克苏、乌什、和阗（今新疆和田）先后降。时大兵未集，兆惠使副将富德留驻阿克苏城，以待大军到后继进；自率马步兵四千余先发，于上年十月初三日抵辉齐阿里克，距叶尔羌城四十里，相隔叶尔羌河扎营。六日，与霍集占军接战，敌军三次败入城里。兆惠一面派副都统爱隆阿率兵八百防截喀什噶尔之援敌，一面亲率轻骑劫城南敌之牧群，攻至叶尔羌城外，方渡河四百余骑而桥断。霍集占步骑约五千突出围击。兆惠身先士卒，四面驰杀，两易战马，面胫俱伤；军士力战，浮水还营。兆惠马匹不足，不利驰突，掘濠结寨，以固御守。霍集占军万余，乘势渡河，挖沟筑垒，苇埒自蔽，进行包围。兆惠砥砺将士，忍饥冒寒，屡挫敌兵，相持三月。正月初六日，富德领兵援应，转战五日四夜；兆惠在营闻炮声，知援军至，奋力突围。兆惠军树梯冲出，焚烧敌垒，四面拼杀，士气益振。十四日，两军会合，敌军大溃。霍集占军势绌，驻骑防守。兆惠与富德会师以后，振旅还阿克苏。

五月

·初一日，以回部事将次告竣，应照平定伊犁例，绘画舆图。派明安图、傅作霖前往，西洋人高慎思同行。

·十五日，修浚京城内外河渠，以工代赈。

七月

·**清军抚定喀什噶尔和叶尔羌**　兆惠、富德破围返回阿克苏后，议兵分两路：一路由兆惠统领进取喀什噶尔，另一路由富德统领攻叶尔羌。每路兵员各万五千人，整上马，备粮秣，准备出师。时布拉尼敦与霍集占兄弟孤守两城，众叛亲离，先已将家口、辎重转移。上月便携其妻孥金银越葱岭向巴达克山奔去。回人闻清军至，纷献牛酒果饵，"扶老携幼，道左跪迎"（《清高宗实录·五九二》）。兆惠与富德遂抚定喀什噶尔、叶尔羌，初十日报闻。大小和卓经营之"巴图尔汗国"亡。

七月

·**兆惠陈抚定喀什噶尔事宜**　二十二日，定边将军兆惠等奏抚定喀什噶尔设官、定职、贡赋、铸钱及驻兵分防等事宜共六款。其贡赋一款，请酌量减赋，即由噶尔丹策零时每年纳钱六万七千腾格（一腾格折制钱五十文）、纳粮四万零八百九十八帕特玛（一帕特玛准官石四石五斗），减至每年纳钱六千腾格、纳粮四千帕特玛。其铸钱一款，回部原行钱文，一面铸准噶尔台吉之名，一面铸回文；应行改铸，一面铸"乾隆通宝"汉字，一面铸叶尔羌满文及回文，等等。从之。

八月

·**回疆事平**　兆惠、富德抚定喀什噶尔和叶尔羌等城后，率轻骑穷追布拉尼敦和霍集占。富德率师至伊西洱库河(今阿富汗境内喷赤河)，崇山耸立，地势险峻。布拉尼敦先送家眷为遁走计，霍集占则以万众据北山。山足有路，仅容单骑。富德、阿里衮分路堵截，又派兵向前冲击，并令鄂对、霍吉斯竖回纛（dào）大呼招降，降者蔽山而下，声如奔雷，霍集占手刃之，不能止。降众一万二千余人，获骡驼牛羊万余。霍集占兄弟携其妻孥及余众四五百人，窜入巴达克山部。二十三日，富德等报闻。十月，巴达克山部素勒坦沙将布拉尼敦和霍集占擒杀，函首军门。后驰送京师。

·同日，兆惠等请减叶尔羌贡赋。叶尔羌所属二十七城村，计三万户十万余口。在噶尔丹策零时，每年纳钱十万腾格。霍集占入城后，又科敛抢掠，回人生计甚艰。请减其贡赋，岁纳钱一万二千腾格。

是岁

·顾栋高（1679—1759）死，著有《春秋大事表》《王荆公年谱》等。

1760年　庚辰　清乾隆二十五年

正月

·初四日，于乌鲁木齐设庄屯田。寻命于伊犁屯田。

三月

·**授回疆诸伯克**　初八日，命阿布都拉为乌什阿奇木伯克，阿什默特为和阗阿奇木伯克，噶岱默特为喀什噶尔阿奇木伯克，鄂对为叶尔羌阿奇木伯克，色提巴勒氏为阿克苏阿奇木伯克，索勒屯和卓为英吉沙尔（今新疆英吉沙）阿奇木伯克等。

五月

·**移民实边**　初九日，谕曰："国家生齿繁庶……而提封只有此数，余利颇艰。且古北口外一带，往代皆号岩疆，不敢尺寸逾越。我朝四十八部，子弟臣仆，视同一家。沿边内地民人，前往种植，成家室而长子孙，其利甚溥。设从而禁之，是厉民矣。今乌噜（鲁）木齐，辟展（今新疆鄯善）各处，知屯政方兴，客民已源源前往贸易，茆檐土锉，各成聚落。将来阡陌日增，树艺日广，则甘肃等处，无业贫民，前赴营生耕作，污莱辟而就食多，于国家牧民本图，大有裨益。夫利

之所在，虽禁之而不能止……将来亦徐观其效而已。"（《清高宗实录·六一二》）

·初八日，命在回部地方开炉铸钱。

八月

·**以阿桂总理伊犁事务**　阿桂，字广廷，满洲正蓝旗（后隶正白旗）人，为大学士阿克敦之子。上年从富德出师回部。是年移驻伊犁。是月二十一日，以阿桂总理伊犁事务，授为都统。时西域初定，乾隆帝诏各统兵诸大臣筹议，咸谓沙漠辽远，牛畜凋耗，难以驻守。阿桂疏言："守边以驻兵为先，驻兵以军食为要。伊犁河以南海努克等处，水土沃衍，宜屯田。请增遣回民娴耕作者往屯；增派官兵驻防，协同耕种；次第建置城邑；预筹马驼，置台站；运沿边米赴伊犁；简各省流人娴工艺者，发备任使。"（《清史稿·阿桂传》）后阿桂督造农器，促屯耕获，岁大丰。

十月

·**颙琰生**　初六日，乾隆帝第十五子颙琰生，母魏佳氏，后为清仁宗嘉庆帝。

十一月

·初三日，准阿克苏等城照叶尔羌例，开炉铸普尔钱。

十二月

·廿二日，乾隆帝在瀛台宴见回疆（今新疆）叶尔羌、喀什噶尔、阿克苏、和阗、乌什、库车、沙雅尔（今沙雅）、赛里木、拜城诸入觐伯克萨里等，复召至重华宫赐茶果。

是岁

·顾世澄著《疡医大全》书成。

1761年　辛巳　清乾隆二十六年

正月

·初二日，乾隆帝以紫光阁落成，命画大学士傅恒等诸功臣像于阁，前后凡三举，共一百三十五人。

二月

·十五日，以安南国王黎维祎死，命差翰林院侍读德保等往祭，并册封其侄黎维禟为安南国王。

·是月，贷甘肃渊泉（今安西）、敦煌、玉门等县农民豌豆籽种，令试种。

六月

·弛贵州汉苗结婚之禁　黔省汉苗错处，往来密切，通婚数十年以来，相安无事，一旦复申禁令，恐转致惊疑，更滋烦扰。是月，命汉苗通婚，概免查禁。

七月

·三十日，河溢河南祥符（今开封）报闻。

八月

·给回部诸伯克印信　时回部设立阿奇木共三十一城，分为三等：叶尔羌、喀什噶尔、阿克苏、和阗为四大城；乌什、英吉沙尔、库车、辟展为四中城；沙雅尔等为二十三小城。寻准各城俱设阿奇木伯克，依城等级，颁给分寸不同之印信。

十月

·黔省巡抚周人骥奏，贵州近年多种棉花、苎麻，养蚕、织绸，渐知机杼。

十一月

·廿八日，授玉素布为参赞大臣，驻叶尔羌。

1762 年　壬午　清乾隆二十七年

正月

·乾隆帝第三次南巡　十二日，乾隆帝第三次南巡起行。后至杭州、江宁，五月回京师。

五月

·**准英商配买土丝**　英吉利商人伯兰等请配买丝斤出洋。十一日，准每船配买土丝五千斤，二蚕湖丝三千斤；其头蚕湖丝及绸绫缎匹，仍禁止出洋。

闰五月

·缅甸宫里雁因内讧败奔云南孟连土司属孟坑等处。十四日夜，其头目撒拉剌焚杀上司刀派春并家口等八十九人，逃至石牛地方被狄，后命将宫里雁、撒拉剌斩首示众。

七月

·初八日，伊犁城垣、公署工竣。

八月

·十八日，命督、抚同省，其印信不得交布政使兼摄，著为例。

九月

·廿五日，建乌鲁木齐城垣、公署等。

十月

·十四日，爱乌罕汗初次遣使入贡。

·**初命明瑞为伊犁将军**　十六日，以伊犁为新疆都会，授明瑞为总管伊犁等处将军，治惠远城（今新疆霍城南），统辖南北两路军政事务。寻授爱隆阿、伊勒图为伊犁参赞大臣，伍岱为伊犁领队大臣。

十一月

·十三日，建喀什噶尔新城竣工。

是岁

·学者江永死。江永（1681—1762），字慎修，江西婺源人，为著名经学家、音韵学家和算学家，撰述宏富，有《近思录集解》《古韵标准》《江氏数学翼梅》等。

1763 年　癸未　清乾隆二十八年

正月

·初六日，乾隆帝宴爱乌罕、巴达克山、霍罕、哈萨克、奇齐玉斯诸部使臣等于紫光阁。寻大阅于畅春园西厂，各部使臣等从观。

·廿六日，命纳世通为参赞大臣，驻喀什噶尔，总理回疆各地军政事务，受伊犁将军管辖。

五月

·初五日，圆明园失火。

·十三日，以果亲王弘瞻开设煤窑、占夺民产、贩卖人参、干预朝政等罪，命革去王爵，永远停俸，以观后效。

·十四日，大学士兼吏部尚书史贻直遗疏报闻。

九月

·廿七日，军机大臣等遵旨将《准噶尔家谱》呈进，遂御制《准噶尔全部纪略》，简述明末至其时准噶尔部之世系及源流。

十月

·**定州县官无故赴省参处例**　初十日，命州县官员擅离职守无故赴省者，照擅离职役例罚俸；久驻省城逗留不归者，照移驻官员恋居城邑例革职。

十一月

·**梁诗正死**　梁诗正（1697—1763），字养仲，浙江钱塘人。雍正进士，后官至东阁大学士、吏部尚书、翰林院掌院学士。尝论八旗当行屯边，绿营当停募补，国计当虑不足。常随乾隆帝出巡，重要文稿多出其手。十四日，梁诗正遗疏报闻。著有《矢音集》《西清古鉴》等。

是岁

·官修《皇清职贡图》书成。

1764 年　甲申　清乾隆二十九年

三月

·初四日，命陕甘总督由肃州移驻兰州，兼管甘肃巡抚事，裁甘肃巡抚。固原提督回驻西安，改河州镇总兵为固原镇总兵。

·**弛蚕丝出洋之禁**　两江总督尹继善奏称，杭、湖、嘉民情，以丝斤弛禁为便；江、浙等省情形亦然。二十日，命所有出洋丝斤，即著弛禁。

六月

·廿四日，以提督黄仕简参劾称，厦门洋船陋规内，总督每年得受银一万两，巡抚每年得受银八千两，著闽浙总督杨廷璋解职。

九月

·**新宁街民散帖罢市**　湖南新宁县民刘周祐等控告书役舞弊，经府发县锁禁，致激起街民散帖罢市。初八日，提督李励奏闻。后知府王锡蕃自缢死，巡抚乔光烈革职。

十月

·廿三日，停山东岁进牡丹例。

十一月

·**兆惠死**　兆惠（1708—1764），字和甫，满洲正黄旗人。由笔帖式入值军机处，后擢护军统领、户部侍郎，参与进攻准噶尔之役，授定边将军，又率军往攻回部大小和卓，叶尔羌就围中受爵，借援师克竟其功。回京后任协办大学士兼户部尚书，屡出察看江南与直隶水利，染疾而逝。十八日，乾隆帝临其第赐奠。后配享太庙。

是岁

·**曹雪芹死**　曹雪芹（约 1715—1764），名霑，字梦阮，号雪芹，又号芹圃、芹溪。其先世原是汉人，但很早入满洲正白旗内务府籍。自曾祖起，三代任江宁织造，其祖曹寅尤为康熙帝所信用。康熙帝五次南巡，有四次驻跸其府。雍正初，家道衰落，生活维艰。晚年居北京西郊，因贫病而死。其卒年一说为乾隆二十八年（1763）。雪芹出自"钟鸣鼎食之家，诗书簪缨之族"，具有深厚的文化修养和卓绝的艺术才能，以十年时间，从事于《石头记》（《红楼梦》）的创作。书中以贾宝玉和林黛玉爱情悲剧故事为主线，通过一个贵族显宦家庭盛衰历史的描写，塑造出众多典型人物，予黑暗腐败的封建社会以深刻的揭露和批判，成为中国古典小说中伟大的现实主义杰作，也是世界文学史上一颗明珠。雪芹写《红楼梦》未竟而卒，留下遗稿八十回。

·**金农死**　金农（1687—1764），字寿门，号冬心先生，浙江仁和（今属杭州）人，为杰出书画家。平生以"布衣"自乐，未曾做官，客扬州卖书画，擅画竹、梅等，又工书法、篆刻，兼长诗文，有《冬心先生集》。金农与汪士慎、李鱓、黄慎、罗聘、高翔、李方膺和郑燮合称为"扬州八怪"。

·**翟均廉辑《海塘录》**，叙述浙江海塘历代修筑之经过等。

·**会计八旗兵额数**　《乾隆会典》载是年八旗满洲有六百七十九个佐领，兵额为五万一千六百零四名；八旗蒙古有二百二十一个佐领，兵额为一万六千七百九十六名；八旗汉军有二百六十六个佐领，兵额为一万五千九百六十名。共有一千一百六十六个佐领，兵额为八万四千三百六十名。

1765年　乙酉　清乾隆三十年

正月

·**乾隆帝第四次南巡**　十六日，乾隆帝第四次南巡起行。后至杭州，四月回京师。以南巡，先免江苏、浙江、安徽历年因灾未完钱粮。

二月

·**乌什回民起义**　乌什为回疆重镇，偎山凭河，城池坚固。乌什阿奇木伯克阿布都拉，为哈密郡王玉素普之弟，贪婪暴戾，无恶不作。乌什办事大臣、副都统素诚昏聩淫纵，科派苦累，盘剥回民，肆作威福。素诚父子及笔帖式等任意奸淫回人妇女，竟将伯克赖和木图拉之妻留宿于署，又任兵弁裸逐回女为乐。回民愤懑填膺，控告无门。时派回民二百四十人送沙枣树，带队者问阿布都拉送交之地点，被重责四十鞭；再向印房章京询问，又被毒打三十鞭，致激成事变。十四日夜，赖和木图拉等聚众起义，焚围官署，拘禁阿布都拉，占领乌什城，素诚自杀。

七月

·十八日，甘肃伏羌（今甘谷）发生六点五级地震，倒塌房舍一万八千七百余间，压死七百七十余人。

·**命将和诚就地正法**　南疆和阗办事大臣和诚，以重利盘剥回人，并折收金两，二十二日，命即在该处正法示众。

八月

·**乌什回民起义失败**　乌什城回民起义后，推赖和木图拉为阿奇木伯克，据险固守。清阿克苏办事大臣卞塔海领兵攻乌什，城中回民义军出击，卞塔海损兵丢炮，败逃七八十里。喀什噶尔参赞大臣纳世通率兵往援，接战数次，畏惧观望。伊犁将军明瑞受命统兵抵乌什，与纳世通等定议，于三月初一日分兵从城东、西两面夹攻，但义军拼死抵御，观音保受伤，不克。乾隆帝以乌什久攻不下，命将喀什噶尔参赞大臣纳世通和阿克苏领队大臣卞塔海杀于军前。乌什城粮柴不继，赖和木图拉率义军二千人出战，中箭身亡，余众退据城中，以死固守。乌什被围七月，孤城无援，粮绝薪断，至食马鞍、人尸。十五日，明瑞督兵竖云梯登城，经激战，城陷。明瑞率兵入城，尽诛丁壮，将幼童及妇女发往伊犁。

·**定巡查与俄疆界例**　黑龙江将军富僧阿等奏报往查与俄罗斯疆界：自黑龙江至格尔毕齐河口，计水程一千六百九十七里，自河口行陆路二百四十七里至兴堪山；自黑龙江入精奇里江（今结雅河），北行至托克河口，计水程一千五百八十七里，自河口行陆路二百四十里至兴堪山；自黑龙江经精奇里江，入西里木第河口，复过英肯河，计水程一千三百零五里，自英肯河口行陆路一百八十里至兴堪山；自黑龙江入钮曼河（今布列亚河），复经西里木第河入乌默勒河口，计水程一千六百一十五里，自河口行陆路四百五十六里至兴堪山，各处俱无俄罗斯人偷越。查呼伦贝尔与俄罗斯接壤之额尔古纳河，西岸系俄罗斯地界，东岸俱我国地界，处处设有卡座，直至珠尔特地方。现复自珠尔特至莫里勒克河口，添设二卡，于索博尔罕添立鄂博，逐日巡查，俄罗斯人断难偷越。其黑龙江城与俄罗斯接壤处，有兴堪山绵亘至海，亦断难乘马偷越。自康熙二十九年（1690）与俄罗斯定界查勘各河源后，从未往查。命嗣后每年派官兵，于六月由水路与捕貂人同至托克、英肯两河口及鄂勒希、西里木第两河间遍查，呈报将军；三年派副总管等于冰解后，由水路至河源兴堪山巡查一次，最后均报部。二十日，旨如议行。

十月

·**定举人铨用例** 时各省举人约一万人，每科会试不过四五千人，而通计各省知县共一千二百八十五缺，举人仕途壅滞。十九日，命定举人铨用例。

十一月

·**命各省修理城垣** 查直隶、山东、陕西、浙江、广西、山西等省修理城垣，估需不敷银五百三十一万余两。初六日，命停止劝捐，动用官帑，即户部收贡监捐每年得银百余万，以五年为期，可补所缺之数。各省城工，定期五年，一律告竣。

是岁

·**郑燮死** 郑燮（1693—1765），字克柔，号板桥，江苏兴化人，杰出书画家。早年家贫，后成乾隆进士，曾为县令。寓居扬州卖画，擅绘兰竹，长于书法，为"扬州八怪"之一。能为文，有《郑板桥集》。

·杰出篆刻家丁敬死。丁敬（1695—1765），字敬身，浙江钱塘人。精于刻印，苍劲质朴，为"西泠八家"之首，其余为蒋仁、黄易、奚冈、陈豫钟、陈鸿寿、赵之琛和钱松。

·天算学家明安图死，著《割圆密率捷法》。

1766 年　丙戌　清乾隆三十一年

正月

·初一日，自本年始，分批普免各省漕粮一次。

·先是雍正元年（1723）停止王公炭票，但工部侍郎五福仍发放炭票，炭户领票烧炭。二十一日，著照溺职例革职。

四月

·初五日，以苏州府同知段成功，在山西阳曲县任侵贪库银逾一万两，著即处斩；巡抚和其衷以与之徇纵营私罪，著斩监候。

六月

·**予郎世宁侍郎衔**　郎世宁（1688—1766），意大利人，耶稣会士，画家兼建筑家。康熙五十四年（1715）来北京，擅长绘画，尤工肖像、花鸟，曾参与圆明园建筑工程。因病死于京师，初十日，命赏给侍郎衔。

七月

·初八日，命发帑金，将京城内外街道、沟渠概行修整。工竣之后，派员管理。

·**皇后那拉氏死**　先是乾隆帝上年南巡，至杭州，尝宴游纵欢，后极力劝止，至泣下，怒剪发。乾隆帝不怿，令其先程回京。十四日死，命以妃礼葬之。

八月

·十八日，河决铜山（今江苏徐州）韩家堂。

十二月

·廿五日，刊刻《清会典》告成。

是岁

·**会计直省民数谷数**　各省通共大小男妇二亿零八百零九万五千七百九十六名，各省通共存仓米谷一千六百九十六万余石。

·**何国宗死**　何国宗（？—1766），字翰如，顺天大兴（今北京）人。康熙进士，官至钦天监正、礼部尚书。充算学馆总裁，参与勘测、编绘《皇舆全览图》《乾隆内府皇舆图》等。

1767 年　丁亥　清乾隆三十二年

三月

· **免杨应琚云贵总督职**　先是缅王莽纪觉时，其诸部内讧，兵扰滇境。乾隆三十年（1765），莽纪觉死，弟孟驳立，势益张，兵入九龙江（今云南普洱一带）。云贵总督刘藻发兵防战，三路皆败。上年正月，调杨应琚为云贵总督，后藻以忧惧自刎死。应琚初至滇，瘴疠大作，缅兵渐退；欲急奏功，亲临永昌（今云南保山），督军出关，袭据新街。但孤军深入，反受挫，退回铁壁关内。初一日，命大学士杨应琚回京入阁办事，以明瑞补授云贵总督。后令应琚自尽。

· 初五日，免直隶全省未完地丁钱粮。

四月

· 十三日，再禁各将军、大臣调任时擅带兵弁。

七月

· 初二日，命军前奏事仍用满文。

· 初三日，定严禁蒙古盗卖牧场马匹之例。

八月

· 廿九日，哈萨克汗阿布赉以与霍罕额尔德尼伯克交战，遣使至木兰入觐，并请发兵。赐炮。谕和解之。

九月

· 初二日，以福建巡抚李因培办理冯其柘亏空一案徇庇回护，令其自尽。

十二月

· **明瑞率军破蛮结**　自杨应琚赐死后，明瑞以将军兼理总督至军，统率满汉兵二万五千人，议分三路：明瑞将兵自宛顶向木邦，珠鲁纳、扎拉丰阿、玉鲁斯参赞军务，为东路；额尔景额等统兵自铁壁关向新街，为西路；观音保等统兵左右策应，为中路。明瑞军于九月二十四日出发，定期会攻阿瓦。师出之后，淫雨连旬。东路军于十月十日至木邦，守兵弃城奔溃。获其粮米，留兵驻守后，明瑞自率兵一万二千人，造桥渡江，翻山穿林，破象阵，夺木寨，十一月二十七日抵蛮结，蛮结所设十六寨，俱据险要，十二月初二日，将军明瑞令兵分队前进，兵弁用刀伤象，象四奔冲突；清军乘势冲锋，以手相搏，奋力击杀，直入木寨。明瑞身先行列，右眼受伤，仍镇定指挥，督师夺寨。至夜，各寨守兵俱败遁，克蛮结。

1768 年　戊子　清乾隆三十三年

正月

·初十日，《御批历代通鉴辑览》告成。

二月

·**授傅恒为经略赴滇**　将军明瑞克蛮结之后，孤军深入，兵疲粮困，西路之师又无消息，遂自猛笼往归木邦，敌悉众尾追。明瑞夜营山巅，缅人营于山半。明瑞设计陷敌，清晨吹号后，出营设伏。待天明，敌军蚁附而至，伏兵四起，敌不及战，仓皇败退，趾顶相藉，尸填坑谷。自是每夜驻营，敌皆不敢近逼。明瑞率军盘山绕林，行至猛盲，敌已猬集。时留驻木邦之师已溃，木邦之敌亦至。明瑞军陷于重围，虽悉力击战，依次突围，但寡不敌众，矢尽力竭，将军明瑞、都统扎拉丰阿、护军统领观音保、总兵李全等俱先后阵亡。报闻，二十八日，命大学士傅恒为经略，阿里衮、阿桂为副将军，舒赫德为参赞大臣，赴云南。并调鄂宁为云贵总督，明德为云南巡抚。

四月

·**将额勒登额等处死**　先是明瑞出师缅甸，以额尔景额和谭五格为西路军。

额尔景额寻卒，由额勒登额代之。额勒登额和谭五格出师之后，畏敌不前，株守旱塔，巡抚鄂宁飞檄促其驰援木邦，但偾事失机。二十七日，命将参赞大臣额勒登额、提督谭五格处死。额勒登额之妻，已命发往伊犁给厄鲁特为奴。但额勒登额之叔侍卫佛尔赛，将额勒登额之妻鸩死。报闻，命将佛尔赛拿问，其妻发伊犁给厄鲁特为奴。

六月

· **调阿桂为云贵总督**　先是舒赫德、鄂宁折陈招致缅人投降事，忤旨。二十六日，命将舒赫德交部严议，鄂宁降补为福建巡抚，其总督员缺由阿桂补授。

七月

· 廿四日，以翰林院侍读学士纪昀向前盐运使卢见曾私通信息，致其寄顿资财，命将纪昀发往乌鲁木齐效力。

八月

· **同俄恢复恰克图互市**　先是以俄罗斯收纳叛逃、追索不与等因，断其恰克图贸易。十二日，议定恰克图通商十三条，俄罗斯廓密萨尔同意遵办，准其仍在恰克图通商。

· 三十日，两淮盐运使卢见曾以隐匿提引银两、私行营运寄顿，著斩监候。寻原任两淮盐政高恒、普福，侵蚀盐引余息，高恒收受银三万二千两，普福私销银一万八千余两，均斩监候。

九月

· **严查偷割发辫者**　各地盛传有人偷割发辫，首先发觉于江苏、浙江，渐及安徽、河南、山西、陕西、湖北、直隶以至京师。二十四日，命将两江总督高晋、江苏巡抚明德、山西巡抚彰宝、安徽巡抚冯钤、原浙江巡抚熊学鹏和浙江巡抚永德等交部严加议处。

十月

· **台湾黄教起事**　黄教等于台湾冈山(今高雄北)聚众竖旗起事。初二日报闻。

次年六月失败。台湾道张珽、提督吴必达坐是革职，总兵王巍也被斩首。

是岁

·戏曲作家沈起凤中举，著有传奇《报恩缘》等三十余种。

·学者齐召南死。齐召南（1703—1768），字次风，号琼台，浙江天台人。官至礼部侍郎。与撰《礼记注疏考证》、与修《大清一统志》，著有《水道提纲》等。

1769 年　己丑　清乾隆三十四年

二月

·廿九日，原禁止洋船带硫黄入口之例，概行停止，著为例。

六月

·初六日，以钱谦益所著《初学集》《有学集》中有诋谤语，命将其书板及印行之书，交出汇齐送京销毁，违者治罪。

八月

·廿六日，赵三等于云南普洱起事，景线、孟艮等土司响应，旋败。

·廿九日，禁广东私铸唐、宋、元、明古钱。

九月

·**沈德潜死**　沈德潜（1673—1769），字确士，号归愚，长洲（今江苏苏州）人，诗人。乾隆四年(1739)进士,时年六十七。十二年，命在上书房行走，迁礼部侍郎，寻令校《御制诗集》，谕曰："朕于德潜，以诗始，以诗终。"（《清史稿·沈德潜传》）著有《沈归愚诗文全集》,选有《古诗源》《唐诗别裁》《明诗别裁》《清诗别裁》等。初七日卒，年九十七。

十月

·**再禁闽粤民人赴台**　时流寓在台者，闽人数十万，粤人十余万，而渡台者仍源源不绝。以向来腹地民人，不许私行赴台；二十五日，命严行禁止福建、广东民人赴台。

十二月

·**缅王遣使诣军请降** 先是经略傅恒至云南腾越后，议兵分两路，北路由戛鸠，南路由蛮暮，俱顺江而下，合师新街，会攻老官屯，进破阿瓦。七月二十日，傅恒祭纛启行，渡戛鸠江，抚孟拱，克猛养。阿桂亦率兵由蛮暮进军。经略傅恒于十月初一日抵新街。两军会合后，沿江而下，直指老官屯。二十二日，分兵两翼，由江（伊洛瓦底江）岸左右攻击，损其船只，毁其木栅，进次老官屯。敌守拒坚固，傅恒率众悉力围攻。时阿里衮死于军，傅恒染疾。十二月初七日，缅甸国王猛驳遣使诣军前请降报闻。命撤兵许和，定十年一贡。遂焚舟熔炮班师。是役耗饷一千三百余万两。

1770 年　庚寅　清乾隆三十五年

正月

·初一日，命第三次普免各省地丁钱粮一次，自本年为始，分三年轮免。

·廿八日，《平定准噶尔方略》书成。

·廿九日，授喀尔喀亲王成衮扎布世子拉旺多尔济为固伦额驸。

二月

·初二日，以贵州巡抚良卿与按察使高积，交结刘标，勒索馈送，受贿交通，败检不法，致累年亏缺二十八万余两，命将良卿于贵州省城正法。

·廿五日，以缅甸国王猛驳贡表不至，命停止沿边贸易。

三月

·初十日，从阿桂等奏，将木邦土司线瓮团、蛮暮土司瑞团、猛密土目线官猛、戛鸠土目贺丙，迁于云南永昌（今保山）、蒙化（今巍山、南涧）、大理一带安置，以避缅人苛敛残害。

闰五月

·二十日，永定河北岸六号堤工溃决。

六月

·初六日，以云南撤兵，兵丁典买民间幼孩四百四十名，翰禁奉差兵丁私买人口。

七月

·十三日，和亲王弘昼死。弘昼为乾隆帝异母弟，雍正十一年（1733）封为和亲王。尝好丧礼，言："人无百年不死者，奚讳为？"（《清史稿·和恭亲工弘昼》）并手订丧仪，坐庭堂，使家人祭奠哀泣，岸然饮啖以为乐。又做明器象、鼎、彝、盘、盂，陈置榻侧。

·**傅恒死**　傅恒（约1720—1770），字春和，满洲镶黄旗人，为乾隆帝皇后之弟。曾任经略金川和征缅军务，官至保和殿大学士兼军机大臣，封一等公。傅恒值军机处二十三年，日侍左右，以勤慎得宠眷。十三日，赐祭葬。

十月

·**重定捐纳例**　先是官员捐例，只有外官文武职，并无京官职衔。十一日，定捐例，京官自未入流以上至郎中为止，外官自未入流以上至道员为止；武职仍缘旧例，捐至游击（属三品）。俱准其捐纳职衔，不准选用。

·六日，定部员兼管六库，限三年更换一次，著为令。

是岁

·名医薛雪死，著《医经原旨》等。

1771年　辛卯　清乾隆三十六年

四月

·**尹继善死**　尹继善（1696—1771），字元长，满洲镶黄旗人，大学士尹泰之子。

雍正元年（1723）成进士，后一督云贵，三督川陕，四督两江。尝一月间兼职将军、提督、巡抚、河督、盐政、学政等官，九印虓列，判牒如流。其曾对雍正帝评论诸臣曰："李卫，臣学其勇，不学其粗；田文镜，臣学其勤，不学其刻；鄂尔泰，宜学处多，然臣亦不学其愎。"（《清史稿·尹继善传》）二十二日，尹继善遗疏闻。

夏

·入春至初夏，直隶地区干旱，后降大雨。六月初二日，北运河决；七月初二日，永定河又决。

八月

·十一日，喀尔喀扎萨克亲王，定边左副将军成衮扎布死。二十一日，命世子额驸拉旺多尔济承袭扎萨克亲王，其胞弟车布登扎布为定边左副将军兼理盟长事务。

·朝鲜国王李吟以朱磷《明季辑略》和陈建《皇明通纪》中，记其祖康献王旦世系及废珲立倧之处因讹袭谬，遣使请并行改削。十八日，谕《明季辑略》已经销毁，《皇明通纪》书肆无售，令于其国中自行查禁。

九月

·**土尔扈特台吉渥巴锡回归入觐**　土尔扈特是卫拉特四部之一，驻牧于塔尔巴哈台（今新疆塔城）附近。明季土尔扈特鄂尔勒克台吉为准噶尔巴图尔珲台吉所逼，率部徙牧于额济勒河（今伏尔加河）下游一带。康熙五十一年（1712），康熙曾派遣侍读学士殷扎礼、理藩院郎中纳颜、内阁侍读图理琛等，前往额济勒河看望土尔扈特部人。乾隆三十五年（1770），土尔扈特台吉渥巴锡以俄罗斯苛征苦敛，征调不息，征子入质，蔑视黄教，与众台吉密议，决定携部来归。十一月，渥巴锡率十余万众启行，历时八个月，行程万余里，冲破俄罗斯军追击截堵，受尽艰辛磨难，终于抵达伊犁。土尔扈特部原有十六万余人，及至伊犁，仅存其半。命拨银二十万两，置备米麦、羊裘、布棉、毡庐、盐茶、靴帽，市马牛羊二十六万五千余，并将其安置在伊犁河谷及科布多地区驻牧。至是九月初八日，渥巴锡等到木兰入觐，乾隆帝撰《御制土尔扈特全部归顺记》。寻封渥巴锡为卓里克图汗，策伯克多尔济为亲王，舍楞为郡王，余各爵赏有差。

十月

·初二日，以舒赫德为总统伊犁等处将军，伊勒图为塔尔巴哈台参赞大臣。

·初七日，纪昀被宥，授为翰林院编修。

十一月

·**阿尔泰以金川事革职**　初大金川首领莎罗奔死，其兄子郎卡主司事。郎卡口益恣肆，屡侵邻境。总督阿尔泰传檄宣抚，但抗不受命。乾隆二十·年（1766），命阿尔泰檄九土司环攻郎卡。时九土司中与其土地邻近、兵力相等者，东为小金川，西为绰斯甲布。阿尔泰未能利用小金川等以制约郎卡跋扈，却以苟且息事为策。郎卡进与绰斯甲布联姻，又以女妻小金川土司泽旺之子僧格桑，遂成三部鼎联之势，其余土司不敢抗争。会郎卡死，子索诺木袭土司职；泽旺老病，子僧格桑主事。僧格桑与索诺木结好益坚。索诺木诱杀革布什咱土官，僧格桑也攻扰鄂克什及明正两土司。阿尔泰将金川事奏闻，但僧格桑仍阳奉阴违，兵事不休。至是二十日，以大学士、四川总督阿尔泰历载养痈，事发后又株守打箭炉三月不动，命褫其职，留于军营效力。以温福为大学士兼兵部尚书、桂林为四川总督，统兵进攻小金川。

十二月

·十二日，以辽、金、元三史所载人名、地名等多承讹袭谬、辗转失真，命将三史中人名、地名、职官、氏族等译音厘正划一。

1772 年　壬辰　清乾隆三十七年

正月

·**建乌鲁木齐城**　从伊犁将军舒赫德奏，十七日，命建乌鲁木齐城，驻兵屯田。寻以索诺木策凌为乌鲁木齐参赞大臣，德云为领队大臣，俱受伊犁将军节制。

四月

·初一日，免甘肃历年民欠仓粮二百七十六万余石。

·初二日，准开采广西融县（今融水）马巩地方煤矿和四顶山白铅矿，督令商丁采办，照例抽课。

·初七日，四川总督桂林奏，全行收复革布什咱土司之地。

五月

·**总督桂林兵败墨垄沟**　先是四川总督桂林和副将军温福出师金川，破碉克寨，连获小胜。但四川军营将领不和，互相讦告。时桂林出打箭炉（今四川康定），温福出汶川，为东西夹攻小金川之计。桂林遣将薛琮统兵三千，携五日粮，欲截小金川甲尔木后路，不意被其潜从后路抄截，被围于墨垄沟七昼夜，羽檄告急。桂林却终日酣饮欢聚，致全军无援陷没，泅水还归者仅二百余人。初八日，金川败报奏闻。命将桂林褫职逮问，以阿尔泰署四川总督，进兵事交阿桂专办。

·初八日，命户部侍郎福康安在军机处学习行走。

六月

·**停止五年编审造册制**　先是每届五年，查编造册，以备考核。十八日，以丁银摊入地粮，滋生人丁永不加赋，各省民谷数字于年底报部具题记载，无须五年一次另行查办，命永行停止编审之例。

七月

·**钱度贪赃被斩**　原云南布政使钱度，将藩库银支放扣息，前后放银二千二百余万两，共得息四万余两。钱度令家人王寿等将二万九千余两带回寄家，被查获。经查抄出其家藏银竟至八九万两。二十五日，命将钱度斩首。

十二月

·**以温福为定边将军等**　先是温福奏克卡寨五十余座、碉房三百余间，直抵明郭宗；阿桂亦奏报已攻克僧格宗。十三日，命温福为定边将军，阿桂、丰升额俱为副将军，舒常、海兰察各为参赞大臣，以合兵会攻，了结小金川之局。

是岁

·医学家徐大椿死，著有《医学源流论》等。

·学者杭世骏死。杭世骏（1695—1772），字大宗，浙江仁和（今属杭州）人。乾隆元年召试博学鸿词，授翰林院编修，校勘武英殿《十三经》《二十四史》，纂修《三礼义疏》。以上言忤旨，部议拟死，朝臣苦谏，放归家居，授徒撰述，学者重之。著《史记考证》《三国志补注》《道古堂文集》《道古堂诗集》等。

1773 年　癸巳　清乾隆三十八年

正月

·十四日，以阿尔泰于小金川事措置不当、贻误军机等罪，令其自尽。

二月

·初六日，准动帑赎回盛京（今辽宁沈阳）民典旗地共十二万余垧。

·**开四库全书馆**　先是上年正月初四日，命各省督、抚会同学政搜辑古今群书，将各书叙列、目录、朝代、作者、提要等具奏，后令将其贴于开卷副页之右方，以便阅览。至是十一日，命派军机大臣为总裁，拣选翰林官三十员专司纂辑，并设办事翰林等作为提调、司掌，以翰林院署内迤西房屋一区为办事之所，开馆纂修，俟成编时名为《四库全书》。寻命大学士刘统勋、刘纶、于敏中，尚书福隆安、王际华、裘曰修俱为正总裁。以纪昀及陆锡熊为总裁。

·十五日，命将汉文、蒙古文《大藏经》悉心校核，译成满文。并令章嘉呼图克图董其事，每得一卷，即行进呈，以候裁定。

五月

·初三日，裘曰修死疏闻。裘曰修（1712—1773），字叔度，江西新建（今南昌）人。乾隆四年（1739）进士，官至工部尚书。著有《裘文达奏议》《裘文达诗集》《裘文达文集》等。

· 十九日，改乌鲁木齐参赞大臣为都统，以索诺木策凌为乌鲁木齐都统。

六月

· **温福兵败木果木** 先是定边将军温福议分兵进小金川，克碉夺卡，直抵美诺。僧格桑送其妻妾于大金川，自赴泽旺所居之底木达；泽旺闭门不纳，遂由美卧沟遁入大金川。时温福议夺功噶尔拉，但因山险碉坚不得进，便取别道攻昔岭，驻营大金川东境之木果木。并令提督董天弼分屯底木达，以防守后路。温福性偏而愎，不听人言，不恤士卒，不谙地形，也不察敌情，唯袭张广泗以碉逼碉、以卡逼卡之策，修卡千计，将两万余官兵星散四布。僧格桑见机可乘，先阴使小金川头目，煽惑故降苗，使其复叛做内应；便于本月初一日夜，从美卧沟出，袭陷董天弼底木达营。初二日，又据要隘，夺大板昭，并谋袭木果木。温福骄傲轻敌，不加严备。初十日，僧格桑率军突袭大营，劫木栅，占卡寨，夺炮台，发火枪。温福仓皇失措，四面受围，中枪而死。并揳入大营纵火，碉卡兵望烟溃散。是役提督马全、牛三畀，副都统巴朗、阿尔纳素，总兵张大经等俱战死，兵士陷殁三千余人。败报传至避暑山庄，命阿桂为定西将军，丰升额、明亮为副将军，富德为领队大臣，富勒浑为四川总督，调集兵力，大举进军。

· **命编《日下旧闻考》** 先是康熙二十五年（1686），朱彝尊罢居京师古藤书屋，风雨一编，青灯永夕，集一千六百余种册籍，辑有关北京史料，分星土、世纪、形胜、宫室、城市、郊坰、京畿、侨治、边障、户版、风俗、物产、杂辍十三门，四十二卷。名《日下旧闻》。至是十六日，命将其详加考证，悉做补充，编为《日下旧闻考》。著大学士于敏中总其成，每辑一门，进呈旨定。

· 十一月

· **阿桂奏复小金川** 自温福木果木之败后，僧格桑连陷美诺、明郭宗。阿桂受命后，整饬部伍，激励士气，集结二万军队，分兵三路，直指美诺。十月二十九日，各路齐进，转战五昼夜。初四日，攻克资哩山梁，收复沃克什官寨，占领美诺等处，小金川全境平。旋命进军大金川。

·**大学士刘统勋死**　先是六月二十五日，大学士刘纶遗疏闻。刘纶（1711—1773），江苏武进人，官至大学士兼军机大臣，有《绳庵内外集》。刘纶前后入值军机处近二十年，与刘统勋有"南刘北刘"之称。至是十六日，刘统勋又死。刘统勋（1700—1773），字延清，山东诸城人。雍正进士，后官尚书。尝勘海塘，巡河工。如视杨桥漫工，河吏以刍茭不给为辞，月余尚无头绪。统勋微行，见载刍茭车凡数百辆，皆弛装困卧。问之，皆言官吏索贿方收，贫而不能纳贿，故置而不收。即令缚河吏论罪，薪刍一夕收尽，河工逾月遂竣。官至大学士兼军机大臣。著有《刘文定公集》。

1774年　甲午　清乾隆三十九年

正月

·**定聚众结盟罪例**　二十二日，定凡异姓人歃血订盟、焚表结拜兄弟者，照谋叛未行律，为首者绞监候，为从者减一等；若聚至二十人以上，为首者绞立决，为从者发极边充军等。

四月

·大学士兼军机大臣福隆安（傅恒之子）家人蓝大，率众在外滋扰，酗酒殴斗，巡城御史陈憬瞻徇情面，颟（mān）顸（hān）了事。御史李漱芳具疏参奏。十六日，命将蓝大从重治罪，陈憬严加议处，李漱芳交部议叙。

·廿五日，以武英殿现办《四库全书》活字版，命其名为武英殿聚珍版，简称殿版。

五月

·初三日，命选派宗室王公之子入宗学肄业，著为令。

六月

·**停止查补僧道度牒**　御史戈源先奏，自乾隆元年至四年（1736—1739），僧道之无度牒者三十四万人；自四年迄今，私自簪剃者有数百万众。若纷纷查补度牒，必多滋扰，请嗣后永停通颁。十二日，著停止。

·廿五日，以浙江宁波天一阁范懋柱家所进之书最多，命赏《古今图书集成》一部。

八月

·**命各省督抚采访遗书**　初五日，谕：前曾谕令各督、抚采访遗书，汇登册府。下诏数月，应者寥寥。彼时恐有司等，因遗编中或有违背忌讳字面，惧涉干碍；而藏书家，因而窥其意旨，一切秘而不宣。因复明切宣谕各督、抚等："应将可备采择之书，开单送馆。其或字义触碍者，亦当分别查出奏明，或封固进呈，请旨销毁；或在外焚弃，将书名奏闻，方为实力办理。乃各省进到书籍，不下万余种，并不见奏及稍有忌讳之书，岂有裒（póu）集如许遗书，竟无一违碍字迹之理？况明季末，造野史者甚多，其间毁誉任意，传闻异词，必有诋触本朝之语。正当及此，一番查办，尽行销毁，杜遏邪言，以正人心，而厚风俗。"（《清高宗实录·九六四》）

·十九日，河溢江南老坝口。

·**山东王伦起义**　二十八日，山东寿张（今阳谷）党家店人王伦，利用清水教（白莲教支派）组织教众，传授武术，以"地方灾歉，官吏额外加征"（《清高宗实录·九六九》），举行武装起义。起义原定于十月发动，因走漏消息，寿张知县沈齐义派人联络阳谷县令同捕。王伦得阳谷衙役（教徒）密告，遂提前举事。二十八日夜，王伦率农民教众，白布缠头，各带器械，攻入寿张县城，杀知县，占衙署，据城池，开粮仓。同日，王经隆在堂邑县张四孤庄起兵响应。旋王经隆与王伦会合，起义军声势大震。总兵惟一前往镇压，兵败。九月初二日，起义军攻占阳谷，寻下堂邑。初七日，起义军一支将山东巡抚徐绩围至临清城南柳林；另一支由王伦率领，夺占运河咽喉临清旧城。义军开典库，夺粮艘，使漕运梗阻。清军交锋挫衄（nù），四散奔溃，总兵惟一、格图肯因之被斩。乾隆帝先后命大学士舒赫德、额驸拉旺多尔济、左都御史阿思哈等，统领健锐、火器二营等兵前往，并派直隶总督周元理、河南巡抚何煟等率兵四面截攻。二十三日，清军救出徐绩，后起义军被迫坚守临清旧城。王伦派义军千人北出牵制清兵，自率骁骑五六百阵城东门迎战，失利，退守城中巨宅。二十七日，王伦虽踞屋死守，但寡不敌众，最后兵败自焚死。王经隆后亦被俘死。

十月

·廿六日，再申严各督、抚，力行保甲法。

十一月

·初九日，命将屈大均"悖逆诗文"削版焚篇。

十二月

·初五日，命纂《剿捕临清逆匪纪略》。

·廿七日，土尔扈特汗渥巴锡死报闻，令其长子策凌那木扎勒袭爵。

是岁

·东印度公司秘书波格尔，以同西藏通商为名，从不丹进入后藏，拜会班禅额尔德尼六世。

1775 年　乙未　清乾隆四十年

六月

·廿四日，设管理乌鲁木齐厄鲁特部领队大臣，以管理稽查牲畜及屯田等事。

·**禁广西商民出口贸易**　先是五月十五日，将乾隆九年开放之由村隘口封禁，商旅由平面、水口两关，验照出入货贩。本月二十八日，命所有商民，概不准擅越边境贸易。其边界地区彼此交易，须于关口适中之地，酌定日期，派官稽查。

八月

·**阿桂等攻占勒乌围**　勒乌围（今四川马尔康南）是大金川旧官寨，垣固碉高，位踞要害。先是将军阿桂、副将军丰升额、参赞大臣海兰察，自上年二月率兵往攻勒乌围。沿途步步披岖，层层破碉，夺山梁，占卡寨。至七月，金川头人绰窝斯甲降，并献其头目僧格桑尸体。阿桂等率军盘山穿箐，争夺碉卡。本年五月，阿桂破朗噶寨，距勒乌围仅数里。继连破昆色喇嘛寺和拉枯喇嘛寺，七月末抵勒乌围。勒乌围东依山麓，西临大河，北踞险势，南望经楼，"经楼辅车，陡磡（kàn）划界。木卡石城，蚕簇鳞绘"（《清高宗实录·一〇〇七》）。阿桂等督军先破卡数十重。继斩栅夺碉，泅水拽桥，穴道旁出，绝其援兵。本月十五日夜，进捣大寨。四面炮击，轰以地雷，垣摧墙裂。黎明，勒乌围陷。莎罗奔及其妻子等先遁往噶拉依。

九月

·初十日，以暹罗国王郑昭由商船行文广东，请给硫黄、铁炮以合攻缅甸，令许买硫黄、铁锅，不予铁炮、铳子。并言其攻缅甸事，听自为之。

十月

·十一日，定直省督、抚于每年十一月奏报人口实数例。

·十五日，赈畿南保定、文安等四十七州县水灾。

·十六日，定以后巡察盛京（今辽宁沈阳）、黑龙江、吉林等处。每五年一次，著为令。

闰十月

·十九日，以广东东莞人陈建所著《皇明实纪》（《皇明通纪》）一书，"内多悖逆字句，应行销毁"（《清高宗实录·九九五》）。又僧澹归所著《遍行堂集》《澹归诗集》，亦著毁弃。所有澹归碑石，令派员前往仆倒捶碎。

十一月

·初九日，命盛京、吉林、黑龙江将军等，将三省名山大川、古人遗迹、城名变更、道里远近等，详对满洲档册、盛京志书和实录，逐一详查，绘图呈览。后定名为《盛京吉林黑龙江等处标注战迹舆图》。

·**定官员失察流民严处例** 十三日，命嗣后奉天、山东等沿海州县，如有失察流民私行渡海并经发觉者，照台湾流寓民人眷属偷渡例，其文职官失察一名至十名者罚俸一年，十名以上降一级留任，二十名以上降一级调用等。

·廿二日，从安南国王请，停止近边定期互市，禁止越境私行贸易，不许一人出口。

是岁

·建文渊阁、文源阁、文津阁，以备储藏《四库全书》。

1776 年　丙申　清乾隆四十一年

正月

·**追谥明季殉难诸臣**　先是上年十一月，命予明季殉节诸臣如史可法、刘宗周、黄道周等诸臣谥典。至是初七日，又命予明靖难殉节诸臣、并建文革除之际其臣之仗节死者议谥。

·初七日，著将副都统和珅一族抬入满洲正黄旗。

·十二日，调明善为科布多参赞大臣，法福里为乌里雅苏台参赞大臣。

二月

·**阿桂等攻克噶拉依**　先是莎罗奔等失陷勒乌围，逃往噶拉依。噶拉依是大金川官寨，为索诺木驻地。阿桂等议分北、西两路：北路自勒乌围，夺大金川上游，南下扣攻；西路据河西辅攻。上年十二月，阿桂等克寨夺卡，进据噶占山梁，直捣噶拉依；明亮等克险据寨，进抵独松隘口，克期合攻噶拉依。自二十二日，阿桂、明亮等会攻噶拉依。正月初，索诺木之母及其姑、姐妹出降，但索诺木、莎罗奔等皆在官寨中抵死力拒。阿桂督师筑长围，断水道，陷卡夺碉，层层逼近。又施炮击，兼用火攻，历四十余日。至是月初四日，索诺木水断粮尽，计穷力竭，率兄弟及大小头目等二千余人，跪捧印信降。金川平。以平金川功，阿桂晋一等诚谋英勇公，并居紫光阁图画功臣像之首；加公丰升额为一等子；封明亮为一等襄勇伯；海兰察为一等超勇侯，余各封赏有差。是役历时五年，其“地不逾五百里，人不满三万众，而费帑至七千万"(《清诗纪事·平定两金川凯歌三十章》)。四月，磔索诺木等于京师。金川平后，噶拉依设总兵，勒乌围设副将。后将金川改土归流，以大金川地为阿尔古厅，小金川地为美诺厅。

· 十八日，准宁夏牧场地丈勘定界，听民垦种。

三月

· 初八日，设成都将军，以明亮为之。

· 廿九日，命户部侍郎和珅在军机处行走。

五月

· **富德被斩** 富德，满洲正黄旗人。以随傅恒征金川、从兆惠征准噶尔和征霍集占功，爵至一等靖远成勇侯，官至御前大臣、军机处行走。但富德有功不善自处，后两次缘事论死，均遇赦。三十八年（1773），再征金川，出师二年未有大摧破。富德与阿桂不睦，金川平，阿桂劾其克扣土兵盐菜银以滥赏。富德又以密封满文奏单参阿桂。命将富德革去参赞大臣，槛送京师。廷讯，以富德银六铤入己，又受馈金五十两等。初八日，命即行赴斩。

八月

· 十七日，禁直省文武衙门预印空白交书役携带。

· 二十日，给回疆叶尔羌、和阗等处成丁回人地耕种，照额纳税。

十月

· 初一日，以福康安管理步军统领事已阅十年，著更换丰升额补授，福康安仍兼管。

· 廿六日，免甘肃皋兰等二十九厅州县历年灾欠银八十四万余两，粮四百余万石。

十一月

· **令销删"抵触本朝"书籍** 以汇辑《四库全书》，十六日，谕各省督、抚遍访遗书，陆续呈送，由总裁等悉心校勘，分为应刊、应钞及存目三项，以广流传。对明季诸人书集，"词意抵触本朝者，自当在销毁之列"；对刘宗周、黄道周、熊廷弼、叶向高、杨涟、左光斗等人书集，其"所有触碍字样，固不可存，然只须删去数卷，或删去数篇，或改定字句，亦不必因一二卷帙遂废全部"（《清高宗实录·一〇二一》）。其后大肆焚删书集。

·廿六日，以倪宏文赊欠英吉利商人货银万余两，命予杖流监追，勒限一年变卖家产抵偿，再照部议发遣。

十二月

·**国史馆编列《贰臣传》**　初三日，谕："盖崇奖忠贞，即所以风励臣节也。在思我朝开创之初，明末诸臣，望风归附。如洪承畴以经略丧师，俘擒投顺，祖人寿以镇将惧祸，带城来投。及定鼎时，若冯铨、王铎、宋权、谢升、金之俊、党崇雅等，在明俱曾跻显秩，入本朝仍忝为阁臣。至若天戈所指，解甲乞降，如左梦庚、田雄等，不可胜数。盖开创大一统之规模，自不得不加之录用，以靖人心而明顺逆。今事后平情而论，若而人者，皆以胜国臣僚，乃遭际时艰，不能为其主临危授命，辄复畏死幸生，腼颜降附，岂得复谓之完人？即或稍有片长足录，其瑕疵自不能掩……朕思此等大节有亏之人，不能念其建有勋绩，谅于生前；亦不因其尚有后人，原于既死。今为准情酌理，自应于国史内，另立《贰臣传》一门，将诸臣仕明及仕本朝各事迹，据实直书，使不能纤微隐饰。"（《清高宗实录·一〇二二》）

·**复行翻译科试**　时翻译乡、会试停止二十余年，习满文、善翻译者益少。初八日，著于乾隆四十三年（1778）八月举行翻译乡试，次年三月举行翻译会试。

·**缅请开关互市**　缅甸猛驳死，子赘角牙袭位。其头目德鲁蕴投文云南，将送还前拘苏尔相、杨重英等，请予开关互市，如约进贡。十九日，报闻。

·二十日，禁止流民进入吉林。

是岁

·**会计直省民数谷数**　各省通共大小男妇二亿六千八百二十三万八千一百八十一名，各省通共存仓米谷四千零三十万余石。

1777 年　丁酉　清乾隆四十二年

正月

·先是哈萨克汗阿布赉请献纳塔什干三万户人丁，以借威力争夺塔什干土地。初十日，谕不允其请。

二月

·**陶庄引河开成放水**　黄河早有倒灌之患。康熙三十八年（1699）南巡时，命开陶庄引河，远避清口，以免河水倒漾。但其后康熙三十九年（1700）、四十年（1701）、五十一年（1712）、五十三年（1714）和雍正八年（1730）五次开河，均屡挑屡淤。上年调苏州抚臣萨载为河臣，令同总督高晋勘测绘图，反复商定，于九月十六日兴工，至本月十五日放水入引河。引河自陶庄抵周家庄。始会清东下，去清口较前远五里。引河工程先后历时七十余年，屡举而未就，至此告成。

·**停民壮演习火枪**　先是各省地方，设立民壮，协助营兵，巡缉守御。以王伦举事，二十六日，命各地民壮，不必演习鸟枪。

四月

·廿二日，大学士舒赫德死疏闻。舒赫德（1710—1777），字伯容，满洲正白旗人。官至武英殿大学士兼军机大臣。曾奉敕撰《钦定剿捕临清逆匪纪略》。

·廿三日，令广东禁止洋船进口棉花。

五月

·二十日，马兰镇总兵满斗于东陵掘墙通路，著斩监候。

·廿三日，免顺天大兴、宛平等二十三厅州县受灾额赋有差。

七月

·廿三日，暹罗郑昭遣使进贡，并送所获缅甸俘虏。准其买回铁锅等物应用。

·**奖甘肃民垦乌鲁木齐**　甘肃连岁受灾，民生拮据；而乌鲁木齐一带，地沃民稀。二十三日，命劝谕甘肃各处贫民，往乌鲁木齐垦种，官为资送，酌借口粮，分段安插，并筹备农具、籽种。

八月

·初七日，免明年乌鲁木齐额征粮草三分之一。

·十九日，命大学士阿桂、于敏中等纂修《满洲源流考》。

·廿四日，封闭盛京复州（今辽宁瓦房店西北）五虎嘴等处煤窑。

·廿六日，命浚淮扬运河。

九月

·先是云南、贵州举人进京会试，一路赏给驿马骑坐。二十九日，命嘉峪关以外士子，赴西安乡试及进京会试，照云、贵例，一律赏给驿马骑坐。

十月

·初六日，新疆回部郡王额敏和卓病死报闻。

·**各督五年密奏所属总兵一次**　先是各总督每届五年，将所属副将、参将分别一、二等，密行咨部具奏一次。十七日，命各该督将所属总兵，照副、参之例，出具考语，分别等次，每隔五年，密陈一次。

十一月

·**不许武科改用鸟枪**　总督高晋奏请将武举考试舞刀改用鸟枪，以中靶多寡，分别字号考试。初一日，谕称：鸟枪原系制胜要器，而民间断不宜演习多藏。即如山东王伦聚众之事，幸其不谙放枪，故易剿灭。如武科改用鸟枪，武生必时常学习打靶，民间私卖火药、铅丸俱难禁止。高晋所奏，断不可行。

·**王锡侯《字贯》狱**　江西新昌举人王锡侯，删改《康熙字典》，另作《字贯》，以其不知"尊君亲上"之义，十二日，命交刑部严讯。巡抚海成及布政使、按察使均以失察革职。寻命通行访查，如有与《字贯》相类之书，无论旧刻新编，俱查出奏明，解京销毁。

·**王伏林倡教拒捕**　甘肃河州（今临夏东北）民王伏林等念经传教，聚众竖幡，集二千余人，仗剑拒捕伤差，被逮五百二十二人，事败。二十三日报闻。

十二月

·移闲散宗室往大凌河 十七日，命将闲散宗室移往盛京（今辽宁沈阳）大凌河马厂西北地方，每户给房八间，每名给银二百八十两，每人给地三顷（一半官垦，一半自垦），给予耕种器械。先与一年口粮，并每年照宗室例减半给予银两（十年后裁汰）。

是岁

·戴震死 戴震（1723—1777），字东原，安徽休宁（今屯溪）人。杰出思想家。少时学《说文》，年十六研注疏，年二十八补诸生，后举乡试。乾隆三十八年（1773）开四库全书馆，任纂修官。两年后，特命与会试中式者同赴殿试，赐同进士出身。读书博学强记，深湛邃思，对天算、历史、舆地、音韵均深有研究，尤精于经学，为一代考据学大师。在哲学上，肯定世界是"气"的变化过程，而"天地之气化，流行不已，生生不息"（《孟子正义·卷十一》）。"气"的内容是"阴阳五行"，即"道"的实体。从而批驳了理学家"理在事先"的命题。戴震哲学思想对程朱理学"去人欲、存天理"的说教进行批判，主张求天理于人欲之中，指出"存天理、去人欲"是理学家"以理杀人"之理论。说道："人死于法，犹有怜之者；死于理，其谁怜之？"（《孟子字义疏证·卷上 理》）著作有《孟子字义疏证》等，后人编为《戴东原集》。

1778年 戊戌 清乾隆四十三年

正月

·追复多尔衮等封爵 乾隆帝阅《实录》，见睿亲王多尔衮于开国之时，首先统众入关，成一统之业，厥功最著，而身后蒙不白之冤，削夺封号，于心未惬。初十日，命追复睿亲王封爵，补入《玉牒》，补继袭封。并复豫亲王多铎原封。又以礼亲王代善后改封康亲王，郑亲王济尔哈朗后改封简亲王，肃亲王豪格后改封显亲王，克勤郡王岳托后改封平郡王，俱复其原号，配享太庙。

四月

·**王尔扬撰墓志触讳**　山西巡抚巴延三奏，举人王尔扬所作《李范墓志》，于"考"字上擅用"皇"字，实属悖逆，已派官驰赴其家内搜查，并将其押解来省城。初八日，谕曰："皇考之字，见于《礼经》、屈原《离骚》及欧阳修《泷冈阡表》俱曾用之。在臣子尊君敬上之义，固应回避，但迂腐无知，泥于用古，不得谓之叛逆……此事竟可毋庸查办。"（《清高宗实录·一〇五四》）

六月

·刑部、宗人府奏，民人宝通、高二殴伤觉罗赫兰泰，照例拟以杖、徒。初四日，谕赫兰泰为天潢，恃系黄红腰带为护符，轻入茶坊酒肆，寻衅殴人，其人还手，著照斗殴论，按新例定拟。

·**河溢河南祥符**　先是入夏后河南等地大旱，河水浅阻，漕船多难渡黄。上月命浚卫河上源及山东汶水，以济漕运。后降暴雨，二十九日，祥符河溢。寻又溢仪封、考城。

九月

·**准西洋人进京效力**　先是西洋人有具呈广东督、抚衙门，愿进京效力者，俱已转奏送京。初八日，命两广总督桂林、广东巡抚李质颖，嗣后如西洋人呈请进京效力者，即为奏闻送京，不必拒阻。

·先是七月二十日，乾隆帝北巡盛京（今辽宁沈阳）谒陵启行。至是月初九日，回程至兴隆地方，有锦县生员金从善于道旁进递呈词，陈请建储、立后、纳谏、施德四事，忤旨。寻命将金从善斩首，后于二十六日回京师。

·**宣谕至乾隆六十年内禅**　以金从善呈请建储等事，申言立储流弊，宣明归政之期。二十一日，宣谕略云：朕历览诸史，今古异宜，知立储之不可行。盖一立太子，众见神器有属，幻起百端。弟兄既多所猜嫌，宵小且从而揣测。其儒者，献媚逢迎，以陷于非；其强者，设机媒孽，以诬其过。往往酿成祸变，遂致父子之间，慈孝两亏；家国大计，转滋罅隙。太子之名，盖自周始，《礼记》因有《文王世子》之篇，其后遂相沿袭。然至幽王时，太子宜臼即以谗废。后世若汉武帝之立太子据，致有巫蛊之祸。唐太宗立太子承乾，竟以谋逆废黜。即明洪熙为太子时，汉王高煦百计相倾，东宫诸臣接踵下狱，幸而洪熙谨慎，得以保全，然以忧谗畏讥成疾，在位弗克永年。至于立嫡立长，尤非确论。汉文帝最贤，并非嫡出，使汉高祖令其嗣位，何至有吕氏之祸。唐太宗为群雄所附，使唐高祖不立建成而立太宗，则无"玄武门之变"。明永乐以勇略著闻，使明太祖不立建文而立永乐，则亦无"金川门之难"。我朝家法，皆未豫定储位。皇祖时曾立理密亲王为皇太子，后以怙终废，遂不复建储，而属意于我皇考。雍正元年（1723），皇考亲书朕名，缄藏于乾清宫"正大光明"匾内，而不豫宣示。及朕缵承洪绪，效法前徽。昔皇祖御极六十一年，予不敢相比。若邀穹苍眷佑，至乾隆六十年（1795），予寿八十有五，即当传位皇子，归政退闲。昔唐宣宗闻裴休立储之请，曰："若立太子，则朕为闲人。"（《清高宗实录·一〇六七》）又宋仁宗储位既定，郁郁不乐。宋英宗立太子后，泫然泣下。皆朕所嗤鄙。曾于批阅《通鉴辑览》时，评斥其非，安肯踵其庸陋之见乎！

·高朴在叶尔羌正法　叶尔羌参赞大臣高朴，苦累回民，采办玉石，串商私卖，贪婪无忌。其虽为慧贤皇贵妃之侄、高斌之孙，为免"乌什之变"再起，二十八日，命将高朴就地斩首。

十月

·三十日，土尔扈特亲王策伯克多尔济死，命其弟奇里布袭亲王爵，并授为盟长。

十一月

·初八日，惇妃将宫内使女毒殴致死，著降为嫔，并罚银给其父母殓埋。

·十二日，免奉天所属本年及明年额征银两及米豆。

·徐述夔诗狱　已故江苏东台举人徐述夔，在《一柱楼诗》中，有"明朝期振翮，一举去清都"，"大明天子重相见，且把壶儿搁半边"诗句，以其影射讥刺，二十七日，命将徐述夔及其子述祖（已死）戮尸，其孙食田论斩；失察之江苏布政使陶易、列名校对之徐首发等俱斩监候。已故礼部尚书沈德潜曾为之作传，命将其御赐碑仆倒，磨毁碑文，并撤出乡贤祠。

十二月

·山东巡抚国泰奏，已派按察使于易简等赴冠县，将杨四海拿获。初九日，命直隶总督周元理、山东巡抚国泰等查讯义和拳名色，严治教众。

是岁

·《四库全书荟要》成书。于敏中、王际华等编，按《四库全书》式样，选辑其中四百六十四种，分缮二部。

·全蜀大饥，立人市，鬻子女。

1779 年　己亥　清乾隆四十四年

二月

·**井陉县民聚众控官**　直隶井陉县民梁进文等百余人，以知县周尚亲采买仓谷三千石，每石官价九钱三分，实付六钱，十三日午后至正定府，向钦差、侍郎刘浩寓所控告。刘浩敷衍推脱，至三更时知府出告，众方各散去。事闻，命将知县周尚亲绞监候，总督周元理、侍郎刘浩去管理兴隆寺庙工。梁进文等被枭示。

·**乐安妇女击鼓闹堂**　二十日，江西乐安县妇女二十余人，拥进县衙，击鼓闹堂。并有董员仔等二百余人，冲进县堂，掷石伤官。

·**编录《明季奏疏》**　明臣徐必达《南州草》、肖近高《疏草》、宋一韩《夜垣封事》、侯震畅《天垣疏略》等，均能切中明末秕政，详明剀切，侃侃不阿。二十五日，命编辑《明季奏疏》，永为殷鉴。

四月

·初五日，改辟展办事大臣为领队大臣，移驻吐鲁番。

·廿九日，智天豹编造年号，遣人于御道旁跪献，内有乾隆五十七年（1792）一条，以其"诅咒"罪，被斩首。

五月

·**齐齐哈尔添设官屯** 黑龙江地方，屡禁流民栖止。除贸易者携眷居住外，唯历年发遣人犯及放出旗奴，在各城居住。初七日，从黑龙江将军傅玉奏，以边陲之地，积粮为要，于齐齐哈尔地方增添官屯。

六月

·十五日，免甘肃自乾隆二十七年至三十七年（1762—1772），因灾积欠银二十三万五千余两、粮一百零五万余石。

·十六日，河南武陟、河内（今沁阳）二县沁河决，寻漳河溢，俱奏闻。

·廿七日，定将一家多人杀死者，按其所杀人数，将凶犯父子等照数定罪，多寡相当，著为令。

八月

·**编辑《蒙古王公功绩表传》** 初一日，命国史馆会同理藩院，将各蒙古扎萨克事迹谱系，详加采订，以一部落为一表传，其事迹显著之王公每人立一专传，用满文、蒙古文、汉文三体合缮成帙。以汉文录入《四库全书》。

·廿一日，命和珅在御前大臣上学习行走。

·廿四日，宁寿宫成，预为乾隆帝归政后，退闲颐养之所。宁寿宫花园，后称乾隆花园。

九月

·**编修《回部王公表传》** 初二日，命国史馆会同理藩院，照蒙古王公例，将封授贝勒、贝子、公爵者之劳绩，编纂表传。

十月

·十二日，免西藏那克舒三十九族藏民应交马银。

十一月

·初六日，自乾隆四十一年（1776）十月至本年秋谳，拟缓决犯者，积有八千九百九十余人。

·十八日，以原吉林将军富椿调补杭州将军后，不能训练兵丁，反自求逸乐，每日嗜酒、听曲、看戏，有称其戏为"将军班"，著革职。

十二月

·**于敏中死**　于敏中（1714—1780），字叔子，江苏金坛人。乾隆三年（1738）一甲一名进士，授翰林院编修，后为上书房总师傅兼翰林院掌院学士，官至文华殿大学士兼户部尚书。敏中敏捷过人，以文翰受乾隆帝知。曾与朱筠等力主卅四库全书馆，为总裁，主其事。又充国史馆、三通馆总裁。敏中死报闻，初八日，予祭葬。著有《素余堂集》等。

是岁

·散文家刘大櫆死。刘大櫆（1698—1779），字才甫，号海峰，安徽桐城人。师事方苞，为"桐城派"重要作家之一。有《海峰文集》《海峰诗集》《论文偶记》《历朝诗约选》等。

·镇江文宗阁成，为储藏《四库全书》之用。

·耶稣会士刘应著《鞑靼史》在法国巴黎出版。

1780年　庚子　清乾隆四十五年

正月

·**乾隆帝第五次南巡**　十二日，乾隆帝第五次南巡起行，南至杭州、江宁。五月还京师。

·是月，修浙江仁和（今属杭州）、海宁海塘工报闻。

二月

·**伊犁增至十余万人**　伊犁将军伊勒图等奏，伊犁兵民户口，渐增至十余万人，事务繁多。初二日，准改设抚民同知一员，管理地方事务；添设理事同知一员，办理刑名事务；并增添巡检二员。

·初五日，免两江所属旧欠银八十七万余两，谷四十万余石。

·初八日，免台湾府属一厅四县本年额粟十六万余石。

·廿三日，命大小金川"番众概行剃发"。

三月

·**李侍尧以纳贿治罪**　文华殿大学士、云贵总督李侍尧，贪纵营私、纳贿勒索，侍郎和珅等查办得实。十八日，谕曰："李侍尧身为大学士，历任总督，乃负恩婪索，盈千累万，甚至向属员变卖珠子，赃款狼籍（藉），如此不堪，实朕梦想所不到。"（《清高宗实录·一一〇三》）寻和珅等奏拟斩监候，廷议改斩决，后诏定斩监候。

·廿二日，以和珅为户部尚书。

四月

·初七日，准改建杭州老盐仓一带四千二百余丈柴塘为石塘。

五月

·二十日，尚书和珅之子赐名丰绅殷德，指为十公主额驸。

六月

·十七日，河决江苏睢宁郭家渡。

·二十日，以户部尚书和珅为正白旗领侍卫内大臣。

七月

·**班禅额尔德尼入觐**　为给乾隆帝七十岁生日祝寿，班禅额尔德尼六世自后藏先至热河。二十一日，在避暑山庄清旷殿入觐。寻乾隆帝御万树园，赐班禅额尔德尼六世等宴。又在京师香山为其建"宗镜大昭之庙"，俗称"昭庙"。十一月，班禅六世在京师圆寂。后在北京西黄寺内为其建藏经卷、衣履石塔，名洁净化城塔。

十一月

·**定乌里雅苏台将军等职限**　先是以庆桂为乌里雅苏台将军，又命将军、参赞不必办理喀尔喀游牧事务。其将军、参赞及四部盟氏之专办事件，初十日议定为：乌里雅苏台将军办理边疆巡察喀尔喀四部台卡事务，凡事关紧要及调发兵马诸务，各盟长、副将军、扎萨克应归将军节制；四部副将军、王公、扎萨克等照旧每年轮班驻乌里雅苏台，副将军仍听将军、参赞调拨兵马及巡察台卡，不办理游牧；四部盟长嗣后如须会盟，俱先报理藩院示复；贼盗、人命等案，由该扎萨克报其盟长，呈理藩院定夺。

　　十二月

　　·**再停鳌拜世袭公爵**　先是鳌拜被康熙帝宣示二十四大罪状拘禁，后雍正帝复其一等公世袭罔替。初六日，再宣示鳌拜罪状，停其公爵，以为大臣擅权弄法者戒。

　　·十六日，会同四译馆颓塌，伤亡朝鲜人，礼部等有关官员下部严议。

　　是岁

　　·扬州文汇阁落成，为储藏《四库全书》之所。

1781 年　辛丑　清乾隆四十六年

　　正月

　　·初六日，以蒙古喀尔喀等早已俱为清之旧属人，命定喀尔喀、杜尔伯特、土尔扈特、和硕特及回部王、公、扎萨克、台吉等世袭爵秩，俱给册印。

　　二月

　　·**《四库全书总目提要》缮进**　在纂修《四库全书》过程中，纪昀、陆锡熊等对采入书籍，分别编写内容提要，述其书大旨、著作源流、作者爵里及得失辨订等，按经、史、子、集分类。迭经增删，十三日缮进，后于乾隆五十四年（1789）由武英殿刻版。共二百卷，著录收入《四库全书》中三千四百六十一种，七万九千三百零九卷；存目中六千七百九十三种，九万三千五百五十一卷，总计一万零二百五十四种，十七万二千八百六十卷。它经过系统分类编排，为以后了解其前各类著作提供不少方便。

·十六日，以浙江杭嘉湖道王燧为官贪黩、民怨沸腾，查抄出资产银二十余万两，命将其革职逮问，后论绞。

三月

·**苏四十三起义** 先是甘肃安定（今定西）人马明心在回教中创立新教，后到循化（今青海循化）撒拉族中传教，因新旧教冲突，被逐回籍。后马明心潜回撒拉族传教，新旧教又生事端。旧教首至省控告，总督勒尔谨派兰州知府杨士玑、河州副将新柱带兵前往查拿新教首。新教苏四十三等假装旧教迎接新柱，新柱宣布官府为旧教做主，新教不遵约束即斩尽杀绝。十八日，苏四十三等愤杀新柱等人，遂攻占台堡，并杀死知府杨士玑。二十一日，苏四十三率众攻占河州城（今甘肃临夏东北），放出监犯，寻进逼兰州。奏闻，派提督仁和调五镇兵前往镇压。后又派阿桂驰往甘肃，并派健锐、火器二营等军驰赴兰州。

·廿九日，《平定两金川方略》书成。

四月

·**尹嘉淦被绞死** 先是上月乾隆帝西巡五台山回跸保定，在籍休致大理寺卿尹嘉淦，派子为其父尹会一请谥，并请从祀文庙。以其狂妄交部治罪。旋于抄家中查出其所著书中多"狂悖之语"。至是月十七日，命绞立决。

·廿五日，江南长洲（今江苏苏州）人钱棨，在乡试、会试、殿试中，连中三元。

五月

·**严禁索取门包银** 时直省大吏设立管门家人，向属员恣索门礼，称作门包银。查抄革职总督勒尔谨家产时，其家人曹禄名下抄出银一万数千两，并有金器等物。经讯，供称系为历年门包积聚，营运生息所致。初三日，命各督、抚、府、道不许收属员门包，亦不许设立管门家人。

闰五月

·初四日，《热河志》书成。

六月

·先是哈萨克汗阿布赍死奏闻，遣官前往祭奠。初六日，命阿布赍之长子瓦利苏勒坦承袭其父汗爵。

·**苏四十三牺牲**　先是苏四十三率领回众围攻兰州，占领城西南华林山。清命大学士阿桂、尚书和珅、额附拉旺多尔济、领侍卫内大臣海兰察等前往镇压；并宥李侍尧罪，著署陕甘总督，驰赴兰州。四月初六日，清军复河州，旋兵聚兰州。苏四十三等率众于"崖坑陡立，斜通一径"（《圣武记·附夷艘寇海记·国朝甘肃再征叛回记》）之华林山，设寨坚守。本月十五日，阿桂等命兵四面环攻，掷土填壕，破栅断水，抛投火弹。甘肃回族和撒拉族起义军寡不敌众，粮尽矢绝，寨破，首领苏四十三等牺牲，余部退守华林寺。至七月初六日，清军火烧华林寺，起义军士全部牺牲。苏四十三起义失败后，清令设立乡约，禁除新教，分段管辖，具结担保，加强了对回族地区的统治。

·十八日，江苏崇明（今上海崇明）海啸，城外潮深丈余，城厢进水四五尺。

·十九日，荆州（今湖北江陵）江水涨溢，沙市、江陵一带均有冲漫，荆州府护城东、西、北三门俱被淹浸。

七月

·二十日，暹罗求买铜器，以铜斤例禁出洋，不许其采买。

·**甘肃营私舞弊案**　陕甘总督勒尔谨、浙江巡抚王亶望（原甘肃布政使）、甘肃布政使王廷赞及道、府、州、县等数十名官员，上下串通，私收折色，冒赈婪赃，舞弊分肥，共侵贪银数十万两。三十日，命勒尔谨自尽，王亶望处斩，王廷赞论绞。并令阿桂按治诸州县，冒赈至二万两以上者皆死，于是坐斩者二十二人，余谴黜有差。

八月

·**调福康安为川督**　时四川省"啯噜子"近年每邑俱多至百十余人，有棚头名号，常带刀持棍，至有州县吏役加入者。以总督文绶办理不力，夺职，遣戍伊犁。十二日，著福康安调补为四川总督。

九月

·初九日，江西信丰县故民肖维富等创立"邪教"，广为宣传，命戮尸，其余斩、流有差。

·**武职官员虚额名粮归入养廉**　时各省武职大小官员，俱有虚额名粮，拟将此项归入养廉银，另行补充实额。大学士阿桂等奏称，此项经费岁增三百万两，统计二十余年，即须用七千万两，岁久则难以继。谕以即位初年，户部库银不过三千万两，今已增至七千余万两，且与其聚之于上，毋宁散之于下，而在官多一分，即在民少一分；如以岁支增三百万两计，至乾隆六十年（1795）归政时，所用亦不过四千余万，加以每年岁入所存，其时库藏较即位时，自必尚有盈余。二十八日，准武职官员虚额名粮归入养廉。

十月

·廿八日，停甘肃每年冬季进哈密瓜、皮张之例。

·**定满洲驻防官兵退休回京就养例**　先是各省驻防满洲官兵，年老退休后概不许来京。二十九日，定如年老退休后，在驻防处实无依赖之人，京中尚有子嗣并意欲就养者，经该处将军查明，自备费用，由官办理回京。著为令。

1782 年　壬寅　清乾隆四十七年

正月

·十四日，禁江苏使用鸟枪、线枪（江南猎枪火眼小，继而长，名为线枪）。

·十八日，拨库银七万两于盛京（今辽宁沈阳）建文溯阁，以贮藏《四库全书》。

·**停止伊犁兵丁贩货**　伊犁将军伊勒图奏请，照例委派弁兵赴兰州、西宁等处贩买，以资接济。二十一日，谕伊犁商贾流通已久，若仍派兵丁赴内地贩货，恐沿途滋事，并且妨碍操演，著将此例永远停止。

·**《四库全书》第一份告成**　自乾隆三十八年（1773）开馆，历时共十年，四库馆员先后总计达四千一百八十六人，所辑书籍按经、史、子、集四部排列，共收书三千四百六十一种，七万九千三百零九卷（文津阁本共收书三千五百零三种，七万九千三百三十七卷, 三万六千三百零四册), 至二十九日止, 第一份《四库全书》缮写告成。后又缮写六份, 分储于紫禁城文渊阁、圆明园文源阁、盛京文溯阁、避暑山庄文津阁、镇江文宗阁、扬州文汇阁和杭州文澜阁, 另有副本一部藏于北京翰林院。

・初八日, 停止台湾捐监例。

・十八日, 免甘肃积年民欠粮二百四十五万余石、银三十万余两。

四月

・钱沣参山东巡抚国泰　国泰, 满洲镶白旗人, 四川总督文绶之子, 时官山东巡抚, 以早贵, 辄骄纵。山东布政使于易简, 为大学士于敏中弟, 事国泰阿附。御史钱沣疏劾国泰、于易简吏治废弛, 贪纵营私, 恣意收贿, 仓库亏缺。初四日, 命尚书和珅、左都御史刘墉和御史钱沣前往查办。沣知和珅庇护国泰, 先数日微服至良乡。见和珅仆役骑肥马往山东送书信过, 暗记其状貌。及回, 沣喝令搜其身, 得国泰私书, 言已借银填库备查等情。沣据书立奏。和珅知谋泄, 查办不敢懈怠。七月初八日, 以国泰、于易简亏库银二百余万两, 令俱狱中自尽。但和珅益恶钱沣。或谓后珅鸩沣死。

・初五日, 改译辽、金、元三史告成。

・廿三日, 准修河南自兰阳三堡至考城、商丘河堤, 并挑浚引河工程。

六月

・先是雍正年间甘肃河州二十四关设立乡勇, 编伍团练, 农忙归业, 农闲操演。因其有名无实, 又难保借此为名, 私制军械, 藏匿鸟枪, 纠伙结众, 本月, 著将乡勇尽行革除。

七月

・编辑《河源纪略》　前遣大学士阿桂子、乾清门侍卫阿弥达前往青海查考河源归。十四日, 命纪昀等据以撰《河源纪略》。后于四十九年（1784）七月成书, 三十六卷, 绘图列表, 考古证今, 杂录沿河所见风俗、物产、古迹、逸事。但误以星宿海西南阿勒坦噶达素齐老上之天池为黄河源。

八月

·初三日，以四川总督福康安为御前大臣。

·**旻宁生** 初十日，颙琰次子旻宁生，母喜塔拉氏，后为清宣宗道光帝。

·廿一日，以乌鲁木齐都统索诺木策凌，收受馈送银数万两，听任属员侵冒浮销，著令自尽，以为大臣昧良者戒。

·廿三日，扎萨克郡王车布登扎布死，报闻。

九月

·初二日，建杭州文澜阁，为储藏《四库全书》之所。

·十七日，以闽浙总督陈辉祖在查抄王亶望入官财物时，将金易银，抽换挪掩，命将其革职拿问。后令其自尽。

·十七日，暹罗郑华遣官告其父郑昭病故并嗣位事。

十月

·初十日，新疆库尔喀喇乌苏城竣工，定名庆绥（今乌苏）。

十一月

·廿八日，《四库全书》第二份缮写完竣。

是岁

·官修《皇舆西域图志》成书。

1783 年　癸卯　清乾隆四十八年

正月

·二十日，霍罕伯克那尔巴图遣使朝觐，赐宴并赏蟒缎、玻璃、瓷器等物。

·廿一日，开江苏镇江新河，拨银二十万两。

三月

·**黄河新开河竣工** 黄河自曲家楼决口后，堵决筑堤，后于河南兰阳（今河南兰考）十二堡至商丘七堡，另筑新堤一百七十余里，并疏挑引河，堤、河两工并举，至是告成。初一日，开放新河，黄河复归故道。

五月

·初二日，以福隆安病，调福康安为正黄旗领侍卫内大臣，并补授銮仪卫掌卫事大臣、盟长，总管健锐营官兵大臣。

·**免河南河工银**　河南堵筑决口及筑堤浚渠历次增派夫料银九百四十五万余两，拟分三十年摊征。初七日，命将此项银及上次摊征未完银九十四万余两，共一千零三十九万余两，俱行豁免。

·初八日，免甘肃乾隆三十六年至四十六年（1771—1781），带征银二十四万余两、粮一百三十八万余石。

·**予袁崇焕裔孙官职**　十八日，谕曰："朕披阅《明史》，袁崇焕督师蓟、辽，尚能忠于所事。而其时主暗政昏，不能罄其忱悃，以致身罹重辟，深可悯恻。"（《清高宗实录·一一八一》）令将其入继为嗣之五世孙袁炳，照熊廷弼裔孙之例，酌授官职。

·**福康安为军机大臣**　二十一日，调四川总督福康安来京，在军机处行走。福康安为故大学士兼军机大臣傅恒之子。傅恒有四子：福灵安其时已死，福隆安、福康安与福长安同值军机处（时军机大臣六人），兼领兵、工、户三部，势焰倾朝。

七月

·初八日，命各省将一等举人分为两班，分别以知县、佐贰补用。

·初九日，以海禄署伊犁将军，图思义署乌鲁木齐都统。

八月

·十一日，赐达赖喇嘛玉册、玉宝。

·十六日，乾隆帝第四次东巡盛京（今辽宁沈阳），自避暑山庄起行。十月回京师。

十月

·初三日，命于黄河沿堤植柳，并严禁近堤取土，以重河防。

·辑《古今储贰金鉴》 十九日，命皇子等同军机大臣及上书房总师傅等，将历代册立太子事迹有关鉴戒者，采辑成书，书成后名为《古今储贰金鉴》。

·廿五日，谕国史馆：用《贰臣传》例，编纂《逆臣传》，如吴三桂等概行编入。

十一月

·十五日，命直隶总督刘峨查办南宫义和拳教案。

·廿二日，以阿克栋阿为乌里雅苏台参赞大臣，那尔瑚善为塔尔巴哈台参赞大臣。

十二月

·初三日，改台湾总兵、道、府官员三年任满更调为五年，著为例。

·湖广总督舒常奏，荆门州（今湖北荆门）民万世印等聚众抗粮，唱戏约会，鸣锣劫狱，殴伤官役。二十五日，命严切深究之。

是岁

·诗人黄景仁死，著有《两当轩全集》。

·耶稣会士冯秉正之《中国通史》在巴黎出版。

·《耶稣会士书信集》出版 在法国巴黎出版之《耶稣会士书信集》，为亚洲、美洲等地耶稣会士从一七〇二年至一七七六年的书信汇编，共二十六卷，其中第十六卷至第二十四卷为在华耶稣会士的书信。

1784 年　甲辰　清乾隆四十九年

正月

·乾隆帝第六次南巡 二十一日，乾隆帝第六次南巡起行，后历泰安，经曲阜，至杭州，驻江宁。四月二十三日回京师。

三月

·十四日，以福建钦赐进士郭钟岳年届一百零四岁，至浙迎銮，赏给国子监司业职衔。

四月

·初一日，四川成都大火，延烧官署、民舍殆尽。

·**定绿营告休人员食俸例**　初六日，命嗣后绿营告休人员，其年满六十以上，因老病乞休，曾经打仗受伤者，俱著照武职旗员之例，一体给予全俸。著为令。

·**乌鲁木齐行保甲法**　初十日，命乌鲁木齐照内地编排保甲，设牌头、甲长、保长，按户填写门牌，随时稽查。其各厂挖金人等，该地方官给票查验。

·**甘肃回民起义**　先是甘肃伏羌（今甘谷）伊斯兰新教阿訇田五等在传教中酝酿起事，修筑石峰堡，制备器械。正月，田五等在靖远聚议，定于五月初五日举事，但被旧教徒密报。是月十五日，田五领导回民在盐茶厅（今宁夏海原）小山地方起义，攻破西安州营土堡。寻田五率众沿沙沟一带往攻靖远。陕甘总督李侍尧、固原提督刚塔等率兵前往镇压。二十四日，田五等带领起义军奋死抵拒，但首领田介洪、吴二、韩二先后战死。田五腹中枪伤，在马营水地方抹脖身亡。余部在张文庆、马四娃带领下继续作战。乾隆帝命大学士阿桂为将军，福康安、海兰察为参赞大臣，领火器营、健锐营兵等往甘肃镇压起义回众。

·廿六日，免甘肃、陕西乾隆三十八年至四十六年（1773—1781）民欠银二十三万余两，粮一百三十八万余石。

五月

·**谕阿里木等赔罪和患**　初大和卓布拉尼敦死时，其子萨木萨克三四岁，为其乳母潜携安集延，后至喀什噶尔迤外色默尔罕地方。萨木萨克遣回人托克托素丕等与喀什噶尔回人默罗色帕尔潜通信息。布鲁特散秩大臣阿其睦之弟额穆尔，潜留托克托素丕等事，为喀什噶尔阿奇木伯克鄂斯所访知。阿其睦恐其弟罹罪，即诬告鄂斯与萨木萨克通信，又英吉沙尔阿奇木伯克阿里木，接受萨木萨克之信，亦恐被鄂斯查出，也相诬告。经绰克托、保成审讯，所控皆虚。初六日，命晋封鄂斯为贝子，阿里木、阿其睦等与鄂斯赔罪，只治罪额穆尔一人，不许株连。

七月

·**甘肃回民起义失败** 先是，田五牺牲后，张文庆（张阿訇）、马四娃（大通阿訇）等率领回民义军攻陷通渭县城，知县王藏匿仓房，训导刘德跳楼伤腿，典吏温模自缢而死。总督李侍尧以坐玩褫职，后论斩；提督刚塔以失机逮间，后戍伊犁。命福康安为陕甘总督。义军攻占通渭不久，退守马家堡、黑庄两处，又失利。遂踞石峰堡，凭险御敌。张文华等想将官兵诱至堡内，里外夹攻。西安副都统明善攻至堡外中矛而死。阿桂、福康安等统兵四面包围石峰堡，层层分布，断绝水源，鸣炮轰击，并掷火弹。初四日，张文庆等已水断矢绝，从石峰堡内投出老弱一千五百余人后，深夜率众突围，死亡千余人，又退回堡内。翌日晨，福康安等率军攻入堡内，张文庆、马四娃等俱被俘。两日间，回民义军死伤及被俘二千余人，另有三千余眷属老稚也被俘，起义失败。

八月

·初二日，河南睢州下汛二堡河决。

·廿三日，考试满洲、蒙古翻译生童改为三年一次。

九月

·廿八日，命内大臣西明为正使赴朝鲜册封世子。

1785 年 乙巳 清乾隆五十年

正月

·**乾隆帝御极五十年庆典** 初一日，颁诏天下，初二日，御重华宫，与大学士及内廷翰林等茶宴，以千叟宴联句。并御紫光阁，赐蒙古及回部王公、台吉和金川土司等宴。初六日，御乾清宫，举行千叟宴，宴亲王以下暨士商兵民等年六十以上者三千人。

·十九日，以拉旺多尔济署理乌里雅苏台将军。

· 廿四日，回部英吉沙尔阿奇木伯克阿里木，以与萨木萨克私通书札，斩首，报闻。

二月

· 廿四日，免江南江宁等乾隆四十七年（1782）以前民欠民借银四十三万余两、米豆四万余石。

· 廿八日，八闸河工告竣，报闻。山东八闸河大挑工程，自江境交界之黄林庄起，至韩庄以上之彭口闸下止，计挑河长一万八千四百七十五丈。

三月

· 初十日，甘肃玉门北发生六级地震。

· 十九日，以复兴为乌里雅苏台将军。

· 廿八日，命重修京师卢沟桥。

春

· 湖北宜城、光化、随州（今随县）、枝江大饥，人食树皮。

四月

· 十五日，外任旗员准带一子随任。时外任大臣官员等子弟，贪图随其父兄任所，日久不学满语、技艺，故有是命。

· 十八日，以阮葵生任刑部侍郎。葵生先为通政司参议，任是职后辑著《秋谳志略》，为秋、朝审时死刑实、缓勘拟者所依据。

五月

· 廿七日，命各省营伍演习鸟枪。

· 是月，准巡抚毕沅奏，以工代赈，疏浚河南贾鲁等河。

七月

· **陆耀以病解任**　陆耀历官运河道、按察使、布政使，上年七月为湖南巡抚。初至长沙，总督特升额至所，值其午餐，见桌上皆菽、菜等，讶之。耀曰："天久不雨，地方官戒杀清斋，为祈雨耳！"（《国朝先正事略·陆郎夫中丞事略》）特升额素豪奢，闻言重之。陆耀抚湖一年，本月初三日以病解任，寻卒，著《甘薯谱》，又有《山东运河备览》《切问斋集》等。

八月

·十四日，保成等报，燕起伯尔克纠集萨木萨克等图掠喀什噶尔。旋福康安赴阿克苏，安辑回众。

秋

·山东青州府属寿光、昌乐、安丘、诸城等县大饥，父子相食。

十月

·初六日，以福建监生陈世元，不顾年老多病，情愿至河南教种番薯，患病身故，著给国子监学正，以得邀身后之荣。

·十八日，命释李侍尧出狱，旋命署湖广总督。

十二月

·**富森阿条陈忤旨** 御史富森阿陈奏各款，如征收地丁钱粮以粮折银，劝民捐纳以输社谷，禁止烧酒造曲和不准栽种烟草等。以于事断不可行，初二日，乾隆帝将其原折掷还。寻罢御史职，降为员外郎。

·**续修《清一统志》告成** 先是乾隆八年（1743）已纂辑《清一统志》，重定西域、金川之后，复加续修。每省先有图表、总叙，再以府、州等分卷。内容丰富，考订精详，共五百卷。二十日《清一统志》续修告成。

·廿七日，命广东洋商及粤海关监督，嗣后不准呈贡钟表、洋货等物。

是岁

·**荒旱严重** 除甘肃震灾，福建建安、江西萍乡等地水灾外，湖南、湖北、安徽、江苏、山东、山西、河南、直隶等地区普遍干旱，以湖北、河南、山东尤甚。各省荒旱赈灾所需用帑银一千四百余万两。

·《清文献通考》成书。

·**蒋士铨死** 蒋士铨（1725—1785），字心余、清容、苕生，号藏园，江西铅山人。

幼年家贫，母以断竹篾为点画，攒簇成字教之。后成进士，工戏曲，长诗词，与袁枚、赵翼并称"江右三大家"，曲有《临川梦》等，著《忠雅堂集》。

1786年　丙午　清乾隆五十一年

正月

·初三日，以安徽亳州、泗州（今泗县）、盱眙、天长等十九州县旱灾。命拨银一百万两，解往安徽赈灾。

·廿一日，命理藩院侍郎普福驰往西宁办事。

二月

·十六日，《石峰堡纪略》成书。

三月

·**彻查浙省亏空**　派尚书曹文埴等前往杭州查办浙省亏空事。报从前共亏一百三四十万两，除已弥补九十六万余两外，尚亏三十三万二千余两。二十七日，命将巡抚福嵩免职，布政使盛住革职。

春

·山东各府、川、县大饥，人相食。

五月

·初六日，四川泸定南发生七点五级地震。

·**两广总督富勒浑革职**　富勒浑家人殷士俊，招摇婪索，查出银二万余两，田六百三十余亩，房屋三所，其一切资财，俱系长期跟随富勒浑所得。十四日，富勒浑以失察纵容家人婪索罪，著革职，后定斩监候。

·**禁邻省富民准折牟利**　河南连年荒歉，卖地糊口者多。山西等处豪强富户，越境放债，贱折地亩，并将麦收在望之田，乘机准折，攫为己有。二十九日，命榜示通衢僻壤，不许邻省豪民乘河南灾旱以为利，并将贱买之田，放赎原主。后至八月已赎归三十万余亩。

六月

·**曹锡宝参和珅家人不法**　御史曹锡宝，字鸿书，上海人，乾隆二十二年（1757）进士。十五日，锡宝疏劾大学士兼军机大臣和珅家人刘秃子（刘全），本系车夫，代管家务，车服、器具、房屋逾制。时和珅随乾隆帝在避暑山庄，侍郎吴省钦与锡宝同乡里，闻其事，飞书告和珅。和珅得以豫为令全毁其室，衣服、车马、器具有逾制，皆匿无迹。锡宝疏至，乾隆帝诘和珅，和珅言平时戒约严，乞严查重惩。及令步军统领遣官从锡宝至刘全家查视，无僭越踪迹。锡宝自承冒昧。故锡宝以妄奏，革职留任。锡宝恨为友出卖，郁愤得疾，后死。（按：嘉庆初，诛和珅，乃追思锡宝直言，略谓：故御史曹锡宝，尝劾和珅奴刘全，依势营私，家资丰厚。彼时和珅声势熏灼，举朝无一人敢于纠劾，而锡宝独能抗辞执奏，不愧诤臣。今和珅治罪后，并籍刘全家，资产至二十余万。是锡宝所劾不虚，宜加优奖，以旌直言，锡宝赠副都御史，其子江视赠官予荫。）

七月

·**增定武职官阶**　三通馆进《皇朝通志·职官略》一门，载文职自正一品至从九品，共十八阶；武职自从一品至正七品，只十二阶。初九日，命定领侍卫内大臣、将军俱为正一品，余所缺五阶，照文职一体厘正，以昭划一，著载入典章。

闰七月

·直隶大名、元城二县衙署，同在大名府城（今河北大名）。十四日夜，段文经等集众执械，拥入大名、元城县署，同时拥入道署，砍死该道熊思绂。

·廿四日，命和珅为文华殿大学士，管理户部事务兼管吏部尚书事务，仍兼步军统领。

十月

·**梅调元活埋二十三人**　先是湖北孝感县民刘大么等因上年荒歉，携器皿向本处村民借粮。乡绅梅调元虑及被累，令其子等将刘大么等捆至僧寺拷打，于三月初十日将刘大么等共二十三人活埋。本月初一日，报闻。以开销帑银五百万两，督、藩、臬赈恤不力，命将原湖广总督特成额（已迁云贵总督）、布政使永庆、按察使王廷燮、前署孝感县知县秦朴，俱革职拿问。寻命将梅调元等凌迟处死。

十一月

·初八日，免新疆屯练民户本年及明年应征牛价、口粮。

·**台湾林爽文起义**　林爽文，原籍福建漳州，乾隆三十八年（1773）随父迁居台湾彰化县大里杙庄，以农为业。后加入天地会，为彰化天地会首领。是年秋，官府镇压天地会，焚烧村庄。二十七日，林爽文以"安民心、保家业"为号召，率众起义。翌日，攻下大墩官军兵营。二十九日，攻陷彰化，杀死知府孙景燧、知县俞峻。林爽文称盟主大元帅。十二月初六日，攻占诸罗（今嘉义）县城。初七日，再下淡水城（今新竹）。十三日，夺占凤山（今高雄），知县汤大奎自杀。台湾全岛各地悬天地会旗响应，众至十余万人。林爽文率军分水陆围攻台湾府城。闽浙总督常青派水师提督黄仕简等领兵二千前往镇压。

十二月

·十三日，大学士梁国治死疏闻。梁国治（1723—1786），进士出身，以巡抚入值军机处。时朱珪以"清吏源、培民脉、端士气"（《国朝先正事略·孙寄圃相国事略》）三言为赠。官至东阁大学士兼军机大臣，著有《敬思堂集》。

·十九日，封暹罗郑华为暹罗国王。

是岁

·**会计直省民数谷数**　各省通共大小男妇二亿九千一百一十万二千四百八十六名，各省通共存仓米谷三千七百四十六万余石。

·学者孔广森死。孔广森（1752—1786），山东曲阜人。攻经学，通音韵，精数学，撰《春秋公羊通义》等。

1787年　丁未　清乾隆五十二年

正月

·林爽文率军攻台湾府城　初一日,林爽文带领天地会起义军连陷彰化、诸罗、凤山等城后,分为水陆两路,进攻台湾府城。台湾总兵柴大纪在盐埕桥败起义军。旋陆路提督任承恩、水师提督黄仕简统数千人抵台湾府城增援。是月,林爽文在彰化县建立农民政权,后迁至大里杙。

三月

·郝壮猷败回台湾城　先是林爽文率义军进攻台湾府城未克后,清命常青渡海赴台指挥水陆军事。但水路提督黄仕简畏缩郡城,按兵不动;陆路提督任承恩安居鹿仔港,畏葸不前。总兵柴大纪于一月二十二日夺占诸罗城;总兵官郝壮猷亦于二月二十一日夺占凤山城。时凤山城已空,招民复集,起义军杂入其中。本月初八日,起义军首领庄大田率众攻凤山县城,放火攻杀,里应外合,复占凤山县城,杀伤官军达三千余人,总兵郝壮猷败回台湾府城。寻命将郝壮猷于军前斩首。

四月

·初四日,命将提督黄仕简、任承恩革职逮问,以常青为将军,恒瑞、蓝元枚为参赞;调蓝元枚为水师提督,柴大纪为陆路提督。

五月

·十四日,湖南凤凰厅(今凤凰)属勾补寨苗人石满宜等起事,旋败。

·廿三日,安南国王黎维祁以印信遗失,咨请两广总督孙士毅奏予补颁;以其中"疑窦多端",不许。

六月

·初九日,准汉人娶蒙古妇女为妻。

·十六日,授柴大纪为福建陆路提督,并兼管台湾总兵事务。

八月

·**授福康安为将军**　初二日，原将军常青改任湖广总督，授福康安为将军赴台。又命海兰察为参赞大臣，普尔普、舒亮为领队大臣，恒瑞、蓝元枚、柴大纪仍参赞军务，并先后增调各兵十万人，陆续驰赴台湾。

十月

·**谕斥停开昌平硫矿疏**　二十二日，谕曰："孟生蕙奏请停止刘峨所奏昌平州开采硫磺一折，内称'该州坐落正当京城乾坎之位，其山即京城北面之屏障。山以虚受，气以实流。实者削之使虚则其易；虚者补之复实则其难'等语，所奏已属迂谬。至折内复称'安畿辅数百里内之坤舆，葆神京亿万斯年之元气，则国家幸甚，天下幸甚！'措语更属荒诞。京城外西山、北山一带，开采煤座及凿取石块，自元、明以来，迄今数百余年，取之无尽，用之不竭，从未闻以关系风水，设有例禁，岂开采硫磺，遂致于地脉有碍？即云开设磺厂，恐聚集多人，滋扰地方，则每岁采取煤筋石料，所用人夫，不知凡几，岂皆良善安分之徒，何以并未见有滋生事端之处？"（《清高宗实录·一二九一》）因命将孟生蕙交部严加议处。

十一月

·**福康安解诸罗之围**　先是总兵柴大纪于一月二十二日，夺占诸罗县城后，起义军退至诸罗郊外。林爽文率军先后十次进攻诸罗城，均不克。时普吉保驻元长庄，恒瑞驻盐水港，与诸罗相距数十里而鼎立。诸罗县城由柴大纪领兵固守。起义军攻围诸罗近十月，城中乏食。但福康安于本月初率援军至，从海兰察策，佯言直抵大里杙，而阴趋诸罗，农民军措手不及，失利。初八日和初十日，海兰察和福康安率军进入诸罗城，与柴大纪会合，诸罗围解。后改诸罗名为嘉义。

·廿二日，奎林以向属员、罪犯婪赃，著革职逮问；寻以保宁为伊犁将军。

十二月

·廿四日，改定乡、会试科场条例。

是岁

·夏敬渠死，著有《浣玉轩集》及荒诞小说《野叟曝言》。

1788 年 戊申 清乾隆五十三年

正月

·**林爽文起义失败** 先是福康安入诸罗县城同柴大纪会合后，继又攻占大里杙。初四日，林爽文等在老衢崎被福康安所派扮作民人之广东屯练兵俘获，后庄大田亦在琅峤被俘。福康安遂率军进入台湾府城。三月十日，林爽文等在京遭凌迟杀害。

五月

·台湾诸城垣原为竹木编插，初二日，命将台湾诸竹木城垣，改建为土城，高一丈八尺，并建城楼、券台、石卡。

七月

·初七日，报闻湖北荆江溢，冲开府城西、北二门，府城被淹，城内水深丈余，旋拨库银二百万两赈灾。

·**柴大纪遭嫉被杀** 柴大纪（1730—1788），浙江江山人。自武进士授守备，擢至总兵，移驻台湾，以守诸罗封为太子少保、参赞大臣，一等伯。及福康安师至，诸罗城围解，大纪出迎，自以功高拜爵赏，又在围城中，倥（kǒng）偬（zǒng）不具橐（tuó）鞬礼，福康安嫌之，遂劾大纪奏报诡诈不实，乾隆帝曾阅大纪守诸罗城奏章时，为之堕泪，因谕福康安不必因其礼节或有不谨，直揭其短，而宜略短取长。时福康安已拟将大纪斩决；侍郎德成自浙江奉使还，受福康安指，亦讦大纪。命将大纪逮至京师鞫讯。二十一日，如福康安议，以其纵弛贪黩、贻误军机罪弃市，其子发伊犁为奴。

·**廓尔喀举兵侵藏** 先是班禅六世将在京所受赏赐珠宝等财物，携回西藏扎什伦布（今日喀则）。班禅六世死后，所遗财物俱归其兄扎什伦布摄政仲巴呼图克图掌握，其弟沙玛尔巴因一无所得而怀恨在心，潜赴廓尔喀（今尼泊尔），唆使其出兵劫掠扎什伦布财产。于是，廓尔喀巴勒布以税金过重和食盐掺沙为借口，举兵侵入后藏，攻陷宗喀（今吉隆）。二十七日奏闻。后命四川总督鄂辉为将军，成都将军成德为参赞大臣，并派理藩院侍郎巴忠为监军，带官兵三千人出四川打箭炉赴藏击之。又命庆麟照料班禅额尔德尼由扎什伦布行赴前藏。

九月

·初七日，以台湾府县差役私设班馆，擅设刑杖，盘结舞弊，肆恶殃民，命各省将其永行禁革。

·杨重英归途病故　先是原任道员杨重英受命使缅甸，在缅羁留二十一年，独居佛寺，未娶妻生子。时缅王奉表纳贡，将杨重英送出。二十七日，奏闻杨重英在归途中病故。以其顾惜名节，著赏给道员职衔。

十月

·十一日，庆麟奏班禅额尔德尼回至前藏。寻调舒濂为驻藏大臣。

十一月

·初五日，闽浙总督李侍尧病死，报闻。

·复封黎维祁为安南国王　先是安南国王黎维褍死，嫡长孙维祁嗣立。后阮岳称帝，封其弟阮惠为北平王，二人有隙，互相攻杀。维祁乘机取阮惠所居之乂安。阮惠怒，遣将入升龙（今越南河内），维祁出走。六月，广西奏报黎维祁之母率老幼六十余口入境避难，并请援助。十月，命两广总督孙士毅督师出援，并铸印备封黎维祁。孙士毅受命出师，同广西提督许士亨率两广兵一万出关，以八千为主兵直插升龙，以二千驻谅山；又马大经率云南兵八千出马白关（今马关），与谅山兵成犄角之势。“王师所过，秋毫无扰。”（《圣武记·附夷艘寇海记·乾隆征抚安南记》）是月十三日，强渡寿昌江。十六日，许世亨与敌大战于市球江，一面列枪炮隔江攻打，一面潜兵至上游乘农家小船暗渡，师获全胜。十九日，抵富良江，敌遁退。二十日，师入升龙，黎民宗族百姓出迎。孙士毅等入城。是日夜，孙士毅传旨，令黎维祁袭封安南国王。寻孙士毅令驻师红河两岸。

十二月

·廿一日，命孙士毅班师入关。

是岁

·经学家庄存与死。庄存与(1719—1788)，精研经学，著《春秋正辞》等十六种，四十四卷。后人辑其撰述为《味经斋遗书》。

·杨潮观（1710—1788）死，著有《吟风阁杂剧》。

1789 年　己酉　清乾隆五十四年

正月

·**孙士毅败退入关**　先是孙士毅虽占黎京，却中阮惠让其"借宿一夜"之计。士毅既不班师入关，又不严密设防，贪图俘获阮惠报功。阮惠探知其虚实后，声言率军来降，实则分兵围袭。元旦之夜，士毅军中置酒作乐，酣饮疏防，忽报敌兵骤至，仓皇迎战。阮惠军以战象冲锋，清军骑兵受挫。黎维祁举家先遁，黎民惊慌四散。初三日，清军大营被破，孙士毅夺渡富良江，毁桥断后。江南岸之清军，自提督许世亨以下万余人皆死。滇师闻炮声先退，因有向导，以全师返归。初六日，阮惠重占升龙。后孙士毅行七日夜，回至镇南关(今广西友谊关)。命将孙士毅革职，以福康安为两广总督。

·**严惩西藏三第巴**　十二日，从驻藏大臣巴忠奏，聂拉木第巴桑于以私增税课，致激事端，照唐古忒例，深透刺字，发往烟瘴地方；济咙第巴和宗喀第巴，以敌至溃逃，各失所守，著解至前藏枷号一个月，再发充苦差，以昭警诫。

二月

·十二日，以新疆和阗领队大臣格绷额，向回部阿奇木伯克索取银钱，收受马匹、皮张、绸缎等物。命将格绷额在和阗处斩。

三月

·**命西藏班师**　先是，上月得报清军收复宗喀（今西藏吉隆）、聂拉木、济咙。本月二十二日，以击败廓尔喀巴勒布军入侵，命班师。旋巴勒布请降。

四月

·十四日，授恒瑞为定边左副将军，赴乌里雅苏台将军任所，并兼正黄旗汉军都统。

五月

·十四日，云南通海、华宁一带发生六点五级地震。

六月

·初九日，河决江苏睢宁南岸周家楼。命拨银一百万两，以济工用。

·二十日，禁州、县用连枷、木笼等非刑。

·**封阮光平为安南国王**　阮光平即阮惠，据升龙之后，南与暹罗构兵，又虑清师再讨，而致腹背受击。先于正月遣使赍表请降，俱被福康安、孙士毅严行驳还。后阮光平复遣其亲侄阮光显来到镇南关，恳请进京入觐。阮光平并求于明年亲自到京，为乾隆帝八十岁生日祝釐，且为许世亨等立庙奠祭。二十二日，乾隆帝以黎维祁优柔废弛，而阮光平方造邦伊始，命封阮光平为安南国王。旋令黎维祁率所属来京，归汉军旗，编一佐领，即以黎维祁掌管之。

·**在西藏设站定界**　二十七日，从四川成都将军鄂辉等条奏，定收复巴勒布侵占藏地后，设站定界事宜十九款，如后藏驻绿营兵、修砌卡堡、官兵操演、建仓贮粮以及巡查、贸易、委官等。

十一月

·初八日，封皇六子永瑢为质亲王，皇十一子永瑆为成亲王，皇十五子颙琰为嘉亲王。

·**定立禁约回民章程**　是月，准陕甘总督勒保奏，立定章程：按名查缉旧教回民仍习新教之人，回民只准于本村寺内礼拜念经，婚丧嫁娶只准延请本寺乡约头人，将某户回民归某寺念经依保甲法造册备案，教习经文只准延请本寺回民教读，不许添建礼拜寺和私筑城堡等。

1790 年　庚戌　清乾隆五十五年

正月

·初一日，以乾隆帝年届八旬，命普免全国钱粮，是为第四次。

·十五日，命重排石鼓文十章，刻石鼓于太学及热河文庙，是为乾隆石鼓文。

四月

·十一日，清丈盛京（今辽宁沈阳）英额至煖阳荒地，分始盛京各城无地旗人耕种。

五月

·廿二日，免西藏所属三十九部钱粮。

·**准士子阅抄《四库全书》**　二十三日，谕镇江文宗阁、扬州文汇阁、杭州文澜阁所藏《四库全书》，准士子赴阁检视抄录，俾资搜讨。文渊等阁贮藏之底本，亦许翰林就近检录，掌院学士不得勒阻留难。

六月

·初九日，免湖南乾州、凤凰、永绥（今花垣）等苗区杂粮。

·十三日，册封孟陨为缅甸国王。

七月

·十一日，安南国王阮光平至避暑山庄入觐。

八月

·初二日，暹罗国王郑华遣使入贡祝釐，报闻。

·十三日，乾隆帝八十岁生日，御太和殿受贺。

九月

·初八日，准鄂辉等酌议西藏各事宜九款。

·**海岛民居不便概行焚毁**　先是令将海岛搭盖草寮房屋立即焚毁。闽浙总督伍拉纳奏：福建所属海岛四百五十七处，浙江所属海岛五百六十一处，有搭盖寮房零星散处者，有建盖瓦房已编保甲者，有鱼汛时暂行搭厂者，自应遵照定议，悉行烧毁，惟是烟户稠密之处，若概行驱逐，使谋生之民一朝失业，转致漂流为匪，未便概行禁止。二十七日，谕曰："所有各省海岛，除例应封禁者久已遵行外，其余均着仍旧居住，免其驱逐。至零星散处人户，僻处海隅，地方官未必能逐加查察，所云烧毁寮房、移徙人口，亦属有名无实。今各岛聚落较多者，已免驱逐；此等零星小户，皆系贫民，亦不忍独令向隅；而渔户山洋采捕，暂在海岛搭寮栖止，更不便概行禁绝。"（《清高宗实录·一三六三》）

是岁

·**李海观死。**李海观（1707—1790），字孔堂，河南宝丰县人，著长篇小说《岐路灯》。

1791 年　辛亥　清乾隆五十六年

二月

·**尹壮图被革职**　尹壮图，字楚珍，云南昆明人。乾隆三十一年（1766）进士，后历官郎中、御史、内阁学士、礼部侍郎。上年十一月，壮图以督、抚坐遣而令交纳罚银贷罪上疏言："督、抚自蹈愆尤，圣恩不即罢斥，罚银若干万，充公。亦有督、抚自请认罚若干万者，在桀骜者藉口以快其饕餮之私；即清廉者亦不得不望属员之佽助。日后遇有亏空营私重案，不容不曲为庇护。是罚银虽严，不惟无以动其愧惧之心，且潜生其玩易之念。请永停此例。"疏入，令其指实复奏。壮图复上疏言："各督、抚声名狼藉，吏治废弛。臣经过地方，体察官吏贤否，商民半皆蹙额兴叹。各省风气，大抵皆然。"（《清史稿·尹壮图传》）乾隆帝览奏大怒，称：伊竟似居今之世，民不堪命矣！命户部侍郎庆成偕壮图出察府库亏空。庆成已受和珅指使，辄掣肘壮图，皆不得实，反劾壮图妄言。壮图被逮至京，下刑部狱。初壮图草疏时，其弟英图偷窥其户，壮图笑曰："弟不必代兄忧，兄之首早悬都市矣。弟代养老母天年可也！"及事下廷议，拟斩决。初四日，命内阁学士尹壮图革职留任，以内阁侍读用。

三月

· 初五日，挑浚永定河附近之牤牛河、减河、凤河、龙河等。

· 十三日，浚徒骇河、马颊河及其附近支流。

· 廿三日，永保奏哈萨克汗斡里素勒坦，遣其子河弥载来京入觐。

四月

· 初五日，以在前年办理赈灾中，沈宁仁于署理安徽凤阳县任内，浮开银一万余两，命发往伊犁充苦差。

· **彭元瑞以徇隐革降** 太子少保、协办大学士、吏部尚书彭元瑞，管理武英殿、国子监事务，上年十二月武英殿校录缺出，即将其婿饶文震咨送，旋以诸生啧有烦言，复令武英殿提调具文驳回，而国子监咨送原稿，仅注明"回避"字样，未经划行，仍未停止咨送，是其徇私滥送之弊。又其侄彭良霹顶名舞弊，事发后良霹以家有老母，再三哀恳，元瑞即听从容隐，未拿送到部。二十七日，以彭元瑞徇私容隐罪，著革去太子少保、协办大学士、吏部尚书，降授为侍郎。

六月

· 初五日，谕各省督、抚于发交审办与民人陈诉之要案，当亲提究办，不得委之属员承审，以免辗转庇护，宕延不结。

七月

· 初一日，准回疆阿奇木伯克迈默特阿布都拉，设立满文学校。

八月

· **廓尔喀侵踞扎什伦布** 先是乾隆五十三年（1788），廓尔喀人入侵后藏。乾隆帝以理藩院侍郎巴忠会藏语，命其任监军，赴西藏。巴忠自恃为御前侍卫，欲图草率了事，便同噶布伦丹津班珠尔私议与廓尔喀说和，令其退回侵占之后藏聂拉木、济咙、宗喀三处，每岁议给元宝三百个。并以敌氛乞降饰奏，而促廓尔喀人入贡受封。及期，丹津班珠尔未照前议给银。上月初七日，廓尔喀人以"未完债项"为借口，大举入侵聂拉木。寻陷济咙，占宗喀，侵定日。是月二十一日，侵踞扎什伦布，肆行抢掠，洗劫扎什伦布寺，并将塔上松绿石珊瑚等摘去。班禅七世丹贝尼玛先已退居拉萨，全藏大震。败报驰至，巴忠护驾避暑山庄，闻变畏罪投水自沉死。命四川总督鄂辉、成都将军成德等，率领川军四千人，由打箭炉进藏，前往办理之。

· 廿七日，封闭盛京（今辽宁沈阳）松子岭沙锅屯煤窑。

九月

· **在西藏开炉铸钱**　先是西藏不铸钱币，行用廓尔喀钱。二十八日，以西藏白银流入廓尔喀，并廓尔喀侵入西藏，命于西藏地方，照内地之例，安设炉座，拨派官匠，开炉鼓铸，以示国家一统，同轨同文之义。

十月

· 十二日，陕西潼关城垣工竣，添建堆房七十二座，共费银一百三十余万两。

· **允俄罗斯开市之请**　初，《恰克图条约》签订后，乾隆二年（1737）停止北京之贸易，统归于恰克图。二十九年（1764），以俄人私收货税等因，闭恰克图市场。后几开几闭。是月十六日，允俄恳求开市之请，准于恰克图开市。

十一月

· **授福康安为将军**　初二日，以廓尔喀大举入侵西藏，洗劫扎什伦布，授福康安为将军，海兰察、奎林为参赞大臣，统兵由青海入藏，反击廓尔喀入侵。并命福康安昼夜遄行，限四十日抵藏。寻鄂辉、成德褫职，以惠龄为四川总督，奎林为成都将军。先后从东北调索伦兵二千，从金川调土兵五千，调川兵三千，并藏内官兵三千，共约一万七千余人，开往前线。

十二月

· **整顿办理藏务事权**　二十六日，定嗣后驻藏大臣，与达赖喇嘛遇有应办事件，一一商同办理；噶布伦等与在藏章京会办，不得稍有专擅。

·是月，江西南昌火，延烧千余家。

1792 年　壬子　清乾隆五十七年

二月

·**山西河东盐课改归地丁**　河东盐池周围一百二十里，产盐供山、陕、宁三省民食。初五日，从山西巡抚冯光熊奏，定河东盐课改归地丁事宜十四款：宁夏等处将军、都统养廉银于山、陕二省藩库内分解；行盐部引免交纸朱银；池盐听从民运，不许地方官禁止；俱裁盐政、运使、大使等官。

三月

·十五日，授福康安为大将军。

闰四月

·**治仲巴呼图克图等罪**　二十九日，以仲巴呼图克图、孜仲喇嘛等失陷扎什伦布，命鄂辉、和琳亲到布达拉，传集达赖喇嘛、班禅额尔德尼以及前后藏之呼图克图、喇嘛等，告以清兵进剿廓尔喀贼匪，特为护卫黄教起见，并将仲巴、孜仲分别治罪。

五月

·先是安南三年一贡、六年遣使朝觐一次。初四日，从安南国王阮光平请，改定为每二年朝贡一次，每四年迫使朝觐一次。

·十四日，允霍罕额尔德尼伯克那尔巴图遣使入贡。

六月

·廿二日，台湾府城地震，凤山、嘉义、彰化亦震，房屋倒塌，压死压伤多人。命拨银万两，委员往赈。

八月

·**准廓尔喀降**　福康安等自上年十一月受命驰抵后藏，即整兵反击，于擦木、邦杏连获胜仗，继又克复济咙，歼敌千余人。济咙以外，高山夹峙，窄径崎岖，形势险难。时军分两路：福康安亲自率军，由济咙直夺界隘热索桥；成德等统军，由聂拉木直奔关隘铁索桥。六月，福康安至廓尔喀关津热索桥，两崖壁立，前阻横河，敌卡御守，难以夺取。福康安派兵潜从上游缚木渡河，分兵三股，奇师袭敌。敌大败，遂占卡焚栅，夺桥前进。成德率军攻碉卡，踞山梁，强夺铁索桥。福康安和成德分别统军夺渡热索桥和铁索桥后，翻越雪山，攻隘夺卡，深入其境数百余里，逼近廓尔喀都城阳布（今尼泊尔首都加德满都）。而孙士毅在前藏，和琳在后藏，鄂辉在东路，惠龄在西路，督运粮食、火药等物资接济军旅。至七月初八日，廓尔喀国王拉纳·巴哈都尔势穷力竭，愿交还所掠扎什伦布财宝、金塔顶、金册印，并呈献沙玛尔巴骨殖，认罪乞降。是月二十二日，命大将军福康安允其请。九月初四日，清军全部由廓尔喀境内撤出，退回济咙。寻议征廓尔喀功，福康安受赏一等轻车都尉、为武英殿大学士兼吏部尚书，海兰察晋为一等公，孙士毅为文渊阁大学士兼礼部尚书，和琳补工部尚书等。后命将挑起事端之沙玛尔巴，分其尸骨于前藏布达拉（拉萨）和后藏扎什伦布及察木多一带通衢大站地方悬挂，并将起衅犯事缘由，开写示众，用以警诫。

九月

·十六日，定廓尔喀五年一贡例。

十月

·初三日，廓尔喀国王拉纳·巴哈都尔派使入觐。

·颁《御制十全记》 初三日，乾隆帝作《十全武功记》，令写满、汉、蒙古、藏四种文体，建碑勒文。其记略谓："十功者，平准噶尔为二，定回部为一，扫金川为二，靖台湾为一，降缅甸、安南各一，即今二次受廓尔喀降，合为十。"（《清高宗实录·一四一四》）

·二十日，郭世勋奏，英国国王遣使马戛尔尼入贡启行。

·廿九日，定旗人行窃，除本犯照例治罪外，其子孙俱削籍为民，著为例。

十一月

·十一日，各省驻防满洲兵绝嗣入官地，仍赏给该营驻防兵丁，赡养孤寡，著为令。

·**颁金奔巴瓶制**　先是宗喀巴有弟子二：达赖喇嘛和班禅喇嘛。因其教禁止娶妻，故宗喀巴遗嘱达赖和班禅俱称呼毕勒罕（活佛）。达赖或班禅圆寂（死）后，如新出数名呼毕勒罕孩童时，例由拉穆主持，吹忠降神，其往往受人嘱托，假借神言，徇情妄指，实为一二有权势之人所指定。早在康熙年间，达赖五世罗桑嘉措死，第巴桑结嘉措专政，后第巴桑结嘉措为拉藏汗所杀。拉藏汗所立达赖六世，蒙古诸部不服，另立"真达赖"。所指认呼毕勒罕，或出族属姻娅，或出自蒙古汗、王公家。甚至噶布伦丹津班珠尔之子，亦出有呼毕勒罕，以致众心不服。沙玛尔巴遂乘机起意，谋占班禅六世遗产，唆引廓尔喀军入侵，抢掠扎什伦布。乾隆帝虽然久悉其弊，欲革除之而未得机会。十七日，创制签法，颁金奔巴制。其法为设一金奔巴瓶，置于拉萨大昭寺，内装象牙签数枚，遇有呼毕勒罕出世互报差异时，将报出孩童数名之出生年月日及名姓，各写一签，放入瓶内，焚香诵经七日，由驻藏大臣会同大喇嘛等在众前抽签决定。又众蒙古地方出呼毕勒罕，即报名于理藩院，亦仿照上法共同掣签裁定，其金奔巴瓶藏于京师雍和宫。

·十八日，弛贫民出关谋生之禁。

十二月

·**颁西藏铸币钱模**　先是福康安呈进西藏铸银币钱模，正面铸"乾隆通宝"四字，背面铸"宝藏"二字，俱用藏文，并无汉字。初六日，谕以于同文规制，尚为未协，所铸银钱，其正面用汉字铸"乾隆宝藏"四字，背面用藏文亦铸"乾隆宝藏"四字。以符体制。

·十二日，以新疆回部地亩遭雪灾，免征本年额谷。

·**将鄂辉枷号于前藏**　鄂辉，满洲正白旗人。由前锋至守备、总兵、将军。与台湾兵事，俘林爽文，画像悬于紫光阁。前次廓尔喀侵后藏，鄂辉还四川，与提督成德率师赴援。时巴忠示意噶布伦丹津班珠尔，令赂廓尔喀返侵地，鄂辉等遂擅与议和，疏陈善后事。寻授四川总督。及廓尔喀再侵后藏，谕责鄂辉误用巴忠议致复生事，夺官，予副都统衔驻藏，为福康安督饷。征廓尔喀事已平，二十七日，命将鄂辉等永远枷号于前藏，以为大臣不肯用心办事，致藏地不靖者戒。后释还京师。

是岁

·直隶唐山、宁津、武强、平乡大饥，民多饿死。

1793 年　癸丑　清乾隆五十八年

正月

·《钦定西藏章程》　先是大将军福康安等率军击退廓尔喀入侵之后，鉴于西藏地方制度废弛，弊病很多，即遵照乾隆帝旨意，会同西藏大喇嘛及有关官员，共同议定西藏善后条例，并得到达赖八世强白嘉措和班禅七世丹贝尼玛对所拟章程之拥戴。二十一日，准廷议复福康安等所奏筹议之《藏内善后章程》。后以此为蓝本，制定《钦定西藏章程》。章程于驻藏大臣之地位和职权规定：一、驻藏大臣督办藏内事务，应与达赖喇嘛、班禅额尔德尼平等，自噶布伦以下番目及管事喇嘛，分系属员，事无大小，均应禀明驻藏大臣办理。至扎什伦布诸务，亦俱一体禀知驻藏大臣办理。二、达赖喇嘛、班禅额尔德尼之呼毕勒罕，以及前后藏大小呼图克图之呼毕勒罕等，一经呈报出世，指出数名，均由驻藏大臣将其姓名、生年月日，用满、汉、唐古忒三样字缮写牙签，贮于钦颁金奔巴瓶内，先期传唤喇嘛齐集大昭寺，诵经七日，届期驻藏大臣亲往监同抽掣。三、前后藏遇有噶布伦、戴本、商卓特巴以下大小番目等缺，统归驻藏大臣会同达赖喇嘛拣选，分别奏补拣放，其达赖喇嘛、班禅额尔德尼之亲族人等，概不准干预公事。四、大寺坐床堪布喇嘛缺出，俱由驻藏大臣会同达赖喇嘛秉公拣选，给予会印执照，派往住持。五、达赖喇嘛所管大小庙宇喇嘛名数，开造清册，噶布伦所管卫藏地方，各呼图克图所管寨落人户，一体造具花名清册，于驻藏大臣衙门及达赖喇嘛处各存一份，以备稽查。章程于外事规定。六、藏内喇嘛前往各外番地朝山礼塔者，由驻藏大臣给予照票，限以往还日期；回藏之日，仍将照票缴销，不得逗留边外，如有潜行私越者，即行究治。七、外番人等来藏布施瞻礼者，由边界营官查明人数，禀明驻藏大臣，验放进口；事毕后查点人数，发给照票，再行遣回。八、廓尔喀等外番部落，如有禀商地方事件，俱由驻藏大臣主持。其与达赖喇嘛、班禅额尔德尼通问布施书信，俱报明驻藏大臣，译出查验，并代为酌定回书，方可发给。至噶布伦等，不得与外番私行发信。九、在藏居住贸易之巴勒布、克什米尔等，准其常川兴贩，查明该番、回商头等名数若干，造具清册，递交驻藏衙门存案备查。十、凡在藏贸易之外番商民，请领驻藏大臣照票出口，过江孜、定日，由该备弁查验明确，始准放行；其自外番来藏者，亦由该备弁查明人数，报明驻藏大臣，一体按名注册，以备查考。此外，章程于军事规定，藏兵额数为三千名，分驻拉萨和扎什伦布各一千名，定日和江孜各五百名。军队定期操演，按时检阅，并在各地设立鄂博，驻藏大臣每年五六月间轮流巡边。章程于财政规定，西藏地方政府收支，均须呈报驻藏大臣审核。于钱法规定，禁止廓尔喀钱在藏内流通；鼓铸官钱，铸钱局事务由驻藏大臣监督。章程并于贸易、马政、租赋、差徭等均做出规定。

· 先是安南国王阮光平于上年九月死，本月二十二日，安南国世子阮光缵表至，赐阮光缵袭封安南国王。

二月

· **福崧于途中行法**　福崧，满洲正黄旗人，官至浙江巡抚，署两江总督。先是浙江盐道迁两淮盐运使柴桢，以亏帑私移两淮课银二十二万两补之。事发，鞫讯；福崧以领两浙盐政，命尚书庆桂往审，谓福崧曾婪索柴桢银十一万两，又侵公使银六万余两，且其母游西湖用灯彩等银二千余两。狱具，论斩，逮至京师。初六日，命于途中正法。福崧饮鸩死。或谓福崧官封疆有政声，忤和珅，为所陷。珅虑福崧至京廷鞫，或发其阴私，故以飞语激乾隆帝怒，追之于途中行法。

三月

· **海兰察死**　海兰察，满洲镶黄旗人，世居黑龙江，索伦兵行伍出身。曾参与准噶尔、大小金川之役；镇压苏四十三、林爽文起义；在反击廓尔喀入侵作战中，骁勇而有智略，袭据热索桥，奇取克堆寨，插入廓尔喀集木集山，敌屡败，力请降。晋封为一等公。二十五日，病死，寻命入昭忠祠。祠内不以阵亡入祀者，唯海兰察一人。

四月

· 黑龙江将军明亮等奏，每年巡查格尔毕齐河，便中往直雅克萨城，不必另增卡座。十六日，从之。

· **删除兼列虚衔例**　以内外文职兼列虚衔，系沿前明旧例。二十三日，命将大学士兼尚书衔、翰林院掌院学士兼礼部侍郎衔、顺天府府丞兼提督学政衔、詹事等官兼翰林院诸衔等，俱著删除，以循名责实。

· **定西藏与廓尔喀疆界**　先是上年福康安派员带同第巴，前往勘明，西藏与廓尔喀在热咙桥设立鄂博为界。是月二十八日，命将鄂博以外之拉结、撒党两处归廓尔喀。廓尔喀需归还西藏底玛尔宗地方。

五月

· 十八日，以永保为喀什噶尔参赞大臣，伍弥马逊为塔尔巴哈台参赞大臣，贡楚克扎布为科布多参赞大臣，特成额为乌里雅苏台参赞大臣。

八月

· **英使马戛尔尼入觐**　初十日，乾隆帝在避暑山庄万树园，接见英吉利正使马戛尔尼、副使斯当东等。马戛尔尼要求英在北京驻员照顾商务，在北京设立商馆，在宁波、天津、广东地方停泊交易，听任英人传教等。乾隆帝以其不识天朝体制，妄行乞请而严加拒绝。在赐马戛尔尼等筵宴、优加赏赉后，让其回国。

· 十五日，颁给孟干云南蛮暮宣抚司之印。

九月

· **准将铁器等贩入新疆**　以新疆民人应用钢、铁、铜、锡等器物，为在所必需；

十六日，从保宁奏，停止其不许出关之禁，准由内地贩卖。

十一月

·二十日，令永远停止捐纳例。

·**谕忧"生之者寡，食之者众"** 廿九日，乾隆帝谕曰："康熙四十九年（1710），民数二千三百三十一万二千二百余名口，因查上年各省奏报，民数共三万七百四十六万七千二百余名口。较之康熙年间，计增十五倍有奇。……以一人耕种，而供十数人之食，盖藏已不能如前充裕。且民户既日益繁多，则庐舍所占田土，不啻倍蓰。生之者寡，食之者众；于闾阎生计，诚有关系，若再因岁事屡丰，粒米狼戾，民情游惰，田亩荒芜，势必至日食不继。益形拮据，朕甚忧之！"（《清高宗实录·一四四一》）

1794 年　甲寅　清乾隆五十九年

正月

·初二日，免直隶、山东、河南因灾缓征银十分之三。

二月

·廿九日，增造广东水师战船。

三月

·初二日，吉林将军恒秀，以办理人参事务亏帑、累民、积弊，著绞监候。钦差大学士福康安等酌定《吉林参务章程》，经廷议，准行。

六月

·初一日，山东历城等五十一州县旱，麦收未及二成，大田均未播种。

·十五日，设西藏同布鲁克巴、哲孟雄、作木朗、洛敏汤、廓尔喀各交界鄂博。

·十八日，查禁各省私铸小钱。

·廿八日，据伊犁将军保宁奏，新疆额奢莫特现年一百三十岁，其妻已八十九岁。命赏给缎匹、银两。

七月

·**永定河溢**　自六月中旬以来，直隶、河南、山东、山西、湖广等连降大雨。二十七日，河决河南曲家庄。是月初三日，永定河又决。

·**嵇璜死**　嵇璜（1711—1794），字尚佐，为故大学士嵇曾筠之子。年二十，成进士，选庶吉士。侍曾筠行河，习河工事。尝奏修补高堰石工、归仁堤闸等诸事，俱允行。任河东河道总督，每巡河，不避艰险，身先属史。某夕闻虞城工险，驰往。时雨雹交下，下埽岌危，从者皆失色，劝璜暂退。璜立堤口："埽去我与俱去！"（《清史稿·嵇璜传》）雨雹息，堤无恙。官至协办大学士、吏部尚书。

八月

·十五日，乾隆帝以明年御极六十年，命普免各省漕粮。至是乾隆朝免各省钱粮四次、漕粮三次。

·廿七日，将两金川闲空地亩，给"番民"垦种，免征钱粮。

十月

·**刘之协被捕脱走**　白莲教支派混元教首领刘之协，安徽省太和县原香集人。其师刘松于乾隆四十年（1775）被捕充军后，即与弟子宋之清等继续传教。乾隆五十三年（1788）继为总教首，传教于安徽、河南、湖北等省，称"牛八掌教，弥勒转世"（《清高宗实录·一四六二》），假托朱明后裔，宣传反清复明。刘之协被捕后，是月初九日，自太和解往河南扶沟，乘间逃脱。河南巡抚穆和蔺、扶沟县知县刘清鼐因此被革职。

·初九日，荷兰国遣使入贡，报闻。

十二月

·初三日，普免各省积年正耗民欠及因灾缓征、待征之银谷。

是岁

·学者汪中死。汪中（1744—1794），字容甫，江苏江都（今扬州）人。家贫，助书商卖书于市,因遍读典籍。后专意经学,又精地理,工于诗。著有《述学内外篇》《广陵通典》《容甫先生遗诗》等。

1795 年 乙卯 清乾隆六十年

正月

·十六日,与荷兰国王书。

·**湘黔苗民起义** 先是贵州松桃厅(今松桃苗族自治县)大寨人石柳邓,于上年十二月,同湖南永绥厅(今花垣)黄瓜寨人石三保,相约于本年正月十八日,在两地同时发动起义,以"逐客民,复故土"(《清稗类钞》)相号召。但起义消息被汉族地主杨芳侦知告密,石柳邓遂提前于十三日发动起义。十八日,石三保亦率众起义。随之凤凰厅(今湖南凤凰)属吴陇登、吴半生,乾州厅属吴八月等纷起响应。寻湘西苗民义军在鸦酉寨大败官军,杀死镇筸(今湖南凤凰南)总兵明安图,永绥副将伊萨那、同知彭凤尧。旋攻下乾州城(今湖南吉首西南)。

闰二月

·**义军黄瓜寨会师** 石柳邓率义军南攻松桃,并以兵包围贵州镇远镇总兵珠隆阿于正大营城内。总督福康安、提督花连布率兵赶到,至十八日始解正大营之围,而后放火烧山。二十六日,义军撤出松桃之后,石柳邓率师入湘西,与石三保会师于永绥(今湖南花垣)黄瓜寨。

三月

·十五日,台湾陈周全聚众起事。杨仲舍等召集乡练二千余人,假意入伙,筵饮席间,诱捕周全,装入木笼,起事旋败。

春

·**免直隶等省历年逋欠** 免直隶、湖北、河南、福建、山东、江苏、江西、广东、陕西、甘肃、浙江、安徽、云南等积年所欠银一千五百八十一万七千二百三十九两,粮四百六十八万四千六百一十石，草一百七十五万三千七百四十六束（奉天、山西、四川、湖南、贵州、广西等无欠）。

四月

·十八日，《平定廓尔喀纪略》告成。

·**黄瓜寨之役**　湖南永绥黄瓜寨是湘黔苗民起义的重要根据地之一。石柳邓与石三保在黄瓜寨会师后，福康安与和琳等分率川、滇、黔、湘官军尾追进逼黄瓜寨。官军绕道进攻黄瓜山大梁，但义军采取"官有万兵，我有万山；其来我去，其去我来"的战术，巧用地形，避实就虚，东游西击，打击官军，并击败护送粮饷之花连布军。官军火焚黄瓜寨，及占领黄瓜寨废墟时，石柳邓与石三保已带领义军转移。

五月

·初四日，禁于新疆塔尔巴哈台（今塔城）所属达尔达木图等处开采金矿，以免聚众滋事。

·同日，豁免西藏三十九部藏民每年贡马银。

九月

·**宣立颙琰为皇太子**　初三日，乾隆帝御勤政殿，召见皇子、皇孙及王公大臣等，宣示立皇十五子嘉亲王颙琰为皇太子，以明年为嗣皇帝嘉庆元年，届期归政。

·初八日，富勒浑前在闽浙总督任内，以索取盐商等银五万五千两，前已查抄家产，著发往热河效力赎罪。

·初九日，雅德前在闽浙总督任内，以索取盐商银四万五千两，著发往伊犁，自备资斧，效力赎罪。

·**治三黑龙江将军罪**　廿一日，前任黑龙江将军都尔嘉、明亮、舒亮，以其在任内犯有侵渔貂皮等罪，著将都尔嘉杖、流，明亮论绞，舒亮革伊犁将军职、留乌鲁木齐效力。

十月

·初八日，命明年始轮免各直省钱粮一周。

·**伍拉纳等以贪黩处斩**　先是闽浙总督觉罗伍拉纳，在任内侵吞库银八万五千余两，收受盐规银十五万两，受厦门同知黄奠邦馈银九千二百余两，家有如意一百余柄；福建巡抚浦霖婪索馈银，贪黩不法，其家存银二十八万余两、金七百余两等，按察使钱受椿在审案时，私向伍拉纳和浦霖抽换案卷，藐法徇情。初九日，命将伍拉纳、浦霖、钱受椿俱斩首。

十一月

·**吴八月中计被俘**　先是石柳邓、石三保自黄瓜寨转移后，集结力量，联络各部，在乾州平隆推举吴八月为王。福康安与和琳率官军分路围追，焚寨破卡，吴半生在鸭保寨兵败后投降。福康安采取"以苗攻苗"之策，对先在三月收降之永顺苗民首领张廷仲，奏赏给顶戴官职，随后又收降凤凰鸭保寨苗民义军首领吴陇登。在官军围攻鸭保寨时，吴八月率军转战至卧盘寨。吴陇登伪装溃散，混入卧盘寨。初三日，吴八月被吴陇登计俘，送至福康安军营，后遭杀害。

十二月

·廿五日，英国由商船寄粤递进表贡，回书交英商波郎赍往。

是岁

·篆刻家蒋仁（1743—1795）死。

·缅甸、暹罗、安南、英吉利、琉球、廓尔喀等入贡。

嘉庆（1796—1820）

1796年　丙辰　清仁宗睿皇帝颙琰嘉庆元年

正月

·**嘉庆帝即位**　初一日，乾隆帝御太和殿，举行内禅礼，授玺。颙琰即皇帝位，尊弘历为太上皇帝，训政。颁诏天下。

·初四日，铸嘉庆钱。

·**白莲教起义**　先是民间秘密结社白莲教，于川、楚、陕三省交界地带深山老林棚民中之佃户、佣工间广为传布。乾隆帝曾命将教首刘松押至甘肃充军，后又下令缉捕在川、楚、陕等地传教的刘松弟子刘之协。刘之协在河南省扶沟县脱走后，通令大肆搜索。州县官吏逐户查缉，株连网罗，人亡家破。初十日，白莲教徒张正谟、聂杰人等于湖北宜都洋郑畈聚众起义。清廷命湖广总督毕沅、湖北巡抚惠龄率兵往击之。

二月

·**王聪儿等率众起义**　王聪儿（齐王氏），湖北襄阳人。自幼流落江湖，娴习骑射，貌美侠勇。其夫齐林为白莲教襄阳地区总教师。齐林等原定于正月元宵节（十五日）举事。事泄，齐林被捕死，悬首于城门；同时被杀一百余人。王聪儿与齐林弟子姚之富等聚集教徒数千人，初二日，于齐林故里襄阳黄龙垱（今湖北襄阳东南）起义。王聪儿被推为总教师，衣着尽白，时年十九。旋王聪儿率领白莲教义军攻襄阳，不克；又打樊城。随之，楚西各地白莲教纷起：熊道成、陈德本率众破当阳；曾士兴、曹海阳聚众陷竹山；楚金贵、鲁惟志等起孝感；林之华、覃加耀等据长阳，皆与王聪儿所率领之白莲教义军相呼应。清命湖广总督毕沅、西安将军恒瑞等率兵往攻之。

·十三日，嘉庆帝御乾清门听政，居圆明园则御勤政殿，月以为常。

·三十日，惠龄奏俘获湖北宜都教首聂杰人。

四月

·**命分路攻堵白莲教军**　先是上月，恒瑞复占湖北竹山县城。本月初一日，嘉庆帝谕命陕甘总督宜绵、总兵百祥分攻郧县、郧西一带；乌鲁木齐都统永保、西安将军恒瑞分攻竹溪、保康一带；湖广总督毕沅、杭州将军成德分攻当阳、远安一带；湖北巡抚惠龄和富志那分攻枝江、宜都一带；湖广提督鄂辉和彭之年分攻襄阳、均州一带；大学士署四川总督孙士毅督攻川、楚交界一带，以分攻合堵湖北白莲教农民起义军。旋命拨库银二百万两，以备军需。

·**福康安纵焚苗寨**　廿四日，大学士兼闽浙总督福康安上奏，攻占结石冈山梁石城，焚毁苗寨七十余座。湖南自被兵以来，苗民遭阵、刑而死者已逾数千名。

五月

·武英殿大学士、闽浙总督、贝子福康安病死于军，二十八日，遗疏奏闻。

·廿九日，海洋"盗首"张表率四百七十三人投降，并交出船只炮械。

六月

·十三日，再申查禁新疆开挖金矿。

·十九日，河溢江苏丰汛六堡。

七月

·文渊阁大学士、署四川总督孙士毅病死于军，初八日，奏闻。后命福宁署四川总督。

·**石三保被杀害**　先是，湖南苗民义军为四川总督和琳所败，首领石三保被俘获，后解至京师。十八日，遭杀害。

八月

·廿七日，惠龄奏俘湖北宜都教首张正谟。

·**和琳死于军**　和琳为乾隆帝佞臣和珅之弟，自笔帖式累迁至尚书、都统、四川总督。和琳在攻苗民起义时死于军，三十日奏闻。命配享太庙，家建专祠。后和珅败，命撤出太庙，毁专祠。

九月

·**徐天德率众起义**　徐天德，四川达州亭子铺人，世业农，曾充任州役，被斥革，习白莲教。传授教众，备粮食，造器械，准备举事。十五日，天德与弟天寿及王登廷等在达州亭子铺聚集教众起义。天德称大都督，白莲教军以白布缠头，竖立旗号。不久移屯麻柳场，旬日间众至数千人。时东乡王三槐、冷天禄起峰城，未几，与徐天德合。十二月二十九日攻陷东乡城，杀总兵袁国璜、知县张宁阳等，声势大震。

十一月

·初八日，拨部库银四百万两，分解湖北、湖南，以备军需。

·**更定逃军投首例**　先是军营逃脱兵丁，在军务未完以前投首者，予发遣乌鲁木齐等处为奴。十九日，定其在军务未完以前投首者，概拟监候，永远监禁，著为令。

·廿四日，江西巡抚陈淮以居官贪黩、串通舞弊，著革职逮问。

十二月

·**石柳邓战死报闻**　先是石三保于五月战败被俘，后解至京师杀害。石柳邓率领苗民义军继续奋战。后福康安、和琳死于军，清命额勒登保为领侍卫内大臣督川攻苗。额勒登保与将军明亮等会攻平陇。贵州提督花连布被苗民义军杀死。至是月十七日，明亮等奏报，官军由平陇后山贵鱼坡、大顶坡等处分路进攻，破木城，夺石卡，石柳邓中枪身亡。其根据地皆被攻破，苗民义军虽受重创，但小股苗兵仍抗争达数年之久。

是岁

·**会计直省民数谷数**　除湖南、湖北两省及福建之福州等府未经查报外，直隶各省通共大小男妇二亿七千五百六十六万二千零四十四名口，通共存仓米谷三千七百二十万余石。

·**邵晋涵死**　邵晋涵（1743—1796），字二云，号南江，浙江余姚人。乾隆进士，入四库全书馆编纂，后擢侍讲学士。尝撰《尔雅正义》，与修《续三通》《八旗通志》等书，辑编《旧五代史》，使之与《新五代史》并传。晋涵著述宏富，有《南江诗文稿》等。

·校勘家卢文弨死。文弨精汉学，好校书，参合各本，择善而从，著有《抱经堂文集》等。

1797 年　丁巳　清嘉庆二年

正月

·俘洋匪罗亚三。据罗亚三等供称，在海洋行劫者，有安南总兵十二人，船一百余只。初九日，命于粤、闽、浙三省洋面，会擒严办之。

·**贵州布依人起义**　贵州南笼府（今安龙县）布依族人以韦朝元为首，汉人桑鸿升为军师，率领布依、苗、汉人于普坪起义。二十六日，报闻京师。起义军势力延及安顺府（今贵州安顺）属郎岱、归化（今贵州紫云苗族布依族自治县）和贵阳府属广顺、罗斛（今贵州罗甸）等厅州地区。后韦朝元等被俘死，起义失败。

二月

·十二日，陕西按察使姚学瑛以贪赃被诛。

四月

·十四日，自白莲教起义以来，清拨解各省及特发颁军帑饷银达三千余万两。

·廿七日，疏安徽灵璧县濉股河，凤台县裔沟河，江苏丰、沛二县顺堤河、食城河。

五月

·乌里雅苏台参赞大臣额勒春，侵占绿营兵丁园地，扰累巡兵匠民；其子玉敏匿淫蒙古那旺妻女。初十日，命将额勒春革职。后定将额勒春在乌里雅苏台永远枷号，将玉敏绞立决。

·**襄阳白莲教军抢渡汉江**　王聪儿、姚之富等率领襄阳白莲教义军，先渡滚河，入豫南，转陕西，冲破惠龄四面截堵之策。十二日，在陕南兴安（今安康）与紫阳之间白马石抢渡汉江，姚之富、李全、王廷诏三股义军归一。寻即穿越大巴山入川，转战四省，来至东乡。后襄阳王聪儿与达州徐天德、东乡王三槐诸部义军会师，屯营三十里，旌旗遍山谷。于是定以青、黄、蓝、白等号为记，又设掌柜、元帅、先锋、总兵、千总等官。惠龄、恒瑞、柯藩、庆成、舒亮等大员，因白莲教军渡江入川，各降革有差。

·是月，拨库银四百万两，以备川、陕军需。

七月

·初二日，京师永定河卢沟桥附近岸塌六百余丈。

·**毕沅死** 毕沅（1730—1797），字蘅，江苏镇洋（今太仓）人。乾隆二十五年（1760）一甲一名进士，授修撰。后官陕西按察使，奏言甘肃旱，谕治赈并免欠赋四百万。沅先后抚陕十年，督垦田，浚水渠，收碑碣，储学宫。谏言陇右"耕作与畜牧相兼，实为边土无穷之利"，议未行。后官山东巡抚，奏蠲山东积欠四百八十七万、常平社仓粮五十万余石。沅爱才下士，勤于著述，编辑《续资治通鉴》（邵晋涵等与修），著有《灵岩山人文集》等。沅曾先后参与镇压回民、苗民及白莲教起义，病死于湖广总督任，初三日，报闻。

八月

·初三日，黄河先溢江苏砀山杨家坝，至是又报溢山东曹汛坝。

·**阿桂死** 阿桂（1717—1797），字广庭，初为满洲正蓝旗人，后改隶正白旗，大学士阿克敦之子。由举人历官伊犁将军、吏部尚书，至武英殿大学士兼军机大臣。阿桂为乾隆帝大将，屡率师出，画像四次悬于紫光阁。还领枢密，亲视河工，决疑定计，谋成而行，深受乾隆帝倚任。二十三日，病死，年八十一。

十月

·**乾清宫失火** 廿一日，宫禁失火。延烧乾清宫、交泰殿。寻命将首领太监张士太等发往黑龙江为奴，专管东暖阁之太监李从祥等重责四十板、发往吴甸铡草三年，其余四十四名太监各革罚有差。

十一月

·**王囊仙被杀害** 先是贵州布依族王囊仙（囊仙：布依语为仙姑）率众起义。九月，在当丈寨兵败被俘。是月初七日被杀害。

是岁

·**王鸣盛死** 王鸣盛（1722—1797），字凤喈，江苏嘉定人，曾从沈德潜受诗，从惠栋问经，后精于史。鸣盛性俭素，无声色玩好之娱。著《十七史商榷》等。

·**女天算学家王贞仪死** 王贞仪（1768—1797），字德卿，江苏江宁人。著有《岁差日至辨疑》《地圆论》《月食解》等。

·**袁枚死** 袁枚（1716—1797），字子才，浙江钱塘人，文学家。幼年聪慧，乾隆进士，后官县令，疏请养母。卜筑江宁小仓山，号随园，著《小仓山房文集》《随园诗话》等。

·**《天禄琳琅书目》成书** 纂集宫中所藏善本秘籍，载录撰者、版本及收藏家题识等，是年成书。

1798 年　戊午　清嘉庆三年

正月

·**夺额勒登保等爵职** 时白莲教军分成数支，且战且走，忽分忽合，散则匿于茂林山谷，聚则攻城。二十四日，以官军疏防，革额勒登保伯爵、领侍卫内大臣、都统，给副都统衔，速赴商洛，立功赎罪；革湖广总督福宁职，给副都统衔，办理粮饷。

三月

·**王聪儿等投崖牺牲** 先是襄阳白莲教军首领王聪儿、姚之富等，令高均德间道西往宁羌（今陕西宁强），疾渡汉江，吸引敌兵；王聪儿等率马、步二万，由石泉、西乡、洋县分道渡汉入陕。明亮、穆克登阿以疏防迟延，其所有官职俱被黜革，作为兵丁留军营效力。王聪儿等率兵渡汉后，又密令高均德引明瑞兵往东北追，而自统兵攻郿县，略盩厔，薄西安。总兵王文雄列兵三千以拒，王聪儿等分兵为十余队，骑、步相间，奋力攻击。王文雄布列圆阵，四向铳炮。王聪儿又率数千骑兵冲阵，为敌炮火所挫，遂折而东南，自山阳趋湖北，行至郧西上津堡南夹河张家湾沟内，而明亮、德楞泰紧蹑其后，郧西乡勇突扼其前。王聪儿等被围于卸花坡山上一碗水地方。清军四面环攻,团团围困。王聪儿等率白莲教军将士，拼死抵拒，但粮绝水断，矢尽力竭。是月，王聪儿投崖身死，年二十二。姚之富等也相继坠崖死。其余部继续转战。

五月

·初三日，免福建省远年民欠米。

七月

·十八日,贵州镇箪（今湖南凤凰县南）苗民聚众数千,攻破三角岩等处营卡。

八月

·**王三槐被俘** 初九日，总统勒保奏报俘王三槐。王三槐（1764—1798），东乡（今四川宣汉）人，习白莲教，起事乡里，称王元帅，聚众万人。据云阳安乐坪，后称东乡白号，屡败清军。曾两入清军大营，后阵杀提督达音太。勒保围王三槐军，不能破。王三槐被赚入敌营，俘解京师，受审，招出《供单》，后遭凌迟死。其部由冷天禄率领继续斗争。

·十八日,江西宁州（今修水）陈坊地方习教者起事,其首领刘联登战死,遂败。

九月

·初六日，河南睢州（今睢县）上汛。黄河溢，报闻。

·十九日，予故明蓟辽督师袁崇焕入祀乡贤祠。

十一月

·**罗其清被俘** 罗其清，四川巴州（今巴中）人，父子兄弟皆习白莲教。嘉庆元年在方山坪起兵，被推为元帅，以苟文明为副，与达州徐天德、东乡王三槐遥相呼应。又联结通江冉文俦、太平龙绍周为左右翼。方山坪四面陡峻，而坪顶宽广，上有水田、池塘、房舍，其清据之。其清曾率兵两破巴州，威震远近。至本年六月，其清与冉文俦会师于营山县箕山，有众万余。后清惠龄、额勒登保等督师攻箕山。其清等失寨陷卡，退驻大鹏山麻坝寨，内筑寨门，外建木城，奋力固守。至是，清德楞泰与额勒登保会围麻坝寨。其清谋冒雨扑袭德楞泰军营，但谋泄，德楞泰预伏麻坝寨南门，乘间督兵缘云梯突入，额勒登保亦破寨西门。其清兵败被俘，后死。余部由苟文明率领转占巴州，后亦败死。同役，冉文俦并被俘死，其侄天元、天泗率余部，巧设奇计，屡挫官军。

1799 年　己未　清嘉庆四年

正月

·**弘历死**　初三日，太上皇帝弘历病死，春秋八十九。在位六十年，称太上皇帝三年。后谥纯皇帝，庙号高宗。九月十五日葬于裕陵（清东陵）。自太上皇帝弘历死，嘉庆帝颙琰始亲政。

·**和珅案**　和珅，字致斋，满洲正红旗人。少贫无依，为文生员。乾隆中，袭三等轻车都尉，寻挑补粘杆处。后擢御前侍卫，晋军机大臣兼步军统领，官领侍卫内大臣兼理藩院尚书事，宠任冠朝列。又调吏部尚书、协办大学士并管理户部。和珅秉政久，弄权作威福，善伺乾隆意，积怨满朝野。嘉庆帝在潜邸即知其奸，及即位，以太上皇帝在，不便遽发。弘历死，给事中王念孙首劾和珅。初八日，革大学士和珅职，下狱治罪。经王大臣会鞫，得实。十五日，诏宣和珅罪状，略曰："朕于乾隆六十年（1795）九月初三日，蒙皇考册封皇太子。尚未宣布谕旨，而和珅于初二日即在朕前先递如意，漏泄机密，居然以拥戴为功。其大罪一。上年正月，皇考在圆明园召见和珅，伊竟骑马直进左门，过正大光明殿，至寿山口。无父无君，莫此为甚。其大罪二。又因腿疾，乘坐椅轿抬入大内，肩舆出入神武门。

众目共睹，毫无忌惮。其大罪三。并将出宫女子娶为次妻，罔顾廉耻。其大罪四。自剿办教匪以来，皇考盼望车书，刻萦宵旰。乃和珅于各路军营递到奏报，任意延搁，有心欺蔽，以致军务日久未竣。其大罪五。皇考圣躬不豫，和珅毫无忧戚。每进见后，出向外廷人员叙说，谈笑如常，丧心病狂。其大罪六。昨冬皇考力疾披章，批谕字面，闲有未真之处，和珅胆敢口称不如撕去，竟另行拟旨。其大罪七。前奉皇考谕旨，令伊管理吏部刑部事务，嗣因军需销算，伊系熟手，是以又谕令兼理户部题奏报销事件。伊竟将户部事务一人把持，变更成例，不许部臣参议一字。其大罪八。上年十二月内，奎舒奏报，循化、贵德二厅贼番聚众千余，抢夺达赖喇嘛商人牛只，杀伤二命。在青海肆劫一案，和珅竟将原奏驳回，隐匿不办，全不以边务为事。其大罪九。皇考升遐后，朕谕令蒙古王公未出痘者，不必来京。和珅不遵谕旨，令已未出痘者，俱不必来京，全不顾国家抚绥外藩之意，其居心实不可问。其大罪十。大学士苏凌阿两耳重听，衰迈难堪。因系伊弟和琳姻亲，竟隐匿不奏。待郎吴省兰、李潢，太仆寺卿李光云皆曾在伊家教读，并保列卿阶，兼任学政。其大罪十一。军机处记名人员，和珅任意彻去。种种专擅，不可枚举。其大罪十二。昨将和珅家产查抄，所盖楠木房屋，僭侈踰制。其多宝阁及隔段式样，皆仿照宁寿宫制度。其园寓点缀竟与圆明园蓬岛瑶台无异，不知是何肺肠。其大罪十三。蓟州坟茔居然设立享殿，开置隧道，附近居民有和陵之称。其大罪十四。家内所藏珍宝内珍珠手串竟有二百余串，较之大内多至数倍，并有大珠，较御用冠顶龙大。其大罪十五。又宝石顶并非伊应戴之物，所藏真宝石顶有数十余个。而整块大宝石不计其数，且有内府所无者。其大罪十六。家内银两及衣服等件，数逾千万。其大罪十七。且有夹墙藏金二万六千余两，私库藏金六千余两，地窖内并有埋藏银两百余万。其大罪十八。附近通州蓟州地方均有当铺钱店，查计资本，又不下十余万。以首辅大臣下与小民争利。其大罪十九。伊家人刘全不过下贱家奴，而查抄赀产，竟至二十余万，并有大珠及珍珠手串。若非纵令需索，何得如此丰饶。其大罪二十。"（《清仁宗实录·三十七》）此外查出，和珅取租房一千零一间半，取租地一千二百六十六顷等。又步军统领巡捕营在和珅私宅供役者千余人，和珅令奏事者具副本送军机处。十八日，令和珅于狱中自尽。福长安以阿附，令其诣和珅死所跪视，并革去军机大臣、户部尚书，逮下狱，籍其家。和珅诛后，宣谕廷臣："凡为和珅荐举及奔走其门者，悉不深究，勉其悛改，咸与自新。"（《清史稿·和珅传》）

·二十日，命勒保为经略大臣，明亮、额勒登保俱实授副都统并为参赞大臣，申明纪律，进攻白莲教义军。

·廿八日，暹罗国（今泰国）王郑华遣使表进方物。

二月

·初六日，谕军机大臣等，"自剿办以来，时日则已阅三年，经费则数逾七千万"（《清仁宗实录·三十九》）。

·同日，定嗣后贩卖新疆玉石，无论已未成器者，概免治罪。凡从前因贩玉获罪者，准其报部核释。

·十七日，复宗室乡、会试例。

·**定红案银额数**　先是各省学政向来取进童生。例交棚规银或红案银，贵州每名童生交至四五十两。二十六日，定红案银不得过五六两，勿许规外加索。

·三十日，以查抄和珅家人呼什图粮食一万一千余石，分赈文安、大城二县灾民。

三月

·初十日，定道员密折封奏例。

·**冷天禄牺牲**　冷天禄，四川东乡（今宣汉）人，务农于邑，与王三槐同传习白莲教。起兵后，陷东乡。王三槐被俘死，天禄为大元帅，转战于川东南充、广安、定远等地。初十日，冷天禄率领白莲教军三四千人，行至顺庆府广安州（今四川广安）城头堰地方，遭到额勒登保统领官军抄截。额勒登保先派刘君辅举兵将冷天禄引诱，继派总兵杨遇春、总兵衔穆克登布各为一路，于左右山沟绕山密抄。冷天禄手舞蛇矛，率军突围，但被箭伤额，落骑奋战，身中乱矛，力竭而死。

其余部继续斗争。

· **定侍卫军政考试例**　向例内外文职官员，三年一次京察；武职官员，五年一次军政，二十日，定侍卫列入本旗武职官员之前，实行军政考试，著为例。

· 二十日，命将上年青海抢劫达赖喇嘛商人牛只之那木喀，审明正法。

四月

· 初二日，京师城内戏园，著一概永远禁止，不准复行开设。

· **禁畿辅开采银矿**　宛平民潘世恩、汲县民苏廷禄呈请在直隶邢台等县境内开采银矿，给事中明绳据以入告。十九日谕："夫矿藏于山，非数人所能采取，亦非数月所能毕事。必且千百为群，经年累月，设立棚厂，凿砂煎炼。以谋利之事，聚游手之民，生衅滋事，势所必然。纵使官为经理，尚难约束多人；若听一二商民集众自行开采，其毙将无所不至。此在边省犹不可行，而况近依畿辅？他府犹不可行，而况地近大名？各该处向有私习邪教之人，此时方禁约之不暇，顾可听其纠聚耶？且国家经费，自有正供常赋，川陕余匪，指日即可殄平，国用本无虞不足，安可穷搜山泽，计及锱铢？"（《清仁宗实录·四十三》）命将潘世恩、苏廷禄押至本籍，严行管束；并将宗室明绳摺著掷还，交部议处。

六月

· 初一日，遣使册封尚温袭琉球国中山王。

七月

· 初七日，白莲教义军首领之一包正洪战死。

· **巡抚宜兴解任**　江苏巡抚宗室宜兴，任性骄矜，日在醉乡。听任家人勒索属员，又以苏州街道狭窄，乘轿难行，致属吏迎合意指，强令铺户拆毁门面，不从者枷责示儆，怨汹汹。宜兴纵知县甄辅廷擅责生员，致发生诸生喧闹案。又委同知李焜滥捕诸生一百数十名，特制刑具，酷刑拷讯，以致士论不服，物议沸腾。十一日，命将宜兴解任查审，并以山东布政使岳起为江苏巡抚。

· **经略勒保革职拿问**　先是正月以勒保为经略大臣，节制川、楚、陕、豫、甘五省军务兼督四川。治饷大臣福宁劾勒保"贼愈剿而愈炽，饷徒糜而罔益"（《圣武记·附夷艘寇海记·嘉庆川湖陕靖寇记四》）。时徐天德复率军由大宁进入湖北境，总督倭什布飞章告急。十六日，命夺勒保职，以明亮为都统并接办经略事务，魁伦署四川总督。后勒保坐明亮等不听调度、玩视军务，著斩监候，解部监禁。罢经略明亮职，命额勒登保以都统衔代为经略。

· 廿六日，江南砀汛邵家坝河溢。

· 廿七日，云南石屏发生六点五级地震。

八月

· **龚文玉被俘**　先是白莲教线号首领龚文玉，为四川夔州（今重庆奉节）一路总教师，以弟其位为元帅，卜三聘为先锋，众七八千人，屯聚大宁、巫山交界处之八石坪。初九日，遭德楞泰、朱射斗夹袭，战败被俘。

· 二十日，定各省刑具，按刑部制度，印烙颁发。有私创刑具及非法滥用者罪之。

· **洪亮吉遣戍伊犁**　洪亮吉（1746—1809），字稚存，江苏阳湖（今常州）人。少孤贫，奋力学。乾隆五十五年（1790）进士，授翰林院编修。后督贵州学政，任满还京，入值上书房。上年大考翰詹，力陈内外弊政数千言，为时所忌，以弟丧辞归。颙琰亲政，大学士朱珪书起之。亮吉致书成亲王永瑆，称十余年来，督、抚、藩、臬之贪欺害政，比比皆是。斥官吏"贤者斤斤自守，不肖者匦匦营私。国计民生，非所计也，救目前而已；官民吏治，非所急也，保本任而已"。直言"今日皇上当法宪皇帝之严明，使吏治肃而民乐生"（《清史稿·洪亮吉传》）。嘉庆帝以其"妄测高深，意存轩轾，狂谬已极"（《清仁宗实录·五十》），二十七日，命将洪亮吉革职，旋遣戍伊犁。明年以京师旱，释还回籍。著有《卷施阁文集》等多种。

十月

· **张汉潮牺牲**　白莲教军重要首领张汉潮，率众转战于甘东、陕西一带，往来奔驰，忽分忽合，进山出箐，边战边走。明亮、永保等分率官军截头空扑，追尾无及，被拖得将疲兵乏。嘉庆帝命将永保逮讯，又命将明亮革去参赞、都统。十二日，明亮奏报张汉潮战死。后以明亮功不蔽罪，逮至京师。翌年正月获释，命其随同松筠带兵赎罪。

十一月

·十六日，免新疆叶尔羌挑河回民七百名，明年额征普尔钱十分之五。

·十九日，直隶自乾隆三十二年（1767）以来，未清银款一百四十四万余两，而历任各官至一百三十九员之多。命酌予减免，分期追完。

十二月

·**福宁被逮问** 先是嘉庆元年（1796）七月，福宁率兵攻破旗鼓寨后，将投降二千余名男人，诱以进城给予号褂、口粮，于夜间全部骈杀冒功。十一日，谕："滥戕生命，既示人以不信，复阻其来归。是贼匪至今投出者少，皆由福宁办理此事，失人心而伤天理所致。"（《清仁宗实录·五十六》）命将福宁拿问。后发往伊犁效力。

·**王登廷遇害** 先是王登廷率白莲教军一支由陕入川，与冉天元会合。旋被额勒登保率杨遇春与穆克登布围于苍溪猫儿垭。王登廷先击败穆克登布军，继又力战杨遇春师。登廷迭战失利，突围至蒲江，为乡团所俘，遇害。十三日，额勒登保报闻。

是岁

·经学家江声（1721—1799）死，著有《六书说》《论语俟质》等。

·诗人黎简死。黎简（1747—1799），字简民，广东顺德人。诗隽逸奇秀，海内称名。著《五百四峰草堂诗文钞》。

1800年 庚申 清嘉庆五年

正月

·初八日，阮元为浙江巡抚。元疏请捐造船炮，攻剿闽，撕海上义师。玺书嘉奖，故有是命。

·十七日，召湖广总督倭什布回京，以湖南巡抚姜晟为湖广总督。寻褫倭什布翎顶，留军营效力，复授湖北巡抚。

·**冉天元战死朱射斗**　先是四川白莲教军通江蓝号冉文俦等，据麻坝寨，分筑寨门，外建三木城，据险以守。德楞泰督川北总兵朱射斗等聚兵攻寨。本月初一日，寨破，冉文俦等死之。文俦之侄天元为元帅，十五日，率众从定远抢渡嘉陵江，转略遂宁、西充、蓬溪等县，旬日间众至数万，重庆、成都同时震动。署川督魁伦和总兵朱射斗、百祥等统兵自顺庆（今四川南充）渡江至蓬溪。二十九日，朱射斗约百祥在文井场屯扎，白率兵至高院场地方。冉天元率数千义军踞山下扑，山坳伏军突出会合，将朱射斗军围困数重。斩总兵朱射斗、参将罗定国、参领额森保、骁骑校萨英阿等多人，获高院场之捷。魁伦先狃屯城内，复以防潼河为名，退驻潼川。后赐令署四川总督魁伦自尽、成都将军阿迪斯遣戍伊犁、四川提督七十五逮京治罪。

二月

·初十日，命新疆地方铸乾隆钱二成，嘉庆钱八成，一体通行。

·**马蹄冈之役**　冉天元获高院场之捷后，分略射洪、盐亭，复大会于顺庆（今四川南充），声势益震。其时冉天元会白莲教各部五股，拥众五万，战马数千，并有枪炮火药，布军于龙安府（治今四川平武）江油一带。德楞泰率领官军五千余人，二十三日，至江油县张村垭，探知冉天元在新店子、马蹄冈地方。二十四日，德楞泰兵至马蹄冈，见白莲教军分据九个山包，排列整齐，严阵待敌。德楞泰督兵抢上黄茅岭，白莲教军遂分四路，每路有马兵四五百，步兵二三千，直扑下山。德楞泰也分兵四路，自领侍卫阿那保等为一路，持刀砍杀。冉天元伏万人于火垭口，德楞泰被诱陷伏。义军人持束竹、湿絮，左右挥动，以御矢铳。德楞泰督兵内冲外击，刀矛交错。义军不避枪箭，直前冲杀，喊声连天，蜂拥前进。德楞泰兵挫势蹙，率亲兵数十，下马踞山巅，思以必死。冉天元身着蟒袍，其弟天恒草帽插花翎，带众登山，径取参赞德楞泰。但天元坐骑中矢蹶，坠马被俘，后死。天恒亦中矢牺牲。

余部由冉天泗、王士虎等统领，抢渡潼河，继续转战，屡挫官军，"使德楞泰三战之功皆为虚举"（《清仁宗实录·六十四》）。后至嘉庆七年（1802）八月败死。

七月

·**刘之协再次被捕**　先是白莲教总教师刘之协，于乾隆五十九年（1794）被捕，自河南扶沟脱走后，继续传教并组织起义。事过七年，本月初六日，刘之协行至叶县北关，为同行冀大荣告密被捕，奏闻，后磔死。湖广总督姜晟奏折，以白莲教首被获，请行堵、截、抚三策，并施兼用，瓦解白莲教起义军。

·**禁山西捐饷**　山西捐饷有一县派至十万两者，勒限催交。其未能措交者，即行掌责，甚至锁闭班房，名曰"黑窑"。据山西巡抚伯麟奏称，山西捐输可得二百万两。二十四日，著将伯麟严行申饬，倘因此激成事端，先治伯麟之罪。

八月

·**陕西西义军重创官兵**　先是白莲教军高二、马五等数股，转战于甘肃两当、成县和陕西西乡、略阳一带。自五月以来，先后围裹总兵长春（后逸脱），夜袭陕甘总督长麟营盘，袭劫提督定柱营帐，并战死原任将军富成、总兵扎尔杭阿。固原提督王文雄率兵追击白莲教军，时高二、马五等统义军入陕西西乡县堰口，屯驻法宝山。王文雄分兵三路往攻，义军从坳中突出一支截敌后，又从山上间道扑出一支袭其侧，并悉众而出，将王文雄围住。义军愈围愈急，矢如雨注，刀矛交击，将提督王文雄杀死。初六日，报闻京师。

九月

·廿二日，遣使往封李玜为朝鲜国王。

1801年　辛酉　清嘉庆六年

正月

·十一日，自嘉庆元年（1796）以来，军饷拨解银至一亿两。命清厘稽核军需。

二月

·廿七日，准乌里雅苏台、塔尔巴哈台协办、领队大臣，照回疆例，专折奏事。

三月

·初三日，嗣后挑选八旗秀女，公主之女，著停挑选。

·初四日，申严匿名文书坐罪例。

·**禁开新疆金矿**　初八日，谕内阁："军机大臣议驳保宁等奏请开采金砂一折，所驳甚是。塔尔巴哈台所属各处金矿，乾隆年间，曾经伍弥乌逊等奏请采挖，钦奉皇考谕旨，令将达尔达木图等处刨挖金砂之处，严行禁止。即实力遵行，尚恐不免有偷挖之弊。今若官为开采，势必招集多人，奸良莫辨，并恐内地甘、凉一带游民，纷纷踵至。此等无籍之徒，聚之甚易，散之则难，于边地殊有关系。"（《清仁宗实录·八十》）命保宁等将产金处所严行封禁，勿令偷挖滋事。

四月

·十三日，免四川遂宁等八十六厅、州、县明年额赋有差。

·**贵州铜仁苗民起事**　先是川、楚、陕白莲教义军起，额勒登保草奏苗事已定，遂移攻苗之师而北。后贵州铜仁苗民五千余人又起事。湘西凤凰厅同知傅鼐率乡勇驰赴铜仁。但贵州巡抚伊桑阿斥其越境要功，鼐回师凤凰。伊桑阿以招抚戡定奏，还贵阳。云贵总督琅玕以苗事未平，传檄傅鼐会攻。常明、傅鼐率师抵贵州松桃，以黔兵攻其前，自领乡勇继其后，占据崖屯沟，焚毁苗寨。二十日，报攻占石岘，苗事平。是役，贵抚伊桑阿虚谎报功，为初彭龄劾奏，后伊桑阿以骄蹇欺罔罪，著绞立决。

六月

·**京师暴雨成灾**　自初一日起，京畿地区，大雨五昼夜，前后霪绵二十余日。宫门水深数尺，屋宇倾圮无数，京城及圆明园俱被水患，顺天乡试延至九月。永定河四处决溢下注，京城西南隅几成泽国，城外村落荡然，田禾尽没，闻者痛心，见者惨目。直隶被水至九十余州县。后命汇编《辛酉赈灾纪事》。

·**徐天德牺牲**　先是徐天德自嘉庆元年（1796）十二月攻陷东乡后，与白莲教军各股时分时合，走夔州（今重庆奉节），略绥定（治今四川达州），战保宁（治今四川阆中）。后于嘉庆四年（1799），攻略陕南、楚西。五月，徐天德率领义军至湖北，入竹溪、竹山，败巡抚倭什布军，杀其游击、把总七员。复还巴东、归州（今湖北秭归）。五年（1800），再入荆门州（今湖北荆门），攻当阳、略远安，杀宜昌镇总兵王凯。后徐天德会樊人杰、陈朝观等略陕西汉中。六年（1801）五月，天德等据陕西白河县黄石坡，分股进取。德楞泰督官军尾至，陈朝观等被俘，徐天德东走西乡。徐天德率白莲教军由西乡趋紫阳，固原提督赛冲阿逼于仁和新滩。时暴雨水涨，情势迫急，天德赴水牺牲。初八日，德楞泰以徐天德溺死报闻，得旨奖赉。

七月

·廿四日，拨藩库银一百二十万两赈甘肃被旱灾民，并免甘肃皋兰等四十四厅、州、县所属新旧额赋、草束有差。

八月

·十一日，除浙江海岛迁移民户荒地额赋。

九月

·十五日，命续修《大清会典》。后于二十五年（1820）十月十四日告成。

·**申禁采矿**　先是上年直隶总督胡季堂奏请在大名（今河北大名）地方开设铅厂。后步军统领明安等奏大兴县民张士恒等呈请于承德府平泉州（今河北平泉）属四道沟、云梯沟等处，自备工本，开采铜矿。二十六日，谕勿得轻启利端，著地方官严加查察，禁止私行偷挖。

·廿六日，嗣后管理户部三库事务大臣，著按年更换。

·**尤绍周牺牲**　尤绍周为白莲教军重要首领，曾率七八千人，转战于巫山、房县、平利间之深山密箐，为陕、楚、川界一大股力量。自徐天德牺牲后，绍周自四川太平，复攻入湖北竹溪。同西安将军赛冲阿战，失利，走陕西平利。

二十七日，尤绍周在平利所属之汝溪、盘龙山、岳家坪一带，与赛冲阿、温春所率五路官军冒雪激战，兵败阵亡。

十一月

·洋盗陈天保降。先是陈天保因捕鱼遭风，于乾隆四十八年（1783）被安南（今越南）阮光平掳去，封为总兵官，纵令其在海洋劫掠。十四日，陈天保交出安南印敕，携眷内投，奏闻。

·十九日，以攻白莲教义军事接近告藏，令筹划川、楚、陕所募乡勇安插等事宜。

是岁

·**义军日趋失利**　白莲教起事六年，清以剿抚并施、分兵合击、坚壁清野、结寨团练之策，各股相继失利。白莲教军一些重要首领如高二、张世陇、徐万富、王士虎、卜兴昂、王廷诏、冉天泗、赵志成、高三、马五、张允寿、张天伦、武怀志、王镇贤、徐天寿、王登高、冉学胜、刘清选、辛斗、杨麟生、冉天璜、高见奇、郑三元等，或战死，或被俘死，但其余部仍继续斗争。

·**章学诚死**　章学诚（1738—1801），字实斋，浙江会稽（今绍兴）人。乾隆四十三年（1778）进士，官国子监典籍。著《文史通义》《实斋文集》，修和州、亳州、永清诸志，撰《方志略例》等。

1802 年　壬戌　清嘉庆七年

正月

·廿七日，以步军统领明安受贿枉法，命发往伊犁效力赎罪。

二月

·**恒乍绷起义**　云南丽江府维西厅（今维西）傈僳族农民恒乍绷为首，聚集怒、白、汉、纳西等族，众至三四千人，持械焚寨，抗击官兵。二十五日，报闻。命云贵总督琅玕派兵往攻。五月，康普寨被攻破，义军首领腊者布被俘，恒乍绷继续率众斗争。翌年十月，恒乍绷被俘，起义失败。

三月

· 二十日，申严各省征收漕粮，一概以本色兑收，禁止折色。

· 是月，英吉利船泊广州口外零丁洋，欲登澳门借房居住。谕："有犯必惩，切勿姑息；无隙莫扰，亦勿轻率。"（《清仁宗实录·九十六》）不许其登岸居住。

四月

· 十七日，分直隶保定（今河北保定）等儿处驻防官兵为左右翼，各设稽查大臣一员。

· 廿一日，谕嗣后在京部院大臣简放督、抚者，除有兵差、审案等事外，不准请带所属官员，违例即交部议处，以肃政体而杜弊端。

· 有船满载妇女，自四川沿江而下，至湖北沙市、汉口等处贩卖。年少者卖为娼妓，年老者卖往江西景德镇瓷器行工作。二十九日，密谕查究之。

五月

· **樊人杰等牺牲** 白莲教起义军重要首领樊人杰，同曾芝秀等于湖北竹山与参赞大臣德楞泰军相遇。樊人杰与曾芝秀率义军千余人走花梨沟、孙家坝，又转龙坡岭、白铁河。时天久雨，雾气弥漫，山水聚涨，河不能涉。三十日黎明，樊人杰、曾芝秀带义军登马鹿坪大山，官军蜂拥而上。义军战士凭高掷石抵拒；又转登黄岭，依险抵敌。山下有大河一道，水深浪大，为平口河脑、草龙滩等处。樊人杰、曾芝秀带领白莲教军，且战且走，转至沟底。官军与乡勇扣弦挥刀，追向河边。樊人杰身着青毡马褂、蓝绸夹袄，头戴黄穗草帽，骑黄骡，率众渡河；曾芝秀亦骑青骡、持长矛，相继蹚河。众乡勇涉水追击。人杰与敌泅斗，乡勇被水冲去十余名。人杰力尽没水牺牲，芝秀亦溺水而死。

七月

· **苟文明遇害** 苟文明，四川巴州（今巴中）人，为罗其清副手。其清死后，率领余部转战于川北、陕南。时苟文明所率白莲教军，为仅有之一大股，众三千余，马骡数百，衣帽整齐，并备鸟枪，屡败官军，提督七十五因被革职拿问。嘉庆帝代经略大臣兼西安将军额勒登保拟告示，招降苟文明。额勒登保照旨写贴告示，并督杨遇春带兵深入黄柏扒地方深山老林中。十七日，官军抵花石岩下，探知苟文明等在山上。数路官军，扑拥山梁；义军依恃山险，持矛下压。乡勇指引官兵，沿山上扑。苟文明矢尽援绝，纵身跳崖，气息濒绝，被兵勇赶至岩下杀害。

八月

·初六日，安南阮福映取代阮光缵（阮光平之子），遣使进表贡，并缚送莫观扶等三人至粤。莫观扶等为广东逃犯，被阮光缵委任为东海王及总兵官等职。

·十一日，以贵州巡抚常明将军需用剩铅丸十四万余斤，经幕僚金玉堂交商人熔化后，运往汉口私卖，命将常明革职、审究、查抄。

·**复蒙古会盟派大员同办例**　向例蒙古会盟齐集，由特派大员一同办理。乾隆帝因派员恐不免扰累，特旨停止。至是十一日，命从蕴端多尔济所请，赛音诺颜汗、扎萨克图汗二部事务，即就在乌里雅苏台（今蒙古国境内）会集，与定边左副将军一同办理；土谢图汗、车臣汗二部事务，即就近在库伦（今蒙古国乌兰巴托）会集，与办事大臣一同办理。

·十一日，从蕴端多尔济奏请，定每十年遣官分别巡察恰克图迤西十九处卡伦、迤东二十八处卡伦之例。

九月

·**博罗天地会起义报闻**　广东博罗县天地会首领陈烂屐四、张锦秀等率会徒起义，以红布包头，持器械，张旗帜，占据山险，众至万余。初五日报闻，命总督吉庆、巡抚瑚图礼调兵往攻。二十三日，义军元帅张锦秀被俘报闻。翌月初五日，又报陈烂屐四于罗浮山战死。起义波及东莞、博罗、石龙、增城、归善、龙门、河源、永安（今广东紫金）等地区，数月后失败。两广总督吉庆以疏防罪，著免协办大学士，革总督职，后自杀。

十月

·十三日，命番役子孙同隶卒例，不准应试出仕。

·廿四日，廓尔喀遣使入贡。

十一月

·先是嘉庆三年（1798），江西义宁州（今修水）刘联登聚众起事。巡抚张诚基奏亲自带兵剿竣。后原任江西建昌县知县刘光遣子控告其冒功邀恩，经查属实。二十三日，命将巡抚张诚基革职，逮京治罪。后定为绞监候。

十二月

·十五日，安徽宿州民王朝名等起事失败，报闻。

·**封额勒登保等**　自正月以来，白莲教军各支首领，如辛聪、张德贵、李彬、辛文、张天伦、魏学盛、龚其尧、陈国珠、李世汉、李国珍、魏洪升、张喜、白庸、刘胜、庹向瑶、徐天培、张思、赖先锋、康二麻子、张昌元、刘朝选、蒲天宝、张简、汤思蛟、赵鉴、戴四、陈侍学、唐明万、叶二、景英、崔宗和等，先后或力战死，或被俘死。额勒登保等联衔奏报，川、陕、楚白莲教起义平定。十六日，命论功行赏，自成亲王、仪亲王以下，论功赏赉有差。封赏总统帅额勒登保、参赞大臣德楞泰一等侯，总督勒保一等伯，都统明亮一等男，西安将军赛冲阿、固原提督杨遇春轻车都尉世职，总督惠龄、吴熊光、姜晟等以次封赏。此后，白莲教义军分走深山老林，或数十人为一起，或数百人为一支，仍在继续斗争。

是岁

·**察布查尔大渠成**　先是乾隆二十九年（1764）四月十八日，盛京（今辽宁沈阳）等城锡伯官兵一千余人连同其眷属，应征戍屯伊犁。后锡伯军民在伊犁地区戍边屯垦。自嘉庆二年（1797）始，总管图伯特率领锡伯人，历时六年，在伊犁河迤南地区，开挖一条二百里长渠，即察布查尔大渠（在今新疆察布查尔锡伯自治县）。

·张惠言（1761—1802）死，编有《七十家赋钞》，著《茗柯文编》。

·王文治（1730—1802）死，著有《梦楼诗集》。

1803 年　癸亥　清嘉庆八年

正月

·初十日，云南大理府云南县（今祥云）、宾川州（今宾川）地震，城垣、房屋多有倒塌，压死二百余人。

·十一口，命在伊犁广益耕屯，疏渠引灌，官给耕牛，屯守兼资。

闰二月

·**陈德行刺嘉庆帝**　二十日，陈德进东华门，绕至神武门，潜匿顺贞门。嘉庆帝进宫斋戒，将入顺贞门时，陈德持小刀突前行刺，伤破定亲王绵恩及御前侍卫丹巴多尔济，为侍卫所擒捕。御前百余人俱袖手旁观。经竟日严讯，陈德不吐露其主使者及同谋者。后陈德并其子被斩首。

四月

·**改安南为越南**　先是安南阮福映进表文，请册封并请改国号为"南越"。初六日，命改"安南"为"越南"。以"该国先有越裳旧地，后有安南全壤，天朝褒赐国封，著用'越南'二字。以'越'字冠于上，仍其先世疆域；以'南'字列于下，表其新锡藩封。且在百越之南，与古所称南越不致混淆"（《清仁宗实录·一一一》）。后于六月二十六日，封阮福映为越南国王。

五月

·**禁止民人携眷出关**　初二日，谕以东北三省地方，为满洲根本重地，不准流寓民人杂处其间；而私垦地亩，致碍旗人生计。命酌定章程，停止直隶、山东等地民人携眷出关谋生。如遇荒年贫民需出关营生者，应由该督、抚据实陈奏，候旨允后，始准出关。

·初二日，建宗室、觉罗住房。

·初八日，免河南用兵地区四十州县逋赋十分之五。

八月

·**禁增垦蒙古牧地**　初四日，谕因蒙古地方，容留民人租种地亩，日久必致有碍于游牧。嗣后不准另垦地亩，添建房屋，侵占游牧处所。其从前租种地亩，并令按地纳租。其聘娶蒙古之女为妻者，在该民身故后，将其妻子给予该处扎萨克为奴。

九月

·十三日，河南卫粮厅属衡家楼河溢。

·**彭元瑞死**　彭元瑞（1731—1803），字芸楣，江西南昌人。乾隆二十二年（1757）进士，改庶吉士。后授编修，迁侍讲，直南书房，官至协办大学士、吏部尚书。任《清高宗实录》总裁，与辑《秘殿珠林》《石渠宝笈》《西清古鉴》《天禄琳琅书目》诸书。著有《经进稿》等。

十月

·十一日，以河南卫粮厅属衡家楼河溢，堵筑工费甚巨，暂开衡工捐例。

·**定青海诸制**　二十六日，定《青海蒙古野番诸制》："一、定界设卡，以资防守，立鄂博，使不得私越。一、设头目，给翎顶，使野番有所约束。一、循化、贵德两厅营，令每年会哨，使知震慑。一、民番交易，示定市期，以便稽察。一、劫夺杀伤，以交踪相验为据，使不得捏报。一、明示劝惩，以靖盗源。一、不容蒙古、野番人户混处，以绝串通。一、两厅营定为三年更替，衡其功过，以专责成。"（《清仁宗实录·一二二》）

十一月

·**禁上控案件发原审官**　十八日，谕各省民间词讼，经州县审断不公者，复赴上司衙门控告。各督、抚应令原审之州县回避，或亲提研鞫，或派员审办，以昭雪民冤。但各督、抚往往于上控之案，仍发交原审各员讯究。该州县心存回护，断不肯自翻前案，以致百姓抱屈莫伸，纷纷赴京呈控。命嗣后各督、抚等，倘仍将控案发交原审官员，或经察劾，必严惩不贷。

是岁

·**会计直省民数谷数**　除湖北、陕西、福建三省未经查报，其直隶各省通共大小男妇三亿零二百二十五万零六百七十三名口，存仓米谷三千零五十四万余石。

·免直隶、山东等省四百余厅、州、县灾赋、逋赋有差。

1804 年　甲子　清嘉庆九年

二月

·初七日，查出镶黄旗汉军秀女内，有十九人缠足，并著宽大衣袖。命永遵定制，勿得任意改装。

·十三日，许越南原后黎朝君王黎维祁骸骨还葬，并许随其来归之越南人回国，赏给银两，沿途资送。

五月

·**增定禁截口盐章程**　山西省盐务自改归地丁之后，池盐听民间行销，官无缉私之责，盐禁日渐废弛。初八日，从山西巡抚伯麟密奏，派官员严行查禁无照盐船私行偷越，违者截获，按律惩治。

·十九日，铁保编辑八旗诗章一百三十四卷，赐名《熙朝雅颂集》。

六月

·**蔡牵焚死总兵胡振声**　蔡牵，福建同安人，率海上义师，扬帆闽、浙沿海，不断打击清军。初七日，闽浙总督玉德等奏闻，牵率船驶至台湾鹿耳门海口，突入北汕木寨，杀死武克勤、王维光二员。旋率船航至浙江温州浮鹰岛海面，将总兵坐船炮焚，总兵胡振声死之。翌月初一日，命浙江提督李长庚为总统，督率水师，温州、海坛二镇总兵为左右翼，带兵往击蔡牵。

·十一日，减各关盈余额税。定浙海关四万四千两，扬州关七万一千两，凤阳关一万七千两，西新关三万三千两，九江关三十六万七千两，浒墅关二十五万两，淮安关十二万一千两，共九十万三千两。

八月

·初七日，定盗决堤防罪例。

九月

·**白莲教起义失败**　白莲教自嘉庆元年（1796）起义，纵横川、楚、陕、豫、甘五省，至嘉庆七年（1802）十二月，额勒登保等以平定白莲教起义奏闻。时川、楚、陕、豫、甘五省白莲教各股主力义军虽相继失败，但在深山老林中，余勇犹斗。额勒登保等先后分路复击，宋应伏、刘渣胡子、温亚利、宋国品、张世虎、赵聪观、熊老八等力战死或被俘。随之清军各路班师。清令诸营乡勇还乡，又多有同白莲教军合者。额勒登保、德楞泰再次出都，穷搜崇山密林，白莲教军首领苟文华、罗思兰、苟文润等被俘。初五日，德楞泰进《余氛扫荡三省全功告蒇》折。至此，历时九年，遍及五省的白莲教大起义基本失败。其余部仍坚持斗争多年。

十二月

·廿五日，体仁阁大学士刘墉（1719—1804）死，年八十五。亦工书，名于时。

是岁

·**钱大昕死**　钱大昕（1728—1804），字晓征，江苏嘉定（今上海嘉定）人，著名学者。通算学，精经学，尤长于史。著《廿二史考异》《十驾斋养新录》和《潜研堂文集》等。

·达赖八世强白嘉措（1758—1804）在西藏布达拉宫圆寂。

1805 年　乙丑　清嘉庆十年

二月

·初七日，英吉利国王随商船进表贡物，其商船并伴有兵船四艘。

·十五日，礼亲王永恩死，子昭梿袭。昭梿著有《啸亭杂录》。

·**纪昀死**　纪昀（1724—1805），字晓岚，直隶献县人。乾隆十九年（1754）进士，官至协办大学士、礼部尚书。昀与陆锡熊为四库全书馆总纂，主撰《四库全书总目提要》及《四库全书简明目录》，著有《阅微草堂笔记》等。

·廿四日，准江西乡试不分土、棚籍，合考取进。

四月

·**查禁广州"番摊馆"**　御史郑士超奏："广东省丌设赌局，名曰'番摊馆'，为洋、土各匪勾通兵役探听消息之处。其主持开局（者），多系各衙门长随、史役人等。省城关厢内外不下二百余处，匪徒混迹其中。其于缉捕消息，知之最确最速。地方不肖官员及查街道之委员、兵役人等，每日收受陋规（银），因而纵容包庇。请敕下该督、抚等严行查禁。"（《清仁宗实录·一四二》）初九日，谕从之。

·**禁西洋人刻书传教**　先是京师设立西洋教堂，作为推算天文、参酌西法之用，并为来京西洋研习者栖止之所。西洋人在中国内地刻书、传教，向有例禁。十八日，谕从御史蔡维钰奏，严禁西洋人刻书、传教。三十日，命将刊刻汉文教经三十一种并向旗民传教之西洋人德天赐，送往热河圈禁；将为德天赐递送书信、地图之广东人陈若望，在教堂讲道之汉军周炳德，民人会长刘朝栋等，发往伊犁给厄鲁特人为奴；将充当会长之妇女陈杨氏，发往伊犁给兵丁为奴；将该堂存贮经卷及其刊刻板片，一体检查销毁。寻定稽查西洋教章程。

五月

·廿五日，以勒保以前在白莲教军事中，首倡坚壁清野之策，著加太子太保衔。

六月

·**直隶失察亏帑**　先是直隶短亏银初查为二十七万余两，继查至一百五十二万余两，及嘉庆六年（1801）以后三查至二百六十四万余两。初八日，命将直隶总督颜检黜免，由吴熊光调补。著吴熊光实力整饬吏治，彻查亏帑，速归实贮，妥立章程。

·廿四日，京师永定河北岸二工处所漫溢。

闰六月

·**刘权之退出军机处** 协办大学士、军机大臣、礼部尚书刘权之，因欲将中书袁煦保奏军机章京，被参劾。袁煦为权之房师、故大学士纪昀女婿，纪昀在日曾经嘱托。初二日，命刘权之退出军机处，寻罢大学士、礼部尚书，降为编修。袁煦亦退出军机处。

七月

·十八日，嘉庆帝往盛京（今辽宁沈阳）、兴京（今辽宁新宾），九月二十三日还京。

八月

·廿五日，御前大臣额勒登保死，赐奠。

十月

·十七日，以英吉利国王进表献物，回书并与文绮。

·**两广总督那彦成免职** 先是朱渍（fén）据粤海，蔡牵据闽海，各统义师，互相雄长。广东提督孙全谋率水师在雷州海面与郑一乌、石二战败，降为都司。后总督那彦成以官军不得力，改行招抚之策，计抚五千数百余名口之多，与银币，授职衔，为巡抚孙玉庭所劾。二十二日，免那彦成两广总督职，后发往伊犁效力；调直隶总督吴熊光为两广总督。

十一月

·**革湖广总督百龄职** 初湖广总督百龄在广东巡抚任内，用非刑连枷，致二人毙命。据参奏，百龄出京赴任时，向人借银做盘费，后离粤莅楚，用人夫二千余名搬运物件，并买房六处、地五千余亩等。初七日，著百龄革职拿问。寻以全保为湖广总督。

·初十日，以时京城满洲、蒙古八旗生齿日繁，而甲兵例有定额，其少年子弟无业游惰。命将京师巡捕五营所辖绿营马兵缺额，由满洲、蒙古八旗闲散人员分别补充之。

·**禁教士赴各地传教** 以澳门西洋教士派人赴江西、山西等省传教，十二日，命西洋人除贸易外，禁止往内地讲经传教，亦不许民人受其簧鼓愚惑，使旧设天主教堂不禁自绝。

·十八日，《皇朝词林典故》成书。

·**蔡牵攻入凤山**　蔡牵率海上义师，乘大船，渡海攻台湾，二十三日，攻入凤山（今台湾高雄），复驶进鹿耳门。台湾嘉义县义军首领洪四老等响应，有众二万余人。蔡牵被推为镇海王。

十二月

·初一日，安徽宿州、蒙城民起事，首领樊牛被俘，后失败。

·先是，有俄罗斯商船二只，来广州恳请贸易，寻泊岸开舱卸货。十五日，命将粤海关监督延丰等交部严加议处。

是岁

·医学家赵学敏（约1719—1805）死。著有《本草纲目拾遗》《串雅》等书。

·**邓石如死**　邓石如（1743—1805），初名琰，避嘉庆帝讳，遂以字行，号完白山人，安徽怀宁人，为杰出篆刻家。幼孤贫，好刻石。客江宁梅（都御史梅毂成子）家八年，尽览其弄（jǔ）藏金石善本，临摹镌刻，书篆俱成。石如精四体书，尤长篆分，造诣博深，自成面目。其篆刻苍劲庄严，流利清新，大学士刘墉叹为"千数百年无此作矣"。后客湖广总督毕沅家，沅故好客，馆中名士裘马俱丽，石如独布衣徒步。石如一生潜心篆刻，年四十六始娶。著有《完白山人篆刻偶存》等。

1806年　丙寅　清嘉庆十一年

正月

·初八日，越南兴化镇目擅请将久隶中国版图之云南临安府（今建水）属六猛地方划去，命照会越南国王阮福映严行惩办之。

·初十日，以直隶千里长堤及新旧格淀堤，年久塌坏，附近民田多成巨浸，准拨银四十万两培筑之。

二月

· **鹿耳门之战**　先是蔡牵统海上义师至台攻入凤山（今台湾高雄），海面则沉舟鹿耳门，阻隔内地兵船；陆路则与洪四老所率义军相联络，围攻台湾府城。清调广州将军赛冲阿为钦差大臣，带兵放洋，赴台督办军务，后授为福州将军。又增派德楞泰为钦差大臣，护军统领扎克塔尔、温春和提督薛大烈等驰赴福建军前。并谕江西巡抚温承惠督粮运军需，以济李长庚军。提督李长庚率浙水师三千渡海，至鹿耳门，因海口为沉船堵塞，不得入，旋进汕大港。总兵许松年亦乘船进攻，于上月二十六日，焚牵船三十余艘，夺占洲仔尾。牵将大船驶进口门迎敌。李长庚出北汕，许松年出南汕，合击蔡牵，牵损船二十四艘，退至鹿耳门。李长庚等遂分船包围鹿耳门，牵以鹿耳门沉舟塞路不能出。越二日，海潮骤涨，沉舟漂起，牵装换蓬索、火药，率兵乘船，于初七日夺门出海，后与李长庚追逐于闽、浙海面。寻台湾总兵爱新泰奏，复占凤山县城。

三月

· 初一日，命挑浚江苏淮、扬下游旧江河道。

· 十六日，禁浙江、江苏等省放米出海。

四月

· 先是康熙四十八年（1709）编集《皇清文颖》，乾隆年间重加纂辑。十九日，从御史叶绍楏奏，命续编《皇清文颖》。

五月

· 十九日，闽浙总督玉保因蔡牵事革职，以阿林保补授闽浙总督。

· **私给民船执照案**　宗室徒义等受船户田洪如等贿银四百两，私给民船执照，准其将船投充渔利各案，事涉亲王、贝勒、额驸、领侍卫内大臣、都统等多人。二十九日，命将宗室徒义革去奉国将军，圈禁二年；庄亲王绵课勿署领侍卫内大臣，革去都统，退出内廷；怡亲王奕勋以尚未管事，罚俸一年，贝勒绵律革去贝勒，责四十，圈禁二年；贝勒绵誉退出乾清门，罚俸二年；额驸索特纳木多布斋革去护军统领，罚俸一年；侍卫德昌、福珠、隆阿、舒等俱枷号三个月，满日后发往伊犁当差。寻命将宗室绵传革去侍卫，当众责四十，发往盛京（今辽宁沈阳）圈禁六年。

七月

· **宁陕新兵哗变**　先是，川楚陕白莲教起义平息之后，原各随营乡勇，挑补各地所增设兵额，谓之新兵。陕西增新兵六千，驻扼秦岭腹地之宁陕。其地险粮贵，议于例外月给米盐银五钱。时布政使朱勋以未奉部文，银钱停发，新兵大哗。恰值陕西提督杨遇春奉命入都，宁陕总兵杨芳调署提督，而副将杨之震令笞治哗者。于是，新兵陈达顺、陈先伦等聚集二百余人，杀副将，劫库狱，毁城以变。寻攻陷陕西洋县，旁及城固、宁羌（今宁强），众至万人。十六日，报闻京师。命德楞泰督兵攻之。旋杨遇春赴京行次西安闻变，急集兵五千进击，陷伏大溃。德楞泰复以兵四千继之。杨芳闻变，率固原兵驰击，鏖战被创。新兵习地利，俱骁悍。改推蒲大芳为首。杨芳与遇春谋，单骑入新兵营。蒲大芳诱缚陈达顺等献，以众降。十月，德楞泰以"现存二百二十四名，拟遴选将弁，分投管带，暂归原营，约束操防"（《清仁宗实录·一六八》）等语奏闻。嘉庆帝阅奏震怒，命罢德楞泰领侍卫内大臣职，将陕甘总督倭什布发乌鲁木齐效力，杨遇春降为总兵，杨芳遣戍伊犁，戍蒲大芳等二百人于新疆塔尔巴哈台。后杨芳、杨遇春分别释回、任官。嘉庆十四年（1809）正月将蒲大芳等斩首枭示。

九月

· **直隶官员串通侵帑案**　直隶司书王丽南等勾结押解工匠代役银的差役，自嘉庆元年（1796）起至本年止，串通二十四州县官吏，通同作弊，私刻假印，重领冒支，挖改库收，销毁借案，虚收虚抵，侵亏帑银三十一万余两。初五日，命将有关人员审讯，后有关之直隶总督、藩司、官吏等降革有差。后命将侵银万两以上者斩首，万两以下者遣戍黑龙江。

十二月

· 初五日，大学士朱珪死，著有《知足斋文集》等。

· 订《河东盐务章程》 十八日，准山西巡抚成宁奏《河东盐务章程》五款。如将陕西凤翔府所属州县原食花马池盐，改为行销潞盐，邠州等所属二县向行潞盐，以其地近花马池，改食花马池盐等。

· 廿二日，江西会昌南发生六级地震。

是岁

· 会计直省民数谷数 直隶等省通共大小男妇三亿三千五百三十六万九千四百六十九名口，存仓米谷二千八百一十一万余石。

· 书法家钱坫（1744—1806）死。

1807年 丁卯 清嘉庆十二年

正月

· 绥定、西乡兵变 继陕西宁陕新兵哗变之后，四川绥定（今达州）新兵王得先等率众哗变，杀死知县。十三日，四川总督勒保奏报事已平息。旋陕西汉中西乡营新兵周士贵等亦率众哗变。二十六日，西安将军德楞泰奏报事已平定。

二月

十四日，申禁朝臣与诸王交接往来。

三月

· 初二日，《清高宗纯皇帝实录》告成，共一千五百卷。

四月

· 大通番民攻扰 甘肃大通县地方，番民攻扰，抢夺马匹。初二日，报闻。命提督百祥率兵击之。寻减其额粮及贡马银。至九月，其首领完木古降，事平。

·廿七日，申禁地方官擅造非刑并捕役私拷。如私造刑具木棒槌，专敲内外脚踝，致民人并未犯法，经敲讯骨折，贻累终身。

五月

·严奏咨案件违限处分例　时各省交审案件甚多，而奏结者甚少。该督、抚于奉文之后，任意延宕，经年累月，怠惰因循，以致善良赴诉不休。初六日，定嗣后凡遇奏交咨文之件，俱随案登记，分别扣查。自原告到省之日起，依限审结。其无故迟延，逾限不及一月者，将该督、抚罚俸三月；一月以上，罚俸一年；三月以上，降一级调用；半年以上革职。

七月

·初五日，以故琉球国中山王尚温之孙灏袭爵，遣编修齐鲲为正使、给事中费锡章为副使往封。

九月

·禁暹罗商船雇用中国人　暹罗国（今泰国）以其民人不习营运，请雇闽人金协顺、粤人陈澄发等代驾，乘其所造商船，装载暹罗货物至粤贸易，并请于卸货后载运粤省货物返回暹罗。初九日，谕暹罗国王郑华，禁止再由中国商民代该国商船营运。

·廿七日，禁八旗抱养民子为嗣，以防紊乱旗籍。

·廿九日，挑修张家湾正河，并堵筑康家沟抄河，以复运道。

十月

·初五日，严禁汉人私入番地，并禁蒙古人改用番装。

·十七日，疏治直隶南运河，挑浚各减河。

十一月

·初四日，拨银一百二三十万两，堵闭陈家浦坝口，导黄河由故道入海。

十二月

·蔡牵战死李长庚　蔡牵自夺航出鹿耳门之后，回至闽地，装篷熰洗，焕然一新，粮药充足，游弋浙、闽、粤海面。同年春，牵失利于粤洋大星屿；十一月，又失利于闽洋浮鹰山；本月二十四日，浙江提督李长庚偕福建提督张见陞追牵入粤，至黑水洋。长庚，福建同安人，与牵里闬（hàn）相望，乾隆三十六年（1771）为武进士，熟谙风云沙线，每战自持船柁，善于整肃水师，勇略闻于海内。蔡牵于黑水洋迎击李长庚之大舰"霆船"，激战失利，仅存三艇。牵乘大艇挂多层牛皮、网纱，以御炮火。李长庚亲自擂鼓搏战，击破牵艇篷，并将"霆船"挂住牵船后艄，但长庚之船尚低牵艇五六尺。长庚副将印得方跃入牵艇，蔡牵镇定指挥。牵卒林阿小素识长庚，自艄尾发炮。中长庚咽喉、额角。长庚淌血倒下，翌日死。时官船数十倍于牵船，但提督张见陞见总统船乱，引舟师遽退。蔡牵化险为夷，乘船弋洋。

是岁

·**王昶死**　王昶（1725—1807），字德甫，江苏青浦（今上海市青浦区）人，乾隆十九年（1754）进士。工诗、古文辞，辑《明诗综》《清诗综》，搜集金石，著《金石萃编》，编述宏富，著有《春融堂集》等。

·**马礼逊来广州**　英国人马礼逊（1782—1834），为基督教（新派）派来中国第一个传教士。后用汉文译《圣经》，编《华英字典》等。

1808 年　戊辰　清嘉庆十三年

二月

·初三日，定新疆卡伦回京侍卫、章京六年更派例。

·十二日，定湖南凤凰、乾州（今吉首西南）、永绥（今花垣）、保靖四厅县，乡试苗生中额一名。

五月

·初四日，授八十五岁之进士王服经为翰林院检讨。

·耄耋老人指挖坝基　先是长麟、戴衢亨查勘河工，因曾任河臣康基田告称，十八里屯地方有前河督靳辅所建石闸基座，访得一百三十余岁张姓老人，带领指认将坝基挖出，于此修复旧规，以减黄利运，较毛城铺工程为事半功倍。初八日，命赏老民银缎；如无顶戴，即赏给七品顶戴。

六月

·初二日，江苏荷花塘运河溢。十四日，江南七里沟运河又溢。

七月

·英侵澳门炮台　英吉利国商船带兵于二十一日驶进广东香山鸡颈洋面。八月初二日，英吉利兵三百人公然登岸，住居澳门三巴寺、龙嵩庙，分踞东西炮台。并声称其"恐西洋人之在澳门者，被法兰西欺阻贸易，辄派夷目带领兵船，前来帮护"（《清仁宗实录·二〇一》）。二十三日，又驾坐舢板艇驶进虎门，至省城外十三行停住，要求在澳门寓住。两广总督吴熊光令其回至黄埔候旨。谕吴熊光对之严加诘责，令其驶出。至十月始行撤离。后以吴熊光对英兵占据澳门葸懦，命罢之，复遣戍伊犁。巡抚孙玉庭亦因是革职。

九月

·严禁流民出口私垦章程　二十九日，准户部议复盛京（今辽宁沈阳）将军等奏，嗣后民人出山海关至奉天属各处者，由原籍起关照一张，填注姓名及前往处所，到关验明放行；仍由原籍起随身护票一张，填注所往地方，交官备查。如出山海关至威远堡法库门外，由原籍起关照二张，一照山海关存留，一照边门存留，并严谕各处无业贫民，勿得偷越出口私垦，致干例禁。

十二月

·先是钦差大臣广兴，受命出差河南、山东、广东审案，历时半年，接受馈银，婪贿鬻狱，威吓取索，奢靡浪费，被查抄革职，后伏法死。十七日，命将送过公帮银之巡抚长龄、阮元和布政使齐布森等俱降级有差。

1809年　己巳　清嘉庆十四年

正月

·先是，缅甸四大万头目未禀知该国王，即僭越来文，称"九龙江地方原是天朝与该国所管之地"。初五日，以"九龙江土司所辖十三板纳地方，俱是内地所管，历年土司出缺，俱由内地拣选承袭"（《清仁宗实录·二〇六》）等语驳之。

二月

·先是上年英吉利兵在澳门白伽思兰炮台至西望洋炮台迤南沿海地带爬越登岸。二十六日，命加筑女墙一道，增高四五尺，共长二百余丈，以加强防御。

·**朱濆战死**　粤、闽海上义师首领朱濆，自起兵以来，屡挫清水师。水师有五千斤大炮、二千斤大炮及一千斤大炮等，装配火药。嘉庆十二年（1807），率船队攻台湾鹿港、淡水、噶玛兰（今宜兰）、苏澳，本月二十七日，朱濆与总兵许松年海上激战败死，报闻。

五月

·初一日，以永愍、弘康各遣人呈端阳节请安折，命嗣后各省将军、副都统等，唯当实心任事，黜浮华而归纯朴，似此无谓之折，著永行禁止。

·**定《民夷交易章程》**　十九日，谕准行《民夷交易章程》。主要内容为：嗣后各国护货兵船，俱不许驶入内港；洋商销货后，即依限回国；澳门内不许西洋人再行添造房屋；引水船户给照、销照，责成澳门同知办理；洋商买办，选择殷实之人；洋货到粤后，由该国自行投行、公平交易等渍。

·**朱渥海战获胜**　二十一日，朱濆之弟朱渥率船五十余艘，同广东碣石镇总兵黄飞鹏一路战船在莱芜洋面分别掎角，放炮激战。渥船高大，不避炮火，扬帆破浪，迎头拒敌，击沉官船二十余只，杀伤弁兵多人，获取胜利。

六月

·初六日，以京师仓场在萨彬图、吴璯、李均简等任内，均以黑档重领米石，盗窃私出，得贿分肥，命责黜历任仓场侍郎等有差。

七月

·知县王伸汉以罪正法　先是李毓昌中进士后，以知县被委赴江苏山阳县查赈。山阳县知县王伸汉冒赈银二万三千余两。因李毓昌秉公确查，不肯扶同捏饰侵赈，欲将其侵冒情形禀揭，伸汉便用信末（砒霜）把李毓昌毒伤，继复勒毙悬挂，以自缢死闻。其叔武生李清泰至京申冤，鞫实。初十日，命将王伸汉解往山东即墨县，于李毓昌坟前正法。李清泰著赏给武举。后将知情受贿代护之知府王毂立绞，两江总督铁保革职遣戍。

八月

·蔡牵裂舟自沉　李长庚被蔡牵战死后，清命其裨将王得禄任福建提督，邱良功为浙江提督，联师攻牵。先是牵联朱渍游弋浙、闽、粤海面，会阮元为浙江巡抚，设反间计离之，独走，后败死，牵愈孤。时牵有船三十余艘，因不得铅丸，以番银做炮子。十七日，蔡牵航至定海舟山外黑水洋，王得禄与邱良功率闽、浙两舟师，全力专注牵之座船，并力攻击。蔡牵倾力还击，与邱良功本船两篷相结。牵以碇击良功船，并以矛伤其左腿；良功身伤船坏，败走。得禄舟进，蔡牵以银丸伤其额、腕。得禄复令掷火斗、火罐，毁牵船舵、尾楼。蔡牵寡不敌众，举炮自裂座船，沉海死。蔡牵率海上义师十四年，至是裂舟自沉。其余众于次年败降。

九月

·廿六日，准俄罗斯于明年冬季在恰克图地方，来会商一切事宜之请。

十一月

·廿八日，朱渍之弟朱渥率众三千三百余人降，交出船四十二只，炮八百余门。

十二月

·廿五日，分别开豁安徽省徽州（治今歙县）、宁国（今宣城）、池州三府世仆为良。

·廿八日，郭婆带领粤洋众五千余人降，交出船九十余只、炮四百余门。

是岁

·经学家兼文学家凌廷堪（1755—1809）死，著有《礼经释例》《燕乐考原》《后魏书音义》《校礼堂文集》等。

1810 年　庚午　清嘉庆十五年

正月

·各部行走人员三年考察　十四日，谕各部院堂官，将其行走人员，三年期满，核实甄别，分别去留，无涉冒滥。

二月

·命试办海运　以近年河工敝坏，运道节梗，漕运阻滞，仓储日罄，二十八日，命江、浙承招商船，试办海运。

三月

·查禁鸦片　先是庆桂等奏，京师广宁门（今广安门）巡役人等盘获杨姓身藏鸦片烟六盒，请交刑部审办。初二日，谕内阁："鸦片烟性最酷烈，食此者能骤长精神，恣其所欲，久之遂致戕贼躯命，大为风俗人心之害，本干例禁。该犯杨姓胆敢携带进城，实属藐法。著即交刑部严审办理。惟此项烟斤，近闻购食者颇多，奸商牟利贩卖，接踵而来。崇文门专理税务，仅于所属口岸地方稽察，恐尚未能周到。仍著步军统领、五城御史于各门禁严密访查，一有缉获，即当按律惩治，并将其烟物毁弃。至闽、粤出产之地，并著该督、抚、关差查禁，断其来源，勿得视为具文，任其偷漏。"（《清仁宗实录·二二七》）

·张保仔等降　自朱渍、蔡牵战死，朱渥、郭婆带降后，粤海张保仔、香山二等，聚众数万，往来海上。先是吴熊光督粤时，塞高州、雷州各港，以绝其生资与接济。及百龄督粤，改粤粮水运为陆运，并将硝矿各厂改商为官；又团练乡勇，使之不能登岸。由是其粮食、弹药来源断绝，始有降意。但惧降后被杀，扬言须制府亲临后方降。于是百龄单舸出虎门，从者数十人。张保仔率船数百，环百龄船。二十三日报闻，张保仔等降，交船二百七八十号，降众二万余人。旋蔡牵余部陈赞等亦率众降。逾月，乌石二被俘死。浙、闽、粤三省海疆事平息。

四月

·十七日，始设热河都统，以管辖热河地方驻防官兵、蒙古诸务、税收牧垦和流寓民人等事宜。

五月

·**筹办直隶水利**　直隶唐河等七十二川之水，由西淀入东淀，分三股下注。西淀自赵北口以下多淤塞，东淀下游至杨家河一带二百余里亦节节淤浅，以致上游河流溃决，下游田庐被淹。初九日，命先将赵北口以下淤垫处筹措疏导。

七月

·初十日，直隶永定河溢，河道王念孙革职严议。

·廿一日，吉林将军秀林以侵蚀参银三万余两，著革职，寻赐死。

八月

·初五日，直隶水灾，拨粮二十万石、银三十万两，赈济灾民。

·**设广东水师提督**　三十日，从两广总督百龄奏请，添设广东水师提督一员，驻虎门；改左翼镇总兵官为阳江镇水师总兵官，移驻阳江；并订《分船巡缉洋面章程》。

十月

·初三日，江南高堰，山盱两厅属堤坝冲溢。高堰为淮扬保障要工，冲塌堤四千余丈。

·发遣吉林为奴犯人分配给兵丁，其人略有资财，向所分之主赎身后即听其所往。十四日，命禁止将发遣为奴之人私行卖放。

·十六日，定部院各衙门轮流值日例。

十一月

·初一日，以吉林、长春二厅新来流民垦田至八千四百一十二户，命嗣后吉林、长春二厅，勿许招致一人、增垦一亩。

十二月

·十六日，广西寿民蓝祥一百四十二岁，命赏银顶戴。

·十七日，江苏淮安府属云梯关外马港口大工合龙，黄河复归正道入海。

·廿一日，《剿平三省邪匪方略》书成。

1811 年　辛未　清嘉庆十六年

二月

·**申定军机章京回避例**　初七日，从前御史吴邦庆奏，以军机处为枢密重地，大员子弟不准充补军机章京。命嗣后文职京官三品以上、外官臬司以上，武职京官副都统以上、外官总兵以上，其亲子弟均不准在军机章京上行走。

·初八日，托津等查奏，近年南河河工费银至四千余万两。

三月

·**勒保等议海运不可行**　先是上年二月，命江、浙试办海运。至是两江总督勒保等会议海运不可行者有十二事，略谓：元至正十九年至明永乐十三年（1359—1415）虽行海运，而漕运仍不废，今若海运与河运并行，则漕运官弁不减，徒增海运之费；江南至天津海道，沙礁丛杂，天庾正供非可试于不测之地；开凿山东胶莱运道，工力难施；海运若由旗丁领运则旗丁不习海洋，如责成船户收兑则船户偷盗私卖、捏报沉失甚至有通盗济匪等弊；海行迟速平险，皆非人力可施；海运需筹经费，方今物力昂贵，其费必甚浩大；海运需用船一千七八百号，即需银一千七八百万两；议雇商船，难于雇觅；查元、明海运，每年必有漂失之米，今时生齿日繁，常虑地之所产不敷人之所食，岂堪再有漂失之数；海运即需添设水师防护，计需设兵三四万名，所需粮饷，又复不赀；京师百货之集，皆由粮船携带，若改由海运，断不能听其以装米之船多携货物，将来京城物价，必骤加昂贵，于生计亦有关碍；若改海运，常年运漕之八九万人，一旦失业，难保不流而为匪，亦非安辑之道。十一日，谕："河漕二务，其弊相乘，其利亦相因。漕运由内河行走，已阅数百年。惟有谨守前人成法，将河道尽心修治，河流顺轨，则漕运按期遄达，原可行所无事。即万一河湖盈绌不齐，漕船不能畅行，亦惟有起剥盘坝，或酌量截留。为暂时权宜之计，断不可轻议更张，所谓利不百不变法也。"（《清仁宗实录·二四〇》）

　　四月

　　·二十日，京畿、直隶、山东、河南旱。修直隶任邱（丘）等州、县千里长堤并雄县道路，以工代赈。

　　六月

　　·**革明亮等职**　先是，御史韩鼎晋密奏，风闻京师内城有聚赌事，多系诸大臣之轿夫开局。即命步军统领禄康等密行查拿。时明亮轿夫开场聚赌，平日既不能约束，得讯后又授意家人自圆明园进城送信，致令该轿夫等闻风逃逸，只有空棚。初六日，命将明亮太子少保衔、内大臣、协办大学士、兵部尚书、镶蓝旗满洲都统、阅兵大臣、管理稽查坛庙事务、上书房总谙达、清字经馆总裁、紫禁城骑马、双眼花翎全行革去。禄康以稽查此案迟疑软弱，著革去内大臣、东阁大学士、管理吏部事务及步军统领职。

　　·**傅鼐死**　傅鼐（1758—1811），字重庵，顺天宛平（今北京）人，原籍浙江山阴（今绍兴）。嘉庆初在湘西镇压苗民起义。嘉庆十四年（1809）擢湖南按察使。鼐为官，设木匦于门，诉者投书其中，夜出阅之，黎明起即视事，剖决果断。兵民白事，许直至榻前，使下无壅情。十九日，以鼐死报闻。鼐居官廉操，死后其妾寡居，粥不给。

　　七月

　　·**禁西洋人潜住内地**　时京师有西洋人七名，即福文高、李拱辰，高守谦分任钦天监监正、监副，高弥德在内阁充当翻译，毕学源通晓算法、留备叙补，贺清泰、吉德明年老多病、不能归国。令其不能与旗民私相交接, 不准擅出西洋堂外, 外人亦不准擅入。十六日, 命除广东省向有西洋人来往贸易外, 其余各直省禁西洋人潜住, 并禁止民人私习天主教。

八月

·初十日, 四川甘孜东部发生六级地震, 压死四百八十一人。

·新疆回民乃沙朵斯等, 暗通大和卓木后裔玉素普 (萨木萨克之子), 借名惑众, 敛取钱物, 谕喀什噶尔参赞大臣铁保密饬阿奇木伯克玉努斯, 将其捕获。十三日, 报闻。

十月

·初十日, 免甘肃各属自嘉庆元年至十五年 (1796—1810), 积欠籽种、口粮及折色银等。

·十七日, 建台湾噶玛兰 (今宜兰) 城楼、衙署, 设通判、县丞、巡检各一员, 守备、千总各一员, 驻官兵四百余人。

是岁

·**会计直省民数谷数** 直隶等省通共大小男妇三亿五千八百六十一万零三十九名口, 存仓米谷三千三百三十九万余石。

·经学家臧庸 (1767—1811) 死。庸从阮元编《经籍纂诂》。

1812 年 壬申 清嘉庆十七年

正月

·十九日, 允廓尔喀国王请, 每届五年派噶箕头目进京奉表贡一次。

二月

·廿三日, 从伊犁将军晋昌奏, 以从前种八旗公田, 不如私田勤奋, 著将田二万余亩, 分给八旗, 以专责成, 各尽心耕种, 俾收实效。

三月

·十二日，哲孟雄部长请赏藏地庄子一所，严行驳斥之。

·二十日，嘉庆帝御南苑晾鹰台，大阅八旗官兵。

四月

·**将京师闲散旗人送往吉林**　时八旗生齿日繁，京城各佐领下户口日增，生计拮据，虽经添设养育兵额，而养赡仍未能周普。初二日，谕军机大臣等日："国家经费有常，旧设甲额，现已无可复增。各旗闲散人等为缺额所限，不获挑食名粮。其中年轻可造之材，或闲居坐废，甚或血气方刚，游荡滋事，尤为可惜。因思东三省原系国家根本之地，而吉林土膏沃衍，地广人稀。闻近来柳条边外采参山场日渐移远，其闲空旷之地，不下千有余里，悉属膏腴之壤。内地流民，并有私侵耕植者。从前乾隆年间，我皇考高宗纯皇帝，轸念八旗人众，分拨拉林地方，给与田亩，俾资垦种。迄今该旗等甚享其利。今若仰循成宪，斟酌办理，将在京闲散旗人，陆续资送前往吉林，以闲旷地亩拨给管业，或自行耕种，或招佃取租，均足以资养赡。将来地利日兴，家计日裕，该旗人等在彼尽可练习骑射。其材艺优娴者，仍可备挑京中差使，于教养之道，实为两得。"（《清仁宗实录·二五六》）著派员尽心筹划之。

五月

·滦州人董怀信继父传习金丹八卦教，从教者至五千余人，后被捕。十七日，命严搜其徒党，从严惩办。

六月

·初四日，凡军流人犯有在配所遣人来京呈递封章者，无论是非虚实，均一体治罪。

·初八日，新疆和阗、叶尔羌岁贡璞玉，由四千斤减为二千斤。

·廿八日，移闲散宗室于盛京（今辽宁沈阳）居住，官筑庐舍并给田银。

·**订《吉兰泰盐务章程》**　吉兰泰盐池位于黄河上游，比邻宁夏。其盐原引地为太原、汾州（今山西汾阳）等属六十四厅、州、县。先是吉兰泰盐自招商承办以来，盐商皆折本、亏课。其原因为太原等地食潞盐及附近蒙古盐，价廉易购；而吉盐道远价昂，招商不前。二十八日，从钦差侍郎阮元等奏，将吉兰泰盐引额八万七千五百道，照长芦例，定为余引，从嘉庆十八年（1813）始，咨部领引，交商行运；吉盐既归潞商承办，无须吉盐销贩，其盐地敕还阿拉善王玛哈巴拉，听由该处民人自行捞运，以资其生计；原额课银六万三千五百八十两，由河东商人按年完纳。

七月

·廿五日，以直隶发生擅用木架熬审毙命之案，申禁私造非刑。

八月

·十三日，议挑安徽阜宁救生河。

·**陈凤翔遣戍新疆** 江南河道总督陈凤翔，以堵闭礼坝口门，坝基冲坏，河水大泄，下河州县受灾，被两江总督百龄劾奏。先命将陈凤翔革职，罚赔银十万两；十七日，又命将其在礼坝工地枷号两个月示众后，发往乌鲁木齐效力。

·**户部奏查各省积欠** 各省积欠正项钱粮至一千九百余万两，其中安徽、山东积欠各四百余万两，江宁、江苏积欠各二百余万两。十八日，著户部于每岁年终，将各该省积欠原数及已完、未完数，详悉开单具奏，以分别饬议。

十一月

·廿八日，免云南思茅、宁洱二厅、县所属土司本年秋粮。

十二月

·十二日，准御史王泽之请，刊刻《治河方略》。

1813 年　癸酉　清嘉庆十八年

正月

·十一日，云南土目张辅国抗命滋扰，命伯麟督率将弁往拿。四月张辅国被俘，事平。

·廿三日，浚江苏高邮、宝应等下游河道。

五月

·廿九日，复满洲、蒙古旗人武场乡、会试例，按额取中。

六月

·初九日，禁宗室觉罗与汉人联姻。

·二十日，命仿宋范祖禹《唐鉴》体例，编纂《明鉴》。

·**赏生员鲍廷博举人**　鲍廷博（1728—1814），字以文，安徽歙县人。流寓浙江桐乡青镇。藏书极富，乾隆三十八年（1773）开四库全书馆，进家藏善本六百余种，后被赐《古今图书集成》一部。廷博以平生蓄积，刊刻《知不足斋丛书》。浙江巡抚方受畴代进《知不足斋丛书》第二十六集。二十五日，以其广刊秘籍、老而不倦，著赏给举人。廷博时年八十六，作《夕阳诗》自励。廷博笃友谊，乐助人，见贫而好学者，尝以全部丛书相赠。《知不足斋丛书》刊至二十七集，廷博死，其子士恭续刊至三十集。

·廿八日，自嘉庆二十一年（1816）始，改各省驻防兵丁子弟赴京乡试为在本省应文、武乡试。

七月

·**严禁贩食鸦片**　先是上月以有军丁民人、侍卫官员、内廷太监等吸食鸦片，沉湎荒淫，败俗戕身，命定立科条，严加惩处。初十日，准刑部议奏，定侍卫官员买食鸦片者，革职杖一百，枷号两个月；军民人等杖一百，枷号一个月；内廷太监枷号两个月，发往黑龙江给官员为奴。

九月

·**李文成起义**　先是白莲教一支八卦教在直隶、河南、山东等地秘密活动。嘉庆十六年（1811）秋，震卦卦首李文成、坎卦卦首林清等在河南浚县道口镇聚会，改教名为天理教。本年八月，河南教首李文成、北京教首林清等，又在道口镇聚会，商定于九月十五日，在北京、河南、山东同时起事。后李文成回至滑县大伾山中打造器械，准备起义，但被知县强克捷侦知。初二日，李文成被捕刑讯。

初七日，牛亮臣等率滑县天理教军三千余人，头缠白布，身着白衣，攻占滑县城，杀死强克捷，救李文成出狱。数日间，河南、山东天理教军据浚县，破长垣，占定陶，克曹县，众积至七八万人。寻命直隶总督温承惠为钦差大臣，会同浙江巡抚高杞、山东巡抚同兴攻之。

·**天理教军攻打紫禁城** 十五日，林清领导天理教军，攻打京师紫禁城。林清，宛平县宋家庄人。是日，林清派出义军，得内监策应，先集于菜市口等地，由宣武门潜入，各备兵器，混杂于酒肆中。日午，义军陈爽等一支五人冲入紫禁城东华门，攻至苍震门即败。义军陈文魁等另一支约五十人，攻入紫禁城西华门，反关门以拒官军。陈文魁率众攻隆宗门，入内右门，至御膳房。时嘉庆帝木兰秋狝回至燕郊。起义军由内右门攻至养心门外。皇二子旻宁闻警，令紧闭宫门。王大臣等率健锐营、火器营兵入神武门。天理教军寡不敌众，失败。旋林清在宋家庄被捕，后磔死。嘉庆帝遇变生肘腋，诏曰："然变起一时，祸积有日。当今大弊，在因循怠玩……以致酿成汉、唐、宋、明未有之事！"（《清仁宗实录·二七四》）命将步军统领玉麟等以懈弛门禁罪夺职。

·十六日，封皇二子旻宁为智亲王。

十月

·廿三日，命京师闲散宗室，乘官雇大车，分队启程，移居盛京（今辽宁沈阳）。时小东门外，已盖房八十区，周围城七，以安置之。

·廿七日，命直隶屯居汉军旗人从州县管辖，同民人一体编入保甲。

十一月

·**司寨之役** 先是徐安幗率河南天理教义军在浚县失利后，退至道口镇。钦差大臣那彦成督兵围攻徐安幗。上月，那彦成督军万余分七路进攻道口镇，万名天理教军抗击。杨遇春以固原兵突入，继用火攻，道口镇被占，徐安幗走滑县。道口镇失陷，李文成、牛亮臣等会议，将主力转移至太行山。李文成因受刑胫折不能骑，坐大车率众行至辉县西北司寨，清军追至。司寨东临山，西濒河，围有墙垣。二十日，杨芳等率军先设伏白土冈，佯败；天理教军往追，遇伏，败。杨芳又败义军于南首山后，率兵径攻司寨。天理教军放枪掷石以固守。清军破寨墙一隅而入，李文成等退至碉楼指挥作战，刘国明战死，李文成举火焚身死，司寨陷落。

十二月

·**箱工万五起义**　先是万五在陕西岐山三才峡做木工。因木箱停工，生活无着，率众焚箱起事。十二日，陕西巡抚朱勋奏闻。义军分为黄号、红号、绿号、蓝号、青号等五支，张旗帜，持刀矛，共数千人。命总督长龄及提督杨遇春移兵往攻。义军旋转入盩厔（今周至）山中。次年正月，万五在宽沟口遇伏失败，被俘死。其他各支分略太白、洋县、宁陕、沔县等地。至二月，义军首领麻大旗、杨荣、陈四、苗小一、龚贵、吴抓抓、张占鳌、尹朝贵等先后战死或被俘，起事失败。

·**滑县之役**　天理教军在道口镇、司寨失利后，那彦成督杨遇春、杨芳等所率军二万余人，集中围攻滑县。城东、南、西三门均被围，北门、西北门因隔苇塘，围未合。初八日，清军三次攻城均败回。官军隧地攻城，义军堵御之，坚守四十余日。杨芳又于城西南隔穿穴深入，九日而成。地雷炸圮城垣。杨遇春、杨芳等率军攻入，随之各城门亦破。十二日，城陷，军师牛亮臣、元帅徐安帼等被俘死。林清、李文成领导之天理教起义失败。

是岁

·**法式善死**　法式善（1753—1813），本名运昌，字开文，蒙古正黄旗人。乾隆四十五年（1780）进士，授检讨，迁侍读。著《清秘述闻》《槐厅载笔》《陶庐杂录》《存素堂诗集》等。

·

1814年　甲戌　清嘉庆十九年

正月

·**复开捐官例**　时军事、河工等项费用，均出常年经费之外，支出浩繁，财政竭绌。初七日，从侍郎吴璥奏，命暂复开捐纳例，谓之豫东事例。

·**禁私运银两出洋**　户部侍郎苏楞额奏称，近年以来，洋商贿通洋行商人，每年将内地白银一百数十万两偷运出洋，以致内地银两渐形短绌。二十五日，从苏楞额议，命酌定章程。

二月

·初十日，停云南贡铜炉、浙江贡嘉炉与湖镜、两淮贡铜火盆例。

闰二月

·初九日，侍讲学士蔡之定请用楮钞，命掷还原折，交部议处，以为妄言乱政者戒。

·**玉努斯监禁伊犁**　十二日，以新疆喀什噶尔阿奇木伯克玉努斯，邀功妄杀毛拉素皮等四人，抬价卖粮，苦累回众，以其为额敏和卓后裔，援议功之例，从宽免死，解往伊犁永远监禁。

·**纂辑《全唐文》告成**　二十六日，大学士董诰等纂辑《全唐文》成书。以《唐文》为蓝本，并采辑《永乐大典》《文苑英华》《唐文粹》等书而成。全书一千卷，共收作家三千余人，文一万八千四百余篇。

三月

·**准粤商采矿设厂**　先是广东六浮山及回肚面山二处，有商人黄大通等铁厂、锅厂三座，每处工丁一二百名。两广总督蒋攸铦等为稽查地方，饬令将铁厂、锅厂封禁，并著该商将各工厂遣散。二十二日，谕上年陕南因木商停工，木工借乏食起，今骤封广东铁厂、锅厂，此数百名火业工丁，转致流而滋事。命毋庸封禁，应官为设立章程，编造丁册，具保考察。

·**裁兵节饷**　先是乾隆四十六年（1781）挑补兵额、裁添养廉，一时各省骤增兵至六万六千余名，迄今三十余年，于武备无甚裨益，而军费已多用至四千余万两。时各省额兵六十二万四千余名，较前为增。二十六日，命除直隶、安徽、山东、河南、陕西、甘肃及河东河标难以酌减外，江苏、江西、浙江、福建、湖北、湖南、山西、四川、广东、广西、云南、贵州之额兵及漕标、河标等共裁兵一万四千二百四十名，马一千二百五十六匹，每岁节省饷银二十七万一千九百三十二两，米三万七千五百五十五石。

四月

·初四日，以各省赴京控告咨交本省督、抚诸案，均逾期未结，命分提各省京控各案，限期办结。

·初六日，四川凉山彝人以歉收，四出攻扰，派兵往攻之。

六月

·二十日，直隶省自嘉庆二年至十八年（1797—1813）积欠等项：银三百四十余万两，粮十四万余石，草六万余束。

七月

·初二日，定嗣后缘事发遣至吉林、黑龙江之宗室，释回者在盛京（今辽宁沈阳）安置居住，不回京师，著为令。

八月

·十三日，大学士勒保以目疾解职，予食伯爵全俸。

·**巨商囤积米粮**　十七日，给事中杨怿曾奏称，安徽省庐州（今合肥）、六安毗连之双河镇、三河镇一带，有吕姓米商，修盖仓房，沿河七十余里，盘踞多年，每岁积谷百余万石，贱买贵卖。

秋

·山东招远、黄县大寒，海冻百余里，两月始解。

十月

·**胡秉耀图称后明起事**　十二日，据江西巡抚阮元奏，江西胡秉耀得残书一本，内载阵图及谶语。遂密议借朱毛俚假托前明后裔，至积善禅林，同谋起事，称为后明，年号晏朝，封官职，散札付，旋遭查获。胡秉耀等十七人被凌迟处死，程麟祥等三十五人被绞监候。

·十三日，云南石屏发生六级地震。

十一月

·**查拿红胡捻子**　捻子，河南等地民间行傩祛疫、裹纸燃膏为龙戏之称，起于康熙年间。山东、河南、安徽乡民相聚拜辐拜捻，其后日益增多。二十一日，御史陶澍奏，河南南阳、汝南、光州、项城、息县、光山、正阳、罗山、汝阳，安徽颖州（今阜阳）、亳州等地，向多红胡捻子。每一股谓之一捻，小捻数人或数十人，大捻数百人不等。命河南巡抚方受畴、安徽巡抚胡克家查拿红胡捻子。寻将河南为首之王妮子，安徽为首之李东山、马大振等捕获。

·廿二日，命开垦伊犁牧厂。寻命垦殖吉林所属拉林（今阿城南）夹信沟荒地。

·**查究英人司当东**　先是英吉利护货兵船于八九月间，违例闯入虎门；英吉利人司当东前曾绘制京师至广州沿途山川形势图，后居住澳门。二十八日，命两广总督蒋攸铦查究之。

十二月

·**订整饬洋行规程**　以英吉利护货兵船不遵定制停泊外洋，竟敢驶至虎门等因，初二日，规定：嗣后所有各国护货兵船，仍遵旧制，不许驶近内洋。货船出口，亦不许逗留。如敢阑入禁地，即严加驱逐。倘敢抗拒，即行施放枪炮，慑以兵威。严禁民人私为洋人服役。洋行不得搭盖洋式房屋。铺户不得用洋字店号。不准内地民人私往洋人馆舍等。

·初二日，浙江杭、嘉、湖三府旱灾歉收，命浚西湖，以工代赈。

冬

·**崩龙等族起事**　云南省崩龙族（1985年更名为"德昂族"）首领广弄头人塌岗瓦，领导崩龙、傣等族农民提出"官家不公平，杀死官家解不平"等口号，掀起反对芒市土司斗争，攻入芒市（今云南龙陵西南），捣毁土司衙门。至翌年失败。

是岁

·**赵翼死**　赵翼（1727—1814），字耘松，号瓯北，江苏阳湖（今常州）人。

乾隆二十六年（1761）进士。后居官屡受降调，以著述自娱。著《廿二史札记》《皇朝武功纪盛》《陔余丛考》《檐曝杂记》《瓯北诗集》等。

1815 年　乙亥　清嘉庆二十年

正月

·**准吉林开采煤矿**　先是吉林将军富俊奏，吉林旗民生齿日繁，山林采伐渐远，取薪不易，请丁缸窑、胡家屯、营盘沟、田家屯（半拉山）、丁家沟、波泥河八处，开采煤矿，以裕旗民生计。初四日，准富俊之请；并命妥立章程，约束稽查，如滋生事端，唯该将军是问。

·**甘肃额储仓谷**　二十二日，谕据陕甘总督先福查奏，截至嘉庆十九年（1814），甘肃各州、县额储京斗仓粮六百一十余万石，折仓斗粮四百三十余万石。除已奏明亏短各色粮一百七十余万石及嘉庆二十年（1815）估支兵马料粮二十四万二千余石外，实应存各色粮二百三十余万石。

二月

·初一日，山东省亏缺银共六百余万两。命将无着银十七万余两，由自嘉庆元年（1796）以后历任巡抚、藩司，按照在任月日分赔。

·初五日，廓尔喀与披楞（英国）购兵，请助金银，驳斥之。

三月

·**定禁鸦片令**　先是两广总督蒋攸铦奏酌定《查禁鸦片烟章程》。请于西洋货船到澳门时，先行查验，并明立赏罚，使地方官知所惩劝。二十三日，谕称："鸦片烟一项，流毒甚炽，多由夷船夹带而来。嗣后西洋货船至澳门时，自应按船查验，杜绝来源。至粤省行销鸦片烟，积弊已久，地方官皆有失察处分，恐伊等瞻顾因循，查拿不力。嗣后有拿获鸦片烟之案，除查明地方委员等有得规故纵情事应严参办理外，其仅止失察者，竟当概行宽免处分。至所请拿获兴贩烟斤，自二百斤至五千斤以上，分别纪录加级及送部引见，并军民人等拿获奖赏，以及诬良治罪之处，俱著照该督等所请行。"（《清仁宗实录·二〇四》）

四月

·廿二日，以原任江苏常熟县知县黄鹤，在江阴、常熟两任内，共亏银八万余两，侵蚀入己，在原籍置买房地，坐拥厚资，并为其子弟捐纳职官。命将黄鹤即行正法，作为侵贪官吏者戒。

五月

·**仓场侍郎蒋予蒲被革职**　先是知府王树勋，法名明心，曾在广慧寺为僧，还俗后捐官，事发刑讯。树勋供称，现任仓场侍郎蒋予蒲及其他官员、举人、生员等，曾皈依受戒。初三日，命将蒋予蒲以玷污官箴罪革职，其他受戒官员，亦俱著查明斥革，王树勋在刑部枷号两个月后遣戍黑龙江。

六月

·廿五日，四川中瞻对（今康定西）土司洛布七力起事，旋被总兵罗思举击败。

九月

·**兵击新疆孜牙墩**　先是上年二三月间，新疆塔什密里克回民孜牙墩等，说要"夺取南八城做王子"，并勾引布鲁特人，焚烧马厂，杀害驻兵。初五日，命派兵往击之。后孜牙墩被俘处死。

·十一日，台湾淡水（今新竹）附近发生六点五级地震。

·廿一日，山西平陆东北发生六级以上地震。

十月

·**命直省慎核衰老员弁**　十二日谕："直省设立文武官员。分寄职司，有一官即有一官应办之事。若其人不能称职，或精力衰惫，不足以副之，则文官必致贻误地方，武官必致贻误营伍……若统率之大吏不加整顿，一任衰老无能之员素餐尸位，将安望其起颓振惰乎……于所属大小员弁，实力察核。慎加甄别……整饬吏治。"（《清仁宗实录·三一一》）

·廿一日，西洋人兰月旺以违禁潜入内地，远历数省，收徒传教，于湖南耒阳缉捕，后处死。

十一月

·初八日，以自嘉庆十七年至十九年（1812—1814），洋商拖欠西洋人货账银共二百三十六万余两，命将所欠银除已还一百三十万两外，其余部分勒定年限，分期清还。

·**直隶官荒地召垦升科**　直隶属天津（今天津市）、丰润（今河北丰润）等九州县，马厂入官地和旗员抄产入官地等，共七百零八万余亩，已抛荒十余年或数十年。十四日，命委员清丈，开垦升科；或分别变价，招佃耕种。

十二月

·**昭梿削爵监禁**　礼亲王昭梿凌辱户部尚书景安、工部侍郎景禄，以田租细故咨部催追，又将其庄头押至府内酷刑拷打。初七日，命将已革王爵之昭梿圈禁三年。并命嗣后各王公等，不准咨部催追田租。

·**查禁闻香教**　直隶滦州石佛口王姓，自明季创立闻香教，子孙承袭，已历十世二百余年，后改名为清茶门。十六日，命将闻香教首凌迟处死，其余省内外习教者，发往新疆给回民为奴。王姓族人虽未习教，亦徙至云南、贵州、两广安插。

·**清查甘肃亏短库银**　继查核甘肃省亏缺仓粮后，即又查出该省续亏银约一百万两。二十七日，命照山东办理亏空之例，短亏银五千两以下者，在任著追，依限归补；一万两以上者斩监候，二万两以上者斩立决，若勒限追完，免死释放，永不叙用。

是岁

·**段玉裁死**　段玉裁（1735—1815），字若膺，号茂堂，江苏金坛人。古文字学家。曾任知县，后用三十余年，撰《说文解字注》等。

·**姚鼐死**　姚鼐（1732—1815），字姬传，安徽桐城人。乾隆二十八年（1763）进士，曾为《四库全书》纂修官。鼐精于文，为文高简深古，尝论学问之事有三端，即义理、考据、文章，为桐城派主要作家。著《惜抱轩全集》，编《古文辞类纂》等。

·高鹗约于是年死。高鹗为汉军镶黄旗人，续作《红楼梦》后四十回。

·达赖九世隆朵嘉措（1805—1815）在西藏布达拉宫暴亡。

1816 年　丙子　清嘉庆二十一年

正月

·**禁内监呈递诸王奏事**　初七日，谕嗣后在内廷行走之亲王、郡王等，遇有应奏事件，俱在乾清门外（在圆明园不准进左门），交外奏事官员呈递，不准径交内奏事太监；其奏事太监亦不准接收，以防阉寺人等与外廷诸王臣工交接。

四月

·江苏巡抚张师诚因父病危，将巡抚印务交藩司代办，即日启程回籍省亲，并由驿具奏折。二十六日，因其未先行陈请开缺，以私废公，著交部严加议处。寻议革职，从之。

五月

·先是左都御史茹棻之子茹寿彭揽讼受财。十二日，以茹棻平日对其子管束不严，命降二级调用。

·**申严保甲制**　十七日，命各督、抚转饬所属州县，遍行保甲，十家为牌，互相稽查，遇有可疑，即行首报，窝匿不告，同牌连坐。

六月

·**京师铸钱工匠罢工**　先是上月初，工部宝源局工匠因将增复料钱只发给炉头，贾喜子等率众关闭厂门，扣留司员、监督，停炉罢工。至本月初六日，户部宝泉局工匠亦相继行动，包围炉头，并在大使厅前喧聚。二十七日，英和带兵前往镇压，寻贾喜子等被捕。后命将侍郎佛柱、吴烜革职。

·**那彦成缘事革职**　直隶总督那彦成为故大学士阿桂之子，在前任陕甘总督时，与藩司陈祁等商挪赈银十九万余两，并虚奏捐廉事，为户部尚书景安所劾。三十日，命将那彦成革职，从保定解京严审。寻下狱论死，后以交完赔银，改成伊犁。继以其攻克滑县，令免发遣，在家闭门思过。

七月

·**责令英使回国**　英吉利国王遣使亚墨尔斯等，自天津海口登岸至京，以其不行三跪九叩礼，初八日，责令其回国，并咨其国王，嗣后毋庸遣使至京。命将带领英使误事之工部尚书、镶红旗汉军都统苏楞额，理藩院尚书、镶白旗汉军都统和世泰，礼部尚书、镶黄旗汉军都统穆克登额，俱降革有差。

十月

·**罗家彦奏《筹画旗民生计章程》**　二十九日，以御史罗家彦条奏《筹画旗民生计章程》，命交八旗都统会议具奏。寻八旗都统等议驳罗家彦所奏。次月初九日，谕称："我八旗满洲，首以清语、骑射为本务；其次则诵读经书，以为明理治事之用。若文艺即非所重，不学亦可。是以皇子等在内廷读书，从不令学作制艺，恐类于文士之所为。凡以端本务实，示所趋向。我朝列圣垂训，命嗣后无改衣冠，以清语、骑射为重，圣谋深远，我子孙所当万世遵守。若如该御史所奏，八旗男妇皆以纺织为务，则骑射将置之不讲。且营谋小利，势必至渐以贸易为生，纷纷四出，于国家赡养八旗劲旅，屯住京师本计，岂不大相刺谬乎！"（《清仁宗实录·三二四》）命将罗家彦革退御史，仍以编修用。

十一月

·初七日，两江总督百龄死。以孙玉庭为两江总督。

是岁

·**会计直省民数谷数**　直隶等省大小男妇通共三亿二千八百八十一万四千九百五十七名口，存仓米谷三千二百六十五万余石。

·**崔述死**　崔述（1740—1816），字武承，号东壁，直隶大名（今河北大名）人。述以群经传疏与经文诸多殊异，因做辨伪、考信，著《考信录》，有《崔东壁遗书》。

1817年　丁丑　清嘉庆二十二年

正月

·令教徒交经具结　先是湖北省白莲教教徒经地方官劝令，有三百余人交出经卷，具结呈悔；又有三十七名天主教徒交出十字架、图像等，并具结投悔。初五日，令直隶、山东、河南、山西教民，投交经卷，具结退教，免其治罪。

二月

·定京师盗案限满题参例　初六日，以京师地面盗案三个月无获始行题参过宽，定嗣后京师外城寻常盗窃案，三个月限满题参；持械抢劫案，两个月无获题参；内城寻常盗窃案，两个月限满题参；抢劫之案，一个月无获题参。著为令。

三月

·天津复设水师　先是上年闰六月二十九日，以广州、福州、乍浦、京口俱设有水师，天津为畿辅左腋，拱卫京师，东接陪都，形势紧要，曾设水师，后经裁撤，应复设水师，兵部等详议具奏。初五日，定天津复设水师，新添水师兵一千名，分为左右两营，盖营房二千数百间，设天津水师总兵官一员。

·哈尼人高罗衣起事　初，江西、湖广等处汉人往云南省临安府进行贸易，取利过苛。上年冬，哈尼人高罗衣等借驱逐汉人为名，聚众万余人起事，自称窝泥王。并将附从汉人授以官职，攻略江外土司。十六日，诏云贵总督伯麟率师往击。后高罗衣及其军师汉人章喜被歼俘，事败。谕嗣后禁内地民人私往其地进行贸易，侵夺土人生计。

四月

·十七日，改伊犁每年进马四次为三次。

五月

·李赓芸被逼自缢案　福建布政使李赓芸，为官清廉，因勒供凌逼，自缢身死。福建士民莅灵祭奠，捐资建祠，赠匾表扬，联合呈诉。遣官鞫其事，得实。二十四日，命将总督汪志伊革职，巡抚王绍兰寻亦革职。

七月

·十六日，禁乡、会试骑射倩人顶替积弊。

·廿六日，禁浙江、安徽、福建三省茶叶由海上贩运至广东。

九月

·宗室海康等被绞　先是宗室海康和宗室奉恩将军庆遥习天理教，约于嘉庆十八年（1813）九月十五日起事。初十日，谕自开国以来，从未有如海康、庆遥之自外生成者，著将海康、庆遥各带往其祖父坟前绞死。

十二月

·初五日，免云南铜厂民欠工本银。

·初九日，云南查获贩卖妇女贩五十九名，其中缪宗扬等拐贩妇女至一百二十余口，著即绞死。

是岁

·散文家恽敬死。恽敬（1757—1817），字子居，号简堂，江苏阳湖（今常州）人。工于文，为"阳湖派"创始人。著《大云山房文稿》。

1818 年　戊寅　清嘉庆二十三年

正月

·初四日，定盛京大凌河（今辽宁凌海）垦种马厂旷地十一万余亩额赋。

二月

·初六日，严禁制造赌具。

·重申同官联衔具奏例　十三日谕称："凡本衙门公事，必应公同商酌，联衔具奏。如意见不合，亦准两议奏闻，候旨定夺。若遇有控诉呈词，由一人接收者，但事关公务，均当与众堂官公商具奏。"（《清仁宗实录·三三九》）

·定蒙古抢劫治罪例　二十五日，定蒙古地方抢劫案件。蒙古人犯罪，专用蒙古例；汉人犯罪，专用刑律；蒙古人与汉人同伙犯罪，核其罪名与蒙古例及刑律，俱照重律问拟。著为令。

四月

·初九日，京师通州东门内大火，延烧至鼓楼，焚毁房屋千余间。

·**申明销毁匿名揭帖** 十二日，定投匿名文书者绞死；拾获匿名揭帖即行销毁，若将其送入官者杖八十；官员受理匿名文书者杖一百；唯关系国家重大事务者，密行奏闻，候旨密办。

·十四日，以京畿地区自上年春间被旱，秋收歉薄，今春无雨，命免顺天府属二十四州县本年应征夏粮，寻又免旗租，并缓征逋赋，发粮平粜。

五月

·**降革《明通鉴》纂辑官员** 先是馆臣呈进所修《明通鉴》五册。书中于万历、天启朝载入清先朝开创之事，在按语、颂语中论及"明熹宗用人不当"，又"以熊廷弼比方李光弼"（《清仁宗实录·三四二》）等。初六日，命将正总裁曹振镛、副总裁秀宁、万历朝史事按语拟稿者易禧善、天启朝史事按语拟稿者张岳崧、复校者侍讲朱珔等俱降革有差。

六月

·初一日，云南临安府（今建水）哈尼族高罗衣之侄高老五兵败被俘。

·廿一日，申禁州、县官非有紧要公事而上省禀谒。

七月

·**嘉庆帝巡盛京** 先是上年六月，松筠以大旱谏止明年东巡盛京（今辽宁沈阳），被革去大学士、御前大臣、领侍卫内大臣职，黜为察哈尔都统。是月二十八日，东巡启行，十月回京师。

十一月

·**禁州县官交结豪富** 先是御史李远烈折奏，直省州、县官遇有公事下乡，应择清静庙宇暂寓，不得借居富家别业，彼此结纳，致启贪缘请托等弊。其书役滥充保家，唆讼串供，从中渔利，实为地方之害。二十六日，通谕各督、抚严行饬禁，如所属州、县中，有与富家子弟结拜师生及认为义子、请托公事，并纵令书役把持词讼、骚扰闾阎者，一经查出，即严参惩。

十二月

·初七日，大理寺卿甘家斌，以徇私请托，革职。

·**行查事件逾限处分章程**　初九日，定凡部院行查事件逾限者，十一案至二十案，罚俸六个月；二十一案至四十案，罚俸二年；四十一案至六十案，降二级留任；六十一案至八十案，降四级留任；八十一案以上，降二级调用。

·**山东清理积案**　先是山东巡抚衙门积案一千三百七十四起，和舜武四月由河南巡抚改调山东巡抚后，已审结积案一千一百二十起；臬司衙门积案六千零八十余起，温承惠自二月任山东按察使后，已审结积案五千四百余起。二十四日，命将和舜武、温承惠交部议叙；将前任巡抚陈预降为刑部主事，前任按察使张五纬发往军台效力，期满后候旨办理。

是岁

·**翁方纲死**　翁方纲（1733—1818），号覃溪，直隶大兴（今北京）人。乾隆十七年（1752）进士，选庶吉士，再授编修，后官学政、学士等。方纲精研经学，长于考订，尝谓多闻、阙疑、慎言三者为考订之道。尤精于书法、金石，著《两汉金石记》，另有《复初斋全集》等。

·**孙星衍死**　孙星衍（1753—1818），字渊如，江苏阳湖（今常州）人。乾隆五十二年（1787）进士，后任山东布政使。星衍为官清廉，不谀权贵，后引疾归里，博极群书，勤于著述，积二十二年，成《尚书今古文注疏》。

·华秋苹与人合编《琵琶谱》刊行，是为中国第一部梓行之琵琶谱集。

1819 年　己卯　清嘉庆二十四年

正月

·初一日，嘉庆帝以本年六十生辰，颁诏天下，普免直省积欠，寻以四川、贵州无逋欠，免其明年额赋十分之二。计蠲免各省积欠银二千一百二十九万余两、粮四百零四万余石。

·初一日，封皇四子绵忻为瑞亲王。

二月

·初七日，觉罗舒廉因造卖赌具，命圈禁一年，期满后同其家属发往盛京（今辽宁沈阳）居住。

·初十日，副都统、侯张秉枢典当歌童，并令歌童出署卖唱获利。著即革职，其侯爵由该旗另行拟袭。

·十七日，免江、浙两省各县场灶户积欠盐课。

三月

·十一日，免云南蒙自县属铜厂民欠工本银。

闰四月

·初二日，贝子、二等侍卫德麟（福康安之子），以御殿时值班迟到并服食鸦片烟，著革职爵，责四十板，在家管押。

·初四日，修山东运河西岸堤工。

·初十日，民人成德征先于四月十四日夜，乘紫禁城各门值班官兵睡觉时，入神武门，进景运门，至内右门，被盘获后出神武门。命将有关官兵议处。

五月

·十一日，申禁旗人抱养汉人及户下人之子为嗣。

·**宗室犯事先摘顶戴**　时宗室犯罪到官，向不跪讯，且援议亲之典，遂有所恃，致屡有犯法纪者。十九日，命嗣后宗室犯罪到案，无论承审者为何官，俱先将该宗室摘去顶戴，与平民一体长跪听审。

六月

·先是上月湖南湘潭居民因嘲笑戏班等，被江西客民殴打。寻客民复将本地人十五名捉捆，致互有死伤。十八日命该抚前往确查，严惩首犯。后此案延宕许久不结。

七月

·二十日，直隶永定河北岸二工、南岸四工同时漫溢。

·禁王公等侦探政事　务在职及闲散之王公贝勒等，每日差人侦探公事，如召见起数、人名等，以便趋奉钻营。二十三日，著将礼亲王麟趾、肃亲王永锡、庆郡王永璘等俱各罚俸有差。

·河南兰阳等地河溢　二十四日，河溢兰阳（今河南兰考）汛八堡，又溢仪封三堡，寻再溢祥符（今河南开封）、陈留、中牟。后夺东河总督叶观潮职，命在黄河南、北两岸工地分别枷号；以李鸿宾督东河。未几，武陟缕堤决，又决马营坝，夺淄东趋，穿运河，注大清河，分为二道——一经大清河由青城一带归利津牡蛎口入海，一经徒骇河由沾化久山口入海。后合计给发银丁百余万两，委官调料，兴办大工。久之，坝基不定，鸿宾被斥，观潮复督东河。

八月

·十三日，休致大学士勒保死。

十二月

·先是自蒋攸铦疏请浙、闽茶叶贩粤改海运为河运后，诸多不便。闽浙总督董教增疏请由厦门海运茶叶至粤。十八日，受到申饬。

·廿五日，免云南铜厂民欠工本银。

·廿六日，免西宁口外番族积欠马贡银。

1820 年　庚辰　清嘉庆二十五年

正月

·初二日，以盛京（今辽宁沈阳）官兵演围皆雇人帮放鸟枪，并有人雇借乘骑，谕饬之。

·是月，赈贷直隶、河南、山东、安徽、甘肃属一百二十八厅、州、县灾民。

二月

·十二日，以甘肃西宁道衙门多有与蒙古番民交涉事务，著仍复乾隆六十年（1795）成例，专用满洲、蒙古人员，不用汉员。

三月

·**兵部遗失行印案**　上年八月二十八日，木兰秋狝时随营携带钤用之兵部行印，在巴克什营帐房中因书吏俞辉庭熟睡而被窃。行印遗失后，俞辉庭用备匣加封顶充，并贿兵部堂书鲍斡含混接收。当月司官未开匣验视即入库。鲍斡又装点似在库被窃，以图抵卸，致使失印半年之久始为败露。初八日，命严行查讯。后命将八十六岁之兵部尚书明亮降五级，寻以刘镮之为兵部尚书。其他各有关官员俱降革有差。旋命礼部补铸兵部行印，并定拜印时堂印与行印同捧至大堂启椟拜瞻。

四月

·广西解元陈继昌，继领是科乡试、会试之魁首后，二十五日，又被赐一甲第一名进士，至此连中"三元"。有清一代连中"三元"者，仅陈继昌与钱棨二人。

六月

·廿五日，河南许州（今许昌）发生六级地震。

·廿七日，禁宗室王公等纳民女为妾，违者一经查出，即行革爵。

七月

·十八日，嘉庆帝秋狝木兰自圆明园起行。

·廿四日，嘉庆帝驻跸避暑山庄。

·**嘉庆帝死**　二十五日，嘉庆帝颙琰在热河避暑山庄病死，春秋六十一，在位二十五年。后谥睿皇帝，庙号仁宗。道光元年（1821）三月二十三日葬于昌陵（清西陵）。

八月

·十九日，修浙江镇海低坍海塘。

·**旻宁即皇帝位**　旻宁为嘉庆帝第二子，乾隆四十七年（1782）八月初十日出生于撷芳殿中所。嘉庆四年（1799）四月初十日密匣立储。是月二十七日，御太和殿，即皇帝位。是为宣宗成皇帝，以明年为道光元年（1821）。

九月

·初七日，军机大臣托津、戴均元俱革职，各降四级；军机大臣卢阴溥、文孚各降五级，俱留任。命体仁阁大学士曹振镛、礼部尚书黄钺、户部尚书英和，俱为军机大臣。寻命那彦成为理藩院尚书，刘之为吏部尚书，茹棻为兵部尚书，卢阴溥兼工部尚书，黄钺兼户部尚书，汪廷珍为礼部尚书，顾德庆为左都御史。

·**张格尔首次犯卡**　张格尔为故大和卓木布拉尼敦之孙。乾隆年间平定天山南北路，大和卓木被杀。其子萨木萨克自巴达克山逃入浩罕（今乌兹别克斯坦东部），后屡回南疆滋事。萨木萨克有三子，次子即张格尔。张格尔自称新疆伊斯兰教白山派之和卓，在英国的支持下，由浩罕入扰回疆。张格尔率兵三百余人，将图舒克塔什卡伦官兵杀伤，并将伊斯里克卡伦马匹抢去。初七日报闻，张格尔等已被追逃出卡。

·廿四日，豫亲王福兴以奸婢致其自缢身死罪，革去王爵，圈禁三年。

十月

·初二日，裁各省陈设器玩等贡。

·初五日，调英和为户部尚书、那彦成为吏部尚书、穆克登额为工部尚书、普恭为礼部尚书、和世泰为理藩院尚书、松筠为左都御史。

·**申禁河务积弊**　初七日，定支用河银，严加勘验，禁绝侈费，有弊立参，汛期河堤，昼夜守防，如有懈弛，严加惩办；岁办物料，认真经理，河滨植柳，以护堤根；修堤夯硪，如式坚筑，照法验收，务期坚固。

·初八日，铸道光钱。

·十二日，免齐齐哈尔、黑龙江、墨尔根、布特哈等处水灾额赋，并贷旗民银米。

·廿三日，命定《六部律令》，以整饬部务。

·廿五日，修福建泉州厂战船。

十一月

·初八日，免征两淮历年未解玉（器）贡折价银一百六十余万两，并展缓积欠各款。

十二月

·初四日，免追直省满营兵丁长支银两。

·先是步军统领衙门番役子孙不准应考出仕。初四日，经吏、礼二部议准，嗣后番役子孙著准其应试武场，出仕武职；仍不准由文途考试，以示限制。

· **军机大臣英和罢值** 先是军机大臣、步军统领、户部尚书英和，请清查各省、府、州、县陋规，分别应存应革，定以限制，获准。随后，礼部尚书汪廷珍、四川总督蒋攸铦、直隶总督方受畴、两江总督孙玉庭等均以清查陋规事不可行奏对。孙玉庭直言："清查陋规，而目前之纷扰已甚；舆情不协，国体有关。"十三日，命罢英和入值军机处。寻谕："昨已明降谕旨，停止清查各直省陋规矣。因是思及为君之难，倍增乾惕。世有刚愎自用拒谏矜己者，固为不善矣。若不能辨别是非，概行听纳，必致政出多门，纪纲紊乱，甚则朝令夕改，莫知适从。如是日渐月积，相习成风，虽有忠臣志士，亦必缄口结舌，国政尚可问乎，故清查陋规一事，虽系英和建白，实朕不慎不敏之故。彼时何难三思博访而后宣也。然诸臣亦当谅朕之心也！"（《清宣宗实录·十》）

· 十五日，河南仪封黄河漫口合龙。

· 廿六日，免长芦参退、参追各商积欠银二百九十五万余两。

是岁

· **《嘉庆重修一统志》成书** 是书从康熙二十五年（1686）始纂，至乾隆八年（1743）告成，三百四十二卷；乾隆四十九年（1784）续编成书，为五百卷；后于道光二十二年（1842）再编成书，凡五百六十卷。是编始于嘉庆年间，材料又以嘉庆二十五年（1820）为下限，故称《嘉庆重修一统志》。全志以省为序，每省先列图、表，继以总叙，复以府、厅、州分卷，列政域、分野、建置沿革及形势、风俗、户口、田赋、山川、古迹、关隘、津梁、堤堰等二十五目，为重要方志书。

· **学者焦循死。** 焦循（1763—1820），字里堂，江苏甘泉（今扬州）人。壮年名重海内，应试不第，构居雕菰楼，不入城市者十余年，专心读书著述。通经学，工历算，又长于戏曲理论，著《雕菰楼文集》等。

道光（1821—1837）

1821年　辛巳　清宣宗成皇帝旻宁道光元年

正月

·初六日，准于吉林荒山子、三道沟、下二台及西南山坡四处采煤，煤税自开采之年起纳。

·**定移驻京旗闲散章程**　先是以八旗生齿日繁，而甲饷设有定额，于吉林地方屯垦九万数千垧，已渐有成效。初六日，命移驻在京旗人三千户，分起送屯；该处预为伐木筑室等。

·越南国王阮福皎因接到清仁宗睿皇帝遗诏，拟请遣使进香、表贺。十五日，谕以该国遣使到京已在梓宫移安山陵之后，不及恭荐，著不必遣使远来进香；又以礼制二十七个之内，不受朝贺并停宴赏，著亦不必遣使来京表贺。

·**裁减陕甘绿营马兵**　陕、甘两省额设绿营兵共九万五千五百余名，内有马兵三万六千三百三十五名，较各省为多。且陕、甘山岭崎岖，马兵不如步兵得力；步兵又比马兵节省饷银。十九日，命将马兵裁减十分之一，共三千六百三十名，俱以步兵改补，统限一年办竣，每岁可节省银七万余两。

·廿四日，朝鲜国王李玜奉到清仁宗睿皇帝遗诏，奏表称慰，报闻；寻廓尔喀王亦哀叩成服，奏闻。

·**《新疆识略》告成**　《新疆识略》由伊犁将军松筠呈进、徐松纂辑，十二卷，首一卷。先列新疆总图和南北两路、伊犁各图，并有叙说。次列官制、兵食、财赋、库储、田野、畜牧、厂务、边卫等，条分件系，缕述巅末。是月，付梓刊印，用资考证。

二月

·**云南永北彝人起事**　云南永北厅（今永胜）属土司土目，将土地典卖与汉人耕种，土民生计困难，心怀怨恨。以唐老大（唐贵）为首，以"驱逐汉民"相号召，聚众七八千人，于正月起事，本月初十日报闻。时起事者主要分为二支：

一支由唐老大率领，活动在永北厅地区；另一支由傅添贵、陈添培率领，渡金沙江，至楚雄府大姚一带。清命总督庆保督兵往击。又以成都将军呢玛善为钦差大臣，督办永北军务；寻调贵州提督罗思举，帮同庆保往攻。四月，大姚一路陈添培兵败寨破，添培被俘；永北一路唐老大率众坚守公、母二寨。庆保破大姚路后，会兵攻公、母二寨。五月二十四日，唐老大寨破被俘，报闻。七月，傅添贵亦被俘死，事平。

·廿三日，免江西丰城等六县历年民借籽种、口粮及逋谷。

四月

·十四日，大学士明亮以疾致仕，命在家食俸。

·廿五日，命暂停新疆和阗、叶尔羌开采贡玉。

五月

·初九日，拨银四十五万六千余两，赈江南海州（今江苏连云港西南）等州县上年受灾所需口粮、籽种等项。

·十七日，命广西按察使潘恭辰往封越南国王阮福蛟。

六月

·初一日，从巡抚赵慎畛之请，准开广西崇善县（今崇左）长旗金星山铁矿。

·初七日，重申奉天旗民事件，仍照乾隆四十四年（1779）定例，均归州、县官审理，旗员不得干预。

·**命整饬漕政**　先是漕务百弊丛生，日甚一日，州县浮收，包户侵渔，旗丁勒索，刁衿挟制，几于积重难返。旨令有漕各督、抚筹议。孙玉庭等以"帮费不能尽裁，陋规不能尽革，浮收不能尽去"，议以八折收漕，减半给费；而御史王家相奏称："收漕加米，事类加赋，八折收漕之议，有十不可。"（《清宣宗实录·十九》）十五日，命该督、抚等虚衷商榷、深思妥议后具奏。

·廿六日，以山东布政使琦善为山东巡抚。

七月

·初五日。免云南军务之永北（今永胜）、大姚及其邻近之武定、元谋等六十一厅、州、县旧欠米银有差，并免永北厅应办额铜。

八月

·初二日，以京师疠（lì）疫流行，命拨银两，为备药、置棺之用。寻命顺天乡试展期举行。

九月

·**定两浙盐务章程** 议定：运使各官，勿复旧制；巡抚兼管盐政，毋庸另给养廉；灶课钱粮，仍由场员征解；正引未经销竣，不准请配余引；缺销引盐，改拨畅地销售；卯折月报，由库官造册申送盐政综核；严禁加斤夹带，灌包飞渡；禁革掣规、供应等弊；按照旧例，夏、冬两季掣验；杭、嘉、绍、松四所，各留甲商一名，以资办公，勿得增设。

·廿一日，暹罗国王遣使进香、表贺，谕止之。

·廿八日，诏停福建每岁呈进素心兰、荔枝树两种花树。

·三十日，禁于江西高安县古楼冈山场开采金矿。

十月

·初二日，道光帝御乾清门听政，自是以为常。

·初五日，嗣后考试八旗翻译，简派左右翼副都统各一员带兵弹压，著为令。

·十一日，在京城空地修造房屋，给内务府三旗贫户居住。

·十二日，修山西汾河堤堰。

十一月

·**驳旗人挑补绿营兵缺之请** 上月二十六日，喀什噶尔参赞大臣武隆阿等，密陈旗人生计，请于各直省绿营马兵，分半作为旗缺，并令驻防子弟，就近轮流送补。英和等予议驳。十四日，谕曰："我朝定鼎以来，以八旗满洲、蒙古、汉军屯驻京师；以绿营兵隶督、抚、提、镇分驻各省；其紧要地方，更设立驻防旗营，统以将军、都统、副都统、城守尉，立法至为周密。现在八旗生齿日繁，未尝不筹其生计，量为调剂。若以旗人挑补绿营兵缺，复以在京旗人往补驻防兵缺，无论兵丁得项本微，携眷远行，诸多不便。且从此不复回旗，是以百数十年豢养之旗人，无故屏之远土，朕何忍焉！其忠爱固结之忱，岂能使之恝然？至绿营兵丁，平日在营差操，倚饷为生。一旦遽撤其半，亦何能使之帖服？紊旧制而失人心，莫此为甚！"（《清宣宗实录·二十六》）遂以莠言乱政罪，将武隆阿等降职，八年无过，方准开复。

·十四日，以英吉利人给新疆叶尔羌阿奇木伯克递文，要求在叶尔羌（今莎车）、喀什噶尔（今喀什）等地贸易，命驳斥之。

·**定清查八旗抱养章程**　先是上月初四日，正黄旗满洲都统以护军保亮、马甲花良阿抱养民人为子，冒入旗籍，请交部审讯；著八旗都统妥议，具奏。十四日，准镶黄旗满洲都统英和等奏，会议清查八旗抱养民人为子并办另册章程十条。一、已入仕者，系旗人，拨回本旗酌补；系民人，另册注明，照常当差，及身而止，若曾经出兵得功牌及世职者，改入本旗汉军当差。二、举贡生监，系旗人，拨回本旗应试；系民人，改入民籍应试，如因食饷愿留旗籍者，另册注明，及身而止，不准由旗籍应试。三、现食饷者，系旗人，拨回本旗坐补；系民人，另册注明，及身而止。四、现食养育兵钱粮者，系旗人，拨回本旗坐补，王公包衣换补步甲；系民人，亦换补步甲，销除旗档。五、未食饷者，系旗人，拨回本旗；系民人，改入民籍。六、孀妇无依者，办给孀妇钱粮。七、民人另册注明者，不准领红白赏银等。八、另册注明之官员、举贡生监、兵丁改入民籍者，咨明原籍。九、镶红旗查出无本家姓氏者四十名，抱养属实，照前例分别办理。十、正黄旗护军保亮、马甲花良阿二名，系民人之子，照食饷民人例办理。

·十九日，准阮元奏请，将徇隐夹带鸦片之洋商摘去顶戴。

·廿二日，哲孟雄请入藏熬茶，并妄求予以藏地及所属民人。准其八年入藏熬茶一次，驳其贪求地方、人口之妄念。

十二月

·初五日，先是康熙年间，据朝鲜奏报，其议政金昌集等四人谋逆伏诛，遂篡入《皇朝文献通考》。至是，朝鲜国王李玜奏金昌集等四人系被诬死，恳请饬正简牍。命删去此条。

是岁

·**会计直省民数谷数**　直隶等省通共大小男妇三亿五千五百五十四万零二百五十八名，存仓米谷三千五百一十二万余石。

·直隶、山东等大疫。

·**彭兆荪死**　彭兆荪（1769—1821），江苏镇洋（今太仓）人，精校勘，善诗文，有《文选考异》《小谟觞馆文集诗集》等。

1822年　壬午　清道光二年

正月

·初六日，旗人抱养汉人之子为嗣者，另记档册。嗣后皆编入民籍，其女也不应与旗人一并入选秀女。著为令。

·十八日，山西省丁徭银归入地亩征收者有八十厅州县，命对尚未摊丁入地之二十一州县，次第确查，分别核办。

·廿三日，命山东巡抚琦善勘修孔林各工。

二月

·**禁银两出洋**　先是定例广东与洋人交易，以货易货，不准用银。后江、浙等省茶客交易，用银收买洋货，致海洋偷漏银两。十五日，命广东督、抚暨海关监督，委派员弁，巡查出口洋船，不准偷漏银两。并通饬各省关隘，一体查禁鸦片。

三月

·**洋人应遵守中国法律**　先是英吉利护货兵船停泊伶仃山，洋人赴山汲水，与本地人斗殴，互有伤亡，广东督、抚令其交出凶手，但英人初事借词延诿，后该兵船扬帆驶逸。初七日，命告知英吉利国王，中国定例，凡斗殴致死人命，无论先后动手，均应拟抵；洋兵在中国犯事，应遵内地法律办理，将查出凶犯，附搭货船，押解来粤，听候究办。以后毋庸再派兵船赴粤，如货船必须保护，亦应严谕领兵官，恪遵内地法度。

闰三月

·初六日，命奉天海运高粱、粟米，接济山东登州（今蓬莱）等府民食。

·直隶布政使屠之申，奏请于直隶每地一亩，摊征差银一分。二十五日，以屠之申冒昧陈奏，累官病民，著交部议处。寻议革职，旨降知府。

四月

·十八日，准浙江巡抚帅承瀛奏，修葺钱塘县境之开化寺六和塔。

五月

·初三日，以西安将军徐锟，请于西安驻防八旗下设立书院，教习各佐领下生员及已冠童生，谕满洲风俗以清语、骑射为重，著不准行。寻命将徐锟革职，降级调用。

·**再禁副封之例**　先是内外臣工陈奏折底，另用副封咨军机处；嘉庆四年（1799）已令禁革。其后理藩院衙门属新疆西、北两路将军、都统、大臣及驻藏大臣等，仍将奏事折底，另用副封关会。初六日，命悉行禁革副封之例。

·廿五日，广东碣石镇右营千总黄成凤，在洋盘获鸦片，辄将人船纵放，希图变卖分肥，实属胆玩卑污，著革其职。

·**青海"野番"事平**　先是青海贵德、循化番民约二万人，越界至黄河北及盐池一带插帐住牧，有的贩运茶叶、粮食、火药和食盐，并与蒙古、回、汉民相联结。正月，命其返归原住牧地，但抗拒不回。寻命长龄回陕甘总督任，相机攻之。二、三月，长龄督兵分东、西、北三路并进，驱逐番帐。四月，又令提督移师南截，夜袭毡帐，并用炮击，其头目乙旦木被击死，噶布占被俘，死数百人，清军获牛、羊一万五千余只，余众向雪山奔散。是月二十六日，长龄奏报："黄河以北，全境肃清，蒙古边氓，悉皆安堵。"（《清宣宗实录·三十六》）

后复有小股番民渡河插帐，长龄又督兵攻之。直至十月，始报黄河以北，全然平定。

六月

· 廿二日，禁直省各衙门额外增添书役。

· 廿三日，定诬良为窃、刑逼致死者，拟斩监候例。

七月

· **革除淮商弊端** 两淮盐政曾议奏御史条陈盐务情形，内请定淮商办公银每年酌留七十万两，革去各商夹带银二十万两及场坝黑费名色、商人首总等名目。初三日，谕从之。

· 先是五月二十日，漳河合河口民埝冲决；六月十七日，卫河大堤口民堰漫决。初五日，命山东巡抚琦善治理卫河，河南巡抚姚祖同治理漳河。

· **明亮死** 明亮（1736—1822），满洲镶黄旗人，为履亲王之婿。王母妃死，移棺东陵，道路泥淖，舆夫惮行。明亮行泥淖，为向导，舁（yú）夫不从令者鞭挞之。在道数日，队仗整肃如行军。王喜曰："吾婿将材也。"（《圣武记·附夷艘寇海记·卷十三》）

后于乾、嘉时，屡历战阵，官至武英殿大学士。上年致仕，食全俸。十二日，以明亮死，命郑亲王乌尔恭阿等往奠。

· 十三日，定嗣后现任官员不准加捐职衔，著为例。

· **教民朱麻子起事** 十三日，河南新蔡"捻子"首领朱麻子率众起事。寻攻入安徽阜阳，波及息县、霍丘。后朱麻子被河南巡抚程祖洛派兵俘获。清廷命河南、安徽、江苏会同搜捕"捻子手"。

· 十九日，户部奏，各直省外捐监生已阅二十年之久，统计收捐监生银数，除因军需动用、历年解部及现存司库外，实归还封贮银三百七十三万五千六百余两，尚未归还三百六十一万三千九百余两。

九月

· **订《惩办械斗章程》** 为革除械斗积习，安靖地方秩序，二十五日，从刑部等衙门议奏，订《惩办械斗章程》，规定：首祸之人，严行究办；胁从之犯；稍予从宽；敛财备械，设法严禁；办案官员，分别劝惩。

十月

·廿四日，曾燠奏称，查两淮运库节年悬垫，尚未归补银二百余万两；此外，淮南、北铙引各案，正杂钱粮分赔分带等共借垫至九百余万两。命按引勒追，以重库贮。

十二月

·鸦片烟之来，俱由福建、浙江、江南通海口地方私带，而以广东为最。初八口，命于通海各口岸及关津渡口，无论官船民载，逐一认真查拿，如有私运夹带鸦片者，立即从严惩办。

·二十日，免江苏、安徽二省嘉庆二十三年（1818）以前民欠未完银三十三万三千六百余两。

·廿四日，内阁汉票签处失火。

是岁

·《三省边防备览》成书。严如熤辑，严如熤曾任汉中知县、知府等官，历二十年，辑录文献，躬自履勘，成十八卷。分舆图、道路、水道、民会、山货等门，颇资参考。

1823年　癸未　清道光三年

正月

·**编查青海河南番民**　先是青海插帐黄河以北之番民，已返回原住牧地。初三日，命对其逐一编查，设立千户、百户，分别管辖，把守渡口，如有一人私渡河北，将该千户治罪。寻令西宁镇、道，于春、秋二季，轮往青海贵德、循化，点验门牌、户口，严加管束。

·是月，赈奉天、直隶、江苏、河南、安徽二百二十一厅州县水旱灾，并免额赋有差。

三月

·**定商民与蒙古贸易章程** 先是西宁（今青海西宁）、凉州（今甘肃武威）等处商民，携带货物，由西宁办事大臣衙门给票出口，经赴蒙古游牧地区贸易，既不指定地方，来去亦无期限，致汉、蒙混杂，并夹带违禁器物。初一日，从那彦成等奏，定商民与蒙古贸易章程。规定：各州县羊客与黄河南北之蒙、番交易，以现定地界为限，不许经赴蒙、番游牧处所收买；甘、凉、肃州羊客，由西宁办事大臣衙门发给大票小票，逐一注明，严定期限，各守卡据以查验；蒙古羊只许于四月至九月，按指定处所售卖，事竣不准逗留；黄河以南番族出售羊只，由循化、贵德两厅给票办理之。

·初一日，封闭甘州（今甘肃张掖）野牛沟、肃州（今甘肃酒泉）赤金湖、大通县（白塔城，今青海大通西北）扎马图金厂。

四月

·十一日，免福建核减摊扣军需未完银一百七十九万余两。

六月

·十一日，以福建台湾协副将陈化成为广东碣石镇总兵官。

·**直隶大水** 先是上年直隶水灾。本年入夏后，大雨潦潦。京师自初九日起，淫雨连绵，持续十日。十七日，永定河溢，寻北运河亦溢。查明通州等八十一州县，农田庐舍，被水冲淹。据估算两年歉收粮食七八千万石，损坏房屋器物千余万，总共达八九千万之多。后拨银一百八十万两，备直隶赈济及河工所需。

七月

·廿三日，河南漳河溢。

·三十日，免河南应摊川、楚等军需银四百六十余万两。

八月

·**定失察鸦片烟条例** 时地方官员失察，鸦片流毒甚炽。初二日，命严禁洋船夹带鸦片烟进口，禁止私种罂粟、煎熬烟膏、开设烟馆；并定官员失察鸦片烟，一百斤以上者罚俸一年，一千斤以上者降一级留任，五千斤以上者降一级调用。

·初四日，安徽水灾，拨藩库贮存正项银一百三十余万两，备办理蠲缓赈恤及兴修圩堤之用。

·初九日，以直隶遇饥馑之年，饬各处关口放行灾民出口觅食，无须查验凭票。

·**乡民群闹松江府**　先是江苏松江府（今属上海）遭水灾，娄县知县李传簪赴府请恤，知府杨树基责其不可轻离职守。外间流传谓·"知县为百姓求银米，知府不肯。"华亭、娄县乡民聚集于府署，挤毁衣物，拆打门窗，被提督带兵驱散。十八日，命将为首者从重惩办；知县李传簪以"空言见好乡民，因此赴府求粮，猝成重案"，革职后发往军台效力；知府杨树基"诸事认真"（《清宣宗实录·五十七》），交部察议。

九月

·**招商赴台贩米**　以江、浙等省水灾严重，而台湾有余米出粜。初四日，准许暂弛海禁，免征税课，招商给照，赴台贩米，以济民食；待米价稍平，即行截止，仍遵旧制。

·十六日，拨银一百万两赈江苏松江（今上海）、苏州等属灾民口粮。

·是月，赈济直隶、山东、河南、江苏、浙江、安徽、湖北、江西等属水灾并缓征其额赋。

十月

·**青海蒙古分旗设官**　十七日，准分青海蒙古黄河以北二十四旗为左右翼，每翼添设正副盟长各一员，每六旗设扎奇鲁克一员，每三旗设梅楞一员，每旗设扎兰一名。

·**治理漳河**　洹水流至楚旺（今河南内黄北）汇漳河，漳河于大名县岔河嘴与卫河汇流后，卫河经山东馆陶入运。自乾隆五十九年（1794），漳河由三台村合洹以来，为卫水顶阻，每值盛夏，漳、洹俱涨，埝不能御，致安阳、内黄迤下各处，频年冲决。而漳、洹决，卫河又溢，殃及漕运。二十五日，命大学士戴均元、河南巡抚程祖洛，前往周历履勘，督工治理漳河。

十一月

·廿四日，申定广东、福建捉人勒赎治罪例，将被捉之人致死者首犯斩立决，致刃伤、折伤者绞监候等。

·**准爱毕勒达袭哈萨克汗** 伊犁将军奏，哈萨克汗瓦里苏勒坦病故，子爱毕勒达派遣其弟贡马呈文，并请袭爵。二十七日，特命大臣赍去银纸等物，赐奠故哈萨克汗瓦里苏勒坦，并以爱毕勒达袭爵，赐以诏书。

十二月

·二十日，浚直隶通惠河。

是岁

·**陈念祖死** 陈念祖（1753—1823），字修园，福建长乐人，医学家。乾隆举人，著《伤寒金匮浅注》，世称善本。嘉庆中，官知县，值水灾，大疾疫，亲施方药，活人甚多。医学著述颇丰，其《医学三字经》广为流传。

1824 年　甲申　清道光四年

正月

·初八日，谕停止今岁木兰秋狝。自是废每年秋狝之礼。

二月

·**定吉林参务章程** 规定：所有在绥芬、乌苏里产参山场住山过冬刨夫，准其仍复旧规办理；令各揽头举熟悉刨夫，在苏城、苏子海、讷思屯、呢满口等处寻采，按额交上等好参，挑余方准售卖，蒙混成色者重责示惩；揽头发放参票，刨夫凭票入山，押票章京随时稽查，并著守卡弁兵查验；在小绥芬、双城子、达塌河一带屯种，以供刨夫粮食等。

·初三日，以穆彰阿补授理藩院尚书，寻兼署都察院左都御史，并镶红旗汉军都统。

三月

·**定洋米易货之例**　先是广东粤海关，向准洋米粜卖，粜竣回国，不准装载货物，该商因无多利可图，故近年以来米船来粤者少。初五日，准阮元应将成例量为变通之请，定嗣后各国洋船来粤，如专运米石，准其原船装载货物出口，汇册报部。

·初六日，贷甘肃、宁夏等属县司库银，修汉延、昌润、惠农渠工程。

·十二日，以直隶屯居旗户私自设立之总领催，把持勾串，不服稽查，包揽侵肥，任意抗官，命革除之。

·十六日，准开治直隶卫水新河，修筑堤埝，挑浚淤浅，弯角挖直，添建坝座。

四月

·初四日，修直隶南、北运河堤坝，并清苑（今河北清苑）等二十二州、县桥道堤埝各工。寻拨银一百二十万两筹办河工。

·初八日，京师饥民四集，先有放米厂压毙人口，又有肆行抢夺食物之事。

·**修永定河**　永定河自嘉庆六年（1801）全河漫口，河道大坏。程含章、蒋攸铦等议，为补偏救弊，唯有于永定河南岸修复金门闸，并于南上汛添建灰坝，挖减河一道，分减盛涨之水，以泄入大清河。十二日，报闻。

·二十日，《清仁宗睿皇帝实录》告成，凡三百七十四卷。

五月

·**吕锡龄等革职遣戍**　山西榆次县知县吕锡龄、太原府知府沈琮、忻州知州庆纯、平定州知州贾亮采、太原县知县章颂椿等，在审理案件中，贿嘱徇纵，回护刑逼，枉法营私，致酿人命。初二日，著皆革职，押解来京。寻命将吕锡龄、沈琮等发往乌鲁木齐效力赎罪。

·初八日，浚太湖下游水道。

·**饬查棚民保甲** 先是乾隆四年（1739）户部议准，江南、福建、浙江各府、州、县内棚民，照行保甲，编排户口。后浙江、江苏、安徽等省州县深山穷谷之区，棚民占据山场，垦种山薯，并植麻、靛，煽铁，造纸，以资生计。十六日，命各该督、抚等，饬该府、州、县，将棚民逐细查察，按十户设立甲长，每年递换门牌，随时抽查，不可视为具文。

六月

·初五日，申谕各省督、抚，遇有赴京控告事件，务须亲为听断：冤抑者，立予申理；刁诬者，从严惩治；延宕不结者，提参逾限之员。

·二十日，以吉林双城堡（今双城）移驻京旗闲散屯种，推建义学，教习其子弟。

七月

·**毁苏州五通祠** 五通祠在苏州府城西楞伽山上，前于康熙年间毁祠踣像，后女巫又托神还愿，赛飨如故。初六日，著两江总督孙玉庭，即饬所属州县，将境内五通等淫祠，概行撤毁。

·十六日，从前工部尚书兼管顺天府尹事陈若霖等之请，封闭直隶宛平县（今北京）中兴煤窑。

·廿一日，修山东运河厅属鱼台汛西岸堤工。

闰七月

·廿八日，修浙江筵、设、伊、尹、佐、时六号塘工，并改建鱼鳞石塘。

八月

·**林则徐综办江浙水利** 时江南苏州、松江、常州三府，太仓一州与浙江杭州、嘉兴、湖州三府，河道多有垫淤，海口未能畅达，塘闸损废，时有泛溢。初二日，照两江总督孙玉庭奏，派江苏按察使林则徐综办江、浙水利。

·初四日，土谢图汗部盟长扎萨克亲王车登多尔济，因不按制更换科布多之屯田兵丁，著革去正盟长，留扎萨克亲王之爵。

·初十日，续纂《清通礼》书成。

九月

·初五日，修直隶自高阳县（今河北高阳）刘家沟至天津县（今天津）西沽炮台千里长堤，动项银三十四万七千一百两。

·**爱毕勒达被俄截走**　先是伊犁领队大臣乐善赴哈萨克游牧地封汗、赐奠，行抵巴彦乌兰地方，爱毕勒达前来迎接，被俄罗斯截去，报闻。初十日，竟谕称："外夷交易起衅，本属常有;疆外之事，原可不须过问。天朝亦断无派员再往之理。俟其前来请领敕书，再行发给。至该将军奏，请饬理藩院转谕萨纳特衙门，询问俄罗斯之处，竟可不必。惟应严饬沿边卡伦，谨守边界。"（《清宣宗实录·七十三》）

十月

·**张格尔滋扰乌鲁克卡伦**　上月张格尔由霍罕入，结布鲁特人，率二百余人沿喀什噶尔河上游山谷攻扰，至喀什噶尔西乌鲁克卡伦焚抢。守关官兵轻敌失利，死伤三十余人，侍卫花山布败死。寻巴彦图派兵往援，张格尔败走，奔喀拉提锦。初六日，报闻。

·廿七日，福建台湾道兼管台湾水陆官兵事。

十一月

·廿三日，江南高堰十三堡因风猛异常，浪泼堤顶，旋即冻结，刷掣漫口，报闻。寻报掣塌石工，长至九千余丈，为从来所未见；估算堵、修两项，需银二百万两。

十二月

·**挑浚三江水道**　时江苏青浦、娄县、吴江、震泽、华亭五属，承太湖下注黄浦各支流，浅滞淤阻。十一日，准动银四十万两，兴工疏浚。

1825 年　乙酉　清道光五年

正月

·初九日，拨银修浚浙西水利。

·**兴修陕西水利** 十一日，陕西巡抚卢坤奏报，已次第修复咸宁县龙首渠，长安县苍龙河，泾阳县清、冶二河，盩厔县（今陕西周至）涝峪等河，郡县井田等渠，岐山县石头河，宝鸡县（今陕西宝鸡市）利民等渠，华州方山等河，榆林府（今陕西榆林）榆溪、芹河，皆展宽挑深，增堤筑坝，并酌开水田。

二月

·**江浙再筹海运** 先是嘉庆十五年（1810）二月，因河决漕阻，命试办海运，后两江总督勒保等奏不可行，议遂寝。上年江南高堰漫口，河道节阻，漕运滞碍。初五日，命江、浙试办海运。谕云："朕思江苏之苏、松、常、镇，浙江之杭、嘉、湖等府属，滨临大海。商船装载货物，驶至北洋，在山东、直隶、奉天各口岸卸运售卖。一岁中乘风开放，每每往来数次，似海道尚非必不可行。朕意若将各该府属应纳漕米，照常征兑，改雇大号沙船，分起装运，严饬舵、水人等，小心管驾，伊等熟悉水性，定能履险如夷。所有风涛之警，盗贼之事，亦可无虑。唯事系创始。办理不易，然不可畏难坐视，漠不相关。"（《清宣宗实录·七十九》）著两江总督魏元煜、漕运总督颜检等，广咨博采，通盘经划，悉心计议，据实具奏。后魏元煜等奏，会议海运情形，诸多窒碍，以盘坝较之海运为稳妥，海运之议复寝。

·廿五日，蒋诗呈进《畿辅水利志》一百卷，诗时为已革御史捐员外郎衔。

四月

·**始修《安徽省通志》** 先是《江南通志》成书于乾隆元年（1736）。安徽自顺治十七年（1660）设巡抚以来，未辑通志。二十八日，从安徽巡抚陶澍奏请，设局纂修，酌定章程，予限一年，纂辑成书。后至道光九年（1829）六月，由邓廷桢督办蒇事。

五月

·**订《回疆敛钱条例》** 以新疆回民每有为大小和卓木后裔寄信敛钱者，十一日，定将传递信物之人，即行正法；出钱帮助之人，发极边充军；被惑出钱之人，发内地近边充军；凡请票出卡贸易者，需具保、限期、呈报、稽查等。

·十四日，修广东澳门关闸及演武亭。

·廿二日，以山东巡抚琦善为两江总督。

·**订防守直隶长堤六款**　二十九日，从协办大学士、直隶总督蒋攸铦奏，订防守直隶千里长堤善后事宜：一、责成汛官，实力防守；二、仍循旧制，责令民修；三、严禁占碍河淀，以资蓄泄；四、酌设叏夫堡船，以复旧制；五、添设汛弁水手，并移驻汛员；六、濒河险工，应建堡房，并筑防风埽段，以御大汛。谕曰："立法非艰，行法维艰。故为政要在立法必行也。"（《清宣宗实录·八十二》）

六月

·**孙玉庭等休降有差**　上年高堰漫口，清水泄枯，漕运节阻。本年漕运尚有船四十帮须盘坝接运，需盘运银一百二十余万两。初二日，命督办漕运之大学士孙玉庭以编修休致，漕运总督颜检降二级休致，两江总督魏元煜降四级留任。

·**禁粮船水手设教敛钱**　御史王世绂奏称，各帮粮船舵手，设有潘安、老安、新安三教，所祀之神名曰"罗祖"。每教内各有主教，名曰"老官"。每帮有老官船一只，供设"罗祖"。入其教者，投拜老官为师。各船水手，联名资助。统计三教不下四五万人，沿途纤手尚不在此数。水手雇值，向例不讨一两二钱，近年挟制旗丁，每名索二三两不等。及粮船衔尾前进，忽然停泊，老官传出一纸，名曰"溜子"，索添价值，旗丁不敢不从。水手滋事，必送老官处治，轻则责罚，重则沉河。沿途招雇纤手，必推曾经械斗受伤者为头目。遇有争斗，以红箸为号，人即立聚。宜设法严办。初六日，命悉心筹议，严行惩办，但不可激生事端。

·十一日，禁濒洞庭湖围筑私垸，并命派员巡湖查勘。

·**陶澍奏河海并运策**　先是高堰漫口，漕运延误，欲以米易银，称为折色；并议停运治河。江苏巡抚陶澍奏称，折色与停运，二者均不可行。江苏省额征漕粮折银，为数甚巨，民间以米易银，遽难出粜，必致谷贱伤农，弊窦丛生。且太仓储蓄，应陈陈相因，停运之说，未可轻议。因请来岁当以海、河并运为宜：广招商船，分作两次装载，计可运米一百五六十万石；其余仍由运河而行，秋冬将运河挑挖，至来春湖水益增，自可引导济运。二十九日，谕允行。

七月

·**准哲孟雄部长入藏瞻礼**　哲孟雄部长屡请入藏瞻礼，并每年到卓木地方避暑。十四日，谕准其因达赖喇嘛坐床，暂来藏瞻礼一次，以后仍定八年一次入藏熬茶。其避暑事，应体察情形，或容其暂住，过时即催其返回，勿在藏逗留。

·**严定宗室犯罪律令**　向例宗室罪犯，只分折罚、围禁。但法轻则生玩，庶辟以止辟。二十六日，定嗣后宗室凡犯笞、杖、军、流、徒等罪，由问刑衙门分别定罪实发：凡酿成人命案者，先革去宗室，照平人一律问拟斩、绞，分别实、缓。其进呈黄册，仍由宗人府办理，以示区别。

九月

·初三日，以广东管库员齐澜假造文领，描摹印信，冒领银一万二千两，命即予勾决。

·**准琦善漕粮海运**　两江总督琦善请将苏、松、常、镇、太四府一州应征道光五年（1825）分漕粮，雇沙船一千余只，分春、夏两次，海运米一百五十万石至津。初八日，谕允之。

十月

·十七日，江苏高堰、山圩两厅石工塌坏处修竣，报闻。堰、圩石工共一万一千余丈，用银九十余万两。挑挖运河完工，同日奏闻。

·**参赞大臣永芹革职**　宗室永芹为新疆喀什噶尔参赞大臣，居官懦弱昏暗，张格尔日肆为乱。七月，张格尔先差人诈降，勾结四百余人为乱，因奈曼部落不从，复窜往萨雅克部。寻率十八人，来喀什噶尔滋事。喀什噶尔帮办大臣巴彦巴图带兵二百以查卡为名，前往搜捕张格尔。时张格尔已远遁，巴彦巴图便纵杀布鲁特汰列克家属等游牧男妇百余人。汰列克率部追袭，巴彦巴图败伤自刎死，全师尽没，回疆西部闻之震动。后张格尔借之惑众酿乱。二十七日，谕斥永芹，寻革职，后府殁。以长龄往代庆祥为伊犁将军，庆祥为喀什噶尔参赞大臣兼镶黄旗汉军都统。

·三十日，武英殿库贮书籍被窃售多次，管武英殿御书处事瑞亲王绵忻、尚书穆彰阿俱交部议处。

十一月

·初九日，封暹罗国（今泰国）世子郑福承袭暹罗国王。

十二月

·**暂弛海禁贩运浙米**　以福建歉收，粮价昂增，二十六日，准暂弛海禁，招商运浙米入闽，发给印票，由各海口查验放行。

·廿六日，命蒙古科尔沁郡工僧格林沁在御前行走。

是岁

·《西夏书事》刊行。吴广成辑唐以降诸史、文集和野史有关西夏史事，以编年体排比成书。

1826年　丙戌　清道光六年

二月

·**海运至津**　江苏试行海运米船，共九百余艘，运米一百一十二万二千余石，于二十九日引进天津海口，极为顺利。海船卸米后，往奉天买豆南运。

三月

·初四日，闽浙总督孙尔准奏，台湾、澎湖为海疆重地，请动款补制军火炮械。下部知之。

·**查禁带刀持械者**　时山东、河南、安徽、江苏有佩刀持械挟诈逞凶者。十七日，命照四川、广东之例，捕获携带刀械挟诈逞凶者，每名锁系重四十斤铁杆一枚，定限一年；若仍不改，再系一年等。

四月

·廿三日，以陕西布政使邓廷桢为安徽巡抚。

·廿四日，喀什噶尔参赞大臣庆祥派兵败张格尔兵于卡外，并俘其头目赫尔巴什。

五月

·**准开放王营旧减坝**　两江总督琦善奏：南河黄高于清，以致河湖交敝，运道不通，请开放王营（今江苏清江浦北）旧减坝，如将来黄水夺溜致清口以下掣淤，清水畅出，刷涤深通，即赶紧堵合，使黄水仍归故道，漕运以复旧规。其开坝、挑河、堵合口门、土埽等项，共需银三百数十万两。初八日，敕该部豫为筹款，俟秋初拨解工次。

·初八日，两江总督琦善等奏，估办堰圩大堤需银一百七十七万余两。下部议行。

六月

·初五日，台湾嘉义、彰化土民与闽、粤客民发生械斗，命提督许松年等督兵击散之，至八月平息。

·初八日，免山东省军需摊廉未扣银九十五万一千余两。

·**订《逃走太监治罪例》**　初十日，规定太监初次逃走投回，责六十；二次逃走投回，责八十，发吴甸铡草一年；三、四、五次逃走投回或被获，均责一百，分别发吴甸铡草三年、四年、五年；铡草未满年限逃走及五年期满后又逃走，俱永远枷号等。

·**编查苗疆客民保甲**　三十日，从湖广总督嵩孚奏，将现居苗疆内客民户口、田产编查造册，并将客民编入保甲，勿许流民擅入苗寨、盘剥苗民。

七月

·**遣将调兵征张格尔**　十三日，据庆廉奏：接到英吉沙尔（今新疆英吉沙）咨文，"喀城回子，全行变乱，万分紧急"（《清宣宗实录·一○一》）。时张格尔率兵焚掠军台，台路断绝，各城纷驰告急。因命长龄为扬威将军，陕甘总督杨遇春、山东巡抚武隆阿为钦差大臣、参赞军务；先后调固原提督杨芳、甘肃提督齐慎、宁夏将军格布舍、乌鲁木齐提督达凌阿、领队大臣祥云各带陕西、甘肃、宁夏、乌鲁木齐、伊犁兵及黑龙江、吉林兵等，共二万余名；并命陕西巡抚卢坤督办粮运。

八月

·**张格尔攻陷喀什噶尔**　先是张格尔侦知回疆南路清军虚弱，欲乘间席卷喀什噶尔（今喀什）、英吉沙尔（今英吉沙）、叶尔羌（今莎车）、和阗（今和田）西四城，又恐回疆北路援军速集，便遣使往霍罕、安集延乞援。夏，张格尔受英吉利殖民者支持，窜入回疆，拜其祖父大和卓木之墓，据墓驻营，谋袭喀什噶尔。喀什噶尔参赞大臣庆祥，令帮办大臣舒尔哈善等率兵围之，张格尔带兵入山。张格尔之弟巴布顶率兵破英吉沙尔，领队大臣、副都统苏伦保等死之。张格尔连陷叶尔羌与和阗，并包围喀什噶尔。庆祥率军民婴城固守两个月。二十五日，张格尔派兵挖地道进城，庆祥复督兵巷战，力竭自尽，领队大臣乌凌阿、穆克登布，帮办大臣舒尔哈善，回部郡王阿奇木伯克王努斯等皆捐躯。张格尔攻陷喀什噶尔等西四城后，将衙署民房，尽行拆毁，并杀害居民。

九月

·十五日，以哈萨克汗托霍木死，著其长子阿勒坦沙拉承袭哈萨克汗。

·**浑巴什河之役**　张格尔占领喀什噶尔等西四城之后，气焰甚张。派兵五六千人扑向阿克苏、乌什等东四城。张格尔军沿阿克苏迤南近浑巴什河南岸屯聚，又有一千数百名渡河滋扰。达凌阿、巴哈布督兵迎击，歼其多名。突有另一支张格尔军，扑围协领都伦布营盘，并分兵阻断副将郭继昌往援之路。额尔古伦带领锡伯兵奔赴都伦布营盘，内外夹击，张格尔军溃散。是役，歼张格尔兵一千余名，并毙其和卓库尔班素皮等。十六日，杨遇春等奏闻。

十月

·十六日，蠲缓江苏上元等四十七厅、州、县、卫遭受水灾军民新旧额赋有差，赈上元等二十三州、县、卫灾民，并拨银一百四十五万两备赈。

十一月

·初四日，准粤东洋、盐各商捐输银一百万两，寻准淮商捐输银二百万两，备回疆军需。

·**杨芳督战柯尔坪**　张格尔派头目带领三千余人，踞守柯尔坪（今新疆乌什西南柯平）南、北回庄，并阻截清军进攻之路。长龄派提督杨芳督率官兵前往攻击。杨芳分兵两路抄截，杀敌过半。余敌溃奔南庄，复追杀十余里，直至大郝紫尔卡伦外，将其全数歼除。十一日，长龄奏捷报闻。

·三十日，从巡抚福绵之请，修山西汾河堤堰。

十二月

·**禁开宛平等县银矿**　顺天府大兴县民陆有章、宛平县民伍云亭等呈请于宛平等五州县开采银矿。十一日，谕称："朕复思各省银矿，向俱封禁；况畿辅重地，且附近易州一带，讵可轻议开挖！"（《清宣宗实录·一一一》）协办大学士英和以率行据呈具奏，著降三级。

·**惩治喀什噶尔诸前任大臣**　先是张格尔围攻喀什噶尔之后，谕称："八城回子，安居乐业者，垂六十余年。虽其结习崇信和卓，而愚回素性恇怯，久已习为恭顺，何致遽思变乱？总由近十余年来，历任参赞、办事大臣等贪淫暴虐，回子等忿恨忍受。当时伊犁将军，或漫无觉察，或隐忍不言，迨至嘉庆二十五年（1820），经朕降旨饬交庆祥详查，亦复徇隐，未经据实具奏，驯致酿成叛乱。此时虽已声罪致讨，而致乱之由，不可不根究确实，纵不遽正刑诛，亦当明示谴罚。"（《清宣宗实录·一○二》）十四日，准长龄等据实确查具奏，将自嘉庆二十年（1815）起，诸历任喀什噶尔大臣严予处分：松福虽声名平常，因其办理不善，著革去三等侍卫，永不叙用；斌静身为宗室，荒淫已极，奸宿回妇，强占安集延回人之女，回女之父愤恨至极，砍掉其女头颅，摺入斌静署内，斌静后著宗人府永远圈禁；色普征额于嘉庆二十五年（1820）张格尔仅一二百人入卡滋事时，贻误事机，酿成后患，著革去三等侍卫，后著刑部永远监禁；巴彦巴图率将妄戮汰列克家属，致全师被害，虽已身故，著革去都统衔及加赏世职；永芹于巴彦巴图在外妄杀无辜，办理疏忽，咎无可辞，将其子绵焕、绵星革去奉恩将军，以示惩儆。并命长龄等晓谕回众，俾令咸知。

是岁

·《皇朝经世文编》成书　《皇朝经世文编》成书，次年刊行，贺长龄、魏源等编，一百二十卷。辑官书、论著、奏疏、书札等而成。包括学术、治体、吏政、户政、礼政、兵政、刑政和工政等八类，搜录重要史料，足资参考。

1827 年　丁亥　清道光七年

正月

·和阗回民缚献约霍普　扬威将军长龄等派年班朝觐回至阿克苏之伯克伊敏，前往和阗（今新疆和田）查探。伊敏至和阗后，约会回人，将张格尔委封之和阗王子约霍普等缚献军营。二十一日报闻。命将有功之伯克伊敏、玉苏普沙等赏赉有差。

三月

·喀什噶尔之役　扬威将军长龄，参赞大臣杨遇春、武隆阿等，于上月初六日统领清军三万余人，由浑巴什河进击，分为前敌后应，突往驰攻喀什噶尔城（今新疆喀什）。二十三日，师次大河拐，敌屯洋阿尔巴特地方，迎拒官兵。清军扎营后，敌乘夜潜袭，击却之。次日，清军星驰进发，击溃排列沙冈拒守之敌，杨遇春、武隆阿复率兵跟追三十余里，杀万余名，俘三千余名。初获洋阿尔巴特之捷。张格尔自洋阿尔巴特败后，复纠合十余万众，于沙布都尔庄外，决水挖坎，临渠排列，扼险死守，继拒官兵。二十五日，清军至沙布都尔。长龄先命用连环枪炮轰击，步兵拥上，横渡渠水，短兵相接；复派马队，分左右两支，涉浅渠抄击。安集延大头目色提巴尔第击鼓驰骋，督兵抵拒。清军马队横截入阵，将其冲作数段。驰突厮杀，枪箭如雨。色提巴尔第中箭落马而死，众始溃，退至浑水河边。清军满、汉、蒙古马步官兵，分投追杀，并败自西北林中来援与河西拥桥策应之敌。统计杀俘四五万人，夺获枪炮、器械、马匹无算，又获沙布都尔庄之捷。张格尔自洋阿尔巴特和沙布都尔庄两败之后，命回庄内十五岁以上男人俱去当兵，不愿者即行杀戮。复纠聚余烬号十万众，在阿克瓦巴特庄负隅顽抗。二十八日，清军进抵阿克瓦巴特回庄。长龄等先派兵左右兜攻，敌在冈上布兵，形如雁翅，排列抗拒。长龄等又督马步兵，分为两翼，施放喷筒，一鼓齐进。敌兵冒火突烟，死力冲拒。长龄等复令虎衣虎帽兵跃舞藤牌，张格尔军马惊阵乱，纷纷奔窜。清军抢过沙冈，分投赶杀，毙敌二三万名，生俘二千余名，并歼毙安集延大头目二名，再获阿克瓦巴特庄之捷。长龄等三获胜仗，乘势驰进；至距喀什噶尔十余里之浑河（一作洋达玛河），张格尔悉众抗拒，阻河而阵，列营二十余里，穴垒轰炮，鼓角震天。会大风霾，前队迷道。长龄欲退兵屯营，待霁而进。杨遇春曰不可："天赞我也，贼不知我兵多少，又虞我即渡，时不可失！且客军利速战，难持久。"（《清史稿·杨遇春传》）乃遣索伦兵千骑，绕趋下游，牵敌势；遇春亲率大兵，乘晦雾骤渡上游，炮声与风沙相并，乘势冲入敌阵，敌大溃，若土崩。是月初一日，清军进克喀什噶尔城。张格尔先一日率数十骑遁去。寻杨遇春带兵复英吉沙尔、叶尔羌，后杨芳统兵复和阗。至此，喀什噶尔之役，历时两个多月，清军三战俱捷，四城光复，平定张格尔之役获全胜。

五月

·**琦善开减坝失败** 上年五月，琦善请开王营旧减坝，获准施工。但琦善急于奏功，泥于师古，不采众议，未加详察，致工程报竣后，湖水大涨，启闭宣泄，水流不畅，急开减坝，下游州县田庐被淹，居民荡然。黄河仍未消落，运道依旧不通。使数百万帑金，竟成虚掷；数百万灾黎，倾家荡产。初八日，著琦善等分赔，河督张井革去顶戴、戴罪自赎。寻以蒋攸铦为两江总督。

·十二日，命工部尚书穆彰阿在军机大臣上学习行走。

闰五月

· **免回疆八城额赋**　以回疆八城，喀什噶尔、叶尔羌、英吉沙尔、和阗，被张格尔滋扰，田园庐舍，蹂躏殆尽；阿克苏、乌什、库车、喀喇沙尔（今焉耆回族自治县），自军兴以来，大兵经临，壶浆载道相迎——著普免其上年并本年应征粮石、布匹、贡赋等项。

· 初一日，命扬威将军长龄及参赞大臣驻扎喀什噶尔；达凌阿署理叶尔羌办事大臣，巴哈布署理帮办大臣；苏清阿署理英吉沙尔领队大臣；成玉署理和阗领队大臣，史善载暂为帮办。并酌留官兵，加强戍守。

七月

· 先是道光四年（1824），命将宫内各处原设器械、火药等项，全行交出，更换木棍。初八日，再申宫内、圆明园等不准收存鸟枪火器、弓箭弩弹、金刀器械，以肃宫禁。

· 十六日，英和以失察并袒护家人、私加地租，著夺协办大学士，寻革理藩院尚书职。

· **任命回疆诸城大员**　二十一日，命武隆阿为喀什噶尔参赞大臣，诚端、苏清阿俱为帮办大臣；那桑阿为英吉沙尔领从大臣；恒敬为叶尔羌办事大臣，扎克桑阿为帮办大臣；果良额为和阗领队大臣，富升阿为帮办大臣；多贵为乌什办事大臣；容安留阿克苏帮同长清办事；巴哈布回喀喇沙尔本任。

十月

· 初八日，免甘肃全省自嘉庆二十三年至道光五年（1818—1825）民欠银二十六万余两、粮七十八万余石、草五百八十九万余束。

· 廿一日，惇亲王绵恺以诱藏升平署太监罪，著降为郡王。

十一月

· 初二日，定番役子孙改归旧制，不准应试武场、出仕武职。

· 初四日，以库车办事大臣那彦宝为喀什噶尔参赞大臣。

·初九日，以直隶总督那彦成为钦差大臣，驰往喀什噶尔会同扬威将军长龄，筹办回疆善后事宜。

十二月

·初五日，平定张格尔之乱军需拨银一千一百一十六万余两。

·**俘获张格尔**　张格尔自喀什噶尔败走后，众叛亲离，生计日蹙。时诏购求张格尔者，爵亲王，金十万。将军长龄等利用"黑帽回"[十七世纪时，回疆伊斯兰敦分为白山派与黑派，俗称"白帽回"与"黑帽回"，两派争夺统治权。康熙十七年（1678），在准噶尔的援助下，以大小和卓祖先为首的白山派，取得对喀什噶尔（今喀什）、叶尔羌（今莎车）等地的统治权]对张格尔之不满，密遣其出卡，纵反间计，声言官兵全撤，喀什噶尔城空虚。张格尔信以为真，率骑五百，欲乘岁除入卡，煽众潜袭喀什噶尔。扬威将军长龄、参赞大臣杨芳等严兵以待。二十七日，张格尔由开齐山旧路，潜向阿尔图什回庄前来，被"黑帽回"四百持械拦阻，旋即折窜出卡。杨芳分兵三路，星夜追至喀尔铁盖山内，兜攻其队。张格尔率三百余骑迎面冲突，杨芳一面派兵排枪抵敌，一面派马队驰抄敌后，敌兵沿山谷逃窜。张格尔被前击后截，力战溃败，仅带十余骑登山，总兵胡超等驱骑直前追捕。张格尔势穷力绌，滚山逃窜，掷石回击，将欲自刎。总兵胡超等带兵拥上，夺刀擒获张格尔。遂解赴大营，后槛送京师。

1828年　戊子　清道光八年

正月

·廿三日，以平定张格尔之乱，封长龄为威勇公、授御前大臣，杨芳为果勇侯，杨遇春复陕甘总督，武隆阿开复原职，总兵胡超加提督衔，其拦阻张格尔之"黑帽回"四百令人分别从重奖赏等。后长龄等四十人绘像于紫光阁。

三月

·廿一日，挑浚吴淞江工程完竣。

·廿七日，挑挖河南省汤河、伏道河等，开引渠，泄积水。

四月

·**稽查回疆寄居安集延人**　钦差大臣那彦成奏，安集延人进卡贸易大黄、茶叶、硝磺，其在各城置产安家者，自数十户至数百户不等。安集延人曾与张格尔之乱，已委员确查，驱逐出卡。二十二日，谕云："此项人数较多，相沿已久，固不可姑息容留，任其盘踞贻患；但欲全行逐出，设办理不善，转恐激成事端。该督务当实心体察情形，持以镇静，通行各城妥办。"（《清宣宗实录·一三五》）

五月

·初七日，以淮盐滞销，命江苏、安徽、湖广各督、抚严禁私贩，随时缉捕。

·**磔张格尔于市**　张格尔械至京师后，十二日，于午门前行献俘礼。十四日，道光帝在圆明园廓然大公殿廷讯张格尔罪。大臣等恐张格尔在廷讯时陈吏治之弊，预以暗药，使其失言。故廷讯时，所问之事，张格尔不能回答。遂命将张格尔磔于市。

六月

·初五日，扬威将军长龄等以张格尔之乱平，回至京师。

·**准新疆各大员折奏**　十三日，从钦差大臣那彦成奏，将新疆西、南两路各城办事、领队大臣，分隶统属，由该将军、都统、参赞大臣认真考察；如将军、都统、参赞大臣有不秉公者，准各城大臣据实专折密奏，互相维制，以重边陲。

七月

·**定回疆升补伯克章程**　定例回疆各城大小伯克缺出，本城大臣拟定正、陪，咨送喀什噶尔参赞大臣验放，分别奏咨。但伯克缺出后时有贿属营谋之弊。初三日，从钦差大臣那彦成奏，定回疆伯克缺出，将应升、应补之人开列数员，照内地体制，具造其劳绩、资格、人才、家世之四柱清册，并附考语，咨送参赞大臣验看，并定为历俸三年，俸满核复无异者，方准开单保举。其三至五品伯克，由参赞大臣奏请补放；六、七品伯克，参赞大臣验放，仍咨明理藩院。

·**定稽查新疆茶叶、大黄章程**　先是新疆每年茶叶私贩出卡者达二三十万斤，安集延人亦交易茶叶、大黄出卡。四月，首定新疆南路（回疆）贸易茶叶、大黄，由官商承运行销，不准私运。是月二十八日，又定新疆北路茶叶、大黄，亦行官引，禁止出卡。

八月

·初七日，从那彦成奏，裁革新疆各回城大小衙门一切繁费，以及阿奇木伯克等借办公之名，向各回户摊派苛敛之克列克里克、色里克等名目。

九月

·**设贸易亭** 初三日，准那彦成奏，为控驭回疆外商，在喀什噶尔、叶尔羌等边卡外，建设贸易亭。照伊犁官铺章程进行贸易，派兵稽查，议定价值，以货易货。永禁内地元宝出卡，违者从重治罪。

·**宝华峪地宫出水** 遵化清东陵宝华峪道光帝地宫出水，流入圹内。十四日，命严讯英和等。寻大学士英和下狱，籍没，遣戍黑龙江；大学士戴均元下狱，籍其家。后宝华峪地宫废弃，移至清西陵。

十一月

·初六日，禁广东、福建等地方使用"光中通宝""景盛通宝"等外国钱币。

·**回疆添设土堡** 喀什噶尔、叶尔羌、英吉沙尔三城有卡伦二十处，各卡相距数十里至百余里不等，每卡驻兵十名。初七日，定于各卡伦间适中要隘之地，添建土堡，派兵分巡驻守，以加强稽查。

十二月

·廿八日，以霍罕不送回张格尔家属，借通商贸易渔利，命绝其通市，不准茶叶、大黄出卡。

1829 年 己丑 清道光九年

正月

·廿三日，定宗室、觉罗恃势借端串结捏控者，先摘去顶戴，依例杖责、发遣，销除旗档，永远遵行。

·请禁私入鸦片 御史章沆奏:"鸦片烟一物，流毒尤甚。该处伪标他物名色，夹带入粤。每岁易银至数百万两之多，非寻常偷漏可比。若不极力严禁，弊将何所终极？"（《清宣宗实录·一五〇》）二十五日，从章沆奏，命随时稽查违禁之物。

二月

·初一日，定嗣后回疆各城回人当阿浑（訇）者，只准念习经典，不准干预公事；阿浑（訇）子弟，其当差及充当伯克者，亦不准再兼阿浑（訇），以示限制。

·十四日，定新疆贸易仍遵旧制，凡入卡贸易者，三十税一，不准减免。

五月

·廿八日，以越南毗连两广，例由陆路贸易，宜恪守旧章，不准其国王由海上进行贸易之请。

六月

·初七日，免西藏喀喇乌苏（今那曲）等处雪灾番民贡马银，并抚恤受灾官兵、番民。

·十二日，以兵部尚书玉麟为伊犁将军。

八月

·初八日，暹罗（今泰国）国王以平定张格尔之乱，遣使表贺并进方物，报闻。

·十八日，以浙江举人顾宗伊刊刻落卷，并附载讥评同考官袁文祥原札，著褫革顾宗伊举人。

·十九日，道光帝启程巡盛京（今辽宁沈阳），十月回京师。

·二十日，准江苏、浙江沿江、沿海新涨沙田召佃收租。

十月

·廿二日，山东临朐、益都间发生六级地震，民舍倒塌，压死数百人。

·役满书吏勒令回籍 向例书吏五年役满，为防其勾通赠嘱，不准逗留在京，饬令回籍。御史姜梅奏，近来役满书吏，回籍者不过十之一二，并有将及役满先行告退，或冒入大兴、宛平籍，遂得潜留京中，串通线索，说事通财，指名撞骗，造作假伪，帮同讹诈，其弊不一而足。二十九日，命照例办理，不准在京稽留，以除积弊。

十二月

·命防备英吉利船只　先是两广总督李鸿宾奏英吉利商船延不进口卸货等情。初五日，谕曰："各国洋船来粤贸易，惟英吉利洋商最为桀骜。现在该国大班等，因洋行连年闭歇，拖欠洋银，叠次呈控，并胪列条款，具禀查办。该督业经咨提商人讯追，并将所禀各款，饬司妥议，谕令洋商转谕恪遵。该洋船仍然观望，停泊澳门外洋，延不进口，辄敢撷拾前陈各条，哓哓渎辩，语言不逊。该国货船，每言在粤海关约纳税银六七十万两。在洋人以为奇货可居，殊不知自天朝视之，实属无关毫末。且该洋船私带鸦片烟泥入口，偷买内地官银出洋。以外洋之腐秽，巧获重赀；使内地之精华，潜归远耗。得少失多，为害不可胜言，必应实力严查。此次洋人等业经该督将来禀严行批饬，如果渐知悔悟，相率进口，即可相安无事。倘仍以所求未遂，故作刁难，著即不准开舱，严行驱逐。即少此一国货税，于国帑所损无几，而洋烟不入，官银不出，所全实多。至该夷各船，现泊澳洋，夷情叵测，不可不豫为之防。"（《清仁宗实录·一六三》）

·十一日，定自明年为始，科布多各卡官兵，援照从前所办，一半放给茶、烟，一半将谷减半折给银两；其满洲、蒙古、绿营及各台站屯田官兵等应领谷石，一半放给本色，一半折给银两（每石折银二两五钱）。

·洋钱鸦片为害日甚　十六日，谕军机大臣等曰："朕闻外夷洋钱，有大髻、小髻、蓬头、蝙蝠、双柱、马剑诸名，在内地行使。不以买货，专以买银，暗中消耗。每一文抵换内地纹银，计折耗二三分。自福建、广东、江西、浙江、江苏，渐至黄河以南。各省洋钱盛行，凡完纳钱粮及商贾交易，无一不用洋钱。番舶以贩货为名，专载洋钱，至各省海口收买纹银，致内地银两日少，洋钱日多。近年银价日昂，未必不由于此。又鸦片流行内地，吸者日众，鬻者愈多，几于火烟相等，耗财伤人，日甚一日。皆由番舶装载鸦片，驶至澳门、厦门等处附近关津停泊，或勾通书差，暗中抽税，包庇进关；或巡哨兵役，游役往来，私为奸夷夹带，代为发贩；或得规容隐，任听奸夷分销各省商船，载往各处售卖。行销之路既多，来者日众，该兵丁等且藉以抽分吸用，贱价留买，南北各省情形，如出一辙，较洋钱之害为尤甚。"（《清宣宗实录·一六三》）著究明弊源，严行查禁。

是岁

·经学家刘逢禄（1776—1829）死，著有《左氏春秋考证》等。

1830年　庚寅　清道光十年

正月

·二十日，以两淮盐务弊坏已极，私贩众多，引滞课亏，命湖广、江西、河南、两江督、抚，严禁私盐。

二月

·**废六部则例十年重修例**　六部各衙门则例，原定十年开馆重修一次。但往往不能依限告成，及刊刻颁行时，旧例已成废本，新例又未修竣。初六日，命嗣后六部例令，如有必改之处，专折奏明，改定后通行各省，一体遵行。

·十五日，停止新疆梨贡。

三月

·初五日，将外国来粤贸易商船之进口规银，减去十分之二。

·**斥逐盛京戏班**　盛京（今辽宁沈阳）本有弋腔戏两班，近又到徽戏一班，时常在盛京将军奕颢、副都统常明府衙内演剧。十六日，命将盛京城内外所有戏班、杂剧，概行驱逐，并将奕颢解职。

四月

·十二日，禁运铜、铅船只夹带私盐。

·廿一日，以永定河、浑水南徙东淀，直逼千里长堤，恐防运道，命对永定河堤进行帮培、镶埽，以资抵御。

·廿二日，邓八以贩卖鸦片烟，著枷号一个月，发近边充军。

闰四月

·**捕盐商巨首黄玉林** 两淮私盐巨商黄玉林，贿结巡役，串通官府，私自贩盐，连樯成帮，器械林立，辘轳转运，长江千里，呼吸相通。初一日，命密速掩捕之。寻黄玉林投首，命免治其罪，随官弁缉私。十月，黄玉林被杀。

·廿二日，直隶磁阳县西发生七点五级地震。

五月

·**裁革州县白役** 先是直省州县官役原有定数，其繁要州县量招散役。后直隶省各州县挂名吏役过多，总督那彦成奏准以八十名为限。但据御史王玮庆奏："山东州县差役，大县多至一千余名，小县亦多至数百名。一省如此，他省可知。此等白役，遇事生风。在官多一巨猾，即地方添一积蠹。不惟乡愚受其鱼肉，该管官亦何以稽察？"（《清宣宗实录·一六九》）初八日，命将所有白役，概行禁革。

·十六日，定江苏提、镇两标额设战船三年小修、六年大修、九年拆造例。

·是月，《平定回疆方略》书成。

六月

·十七日，定查禁鸦片内地行销章程。

·十七日，从总督李鸿宾奏请，添建广东东莞县大角山炮台一座，后设炮十六门。

·廿九日，以林则徐为湖北布政使。

八月

·**安集延人犯边** 先是安集延人等对那彦成所施行驱逐抄没、断绝贸易之策不满。初十日，张格尔之兄玉素普和卓，纠合霍罕、安集延兵突入喀什噶尔卡伦内，杀害守卡官兵。回郡王伊萨克曾密告于喀什噶尔参赞大臣扎隆阿，不信，既闻警，始命帮办大臣塔斯哈率兵轻出。塔斯哈追至明约洛地方，遇伏陷殁。敌军长驱直入，致喀什噶尔（今新疆喀什）回城失守，汉城被围，并围犯英吉沙尔（今新疆英吉沙）。附近回庄子女、玉帛、牲畜被劫掠几尽。回民勠力同心，多不从敌。

九月

·**兵援喀什噶尔**　塔斯哈败殁和喀什噶尔被围报闻。初三日，命陕甘总督杨遇春驻肃州（今甘肃酒泉），固原提督杨芳、甘州提督胡超带领陕、甘之兵出口。寻以长龄为扬威将军，杨遇春为钦差大臣，都统哈哴阿、提督杨芳参赞军务，先后调兵三万人，往援喀什噶尔。

十月

·**驳越南图占六猛**　越南国王欲占云南省临安府建水县属礼社江与巴发河之间六猛地方。该地久隶中国版图，归内地官员管辖，且纳粮请袭，设兵多年。二十四日，命云贵总督阮元移咨驳斥之。

·**禁洋人私运枪炮至广州**　先是英吉利大班盼师，携带妇眷至广州，坐轿入馆，并私令水手百余人，乘夜将炮位数座及鸟枪等运至馆内。经诘责后，始将枪炮运回各船。二十四日，命嗣后外国人不得携眷住广州，洋商不准坐轿进馆，亦不准私运武器进城。

十一月

·**喀什噶尔城围解**　喀什噶尔、英吉沙尔二城被围后，喀什噶尔参赞大臣扎隆阿、英吉沙尔领队大臣棍楚克策楞等，各率领兵民守御孤城。敌屡绕城环攻，又灌水、挖城，均未得逞。长龄、杨遇春等督率三万援军驰赴喀什噶尔。乌鲁木齐提督哈丰阿、伊犁领队大臣孝顺岱，分率乌鲁木齐和伊犁满、汉、蒙、回援兵至阿克苏会师后，十二日，进抵叶尔羌（今新疆莎车）。十四日，胡超亦率兵进达叶尔羌。清军在叶尔羌南玉河大桥等地屡败敌兵后，向英吉沙尔城进发。英吉沙尔围城之敌闻风而窜，围解。即日移师向喀什噶尔。时喀什噶尔之敌，已于十日逃遁。扎隆阿带领城内官兵与哈丰阿等会师。喀什噶尔、英吉沙尔二城兵民，婴守孤城三个月有余，援至围解。

　　十二月

　　·定《两淮盐务章程》　廿一日，准户部尚书王鼎奏，定《两淮盐务章程》，凡十五款。如裁浮费，减诸科则费用银一百一十余万两；去窝家，将原运商请引，先向窝家出价买单致商本加重，改为按纲请单，不准窝家转售；革陋规，领运旧例名目多，致办运请领文书辗转至十一次，应交由运司查明删并，等等。

　　是岁

　　·经学家江藩死。江藩（1761—1830），著《国朝汉学师承记》《国朝宋学渊源记》等。

　　·小说家李汝珍约于是年死。李汝珍为直隶大兴(今北京市)人，著长篇小说《镜花缘》。

　　·美国第一个来华传教士裨治文至广州，后到上海主编《中国日报》。

1831 年　辛卯　清道光十一年

　　正月

　　·扎隆阿革职　喀什噶尔参赞大臣扎隆阿，在玉素普勾结安集延等围城期间，听信浮言，中敌间计，误以回郡王阿奇木伯克伊萨克通敌，将其衙署抄没，拘禁城中回人，妄杀大小伯克、回人四百余名；及围解，又诬陷伊萨克谋逆。十一日，命将扎隆阿革职；并谕向伊萨克宣示："伊忠悃素著，此次被人倾陷，朕早鉴及，以安其心。"（《清宣宗实录·一八三》）寻定扎隆阿论斩。

　　·廿七日，两江总督陶澍接办两淮盐政，力图振刷，清厘积弊。

　　二月

　　·那彦成夺职　直隶总督那彦成，先以钦差大臣赴喀什噶尔，查处回疆善后事宜。时那彦成对安集延人查抄家财，断离眷口，驱逐出卡，禁绝茶叶、大黄贸易，致其借口聚众，入卡滋扰。十二日，以那彦成办理失宜，误国肇衅罪，著革职。

·十五日，禁直省种植、贩卖鸦片。

三月

·初七日，广东崖州黎人韦色容等起事报闻。饬李鸿宾前往督办，后于四月失败。

·初九日，有人奏英吉利人在广州违例八条：致毙汉民，横行街市，私买婢女，私设码头，擅出告示等。

五月

·**查禁鸦片走私**　据奏称：洋船私带烟土来粤，竟敢于附近虎门之大鱼山洋面，另设洋船囤积，称为"鸦片趸"。并有洋人兵船，名曰"护货"，同泊一处。勾通土棍，以开设钱店为名，暗中包售烟土，呼为"大窑口"。如省城之十三行、联兴街多有此店。奸商到店，与洋人议价立券，以凭到趸交货，谓之"写书"。又有包揽走漏之船，名曰"快鞋"，来往如飞，呼为"插翼"。其船星夜遄行，所过关津，遇有巡丁追逻，竟敢施放枪炮。官吏莫敢谁何，又不报官惩办，是以肆无忌惮。此种"快鞋"现有一二百只之多，凡由趸送货至窑口者，皆系此等船包揽。各巡船通同作弊，按股分赃，包庇行私，其弊尤甚。其销售各路，如福建之厦门，直隶之天津，广东之雷、琼二府，皆由窑口立券，到趸交货。其余各省私贩人口出境，均系"快鞋"船接送。其由"大窑口"分销内地，悉因奸民串通各衙门蠹役，开设私局，名为"小窑口"。各处城乡市镇，所在皆有。查烟土一项，私相售卖，每年纹银出洋不下数百万。是以内地有用之财，而易外洋害人之物，其流毒无穷，其竭财亦无尽。奏入，二十五日，饬各直省督、抚，严行查禁鸦片烟。

六月

·**奕詝生**　初五日，道光帝第四子奕詝生，母钮祜禄氏，后为清文宗咸丰帝。

·**禁云南种植罂粟**　云贵总督阮元奏称，滇省边民，私种罂粟，收取花浆煎膏，名为"芙蓉"（鸦片）。应令地方官会同营员亲往履查，将罂粟于田中锄毁。二十六日，命汉民地区，著地方官稽查；土民境内，由土司查办。

七月

·初三日，两江总督陶澍等奏报，高邮湖河漫口，洪泽湖水涨溢。下河堤圩塌溃，万顷汪洋；运河以西各境，寸土俱淹。江宁（今江苏南京）城中水深数尺，衙署亦多在水中，男妇危苦，灾口嗷嗷。

·**加强回疆戍守** 二十三日，从将军长龄等奏，移总理回疆八城之参赞大臣驻叶尔羌，其帮办大臣仍专管本城事务；喀什噶尔留总兵一员，统兵驻守；英吉沙尔仍驻领队大臣一员；于叶尔羌、阿克苏间巴尔楚克（今新疆巴楚东南）添调总兵一员，统兵驻守，以为树窝子咽喉锁钥；和阗留领大臣一员，以资办理；将西四城守兵，由现有六千名增至一万二千名，其粮饷由各省绿营兵额内暂减百分之二，即每年省银三十万中支给。从之。

八月

·廿三日，安徽凤台（今寿县）东北发生六级以上地震。

十月

·初七日，以江宁布政使林则徐为河东河道总督。

·初八日，暂免喀什噶尔回户上年应征布匹。

·**改调回疆诸城兵将** 以壁昌为叶尔羌参赞大臣，驻叶尔羌，总理八城，统辖两镇，兼提督衔；诚端为叶尔羌帮办大臣，专管叶尔羌本城；舒凌阿为叶尔羌领队大臣；共驻满、汉防兵五千名。改喀什噶尔帮办大臣为领队大臣，以额尔古伦为喀什噶尔领队大臣；周悦胜以总兵衔署喀什噶尔换防总兵官，共辖满、汉防兵四千名。和阗改领队大臣为帮办大臣，以常丰为和阗帮办大臣，驻兵五百名。英吉沙尔领队大臣一员，驻兵一千名。唐俸以总兵衔署巴尔楚克换防总兵官，统兵三千五百名。

十一月

·**吴光悦请行盐税法** 先是上月二十日，少卿卓秉恬奏请仿明王守仁巡抚江西时，于赣州起立抽分盐厂，行盐抽税之法。旨下吴光悦等妥议具奏。初十日，江西巡抚吴光悦奏请变通盐法，折称："赣南一带，气本蛮野，又贴近闽广，私盐甚贱。稍有资本者，多藉此以为生计。欲弭其患，必先谋其生；而欲谋其生，莫如将盐务顺人情之所便，因民之所利而利之。布帛、菽粟、茶烟、竹木，皆听民买卖，不分官私，任其流通，不分界限。关津征税，不闻有逋欠之虞；远近利赖，不闻有匮乏之虑。盐不离场灶，设官主之，征其课税，听民运贩。一出场灶，即远近贵贱，任其所之。上裕国课，下便民食。使无赖光棍，尽成有本经纪。计无过于此者。"（《清宣宗实录·二〇〇》）

· **复与霍罕通商**　先是霍罕曾差人备述七十余年通商纳贡之旧好，申诉五年以来断绝贸易之苦累，请照旧通商，归所掳回人。二十四日，准与霍罕通好，其茶叶、大黄俱在所不禁，并免其货税，将抄没安集延人物件发还之。

十二月

· **淮盐票引兼行**　陶澍奏称：官盐滞销，民间既无官盐，不得不向民贩购买；灶丁积有余盐，亦不能不卖与民贩。二十二日，著淮北畅岸，仍归商运；其余滞岸，即照山东、浙江票引兼行之法，分设行店，听民购买，运往售卖，设立税局，给以票照，酌量试行。

· **瑶民赵金龙起事**　湖南之衡（今衡阳）、永（今零陵）、郴（今郴县）、桂（今桂阳）四州，毗连两粤，居五岭之脊，为瑶民聚居地区。永州（今湖南永州零陵区）瑶民赵金龙等以巫术结众。二十九日，赵金龙以瑶民屡受官绅胥役欺虐，遂率五六百人起事。

是岁

· **会计直省民数谷数**　除湖南、福建二省暨台湾府未报到外，直隶等省通共大小男妇三亿九千五百八十二万一千零九十二名口，存仓米谷三千三百六十八万余石。

· **王清任死**　王清任（1768—1831），字勋臣，直隶玉田县（今河北玉田）人。

曾查考四百余家医籍，亲临野冢、市曹观察尸体脏腑，结合临床实践，积四十余年，著成《医林改错》。

·古文家管同死，著有《因寄轩文集》等。

1832 年　壬辰　清道光十二年

正月

·初六日，长龄等奏喀什噶尔善后大局已定，撤满、汉征兵归伍，报闻。

·廿九日，定白阳、白莲、八卦、红阳等教首、从各犯遇赦不赦例。

二月

·**广东定查禁鸦片章程**　嗣后洋人不许将鸦片夹带货舱，倘经查出，不准该商开舱卖货，并立即逐回；省河禁止走私快艇航行，潮、琼各属商船不得靠近零丁洋面；凡出洋贩贸船只，逐一给予牌票，查验出入货物，不许偷贩鸦片。初五日，命直隶、福建、浙江等省督、抚严饬海口，随时查禁。

·廿三日，准于新疆喀什噶尔之喀拉赫依、大河拐，叶尔羌之毛拉巴什赛克三，巴尔楚克之树窝子一带地方，招徕垦种，修渠引水。俾"多一兵得一兵之力，垦一顷收一顷之粮"（《清宣宗实录·二〇六》）。

三月

·**提督海陵阿被击毙**　先是上年十二月，赵金龙率湖南瑶民起事后，正月与广东起事瑶民相呼应，众千余人。以红布裹首为号，连破洪江、黄竹等寨，寻以九嶷山为聚集地。二月，湖南提督海陵阿、副将马韬率兵五百余人，进袭起事瑶民。瑶民假充夫役，为官军抬送枪炮，诱至池塘墟，义军伏兵四起。先击毙副将马韬，提督海陵阿欲乘高下冲，亦被击毙。游击王国华、守备吴鉴等俱死。初二日，报闻。

四月

·**妥慎预防越南**　两广总督李鸿宾据江左镇、道等报，越南国王将谅山镇改设巡抚，并于该处聚兵屯粮，开平道路，建塘立卡，留设铁厂，其土著客民，三丁抽一、五丁抽二，演习技艺等。初五日，命妥慎预防，确切防查，不可稍涉大意，致有疏虞。

·**定崖州善后事宜**　初五日，广东崖州（今海南岛崖州区西北）黎民起事平息后，定其善后事宜：禁汉人至崖州黎区盘剥及攒充粮总、浮收勒索；设立黎总、峒长、哨管，由各黎村公同充选；不许差役擅入黎区拘捕及借端索扰；黎人食盐、牛羊、器具等，准其照常售买，不得抬价阻买；劝谕黎区开沟洫、防旱涝；不准卖给黎人鸟枪、利刃等。

·十一日，户部奏自道光十年（1830）以来，拨给各省军需、赈恤、河工等项，已逾银二千余万两，多出少入，库帑支绌。

·十二日，于新疆叶尔羌、喀什噶尔等处设立驼厂，畜驼二千五百头，以为军台兵丁运送布棉、粮柴、弹药之用。

·**赵金龙败死**　先是湖南瑶民起事首领赵金龙击毙提督海陵阿后，清命湖广总督卢坤、湖北提督罗思举、湖南提督余步云及两广总督李鸿宾等督师会攻。三月，罗思举等率兵至永州（今湖南永州零陵区），分兵三路，越山踞峒，赵金龙被诱逼出山，至羊泉地方。恃长街、民房、石墙固守。罗思举以瑶民被逼归一，且失其翻山之长，密檄各路兵对羊泉地方四面合围。自本月初六日起，官军发起围攻。罗思举等以枪炮、火弹、火球掷击，瑶兵踞房死守。官军复将房屋概行焚毁，赵金龙退至杨姓大房内指挥。二十六日，瑶兵弹尽援绝，被俘杀至六千余人，其首领赵金龙已牺牲，起事失败。但广东一支瑶民义军仍继续抗拒官兵。

五月

·初九日，八卦教离卦首领尹老须（尹资源）结教众数千人，传教三省，被捕后凌迟死。其余首领斩立决、斩监候有差。

六月

·**驱逐英吉利商船**　先是本年英吉利商船至福建、江苏、浙江被逐。本月十八日，又驶至山东洋面，并刊刻《通商事略说》，谓广东省买卖不公，希另易口岸，亦为山东所逐。

·廿一日，霍罕遣使进表，送还所掳喀什噶尔（今新疆喀什）回人，携带马匹、羊只等进卡贸易。准免其商税。

八月

·连州瑶民事平 先是赵金龙牺牲后，赵幅金集余众二千人，被逼走入广东连州八排地方。八排山峦周环，毗连三省，有大小冲七八十处，烟户五六万。五月，两广总督李鸿宾至连州，遣总兵余德彪往攻。广东兵不惯走山路，沿海兵又多吸鸦片，临阵怯懦。六月，瑶兵夜袭余德彪营，官军大败。李鸿宾被诏捕入京下狱，旋发往新疆，以禧恩署两广总督。禧恩用按察使杨振麟之策，以洋银、盐布为诱饵，瑶民多出降。是月，禧恩分兵三路，扑向八排火烧坪、黄瓜冲，施炮轰击，以火焚寨。连州瑶民起事失败。后赵幅金被处死。

九月

·初四日，以山西巡抚阿勒清阿得已革知县李联蒙之赃银后，将其调补首县，命将阿勒清阿革职，其有关布、按、道、府官员，以有意迎合，各降三级调用。

十月

·台湾天地会起事 台湾嘉义县天地会张丙等起事，二十六日报闻。寻杀死台湾府知府吕志纯，署嘉义县知县邵用之，攻城占庄，后失败。

十二月

·十四日，命浚京城内外河道，以工代赈。

是岁

·王念孙死 王念孙（1744—1832），字怀祖，号石臞，江苏高邮人，为杰出经学兼小学家。八岁读《十三经》毕。乾隆四十年（1775）进士，官永定河道。通于经学，精研音韵训诂之学。探究古书文义，从声音以通训诂，撰《广雅疏证》；搜集汉魏以前古训，详加考证，以形、音、义互相推求，又撰《读书杂志》，校勘文字，阐明古义，拾遗补阙，多有创见。另撰《古韵谱》，对古韵分部亦有发明。还有《王光禄遗文》传世。

·经学家胡承珙死，著有《毛诗后笺》《仪礼今古文疏义》等。

1833年　癸巳　清道光十三年

二月

·**整顿台湾营务**　侍郎姚元之奏称："台湾一镇，设班兵一万四千六百有奇。到台即住宿娼家，日以聚赌为事。揽载违禁货物，欺虐平民。官若查拿，辄鼓噪欲变，甚至械斗杀人。不服地方官审理，不听本管官钤束，违禁犯法，无所不为。而水提、金门二标为尤甚。又有身列行伍，不事训练，每操演时，本地别有习武匪徒，专为受雇替代。设有奸宄滋事，即依附为其凶党，种种积弊，尤为可恶。"（《清宣宗实录·二三一》）十二日，命务须大加整顿，破除积习，妥立章程，以靖海疆。

·十八日，四川越嶲（今越西）等处土民起事，报闻。五月，其首领桑树格被俘。七月，起事失败。

三月

·十八日，以直隶连年亢旱，准兴修直隶水利、城工，以工代赈。

·越南海盗阮保（陈加海），伙同广东杨就富等，啸聚狗头山，有船三十六只，四出航劫。二十五日，阮保被擒报闻，并获铜炮、铁炮各一门及火药、刃械等。

四月

·初二日，调福州将军庆山为乌里雅苏台将军。

·**玉麟死**　前任伊犁将军玉麟（1766—1833），满洲正黄旗人。乾隆进士，嘉庆间任驻藏大臣，道光初以兵部尚书兼军机大臣，后为伊犁将军。张格尔之乱平定后，玉麟加强军力，筹措军饷，整饬弊政，兴办屯田。初六日，玉麟死奏闻，予祭葬。

五月

·**禁纹银出洋例** 十二日，定嗣后纹银出洋，一百两以上，照偷运米谷一百石以上例，发近边充军；一百两以下，杖一百，徒三年；不及十两者，杖一百、枷号一个月。命纂入则例，永远遵行。

六月

·**洋银与纹银使用条例** 为塞洋银来源，断纹银外流，减平银价，于十一日规定：嗣后内地民人赴粤贸易，只准以货易货，或以洋银易货，不准以纹银易货；外洋商人在粤贸易，亦只准以货易货，或以纹银易货，不准以洋银易货。

夏

·湖北保康、郧县、房县大饥，人相食。

七月

·先是上月初九日，山东寿张人张闻雅等私将土堰挖开。二十六日，又有乡民持械强挖堤堰。是月初六日，蜀山湖乡民邵广成等以湖水异涨，率众驾船挖堤。

·**"逆案"子孙阉割例** 十五日，申定嗣后"逆案"律定拟凌迟之犯，其子孙讯明系不知情者，无论已未成丁，均照乾隆五十四年（1789）之例，解交内务府阉割，发往新疆等处，给官兵为奴。其十一岁以下者，暂行监禁，俟届岁时解交内务府办理，再行发往。

·廿三日，云南嵩明州（今嵩明县）南杨林发生八级大地震。

十月

·初四日，以浙江杭州有举监生员及捐职人等，结为"靴党"，命派员密行访查。寻奏，钱塘举人龚润等已经查获，令发往边远地区充军。

·初四日，以湖北连年遭受水灾，从御史朱逵吉奏，开浚支河，以工代赈。

·**台吉伪编"圣旨"案** 蒙古台吉广果尔等，伪编圣旨，私雕将军、盟长、扎萨克等假印十颗，诈取银两、牲畜等。二十四日，著将广果尔革去四等台吉、斩监候。

十一月

·**命清理积案**　御史许球奏，外省州县案件，常有恣意迁延、多年淹禁者，如四川庆符县梁贵一起，自嘉庆三年（1798）监禁后，在监三十五年，复经讯明，原系一无罪之人。初七日，命各省督、抚严饬臬司、道、府，详查各属淹禁人犯，填注每日出入监犯姓名，按月送查。

·廿二日，修浙江海塘。

十二月

·**采访贞节妇女**　先是初一日，河南巡抚杨国桢疏报祥符等二县贞节妇女七百六十九口。初二日，陕西巡抚史谱疏报咸宁等三十六厅州县贞节烈妇九千九百二十四口。十八日，安徽巡抚邓廷桢又疏报和州贞节妇女一千二百六十口。后邓廷桢再疏报桐县贞节妇女三千一百六十三口。俱准各建总坊旌表。

·**漕船讹诈滞运累商**　给事中金应麟奏称，江浙内河一带，长约七百里。凡商民船只经过，小则讹诈钱文，大则肆行抢夺。其讹诈之法，或将漕船横截河中，往来船只非给钱不能放行，名曰"买渡钱"。或将两漕船直长并泊，使南北船只俱不能行，积至千百号之多，必各船给钱方能放行，名曰"排帮钱"。设遇无货船只，即留为分载私货之用，须送至清江交卸始得放回。船户稍为理论，即掷弃水中，毫无顾忌。其讹诈之处，如嘉兴府东门外之宣公桥，苏州府胥门外之虎衡，浒墅关之市河，常州府之东西两埠，镇江府丹阳县之市河等处，最为受累地方。二十八日，命严行申禁之。

1834 年　甲午　清道光十四年

正月

·初一日，以蒙古科尔沁扎萨克郡王僧格林沁、辅国公戴铨为御前大臣。

·十四日，广东琼州府（今海南岛）儋州黎人符小二等因饥起事。两广总督卢坤督攻，旋起事平息。

二月

·十一日，以江苏苏州、松江等府粮价昂贵，免浒墅关商贩米税。

·十四日，以湖北武昌、汉阳二县粮价昂贵，贷银招商赴四川、湖南买米平粜，免各关津米税。

·廿二日，禁直隶、山东、河南等省民人，结队成群越境至京烧香。

·廿五日，禁坊肆刊刻售赁"淫书小说"。

三月

·初五日，以兴德为叶尔羌参赞大臣。

四月

·**黄爵滋疏陈积弊**　给事中黄爵滋奏《综核名实折》云：书院所以育材，今州县书院率多废圮，或以无品学之人滥充山长；保甲所以察奸，今则州、县率以虚册申报，任听胥吏需索门牌钱文；近年东南各省，水患特甚，总由堤防失修，或修筑不能坚固；常平、义社等仓，地方官侵挪掩饰，亏缺既多，荒歉无备；营弁克扣兵饷，私役兵丁，又何以约束训练；海洋巡逻兵卒，率多勾通夷商、偷漏违禁税物、私自贸易等。疏入，初二日，通谕各直省督、抚，实力整顿。有弊必禁，有禁必严。

·初九日，从总督卢坤之请，修广东外海内河水师各营战船。

·十九日，准按年陆续拨银九十万二千两，另建浙江海塘鳞塘一道等工程。

·**金应麟奏驿站弊端**　给事中金应麟奏《驿站弊端折》云："驿马半皆缺额，存者亦疲瘦不堪。且有强留前站之马，令其支应差使，名曰'打过站'。其马匹并不喂养，致倒毙益多。例支马干等项，上下分肥，视为常例。州县于豫备车马之时，先期令胥差传拿协济乡车，多至数百辆。令其自行喂养，不准出入，给与银钱，方行放走，甚至差使已过，而仍不放走者，民间不堪其苦。至于折差包送银两，屡次失事。上差往来，借用夫马，兼有馈送，并幕友长随，于私书家信，擅用印封驰递。

公馆之陈设，供应之侈靡，家人之多索门包，厮养之私乘驿马，种种弊端，实属邮政之害。"（《清宣宗实录·二五一》）疏入，二十三日，著认真稽查，严参惩办。

·**州县吏治败坏**　二十三日，据奏："山东省城，自州、县以下至幕友家丁等，挟妓包倡，视为常事。凡外来妓女，投靠府县差役包庇，名曰'包家子'。州、县佐杂令差役引线到彼，名曰'拉红纤'，妓女得与官员结纳。遇有地方词讼案件，即为关说，名曰'阔瓜'。省城因有'一个官儿一个瓜'之谚。该处菜园子、堆花巷、石灰巷等处地方，俱为妓女窝藏之所。官员等于谒见上司之后，舆从纷纭，一哄至彼，欢呼达旦，恬不为怪。并有携带稿件，在彼票发者。以致幕友家丁，浼情纳贿，舞弊不作。"（《清宣宗实录·二五一》）

五月

·**驱逐英贩鸦片趸船**　英吉利大船终年在零丁洋与大屿山等处停泊，名曰"趸船"。广东省城包买户谓之"窑口"。凡贩鸦片者，议定价钱，同至洋船馆兑价给单，即雇快艇（又名"快蟹"）至"趸船"，凭单交鸦片烟。每艇壮丁百数十人，行驶如飞，兵船追拿不及。二十二日，命设法驱逐"趸船"，严密查拿"快蟹"。

七月

·廿五日，东河朱家湾决口。

八月

·廿二日，以文蔚为驻藏办事大臣。

·**四川峨边彝事平**　先是上月，四川省嘉定府峨边厅（今峨边西南）彝民哈儿等因荒歉乏食起事。瑚松额、杨芳等前往查办。起事旋败，二十八日，报闻。后又起事，至明年四月再败。

九月

·**英舰船闯入黄埔**　先是英吉利国派律劳卑往广州查办商务。六月其船抵澳门后，将驶入广州。时定例英吉利商人只许在澳门居住，欲入广州需先经税关准许。律劳卑不待税关允准，擅至广州。两广总督卢坤传命止之，律劳卑不听，以平等款式书投卢坤。坤以其公文不合程式，严令拒之，并封舱、停市，派兵防范。但上月初五日，律劳卑不遵中国法度，以兵船二艘，共三百数十人，乘潮涨突入虎门。初七日，过大虎炮台。初九日，驶至黄埔河面停泊。守台弁兵开炮轰击，律劳卑令放炮回拒。坤即调水陆诸军，围其商馆。律劳卑等旋退回澳门。至本月初三日报闻。

·初三日，以江南苏松镇总兵官关天培为广东水师提督。

十月

·初三日，以粤商近增私税，拖欠外钱，甚至盈千累万，致酿衅端，命查明严惩，并立章稽核。

十一月

·廿五日，以穆彰阿为吏部尚书、协办大学士。

·**川省地方积弊**　二十五日，据奏："川省地方，蠹役尤横。大州县或千余人，小州县亦数百人、百余人不等。遇有民间词讼事件，官准一案，差派数役往传，以致差役勒索多方，动辄破产。至缉捕窃盗，亦向事主索发脚钱；私取乞丐，导至窃家诈赃，以饱私囊，真贼反令远飏；诬扳有隙之家，逐户磕索，以乞丐送官搪塞。此等差役，相继承充，良民受累。又川省文武衙门书役弁兵，多于衙署侧近，设局招赌，名曰'厅子'，而武署为尤甚。每日招引城乡富民，并土豪地棍，设局赌钱，抽头分利，破家荡产，贻害匪细。又川省佐杂等官，皆设有书役多人，串唆擅受，需索多赃，牵连贫民受累。并不肖生监，盘踞说合。及至卸任，将牌票稿件，概行烧毁，一无凭证。擅受之巧，无过于此。故川省谓佐杂官为买卖衙门。"（《清宣宗实录·二六〇》）

十二月

·廿四日，禁云南流民私佃苗田及近苗客户当买苗产。

是岁

·**会计直省民数谷数**　直隶等省通共大小男妇四亿零一百万八千五百七十四

名口，存仓米谷二千九百九十一万余石。

·**王引之死**　王引之（1766—1834），字伯申，号曼卿，江苏高邮人，训诂学家。嘉庆四年（1799）进士，官至工部尚书。继其父念孙音韵训诂之学，史称高邮王氏父子。著有《经传释词》《经义述闻》《字典考证》，并有《王文简公文集》等。

1835 年　乙未　清道光十五年

正月

·大学士曹振镛死。曹振镛（1755—1835），安徽歙县人，盐商家庭出身，乾隆进士，服官五十余年，任军机大臣十四年。历任三朝，遇事中庸，故无所建树。

·廿一日，以文华殿大学士长龄，在寓所收受霍罕使臣馈送葡萄一盘，并转呈其咨文，命将长龄降四级，革退御前大臣、罢兼管户部事务。

·廿五日，定粮船水手前后船十家保结，有罪连坐例。

二月

·十一日，以协办大学士、吏部尚书穆彰阿署步军统领。

·十八日，以故朝鲜国王李玜世子昊，袭封朝鲜国王。

三月

·**曹顺起义**　曹顺，山东曹县人，后迁至山西赵城县（今洪洞北）。道光二年（1822），顺入先天教，后任教主。顺以传教结众，打造兵器；被知县杨延亮访闻。杨派差役往捕，而差役为教民，潜通消息。初四日，曹顺与韩琦等头扎红蓝绸巾为号，率众起义。焚衙署，杀县令，劫监狱，抢驿马。旋分兵进攻洪洞、霍州、临汾。四月被捕，五月磔死，起义失败。

·**定贸易洋人章程**　十四日，从两广总督卢坤等奏，防范贸易洋人，增定章程八条：一、外洋护货兵船，不准驶入内洋。二、洋人偷运枪炮及私带其妇人等至省城，责成行商一体稽查，三、洋船引水买办，由澳门同知给发牌照，不准私雇。四、洋馆雇用民人，明定限制，严防勾串作奸。五、洋人在内河应用无篷小船，禁止闲游。六、洋人具禀事件，一律由洋商转禀。七、洋商承保洋船，应认派兼用，以杜私弊。八、洋船在洋私卖税货，责成水师稽查，严禁偷漏。

四月

·**广州增添炮台炮位** 先是两广总督卢坤、广东水师提督关天培查勘海防营务后，奏请增建、修改南炮台、大虎炮台及沙角、大角两处瞭望台，并添铸六千斤大炮二十位、八千斤大炮二十位。十四日，从之。

·**查禁邵阳县卡房蠹役** 十八日，据奏：湖南省宝庆府邵阳县，除监狱外，私立外班房、自新所、中公所卡房三所，凌虐残酷。差役传到寻常讼案人证后，常先押入外班房，加上镣铐，甚至以长绳系其手足大指，悬于空中，名为"钓半边猪"，勒出钱文，差役门丁均分。然后将其人押入自新所，照样勒案。再将其人拨入中公所，复勒取银钱后，方许吃饭就寝。每年三所卡房中受刑磨毙者不可数计。并有讼家仇主，重许差役钱文，用"好汉架""对面笑""魁点斗"等酷刑，将其凌磨致死。该县差役，当官有名者千余人，白役散役至二千余人，其中以"四大寇""十八路诸侯"尤为民害。奏入，谕云："邵阳一县如此，其余各府州县类此者，想亦不少，不可不严行查禁。"（《清宣宗实录·二六五》）

五月

·**松筠死** 松筠（1754—1835），字湘浦，蒙古正蓝旗人，以翻译生员历官尚书、将军、都统、总督，官至大学士、军机大臣。松筠廉直坦易，抗疏直谏，不随时俯仰，屡起屡蹶。生平久历边疆，不携眷属，勤职实事，著有《绥服纪略》《卫藏通志》《西陲总统事略》《西藏巡边记》《藏宁路程》等。二十三日，松筠死报闻。

闰六月

·廿七日，禁八旗兵丁穿用绸缎。

八月

·初八月，普免道光十年（1830）以前各省积年民欠钱粮等。

·英船至山东刘公岛　山东巡抚钟祥奏，英吉利船驶入刘公岛海面。英人麦发达始则要求通商，继则欲散布洋书。十七日，命沿海各省严加巡防堵截，不准洋船驶进隘口。

·廿四日，以卢坤死，命安徽巡抚邓廷桢为两广总督。

十月

·禁京城夜间售货　京城夜市、晓市，售卖杂货，相沿已久。初九日，从御史阿林保奏，嗣后各街市摆摊者，日出后方准售卖，以靖市肆。

十一月

·常平仓缺谷　初四日，户部奏，按册报各省现存谷仅二千四百余万石；历年动缺谷一千二百五十余万石，亏缺徽变谷二百七十余万石，粜缺借缺谷三百一十余万石，统计缺短谷一千八百余万石。

1836 年　丙申　清道光十六年

正月

·十一日，以车伦多尔济为库伦蒙古办事大臣。

·十三日，以刑部堂印被窃，著大学士管刑部事王鼎，刑部尚书成格、史致俨等俱各降三级。

二月

·初七日，修直隶永定河堤坝。

·瑶民蓝正樽起事　蓝正樽（沅旷）系瑶族生员，倡龙华会。初六日，蓝正樽闻捕，遂率众二三千人起事，称卫王，举黄布“令”字旗，攻打武冈州（今湖南武冈市）城，寻败。

三月

·初十日，浙江海塘大工报竣。

四月

·廿九日，据太常寺少卿许乃济奏："鸦片烟例禁愈严，流弊愈大。近年以来，洋商不敢公然易货，皆用银私售。每岁计耗内地银一千万余两之多。"（《清宣宗实录·二八二》）

五月

·初九日，从办事大臣国椿之请，修新疆库车沿河堤桥。

六月

·初四日，据奏四川省涪州府知州杨上容，贪酷勒索赃银一万六千余两。该处士民编刻歌谣，到处张贴。

七月

·**更正三教庙** 山西省寿阳县等地均有三教庙，置孔子与佛、老同庙供奉，相沿已久。初一日，谕各直省督、抚转饬各州、县，似此同庙供奉之处，一律更正，以崇儒学、昭定制。

·初八日，都统高喀鼐以私函嘱托公事，著发往热河充当苦差。寻将其二子一同革职，亦俱发往热河充当苦差。

·十五日，允大学士文孚致仕，食半俸。

·十九日，以穆彰阿为武英殿大学士管工部事，琦善为协办大学士，留任直隶总督。

九月

·**禁棚民开山种植** 御史陶士霖奏："江南地方，素称沃壤。若棚民开山种植，日渐加增，土松石碎，大雨冲刷，尽纳于下游河港之中。年复一年，必至淤塞河道。且棚民俱系外籍，踪迹难测，匿奸窝盗，难保不滋生事端。"（《清宣宗实录·二八八》）奏入，初三日，著未经开凿之山，严行查禁；务当通盘筹划，免致日久弊生。

·廿六日夜，圆明园中之奉三无私、九州清晏等三殿失火被毁。至明年七月十八日重修告成。

　　十月

　　·廿六日，两江总督陶澍因私刊奏疏，著降四级留任。

　　是岁

　　·藏书家瞿绍基死。瞿绍基（1772—1836），书藏"铁琴铜剑楼"，后其子辑《铁琴铜剑楼藏书目录》，收书一千三百余种。

1837年　丁酉　清道光十七年

　　正月

　　·十九日，山东潍县教首马刚等起事，穿戴红黄衣帽，攻入县营各署，开监放犯，旋败。

　　·廿二日，以林则徐为湖广总督。

　　二月

　　·初七日，台湾府嘉义县沈知等起事，旋败，报闻。

　　六月

　　·**朱成烈奏白银外流**　御史朱成烈奏《银价昂贵流弊日深请敕查办折》云："广东海口，每岁出银至三千余万；福建、浙江、江苏各海口，出银不下千万；天津海口，出银亦二千余万。一入外洋，不与中国流通，又何怪银之日短、钱之日贱也！"（《清宣宗实录·二九八》）奏入，初五日，著各沿海督、抚并海口各监督，严行稽查，勿使白银偷漏出洋。

　　·十一日，命翰林院修撰林鸿年为正使、编修高人鉴为副使，往封故琉球国王尚灏世子育为琉球国王。

　　七月

　　·廿二日，将山东盐务改归巡抚管理。

八月

·廿九日，廓尔喀遣使入贡。

九月

·**广东复承商旧例**　先是广东洋商，自嘉庆年间，设立总商经理，其新任总商，由各商联名保结。后改为准殷实商户，自请充商，停止联名保结之例。初一日，从两广总督邓廷桢奏，仍复各商联名保结承商旧例。

·初七日，重申各督、抚，将所属官员，于年终密注考语，密封具奏例，不得敷衍从事。

十月

·十二日，蠲缓齐齐哈尔、黑龙江（今黑龙江爱辉）、墨尔根（今黑龙江嫩江）三城受灾屯田新旧额赋有差，并贷旗丁口粮。

·廿七日，停吉林来年采取珍珠之贡。

十一月

·十七日，封大学士长龄为一等威勇公。

是岁

·**会计直省民数谷数**　直隶等省通共大小男妇四亿零五百九十二万三千一百七十四名口，存仓米谷三千零三十五万余石。

·达赖十世楚臣嘉措（1816—1837）在西藏布达拉宫暴亡。

附 录

主要参考书目

1.《清世祖实录》，华文书局影印本。

2.《清圣祖实录》，华文书局影印本。

3.《清世宗实录》，华文书局影印本。

4.《清高宗实录》，华文书局影印本。

5.《清仁宗实录》，华文书局影印本。

6.《清宣宗实录》，华文书局影印本。

7. 蒋良骐：《东华录》，中华书局标点本。

8. 夏燮：《明通鉴》，中华书局标点本。

9. 计六奇：《明季北略》，上海图书集成印书局本。

10. 温睿临：《南疆逸史》，中华书局铅印本。

11. 徐鼒：《小腆纪年》，中华书局标点本。

12. 瞿式耜：《瞿式耜集》，上海古籍出版社本。

13.《明清史料》，上海商务印书馆铅印本。

14.《明清内阁大库史料》，东北图书馆本。

15.《清史列传》，中华书局铅印本。

16.《清史稿》，中华书局标点本。

17.《平定三逆方略》，成文出版社本。

18.《平定海寇纪略》，成文出版社本。

19.《平定罗刹方略》，功顺堂丛书本。

20.《亲征平定朔漠方略》，成文出版社本。

21.《平定准噶尔方略》，成文出版社本。

22.《钦定剿平三省邪匪方略》，成文出版社本。

23.《光绪会典事例》，内府本。

24.《清朝文献通考》，图书集成局排印本。

25.《清朝会典》，图书集成局排印本。

26.《清朝通典》，图书集成局排印本。

27.《八旗通志初集》，清武英殿本。

28.《钦定八旗通志》，清武英殿本。

29. 李桓:《国朝耆献类征》，湘阴李氏本。

30.《(嘉庆)清一统志》，四部丛刊续编本。

31. 贺长龄等:《皇朝经世文编》，光绪上海广百宋斋本。

32.《玉牒》，清内府本。

33. 魏源:《圣武记》，中华书局标点本。

34. 松筠:《卫藏通志》，西藏人民出版社本。

35.《清代档案史料丛编》，中华书局本。

36. 王庆云:《石渠余纪》，光绪龙氏校刊本。

37.《徐日昇日记》，商务印书馆本。

38.《张诚日记》，商务印书馆本。

39. 章钰等编:《清史稿艺文志及补编》，中华书局标点本。

40.《清代中俄关系档案史料选编》，中华书局本。

41.《日下旧闻考》，北京古籍出版社本。

42. 连横:《台湾通史》，商务印书馆本。

43.《先王实录校注》，福建人民出版社本。

44. 何秋涛:《朔方备乘》，光绪石印本。

45. 钱仪吉:《滇南碑传集》，江苏书局校刊本。

46. 江藩:《国朝汉学师承记》，光绪万卷书室本。

47. 窦镇:《国朝书画家笔录》，文学山房本。

48. 王藻等:《文献征存录》,嘉树轩本。

49. 阮元:《畴人传》,文选楼丛书本。

50. 苏尔德:《新疆回部志》,边疆丛书本。

51. 张穆:《蒙古游牧记》,小方壶斋舆地丛钞本。

52.《清代文字狱档》,北平研究院印本。

53.《清乾隆内府舆图》,故宫影印本。